揭開台灣權貴家族的臍帶與裙帶關係

Uncovering the Umbilical Relationship and Nepotism of Taiwan's Rich and Powerful Families

總統的親戚

The President's Relatives

by Rou-jin Chen

陳柔縉 著

麥田出版

目次

推薦序　誰統治台灣？

蕭新煌（中央研究院社會學研究所兼任研究員）

這本書用《總統的親戚》做書名，用意清楚，用心則良苦。它的用意是想清楚提醒讀者，台灣階級結構中的那個上層政商聯合體，有著一條條龐大而細密的姻親線索，就像是「一家親」那樣。至於它的用心良苦，則展現在作者想透過她認真辛苦編織出來的姻親和家系譜表，讓讀者親眼一睹台灣「統治菁英階層」的頭臉。把「平民總統」李登輝也放到當下這個「權貴」家族系統裡，更凸顯了這本書企圖呈現的「新結構」。

從本書羅列的三十一個家系來看台灣的統治階級結構，或許仍嫌單薄和不足，但從這三十一個家族幾代下來，透過婚姻關係所建構出來的權力結構和所撒下來的政商網路，卻是相當可觀。不管是讀這本書的文字敘述或是看系譜圖示，可能都會時有驚訝發現，沒想到某大官和某大富是親家；或是偶有恍然大悟之感，原來某人出線不只是「人才出眾」，更是「家學淵源」。

這裡所指的總統，包括戰後所有四位總統和五位副總統；而根據這本書的調查結果，最近十年來的五院正副院長，好像都有資格說「總統是我親戚」，這一來，更凸顯當今統治台灣的這個「上層結構」所具有的小圈圈特質。

這就是作者所說的，「把台灣半世紀來四位總統結成一家親的，只有二十個家族，而且各個是世家豪門，而其他可牽連到政商姻親大系裡的個人或家族，也絕對沒有半個是寒士平戶。」

戰後台灣社會的階級結構，的確經歷了相當明顯的擴大和變動，尤其是兩代之間和同代之內的階級流動，更讓很多台灣庶民都感受到「上升流動」的成就感，以及台灣可能真的沒有明顯而堅固不破的「權貴階級」之表面印象。這種感受和印象，雖也沒錯，卻有局限性。因為階級的「上升流動」，畢竟有它的上限，從農、工上升到小店東、小老闆的「舊中產階級」有之，或是躍升成為專業、管理人士的「新中產階級」也有之；但在一兩代之間能搖身一變，廁身為政商權貴階級的大戶，那就少得多，而這種階級流動的大躍進，只能說是「耀眼特例」，亦即本書所列舉的新興財團大戶或政商兩棲高位者，而非社會階級流動研究的一般多數的對象。

換句話說，構成台灣政治經濟統治階級集團的那些新舊家族世家，總不是一朝一夕，一代就造就而成的權錢結構。本書所指的「舊五大」、「新五大」和「外四大」，共十四大家族，正是此一典型的核心統治階級。在這些豪門大戶之間也盛行著不全是偶然或全由自由戀愛促成的「聯姻」活動。

這種政商大戶之間的聯姻網路，也存在著一種明顯的省籍族群的界線，本省籍政商統治家族，和外省籍統治權貴都仍各自堅守「內婚」的規矩，雖漸有打破此一藩籬的趨勢，但似乎仍是異數，不過在戰後，人數最多的閩南世家若要取信於由外省人主宰的國民黨政權，透過與外省黨、政、軍、商家庭的聯姻，似是一條捷徑。也因此，閩南大戶就甚少與客家聯姻。這種跨族群世家通婚不盛行，即便有，就可找到政商關係的現象，可能也是這些台灣統治階級家族，相當異於一般台灣人民的另一特色——「封閉性」。

這本書所點名到的三十一個政商大家族，若按族群分，閩南占大宗，外省其次，客家卻只排上一個吳伯雄家族而已，由此觀之，當前台灣統治階級權貴的族群分布，確實很不均衡。

這三十幾個台灣上層政商大家族，雖是構成台灣統治者的階級基礎，但這既不表示只限於這些家族的大戶人家在統治台灣的政商權力，更不表示，他們的統治權力就可以無所不在。畢竟戰後台灣的社會、政治、經濟大轉型，終究是促成了很多新興制衡力量和分權勢力的形成，這包括許多新生是政治派系和經濟勢力，科技官僚體系、和中產階級出身的民代系統等。也值得繼續觀察的是看這三十一個權貴家族本身在今後的浮沉、擴張或縮小，亦即要看這些家族是否還能繼續維持他們在台灣政商結構裡的相對主宰力量，以及他們是否會在未來與其他更新生竄起的政商家族和力量做進一步的掛勾。對這些問題的解答，這本書提供了一個好的觀察起點。

作者陳柔縉小姐在本書所花的工夫和心神很令我感動，她這種研究的精神堪稱是一位認真的社會學者。我希望她能再接再厲，把注意力擴大到另一些正在浮起中的新興權貴個人和他們的家系關係，再看看這是「新富」、「新權」，與本書所描寫的三十一個統治家族到底是「一脈相傳」或是「異軍突起」？我也期待社會學界會有更多的年輕學者來共同探討這個非常重要但長期被遺忘的課題。

二版序

一九九二年，我著手調查台灣上流階層政商家族彼此的姻親關係，一發不可收拾；原以為結果應該是幾十個小關係圈，沒想到竟像一顆超大型的毛線球，內部縱向的臍帶關係與橫向的裙帶關係，多重交織，共同緊密構成「一個」關係網。

一九九四年，這個結果寫成《總統是我家親戚》，此書另有四分之一的篇幅，展示不屬這個大關係網的姻戚家族，全部屬於外省家族。一九九九年，增修為目前這本《總統的親戚》，則把那四分之一刪除，專只說明這「一個」超級關係網絡，且填補進去更多之前所不知道的關係。

《總統的親戚》出版至今已經十二年，大半時間處於缺書狀態。出版社未再印，是我又多知道了許多家族與此關係網有姻緣連結，且圖表中有幾處人名錯誤，一直希望修補了再印。沒想到，同時間，我沉浸在日本時代社會生活的探索，接連寫書寫專欄，像山脈下挖隧道的潛盾機，心思上和力氣上，都無法逆返政商家族關係這個題目。更且，本書的圖表可互相查考、人名有索引，多加任何一頁、一行，都會牽一髮而動全身，幾乎像春耕翻土，要整個重翻一遍，所以，企圖了幾次，幾次都無功而退。

十二年來，卻陸續傳來一些消息。許多報社、雜誌社的記者，不論跑政治的、跑財經的、跑名人八卦的，都把這本書當必備工具、練功祕笈，好了解這家那家到底是什麼樣的家族，也好辨識清楚或釐清到底誰是誰，誰又是誰的誰，並對台灣的社會階級有一個結構性的了解。有記者買不到書，還整本拿去影印。我想，無論如何，即使不增修改版，也該再印了。

再印的新書，本文部分沒有更動，再次提醒讀者，寫作的基準點是一九九九年六月。所幸，家族關係是永恆的，家族發跡崛起的故事也是不變的，讀起來應該沒有脫節感。而從一九九九年到二〇一一年，在這個大關係網內，又不斷有「網內互聯」和名門權貴結親的行為，謹以表列方式，做為簡單的補記。讀者可詢表格內括號的頁碼，查到這些新關係落於何處。

一九九九到二〇一一年新增姻親關係

關係說明	結親時間
前副總統連戰的長子連勝文（頁六二）娶蔡依珊；蔡依珊的外公陳哲有個姑姑是施素筠（頁三五〇）的媽媽，施素筠嫁入基隆顏家，施素筠的弟弟施子玨是前總統李登輝（頁五二）的連襟，施子玨的太太曾敏是李登輝太太曾文惠的妹妹。	二〇〇七
行政院長吳敦義之子吳子文娶基隆顏家顏惠忠（頁三四八）之女顏安汝。	二〇〇九
華南金控副董事長林明成長子林知延（頁三九〇）娶新光金控董事長吳東進長女吳欣盈（頁二一九）。林知延的媽媽顏絢美（頁三五〇）又來自基隆顏家。	二〇一一

前華南永昌證券董事長許博偉長子許元禎（頁一三〇）娶新光金控董事長吳東進次女吳欣儒（頁二一九）。	二〇一〇
新光金控董事長吳東進的弟弟吳東賢，其獨生女吳昕嫒（頁二一九）嫁台玻集團林玉嘉的孫子。	二〇〇六
太子汽車董事長許勝發（頁二一八）的孫女許瑛瑛，六月與夏姿服飾王元宏、陳彩霞夫婦的次子王子瑋結婚。許勝發是新光金控董事長吳東進（頁二一八）的岳父。	二〇一一
前外交部長簡又新（頁二九六）之女簡儀嫁台玻集團林玉嘉的孫子。	二〇〇七
陳由賢（頁二七八）之子娶金石堂總經理周傳芳（頁一九四）之女。	二〇〇七
陳由賢（頁二七八）之女嫁義美公司高騰蛟長孫高漢克。高騰蛟的太太宋秀霞是宋進英（頁八八）的妹妹。	二〇一〇

上圖初步看起來，五十歲上下的一代豪門子弟，曾在二十年前有一波娶新聞女主播的熱潮，但近十年，似乎「門當戶對」的觀念有回復之象。五十歲那一代，都在台灣受完大學教育，與普通家庭女兒較無文化鴻溝，彼此同學朋友關係網還有交集。而近來結婚的三十歲左右一代，他們清一色念美國學校，畢業即離開台灣出國念大學，或更小年紀就直接到北美當小留學生，再循長輩既有的關係，互相叫著英文名字，談論著彼此在國外的相似經驗；對台灣本地教

育養成的一代男女來說，他們自成一個相對封閉的社群。

近十年來，我也因各種機緣，接觸到部分家族，或相關家族回憶錄出版，而知道更多一九九九年以前的親戚關係，一併略記於後。他日若有機會大修，再仔細寫入。

一九九九年以前既有的姻親關係追補

關係說明
李超然（頁三一四）的姊妹李翼翼嫁林澄木，他們的女兒林瑞慧是中信集團總裁辜濂松（頁八二）的太太。
何壽山的岳父蔡愛義（頁二三七）娶高俊明牧師的姊姊高瓊華（頁三一三）。
李登輝太太曾文惠的舅舅汪明燦（頁五二）的長子汪啟源之女嫁林熊祥的孫子林公世（頁三九一），汪明燦的女兒汪懿範的媳婦是前中研院院長李遠哲的姊姊。
施素筠（頁三五〇）的弟弟施子玨是前總統李登輝（頁五二）的連襟，施子玨的太太曾敏是李登輝太太曾文惠的妹妹。
林熊祥的女婿莊村誠（頁八八）是六福集團創辦人莊福的長子。
福華飯店創辦人廖欽福的二伯之女，即其堂姊，是大同集團林挺生（頁八七）父親林煶灶的元配。
宋進英（頁八八）的妹妹宋秀霞為義美公司老董事長高騰蛟的太太。

前華南銀行總經理高湯盤（頁八九）的長媳是現任國民黨祕書長廖了以的姊妹。
張伯欣的長子張定民（頁二三八）為東元電機集團會長黃茂雄的女婿。
前台灣省建設廳長、台肥董事長朱江淮（頁一九五）的弟弟朱瑞源娶謝如心，她是前立委、棒協理事長謝國城（頁二三九）的叔叔謝溪秋的女兒。

快二十年來，台灣政治歷經藍綠變色，經濟方面有電子業、電信業和兩岸大開放，造成新貴崛起，但本書裡呈現的豪貴家族，做為台灣上流階級的核心，我不認為有所移動。這個盤根錯節的核心只會吸納新貴，短期不至於崩潰，各位讀者深探進去，應該會有同感。

（本文寫於二〇一一年）

自序

這本書描繪「一個」連連相扣又交互結織的政商親戚關係網路。單單要描述完畢這「一個」關係網路的模樣，就超出平常書籍的規模，因此，本書不對政商家族內部的實際互動、人脈關係、金錢往來及姻親關係帶來的影響，多做探討；因為每個家族的歷史都足夠寫一本專書，每個家族又都有很多觀察的切面。

我把本書的「任務」單純化，旨在調查清楚台灣上層社會彼此間的姻親關係，當然也要敘述清楚這些關係及相關人物的身分。由於關係網路未呈固定秩序，而且可以說是極其複雜，為便於描繪清楚，我將之切割成三十一章，並選擇以家族為陳列的方式。每一章其實並不只包括一個家族，附屬於其中的家族，並不意謂它較不重要或權力財富小於主述的家族，考慮點仍在於敘述及閱讀的方便性。

書中關於時間的陳述，以一九九九年六月底為基準點。不少人物的職務頭銜一直在變動，則盡可能追上書稿進入印刷廠的前一刻。

傳統中國式的家譜，只列男兒，不登女子，並不適用於本書關於姻親的主題。西式的家譜則反應不出「房」的概念。本書的圖表格式有自己的特殊性，與正式的家譜學的形式不同。

本書牽涉古今名人多不勝數，製作人名索引，若一一計入，恐怕索引有奪朱之疑，所以，我只選擇大姻親網路內的重要人物，不過，索引人名仍多達近四百個。

本書承蒙中研院社會所蕭新煌教授、《新新聞》周報發行人南方朔先生作序及導讀，我內心有無限感激，感謝他們願意把自己的文字，用來富麗我的書。

書中不少照片，也承蒙相關家族不吝提供，在此特別表達萬分謝意。《新新聞》周報以娘家對待出嫁女的寬愛心情，在照片上做了最大的協助，我銘感在心。其中，更要特別感謝《新新聞》攝影組主編林瑞慶兄。

書稿曾經時報出版公司轉請治台灣史的前輩莊永明先生及新聞界的前輩林添貴先生指正，借用他們的廣學博聞充實本書，並使錯誤降到最低，我非常感激。

這本書可以說是集滿山谷的資料而成，雖然核心的資料——四千張以上的訃聞與結婚啟事，是我勞力密集所得，但若沒有各種前輩的專著論作及提供私人家譜，再多的訃聞亦是枉然，只是零零落落，不成形的碎骨而已。

不少看過書稿的人知道我全靠自己一顆腦，沒用到電腦，都猜我記憶力一定很好，事實上，我忍不住也曾有這樣的想法。但是，我每天早上散步去大安森林公園，試著去記樹木的名字，卻屢試屢敗，顯然書成的主因不在我記憶力好。我的媽媽能細數幾十年前報上登載過的明星結婚離婚紀錄，我猜遺傳性的偏好，才可能是真正的關鍵。所以，我要把書獻給媽媽張素娥女士，當然，媽媽和爸爸總是形影不離，此書也要獻給爸爸陳一旗先生。

（本文寫於一九九九年）

*編注：隨著時光推移，時人的現代照，網路搜尋容易，本紀念版就不特別著力於此。部分家族老照片則因故無法確認來源，而未收錄其中，尚祈讀者見諒。

上層家族政商姻親關係大要

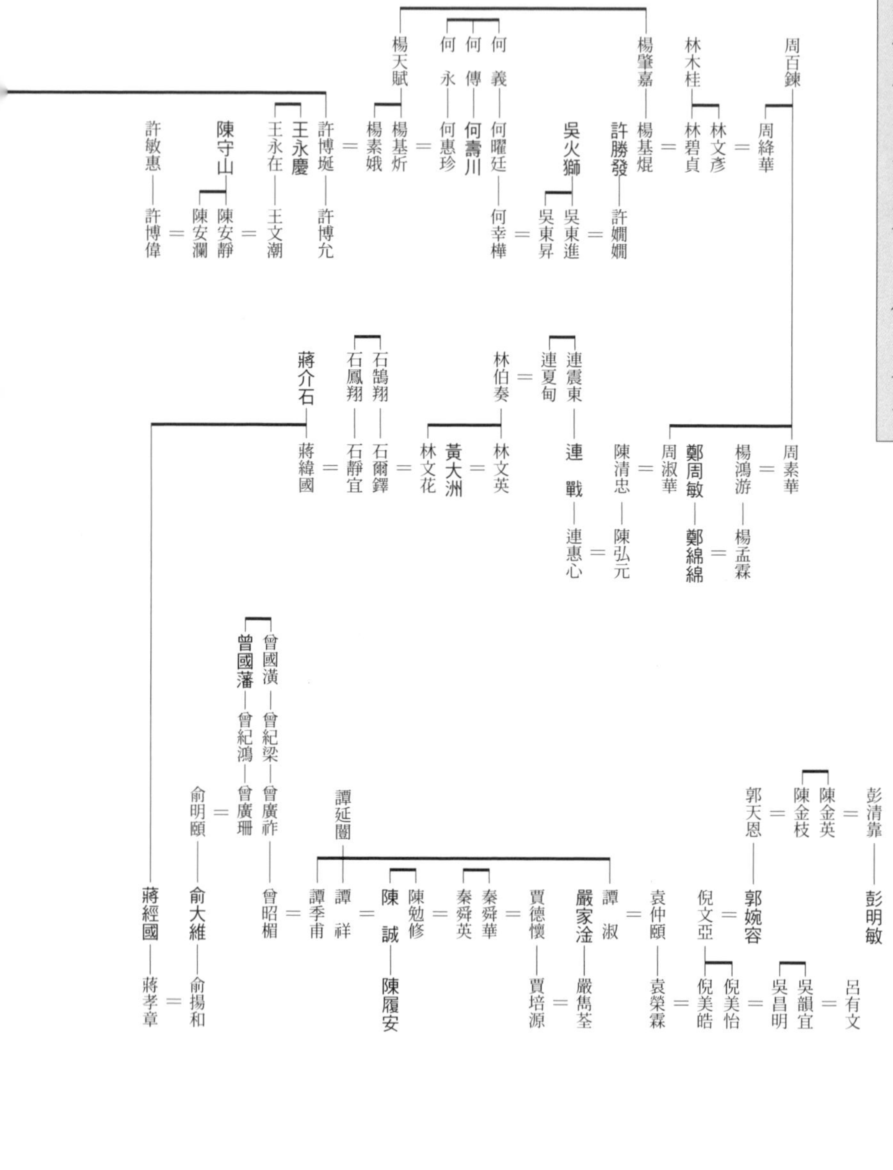

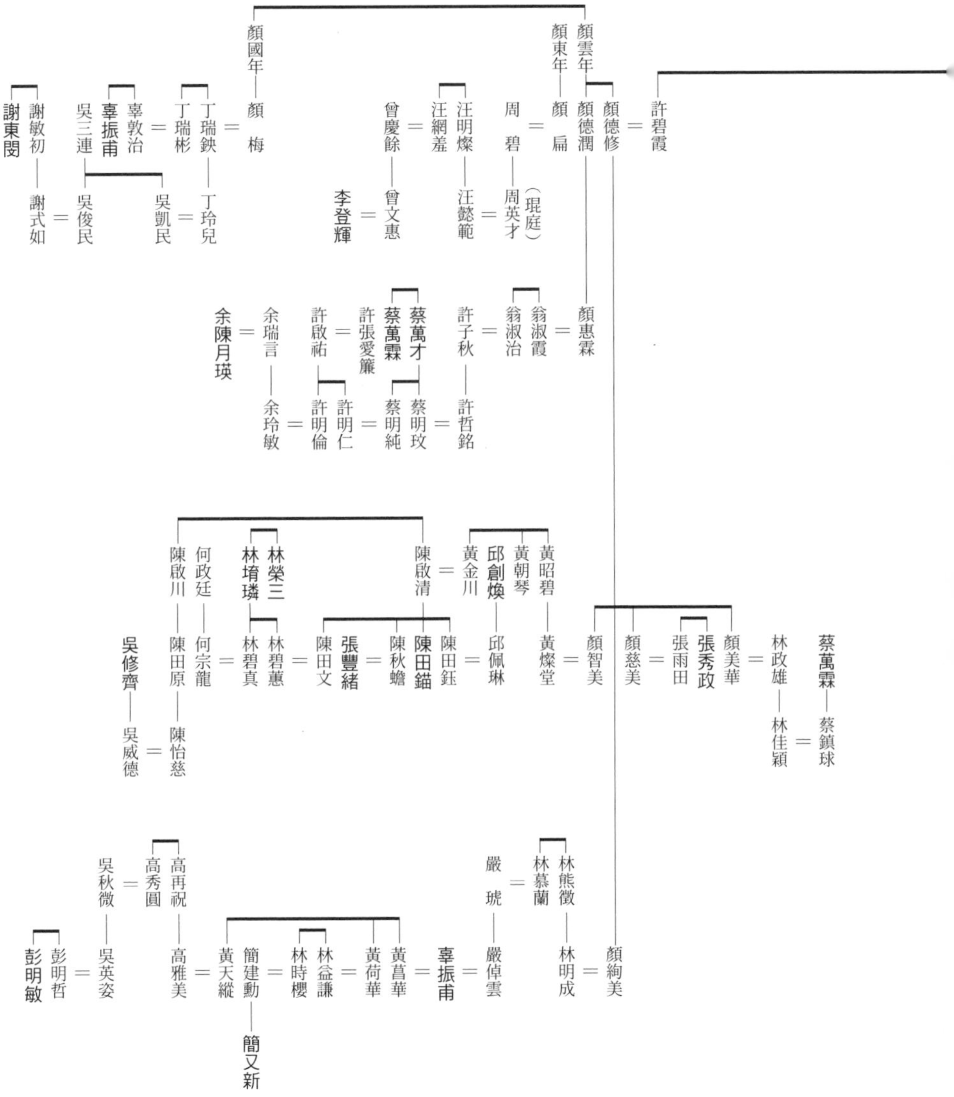

顏雲年
顏東年
顏國年
許碧霞＝顏德修
顏德潤
顏扁＝周碧
周英才（現庭）＝汪懿範
汪明燦
汪網羞＝曾慶餘
曾文惠＝李登輝
顏梅＝丁瑞鉠
丁瑞彬＝辜敦治
辜振甫
吳三連
丁玲兒＝吳凱民
吳俊民＝謝式如
謝敏初
謝東閔
顏惠霖＝翁淑霞
翁淑治＝許子秋
許哲銘＝蔡明玟
蔡明純＝許明仁
蔡萬才
蔡萬霖
許張愛簾＝許啟祐
許明倫＝余玲敏
余瑞言＝余陳月瑛
蔡萬霖
蔡鎮球＝林佳穎
林政雄＝顏美華
張秀政
張雨田＝顏慈美
顏智美＝黃燦堂
黃昭碧
黃朝琴
邱創煥
邱佩琳＝陳田鈺
黃金川＝陳啟清
陳田錨
陳秋蟾＝張豐緒
陳田文＝林碧蕙
林碧真＝何宗龍
林榮三
林堉璘
何政廷
陳啟川
陳田原
陳怡慈＝吳威德
吳修齊
顏絢美＝林明成
林熊徵
林慕蘭＝嚴琥
嚴倬雲＝辜振甫
黃莒華＝黃荷華
林益謙
林時櫻＝簡建勳
黃天縱
簡又新
高雅美
高再祝
高秀圓＝吳秋微
吳英姿＝彭明哲
彭明敏

圖例

- 細直線（—）直系親屬（父母子女）關係。
- 粗橫線（━）為兄弟姊妹關係。
- 橫平行線（＝）為婚姻關係。但已離婚者不特別標明。
- 人名兩側均有婚姻關係線者，究為離婚再娶、元配死亡再娶繼室或同時有雙配偶，不特別標明。
- 人名兩側均有婚姻關係線，且婚姻狀態為同時續存者，在左或在右並不特指孰為元配，孰為妾室。
- 配偶有三人以上，則予以併列在同一婚姻線旁。
- 子女分開排行。若已知有早夭者，亦混入排行。
- 人名下側有（⊗）意指早夭未婚。
- 人名旁有括號，其中的名字，為字號、舊名或筆名。
- 人名兩旁或上下有頁碼號（P）者，指該頁碼上有同一人名，意即各表姻戚關係由此處銜接。
- 點狀線（┆）指為庶出，自家族對嫡庶子女本來就分開排行者。

導讀

南方朔（作家、資深媒體人）

劍橋大學的社會學者隆希曼（W.G. Runciman）說過：「社會被層級化而成為三種不同的向度：階級、身分、以及權力，這在學術文獻裡早已為人熟知。然而，只在很少的時候，人們才明顯的將它做為經驗研究的架構。」

隆希曼教授有感而發，確屬一言中的。階級、身分、權力，這些都是搭建社會的實體成分，也是每一個社會最基本的關係和網路。階級、身分、權力的差異是一切不平等和差別待遇的終極原因。有些人天生就是藍血動物，他們出身統治階級，具有獨特的身分與權力，他們政商兩棲，最頂峰的則是馬克思筆下的「金融貴族」以及核心的政治要員，他們端坐在權力的峰頂，掌控著芸芸眾生。然而，藍血動物的存在儘管是我們在日常生活裡就能感知的成分，但非常奇怪的是，主流的學術界卻總是故意忽視它的存在，甚至還刻意地將階級、身分、權力等範疇故意模糊化。而就在這個模糊化的過程中，我們對政治、經濟、財政、社會的一切理解也就失去了準頭——階級、身分、權力乃是最基本且具體的範疇，只有掌握這些基本的實體關係，那些紛紛雜雜的上層現象才可能被提綱挈領地鑲嵌和定位。

一個和我們不同的統治階級的確是每一個社會裡都存在著的實體。統治階級有著共同的公約數：

（一）、統治階級乃是「跨代遺傳」的政經複合體，因而它們以「豪門」、「世家」的型態而留存著。生為統治階級者恆為統治階級，生而不是統治階級者，除了極少的例外，窮極一生的打拚努力，也仍然只能在它的大門口張望。

（二）、統治階級具有高度自我認同與自我優越的階級性與封閉性。因此，族群的「內婚制」遂成了這個階級不待言宣即自明的規則。「階級性——血統純正」的內婚是階級內的宗教性準則，因而意圖理解這個階級，它們的族群內通婚的家系繁衍史遂成了必要的準備工作。

（三）、統治階級的「階級形成」過程裡，當它的內婚制行之久遠，整個階級即趨向於「結晶化」與「團塊化」。他們「你中有我，我中有你」的結成一個大團塊，每個人都是任何一個人的親戚。他們在自己的俱樂部和高爾夫球場打混社交，他們在自己的圈子公司領高於常人許多倍的薪水，自己人總比別人有更大的從政當官機會。統治階級的政商一體，尤其是掌控了金融財政之權，乃是他們長保利益的關鍵。

（四）、統治階級藉著政商一體、族群內婚、跨代遺傳等而凝聚，這些都不具「正當性」，因此，所有的統治階級都本能地學習到「購買正當性」的方式——那就是藉著昂貴的文化藝術消費而註解他們的「高貴性」（Nobility）。統治階級的財富靠關係和掠奪，他們的身分則靠藝術品、古董、高爾夫球等「搶眼的消費」（Conspicuous consumption）所製造的「品味」所支撐。

統治階級長在，讓人印象最深刻的，或許即是英王喬治五世於一九三五年的喪禮。喬治五世的時代，整個歐洲的封建王室皇族制度已先後持續了二、三百年之久，漫長時間的族群內婚，喬治五世可謂集其大成，全歐洲各國的王室貴族都和英王室有親戚關係。因而喬治五世遂有「全歐洲的舅舅」之稱號。美國的小羅斯福總統親往喪禮，在蜿蜒數公里的出殯行列裡，他的座車排在相當後頭，歐洲各國君主和著名公卿都以親友身分排在前面。喬治五世的出殯場面，讓小羅斯福總統見識了歐洲統治階級的龐大，在歎為觀止之餘，也不得不自慚形穢起來。

全球的統治階級裡，英國不只是「全歐洲的舅舅」而已。英國的統治階級也是最明顯且最有權力的一國。英國統治階級在一八七〇年時，大約七千家人即掌控了全英土地的五分之四。他們又可分為三層，第一層為鄉紳，約為六千家，每家平均擁有的土地在一千至一萬英畝之間。第二層則是七五〇家擁有世襲爵位的貴族，他們的土地在一至三萬英畝之間，由於土地收入可觀，他們都不住采邑之內，而是將田產委由管家總管，而自己則長年在倫敦當寓公。第三層則由大約二五〇個家族所組成，他們擁有三萬英畝以上土地和世襲爵位，乃是統治階級的核心，均屬王孫貴胄。第一層的鄉紳建構起了英國統治階級的地方基礎；另外兩層則是英國的中央上層階級，他們是王室的扈從，是貴族院的議員，金融銀行機構的當家，以及軍隊將領和海外殖民總督的預備人選。他們嚴格的族群內通婚、政商軍三棲，是現代貴族統治階級最嚴格的社會。英國的貴族統治階級到了今日已不再像以往那麼搶眼，但若就實質而言，他們仍然還是存在著，在關鍵部門裡也依然擁有巨大的操控權力。

英國的統治階級，他們的階級、身分以及財富和權力等能夠相互配合，凡屬貴族必為鉅富，也必為黨政軍財領域裡的要員，他們連講話的語調都和平民階級不同。與英國相比，其他的歐洲貴族統治階級就散漫多了——它們有貴族統治階級，但同時也存在著一大群不在統治階級內的貴族。造成這種現象的原因有二：

一是貴族統治階級占有的土地有限，由於缺乏土地財富的支撐，許多貴族統治階級一旦失去政治權力就難免沒落而讓位給其他的統治階級成員。

二是它們的貴族身分給的過分浮濫，以至於大量無田產的貴族遂告出現。一八〇〇年普魯士的世襲貴族多達二萬家；一八五八年俄羅斯的貴族家庭有六十萬之多；一九一四年奧匈帝國的世襲貴族多達廿五萬；一九〇六年，義大利的世襲貴族有一萬二千家。不屬統治階級的貴族因而也就模糊掉了這些國家的階級界線。

古老的歐洲存在著龐大的貴族統治階級，這種階級制度一直延續到今，縱使現在已是民主時代，貴族統治階級在政治上的支配力已漸衰退，然而核心的財權與經濟權，卻始終由貴族統治階級所掌握。

貴族階級不是那麼容易沒落的。當一個上層階級形成並在漫長的時間藉著生殖器關係而凝聚，而同時又被共同的金錢利益等所捆綁，它就有了具備著「自我保存」和「自我維繫」潛力的特性。舉例而言，十八世紀的歐洲動亂，各國王室及統治階級即相互支援而結成保守同盟關係，為大家共同的利益而戰，想要理解那段時間的歐洲史，各國貴族統治階級是一個核心指標。再例如，瑞士的銀行保密制度，它的發生其實也就是為貴族統治階級搬移挪動財富的方便而設；「階級」是一種身分與權力結合而成的利益命運共同體，它不僅是客觀的存在，甚至是具有清楚的意識之「自為存在」（Being-for-itself）。

古老的歐洲有古老的統治階級，它從中古封建時代一脈相連，許多統治的貴族世家至今猶存。也正因此，在歐洲有關這些統治階級的研究頗為盛行，研究他們族譜的，研究其家系的紋章，以及相互通婚的，儘管主流的學術界已被收買馴化而無所措意，但在民間著作裡卻頗熱中，曾見過英國作家安德魯・巴羅（Andrew Barrow）所編的《豪門閒人閒語手冊》（*The Gossip Family Handbook*）裡的英國家系通婚表，那真是個不可思議的豪門親屬網路，英國皇室一路牽到美國的豪門、埃及的王室以及伊朗的皇家。統治階級有其世界性的基礎！

歐洲的統治階級是個超穩定結構，至於美國，它雖然沒有歐洲的那種貴族世襲制，但一個超穩定的實質貴族統治階級卻以另一種方式更強固的存續著。美國紐約市立大學政治學教授伯特倫・克羅士（Bertram Gross）在《和善的法西斯》（*Friendly Fascism*）這本著作裡做過估計，真正主控美國的豪門巨室大約是四至六千家人，這些人掌控了大公司和大媒體，他們掌握的財權可以收編政黨政客和將軍，它是個比歐洲更嚴密的「金—經—政—軍—學」命運共同體。在這個共同體下，「高幹網」（Chief Executive Network）在每個領域自由串走，今天還是國防部長的人，一離開職位，就可以到大軍火公司擔任總裁顧問之類的職務。超級財團財富集中已到匪夷所思的地步：美國一百大企業即占了工業資產總值的百分之五十以上；五十大銀行獨占銀行資產的三分之二以上；十八家最大的保險公司占保險資產的三分之二；十二所私立名校即獲得全美教育捐贈資源的一半以上，華爾街和華盛頓廿八家大型律師事務所掌握了美國一切法律發展。美國大企業領導層出身哈佛者五、一六五人，出身紐約大學者二、五二二人，出自耶魯者一、九四一人等。美國統治階級的嚴密程度勝於歐陸，它是資產階級的樂園，豪門巨室有如隱形君皇般坐在權力峰頂，他們的住宅區以私人道路和外面的公路相連，他們的生活世界外人無從窺探，他們搭乘自己的私人噴射機或直升機，有私人護院、私人俱樂部，他們是命運共同體，民主政治不能改變這樣的結構，反而是大眾在被操控下，藉民主政治來為這個統治階級蓋章認可。美國統治階級的政商勾結在美國批判派的學界裡曾不斷被拿出來討論，然而，它們也不能改變什麼。美國的統治階級，讓人不由得想起文豪費滋傑羅（F. Scott Fitzgerald）在《大亨小傳》（*The Great Gatsby*）裡的一段話：

> 我不能寬恕他，也不能同他做朋友，但是我可以看出來他所做的事，在他自己眼中，是完全有理的。這件事從頭到尾很粗心、很亂。湯姆和戴西，他們這班人都是粗心的——他們砸碎了東西，撞死了人，然後縮回他們自己的錢堆或者他們臭味相投的朋友當中，彼此漫不經心，丟下來的爛污讓別人去收拾。

或許今日美國的困境就是這班統治階級丟下來的爛污——在過去半個世紀裡，藉著預算赤字，他們的財富比平常速度更為加快的累積，他們富了，而美國人以及後代的美國人則更窮了。

美國開國元勛之一的傑佛遜（Thomas Jefferson）自己也算是統治階級之一，他曾在一篇文章中提到過：「我同意，人群之中有一種是自然的貴族，其基礎即是美德和才幹。在以前，體力乃是貴族的要件，但自從槍砲被發明之後，體力的強弱已不重要，而優美、幽默、溫文儒雅和其他品質的比重則日增。此外，尚有一種是人為的貴族，他們沒有美德和才能，靠的是財富和家世。我認為自然貴族乃是自然給人的珍貴禮物，他們可堪做為社會的指導並受到信託，至於人為的貴族則是政府的不幸成分，在政府裡不應將他們晉陞。」如果根據傑佛遜的標準，那麼或許可以說，今日的統治階級都是「人為貴族」，他們有家世和財富，但卻少了美德和才能，除了藉政商勾結而圖利外，就再無其他。

西方有統治階級，東方亦然。以日本為例，戰前的皇室皇族乃是實質的統治階級，明治十七年（一八八四）公布的「華族令」，華族分為公、侯、伯、子、男等五爵，計公爵十一家、侯爵廿四家、伯爵廿七家、子爵三二四家、男爵七十四家。這種華族制度的建立，基本上乃是延續著德川時代的特權秩序而來，第一，藉著華族制度的建立，一個做為皇室屏藩的上流統治階級遂告出現並穩定化；第二，華族制度被確定且體制化，就等於給予舊的特權階級重新生長的機會，他們擁有一個體系裡最無法購買到的「身分」，即可憑藉這種身分而與新興的財經以及軍事豪門通婚，從而延長它們的舊勢力並籠絡收編新勢力，而形成「新舊同盟」。

不過，自從日本戰敗，駐日美軍於昭和廿一年（一九四六）相繼廢華族，實施剝奪皇族及華族特權的新財產稅，日本的舊華族制度即告解體。不過，自一九六〇年代後日本經濟逐漸復興，舊華族卻又告抬頭，就以稍早前的日本首相細川護熙為例，即為舊華族五攝之一的近衛文麿這一系的後裔。財閥政客與舊華族通婚，在日本仍是上流社會的要事。貴族階級是一個具有神話意念，又潛藏著「自我優越性」的意義，在人人爭著要在社會階梯上攀爬，藉著攀爬以證明自己優於他人的時代，貴族的存在讓這些攀爬的人有了嚮往的目標，貴族階級是不會那麼快沒落的。

至於台灣，當然也有統治階級這種藍血動物，只是，這種階級的存在以前被我們刻意或非故意地疏忽了：

（一）、以往，台灣缺乏基本的言論自由，在威權政治下，官僚政客與資本家階級均採取了較低的姿態，他們的活動隱晦，大半在檯面下運作，這個階級的存在無法被日常經驗感知，因而人們也就忘了它的存在，言論的不自由，無法碰觸基本的結構性問題，也使得它的「不存在性」被增強。

（二）、戰後台灣始終存在著一組神話，認為土地改革瓦解了台灣的舊地主階級勢力，這種神話是如此廣泛的為人們所相信，以至於人們對台籍在地政經勢力也就缺乏了從歷史、家系等角度予以追蹤的研究興趣；至於外省統治階級，他們自我存活於另一個自我增殖的封閉體系裡，人們除了偶爾由《中央日報》的訃聞上得窺吉光片羽外，絲毫無法獲取線、面、體等層次的理解。加以兩岸未通，也無法獲取中國大陸那邊所流傳的資料，於是，有關統治階級的家系及其關係等的研究也就長期處於白紙般的狀態。

（三）、有關統治階級的階級、親屬關係，他們的經濟與政治權力等方面之探討，原本即是極其繁瑣的沙裡淘金的工作，研究者必須廣泛蒐尋訃聞、哀思錄、紀念集等非正式出版之資料，更要勤奮地閱讀各種回憶錄、自傳、民國史以及台灣史的資料，其中最難蒐尋的乃是台灣各豪門世家的資料，他們有許多著述均私房印制，限量贈送，不經特殊管道，殊難尋獲。而除了書面史料掌握不易外，與耆老們的交談採訪更是必須下的苦功。這麼繁重的工作，當然也造成人們對這個領域的望而卻步。

不過，被疏忽了的並不表示不存在。大約十餘年前，台灣出現黨外雜誌，掙扎出了一片言論空間，於是，有關統治階級的家系探討遂日益受到人們的關切。例如，個人即曾經根據各類史料重組過蔣介石的這個家系，也曾經根據過《陳布雷回憶錄》、《俞濟時回憶錄》，以及其他如劉健群、陳敦正、干國勳、蕭贊育、滕傑等人的回憶錄及札記而綜理出昔日大權在握的蔣介石侍從室的架構。沙裡淘金，有淘沙時的艱苦，也有淘出金來的喜悅。

不過，有關台籍統治階級這一部分，他們的家系、姻親關係、以及經濟和政治權力這一部分，難度就更高了。舉例而言，無論從《台灣通史》、《台灣省通志稿》、《台灣省通志》等最基本的著述裡，都難以尋覓到足供參考的大量素材，研究台灣統治階級的家系，必須依靠的還是古老的訃聞、家譜族譜、各類民間著述、許多正式著述裡洩露出來的點點滴滴，以及當事人的親友門生等。

因此，陳柔縉窮五年以上的時間，根據上述方法，努力蒐尋台灣統治階級的家系資料，並窮究他們的經濟來源，許多資料還是訪問耆老所得，如此皇皇鉅著，在台灣還是首次。解嚴後的台灣，政治與言論已無禁忌，的確也到了人們應該開始注意統治階級這個最基本問題的時候了。台灣存在著強固的統治階級，它們和外國的統治階級同樣的封閉，盛行族群內婚，藉著掌握國家機器而進行本階級的利益輸送，無論今古中外，統治階級的面貌其實都是一樣的，歐洲的統治階級統治已久，已比較擅於隱藏，而在台灣，則一切卻「白話文」多了。

台灣存在著官僚性格的外省統治階級，那個階級已在快速沒落中，新興的則是自清代以來即一直存在著的台灣在地統治階級，這個階級歷經日治和國民黨統治，它們有著極強的內聚性，族群內通婚亦極嚴格，曾有一位日本學者沼崎一郎做過台灣企業之研究，即發現其透過親屬網路而相互投資者高達百分之六、七十左右。台灣在地統治階級由土地資本而經濟金融資本，逐漸增強為政治權力；由台灣社會經濟史，不難發現它的軌跡。近年來，有關台灣的著作極多，對台灣的真正觀察最有解析力的，仍推矢內原忠雄、涂照彥、劉進慶這一脈相連的政治社會經濟史的著作，陳柔縉有關統治階級家系和政商關係的探討，與上述三家著作可以相互印證發明。台灣的歷史充滿著空白，有關統治階級的家系、身分、權力這一段空白，這本著作是個開始。

了解階級、身分、權力等問題是重要的，一切的社會科學只有以這些實體問題做為框架，才可能讓人們更確切地了解自己的社會，而不至於在花招百出的概念遊戲裡，反而模糊了社會的本質與問題的方向。面對事實，才會進步，或許這才是必須研究階級問題的終極目標吧！

總論

日本前首相細川護熙的家族，自德川家康幕府以來，一直是雄踞日本的九州熊本縣的藩主。有貴族血統支撐，細川首相得以熊本為基地，揮軍進駐首相官邸。另一方面，他也和天皇有姻親關係。除了外祖父近衛文麿曾任內閣總理大臣之外，細川護熙過繼給近衛家族的胞弟近衛忠煇娶皇族之女甯子內親王；甯子是老天皇裕仁的弟弟三笠宮崇仁親王的長女，甯子是明仁天皇的「堂妹」。

另一位前任首相竹下登的長女嫁前自民黨幹事長、副總理金丸信的長子，竹下登的三女又嫁大建設公司「竹中工務店」前董事長的次子。更早的一位首相幣原喜重郎則娶了三菱創始人岩崎彌太郎的幼女雅子。這類透過婚姻，建構政商勢力聯盟的姻戚關係，在日本上層社會就像櫻花一樣普遍。日本人為這種勢力取名「閨閥」。

日本另外還有「財閥」、「家閥」、「學閥」等詞，用來形容不同媒介構築而成的勢力。台灣對這些名詞耳熟能詳，唯獨對「閨閥」陌生很多。事實上，正如同人們和自己的十指那麼親近熟悉，卻完全說不出大拇指指端的那塊骨頭的名字一樣；台灣上層階級的「閨閥」堪稱世界奇蹟，那些主宰台灣五十年政經社會的王公富冑，幾乎全是親戚。人民那麼熟悉他們，對這一點卻毫不知情。

調查發現，台灣存在一個雄偉的政商姻親建築。像童話裡國王的新衣，肉眼看不見。但與國王的新衣不同的是，新衣存在國王的主觀幻夢中，這棟姻親關係建築卻真實、客觀的聳立在台灣島上。諸多達官顯要、豪族世家、名流、富商和文化菁英，透過建築內的通道聯絡，結成一家親。

數政界，二〇〇〇年以前，「中華民國在台灣」，共有蔣氏父子、嚴家淦、李登輝四位總統，副總統則有陳誠、嚴家淦、謝東閔、李登輝、李元簇及連戰六位，除李元簇之外，其餘都被這一張姻親圖吸納進網。五院正副院長，現任的監察院副院長陳孟鈴、司法院副院長城仲模，近十年來的前任行政院長連戰、監察院長陳履安、立法院長倪文亞和劉闊才、考試院長邱創煥、司法院副院長呂有文、考試院副院長林金生等等，都有資格說「總統是我親戚」。眼前熱門的副總統人選，吳伯雄和蔣孝嚴（章孝嚴）也在其中。甚至民進黨的高雄地方政治霸族「余家班」，以及上次代表民進黨角逐總統的彭明敏教授，也在姻親大圈內有據點。

數商界，歷年排名前二十大的企業集團，總有一半在這個龐大的親戚關係網絡裡。國泰人壽蔡家、台塑集團王家、台泥辜振甫家族、大同公司的林挺生、統一企業吳修齊家族、東帝士集團的陳由豪、永豐餘集團的何家、新光人壽吳火獅家族，這些看似各自獨立的家族企業體，從這個政商姻親建築結構鳥瞰，實際上又串連成一個姻親大集團。

其他大企業，像力捷電腦集團、環亞百貨、嘉新水泥、太子汽車、三信商事集團、味王、台鳳、花王、滙豐汽車、廣豐實業、代理日本三菱電器的「中國電器」、三重幫的「宏國」、「聯邦」、「宏泰」等集團，也都像黏黏的「麻糬」，緊貼著那個由姻親構築成的城堡。

文化界的名人，則有新象藝術中心的許博允、雲門舞集的林懷民、電視歌仔戲的巨星楊麗花；甚至棒壇的領袖人物，「少棒之父」謝國城和「成棒之父」嚴孝章也屬之。

描述這一大團政商名戚，還可以換個說法。任意挑選中間一位達官貴人，就以前交通部長簡又新為例，尋找他的親戚網，其結果，正是這張大網；或者為前高雄縣長余陳月瑛、台籍第一位上將陳守山尋親，親戚名單都是一模一樣。

美國現任總統柯林頓和前任總統布希競選時，美國的家譜學者為了展示他們的「專業」素養，經過地毯式搜索，發現兩人可以說得上是親戚。假如，也玩一下相同的尋親遊戲，「台灣模式」顯然更加趣味。楊麗花是蔣介石的親戚。清末緝菸名臣林則徐和現任政務委員郭婉容也是親戚。幾年前名噪一時「吳蘇案」的男主角吳天惠，和因私賣麵粉入獄的前省議會副議長林頂立，以及因貪污案被捕的蔣介石祕書王正誼，三人都因司法訴訟聞名，他們也是大姻圈內的親戚。

但平民百姓千萬不能痴心妄想，猜想自己可能是連結大官名人姻親關係的中途島。因為，把台灣半世紀以來的四位總統結成一家親的，只有二十個家族，而且，各個是世家豪門。而其他可牽連進政商姻親大系裡的家族，沒有半個平戶。關係網絡裡，凡屬連接兩個大族姻親關係的關鍵人物，若他本身不是王公巨商，一定系出名門；不是祖先為歷史必須著墨的大人物，就是父親為達官顯要。每一個環環相扣的關係橋梁，無一人是凡夫俗子，沒有一位冷場人物。由此，所謂「階級性」便跳凸出來。這真是「台灣奇蹟」的另一篇章。

布希和柯林頓總統為親戚，那是偶然。台灣的姻親建築，絕非偶然，跟羅馬一樣，不是一天造成的。身在姻親建築內的當事人，往往解釋他們的那樁婚姻，係出於自由戀愛或兩家早是世交，結姻是自然的事，沒有刻意藉婚姻來做政治或經濟勢力的聯盟或投資。個別去反駁每一樁婚姻的動機，無異去沙漠尋找企鵝，恐怕諾貝爾得主也無法竟功。但從結果面來看，若上百組「偶然」的婚姻，可以把政商權力階級組織成親戚集團，這些婚姻活動就非「偶然促成」所能解釋。

表面看起來，台灣政經社會結構，沒有階級性。不像日本或中國的魏晉南北朝時期，貴庶之間嚴格禁止通婚，上流階級通婚係遵循法令。兩者都為了穩定統治基礎，嚴格區隔階級，於是限制不同階級通婚成為必要的手段。日本幾百年前便有律令，天皇家族只能和五大攝政家，即五個姓氏的貴族世家通婚，五個姓氏分別是「一条」、「二条」、「九条」、「鷹司」和「藤原」。一直到明治天皇為止，皇后還來自「九条」家族。在中國，晉南朝時，有士族違反門第婚姻，與平凡民家聯姻，遭彈劾奏請「黜之流伍」。北魏更明文禁止士庶「苟合」，「虧損人倫」，否則「犯者加罪」。

台灣的通婚操作方向恰巧相反，沒有公權力強制固定階級內婚，在婚姻的世界，似乎任何人都可以自由遨遊。但卻得到與有法令驅使的封建社會相同的結果。換言之，台灣隱然存在一個權貴階級，也是真正統治台灣的階級集團。

從家族聯姻的角度來說，此一姻親建築的主體鋼梁結構，由「舊五大」、「新五大」和「外四大」家族形成。

所謂「舊五大」，指日治時期興盛的五大豪族，從北到南，分別是基隆顏家、板橋林家、霧峰林家、鹿港辜家及高雄陳家。舊五大中，仍有辜陳兩家持續鼎盛的政商實力。

「新五大」家族崛起於國民政府遷台以後，包括連戰家族、國泰集團蔡家（分枝為霖園和富邦兩集團）、新光集團吳家、「台南幫」統一集團吳家，以及永豐餘集團何家。

「外四大」為外省籍在台灣的四大家族，分別是蔣介石父子家族、前副總統陳誠及嚴家淦兩家、前國防部長俞大維母家的曾國藩家族。新、舊、外十四大家族，不折不扣也正是台灣半世紀以來真正的核心統治階級。

而保守估計，因為連戰、蔣孝嚴、吳伯雄等人都屬身此一大姻親集團，往後十年，台灣的政治權力仍不會脫離這一集團。財經的勢力比政治穩定千萬倍，所以，可能五十年後，討論財富階級，談的也還是此一集團內的個人、家族與財團。

由於「財勢」比「政治權力」有更持久的生命，所以，新興財團家族比新興政客更容易和舊世家豪商結姻緣。王永慶、吳修齊這些大老闆有辦法和茶商首富「陳家」、煤礦巨商「顏家」、高雄「陳家」結成親家。但是，蔣經國掌權以後，擴大用人基礎，政壇出現一批出身寒微、苦學向上的台籍新政客，像許水德、趙守博、陳水逢、蕭天讚，甚至於包括更早的林洋港，他們就不屬於這個姻親網路。

為台灣上層階級政商姻親關係整體圖像，梳理其中的秩序，獲得最引人注目的特性，正和台灣近五十年的政經發展、最深沉的問題相同。這個無法一人一力塑造的圖像，如一面鏡子，忠實反映了省籍隔閡的問題。

本外省族群強烈的內婚傾向，無遺表露於圖像上。以本省族群為主的大姻親網內，包括數十個台籍大家族。它們又以台灣舊五大家族為核心，透過五大家族的中介、轉運、串連成親。

台省大族通婚，內聚力強；它們並非組串成「一條鞭」式的關係線，而是多頭交織，名副其實在結織關係「網」。姻親關係經過不斷重疊而強化。簡單舉例說，高雄陳家陳田錨（前任高雄市議長）的叔叔陳啟安，把女兒嫁給基隆顏家顏德潤的兒子；陳田錨的妹妹又嫁屏東張豐緒（前內政部長、中華奧會主席），張豐緒的媽媽藍奎則是顏德潤的太太藍錦綿的堂姑。

這個毛線球狀的關係內部，只有極少數的外省權貴官僚和財閥「闖入」，像國民黨元老中常委谷正綱，他是陳田錨的親家；前國民黨中央黨部祕書長唐縱（湖南省籍），他和前彰化銀行董事長張聘三（台中市人）結為親家。財團之間，有台泥董事長辜振甫分別和前華夏海灣集團董事長趙廷箴及嘉新水泥董事長張敏鈺是兒女親家。大同公司董事長林挺生的女婿孫黔是福建省籍、前台鋁總經理孫景華的兒子。其餘台籍企業家全然不與外省官商結親，只選擇同族群財團和高官。林挺生與辜振甫的子女通婚，跨越省籍樊籬，而他們恰巧又是企業界前後兩位龍頭，似乎暗喻台籍商人在蔣家掌權的時代愈能超越省籍鴻溝，和國民黨當權階級關係愈好，權勢地位也愈高。

大集團外部，附著兩個外省籍姻親集團。一個簡稱為「總統幫」，一個稱為「福州幫」。總統幫內部密不透風，全然為外省同族群內婚。關係從蔣介石家族開始，蔣經國之女嫁俞大維（前國防部長）之子↓俞大維的表妹是陳履安的小舅媽↓陳履安的叔叔陳勉修的連襟是嚴家淦的親家。從陳履安家族，另分支關係可到倪文亞，而倪文亞和陳履安的大姨父是親家。倪文亞的關係再分支則可走到呂有文（前司法院副院長、四川省籍），呂有文的大舅子是倪文亞的女婿。

總統幫和本省姻親大集團有三線通路，也就是有三樁婚姻，使兩者關係掛勾。第一樁是前台北市長黃大洲太太的三姊林文花嫁蔣緯國元配石靜宜的堂弟石爾鐸。第二條通路的橋梁由倪文亞與太太郭婉容構築而成。第三樁婚姻是俞大維的表妹夫費驊（前財政部長）的弟弟費騄，娶婦聯會總幹事辜嚴倬雲的表姊妹沈佩申。

第三條通路上，就碰觸到「福州幫」。辜嚴倬雲的祖父是清末碩儒嚴復，沈佩申的曾祖父是清末大臣沈葆禎，他們和緝菸名臣林則徐，均出自福州，他們和板橋林家累代通婚，結成緊密的姻親集團。沈佩申及辜嚴倬雲兩人的媽媽為姊妹，都是板橋林家人。板橋林家在舊五大家族中，最具「中國色彩」。林家家族龐大，來台發跡後，部分子孫返居福州，兩地植根，因此成為福州幫和台省姻親大網的重要橋梁。

小結來說，毫無中國經驗的純粹台籍世家富商，幾乎不與外省官商產生直接姻親關係。把本外省繫成姻親的牽線人物或家族（像板橋林家），絕大多數都有中國經驗，這之中就包括了俗稱的「半山」。拿蔣家與台籍大姻網銜接關係來說，線路是「蔣緯國的元配石靜宜↓石靜宜叔叔之子石爾鐸↓石爾鐸娶林文花↓林文花的舅舅之子連戰↓連戰之女嫁台北名商陳查某之孫」，其中，林文花的父親林伯奏雖是彰化北斗人，但曾任清末名臣盛宣懷之女盛關頤的祕書，讀上海同文書院，日治時期在上海經商。包括林文花也是「小半山」，戰後才隨父母返台。連戰的「半山」身分更不消說，他生在西安，母親是瀋陽人，父親連震東是返台接收的「半山」要角。辜振甫雖沒有遊居中國的經驗，但太太是福州人，也類屬「半山」。

郭婉容成了本外省姻親通道的異數。她早先嫁台大憲法學副教授劉慶瑞，劉氏矢志修訂一部適用台灣的憲法，是一位本土性強的台籍學人。郭婉容的娘家，有弟弟是台灣長老教會牧師，有舅舅曾任長老教會議長，是教會坐第一把交椅的人物，若非劉慶瑞英年早逝，郭婉容不會有此中介角色。

若再檢視龐大姻親網之外的零星婚姻圈，更可以體會台灣權貴階級的族群隔閡有著深深的刻痕。前述的大型婚姻網路假設像是太陽系裡的太陽；太陽是太陽系動力的來源，也是太陽系的主宰，正如這個大姻圈對台灣政經社會的意義。那麼，環繞太陽運行、臣服於太陽的行星和衛星，就是這裡所謂的零星婚姻圈。其特色是沒有半位台籍大企業家、金主或技術官僚在其中。

每一個行星、衛星一般婚姻圈內，至少都包含有三位政務官層次或相當政治地位的政治人物。這些小集團的外省權貴婚姻圈目前約有二十個，屬於現下的高層官僚或政客。例如前行政院長李煥和前退輔會主委許歷農為姻親；李煥的連襟是許歷農的堂兄，李煥的子女均親暱稱呼許歷農「叔叔」。剛卸任陸委會主委的張京育則又是許歷農的兒女親家。前行政院長俞國華和前立法院副院長陳立夫同出蔣介石官邸，他們也有姻親關係。俞國華的親家姚淇清是陳立夫的甥婿。陳立夫又與前行政院長俞鴻鈞的弟弟是親家。備受李登輝倚重的前國安會祕書長丁懋時，他的太太是前省主席黃杰上將的外甥女，在黃家長大，猶如親生女兒。前空軍總司令烏鉞則娶黃杰親生女兒。

前考試院副院長毛高文為中將之後，他的姻親網反映強烈的軍系通婚的封閉性格。前保密局局長毛人鳳是他大哥的岳父；毛人鳳又和前空軍總司令陳嘉尚結為親家；前警總總司令、國安局長汪敬煦也是毛人鳳的親家；汪敬煦又是一級上將何應欽的侄女婿，何應欽在國民黨政府節節敗退之秋，曾經出任行政院長。汪敬煦的一位連襟是前國大祕書長洪蘭友的兒子，前聯勤總司令溫哈熊又是洪蘭友的女婿。

又如，現任考試院副院長關中的岳家也有相似狀況。關中的岳父張國英本身曾是陸軍總司令、退輔會主委，其親家有海軍總司令劉廣凱、前國防部次長艾靉中將。

再進一步剖析上流社會省籍問題的現象，台灣上層的巨賈重臣、將領名紳，第二代也不乏與異族群通婚之例，像李登輝有位女婿是廣東籍華僑，陳田錨的一位弟弟娶外省籍太太。這時候，他們和庶民階層的通婚行為沒有過大的差別，雖然仍低於庶民本外省通婚率；依中央研究院民族學研究所王甫昌調查，本外省一般民眾通婚率「比百分之九．七稍高一點」。但是，從上流階級姻親關係表上可以發現，只要一遇到通婚對象是「門戶相當」的名門宦族時，省籍就如鬼魅一般出來作怪。

省籍問題源於分彼我，為何會分彼我？歷史有著很多「上岸」的故事，「五月花」船靠航美國東岸、哥倫布登上巴哈馬群島、華工停泊舊金山外海的天使島，期待進美國新大陸等等。一「上岸」，立刻會產生人我之辨，舊主相對於新客、強與弱、文明與落伍、征服與被征服、搶奪與被剝奪，對立的角色與地位，在上岸的剎那，立刻開始如傳染病菌般孳生。那是人類世界的「相對論」，恆常不滅的定理。

一粒細砂吹進眼睛，任何人都不得不反射眨眼的動作。不同族群的間隙、偏見必然存在。問題是，眨眼之外，要如何對付那粒砂子？哥倫布在巴哈馬群島中的海地建立第一個據點，留駐一部分人員，等再次登臨海地時，發現留守人員已被土著刺殺。台灣的情況沒這麼悽慘，但也非融洽共處。自國民黨勢力「上岸」以來，庶民社會區分為「本省人」和「外省人」，權力的社會劃分成三種，多出「半山」。對平民而言，天高皇帝遠，以前窮，現在還是老樣子；二二八並非殃及所有台籍人民，比例很小的人遭遇死傷的災難，但族群記憶已記載著一種嫌惡感。民間長一輩台籍人民且不願子女與外省人婚嫁，遑論上層階級的台灣人普遍有受難的切膚之痛。

舊五大家族中的基隆顏家、辜家、板橋林家都有被捕、監禁、坐獄的經驗。國民黨為逮捕前國大代表、臺陽礦業公司董事長顏欽賢，一個夜裡，把顏欽賢的嬸嬸一家大小先行拘捕，追問顏欽賢的下落。林家的林熊祥（後曾任省文獻會主委）和辜家的辜振甫也因被控鼓動台灣獨立，坐牢快兩年不等。

五大家族近距離的親友也有不少人受相同之苦。像辜振甫的嫂嫂辜顏碧霞，也就是現任中國信託董事長辜濂松的媽媽，早年也坐過政治黑牢。板橋林家的首席「總管」、前日本貴族院議員許丙和林熊祥、辜振甫同案入獄。辜振甫的大舅子嚴僑在白色恐怖那段時候，曾被疑為「匪諜」，抓去過夜問話。霧峰林家的大家長林獻堂也曾登上行政長官陳儀的「漢奸總檢舉」的黑名單，幸虧丘逢甲之子丘念台是「半山」紅人，林獻堂的堂姊又嫁丘念台的叔叔，丘念台出面阻止，才得倖免，否則林獻堂的命運大概相差不多。

在權力的範疇，上層台籍菁英士紳有著嚴重失落感。「半山」得勢，意謂著有一群從中國回台的台籍人士，搶下「台籍」的光環。當國民黨當權者冀望展示他尊重「在地人」的懷柔策略時，總是優先選擇了「半山」。這個情況一直到蔣經國掌權才獲得紓緩，也才有所謂「本土化」的用人政策。

拿林獻堂來說，第一屆省參議會（省議會前身）推選議長時，眾人莫不以林獻堂為當然人選。日治時期，林獻堂是全台抗日的精神領袖，被日本流氓打過一巴掌，使他的民間聲望愈隆。但到競選的當口，便有一股政治力量的暗流阻攔眾人的勸進，要求他讓賢給「半山」黃朝琴。

經濟和文化的既得權勢及利益，也遭「半山」瓜分或搶奪。板橋林家的家族金融事業「華南銀行」，戰後籌備改組，就被「半山」、情報系統的高幹劉啟光搶占董事長。華南銀行吸納許多華僑資本，行產分居海外，戰後遭當地政府沒收，行產空虛，劉啟光見狀，再兼併「台灣信託」。台灣信託總經理陳炘突然被捕失蹤，財產旁落，於是上層台籍商紳舊貴把帳都記在「半山」

這個中間族群頭上。

文化事業的失利，可以前交通部長簡又新的外祖父林呈祿為例。林呈祿一直掌握台灣菁英支持的抗日機關媒體，不是當報紙總主筆，就是雜誌總編輯，屬抗日派中，林獻堂以下第二階層的重點人物，日本總督府為了拉攏他，還曾遴聘為總督府評議員。日本時代，林呈祿擔任《台灣新報》社長，國府時代，半山紛紛接管各種事業，《台灣新報》就被李萬居（後來成為黨外省議員）接收，林呈祿社長職銜被摘除，只落得一個顧問的名義。

「半山」一詞成為台灣政治史上特定的族群，絕非空穴來風，無風起浪，或純粹因趣味而生。它象徵本外省上層階級的鴻溝與芥蒂。反映到上層通婚圈，就可發現，即使少數外省和本省有通婚關係，那個「本省」絕大多數是「半山」。以辜振甫的姊夫黃逢平之例最顯著。黃逢平的親家蘇紹文是台籍半山，曾任中將及省府委員。蘇紹文分別與外省中將彭戰存、「半山」台北市長游彌堅是兒女親家。游彌堅太太的哥哥王賡曾隨侍蔣介石夫婦出席開羅會議，是宋子文系的留美派紅人。

當今副總統連戰的姻親線，一邊有長女連惠心嫁台籍前監察院副院長周百鍊的外孫陳弘元，另一邊有姑丈林伯奏和蔣緯國元配的親叔叔是親家，一本省一外省，連家居中，正是「半山」背景，林伯奏也是半山。

本省籍上流階層「菁英意識」強，自視甚高，至少不認為比後來的外省官僚差勁，則是省籍隔閡最深層的心理狀態。菁英意識並非由來無方，知識是他們驕傲的泉源。台灣史上，隨著日本開始統治台灣，逐漸興起一個新知識階級，銜接了先前的舊儒漢紳階級。舊紳階級讀漢書，以中國為宗主，矢志跨海參加科考，求取功名。一八九五年政治變天，阻斷這條內渡祖國的仕途，新來的主人總督府及轄下各地方官、甚至公學校裡的日本老師均鼓吹地主儒紳，把第二代送去「內地」(日本)留學。不鼓勵一般家庭，純因經濟條件差，供子弟讀公學校(相當於現在的小學)已很勉強，何況留洋。於是，原地主階級子女魚貫赴日，讀醫學、法律、工業、經濟、美術、政治等西方現代新知識。基本上，做為日本殖民地的台灣，經由日本，已然現代化，並緊追世界文明的潮流。

留日風開始於日本治台第二年。台北大稻埕茶葉鉅商李春生於一八九六年，即跟隨第一任總督樺山資紀訪遊日本，並把孫子多人留居日本讀小學，開啟新知識階級的先河。一九一〇年開始，蔚成一股東瀛留學熱潮，持續不墜到戰爭結束。李登輝總統和前台大政治系主任彭明敏等人算是最後一批。他們在日本的大學學業尚未修畢，日本即已投降，因此轉回台灣大學插班。換句話說，新知識階級大約是一八九五到一九二五年出生的台籍人士。人數之多，在大家族裡隨手可摭。

反觀中國同一時間的五十年，腐敗的滿清接上兵荒馬亂的新中國，先是昧於西方文明，及至民初覺醒，立刻又陷入刀戈爭戰中。老一輩台籍士紳菁英喜歡這樣問：「他們能讀什麼書？」不要說陳儀、蔣介石者流，留日只是讀陸軍士校，即使稍晚的國民黨權貴官僚不少人畢業於中國名校，北大、清華、交大、朝陽大學等等，在台籍上階層讀書人眼中，談不上什麼水準。

台灣知識菁英和地主士紳階級有他們反國民黨、反外省籍的被壓迫性原因。但是，一股腦兒把責任轉咎給另一方，似乎犯了把問題簡化成是非題的毛病。拿政治權力的寂寞感這一點來說，蔣氏父子政權的用人，的確偏外省輕本省，不讓本省紳民滿足。財、金、軍、黨、教育、外交各部門首長，從未「施捨」給台籍。蔣介石生前最重要的黨內培訓幹部計畫——長達十二年的「國防研究院」，共調訓七百三十三人，台籍只廿八位，台籍明顯被壓縮在地方政壇活動。

但對蔣氏政權而言，省籍平衡只是他用人謀略必須「照顧」的面向之一而已。一九四九年，六十萬外省軍隊流亡齊集台灣，過多的軍頭湧進過小的島嶼，蔣介石被迫一口氣解放幾百位次一級將軍的軍權，編入各公營事業當顧問，坐領乾薪。在中國叱吒風雲的高層將領、各省政府主席，不計其數，也必須用各種方法「閒置」他們，讓他們只坐國大代表等等高尚無權的位子。連何應欽、白崇禧、薛岳等人都沒大位坐，蔣介石怎麼顧得及「素昧平生」的台籍名流重紳。道義上，蔣介石更迫切需要照顧跟隨他的部隊，軍人又多，於是軍人不得不溢出軍事系統，侵占行政、黨務部門。像黃杰、陳大慶當了台灣省主席，楊繼曾當了經濟部長，情報出身的唐縱出任中央黨部祕書長，更多軍頭出使邦交國做大使。

偶爾美國施壓，還必須起用一些美國認可的民主派人士，像台灣省主席吳國楨。而蔣氏軍事政權喜好學人「蓋章」認證，強化國民黨的正統性，沖淡威權政治的色彩，於是又有許多「學者」被找進政府，因此又占掉一些職位，像胡適當中央研究院院長，張其昀和梅貽琦當教育部長。黨內派系平衡也是考慮因素之一，失勢的CC系，有程天放出任教育部長和考試院院長。

為了和中共隔海對抗，國民黨以「尊孔」對付中共的「批孔」，把孔家聖裔孔德成捧到考試院當院長。再加上蔣介石個人對「死忠」的奉化鄉親特別有感情，對親信的子婿特別關懷，對名門世族後代特別照顧，形成台灣政治嚴重的家族分贓現象，權貴子弟大受重用。五花八門的考慮擠壓「省籍平衡」這一點考慮，使蔣介石幾乎忘掉拔擢台籍政治人物。

政治上用人本來就不是很科學、客觀，「關係」是最重要的前提。白話一點說，「關係」最基本的就要先彼此「認識」。而語言障礙大大妨害了台籍人士的通天之路。舉個實例來說，一九四九年發生「四六事件」，大學生抗議警局處理違警案件不當，警總夜間到校抓滋事學生，省主席陳誠宣布整頓學風。當時擔任教育廳副廳長的謝東閔兼任省立師範學院（今師範大學）院長，提出辭呈辭去兼職。陳誠尋覓繼任人選，依前《國語日報》社長、前立委洪炎秋的說法，陳誠請謝東閔自本省籍人士中擇一自代人選，謝提議洪炎秋。陳誠很慎重，再問過台北市長游彌堅和省議長黃朝琴，大家都說可以。之後，陳誠還請洪炎秋的北大老長官傅斯年帶洪去見他，做最後定奪。

這是一樁非常典型的台籍被起用的過程。陳誠既點名「本省籍人士」，本省籍沒有異族群競爭的問題。但不論原始建議者或諮詢對象，從謝、游到黃等人，乃至於洪炎秋本人，都是戰後自中國返台的台籍「半山」，傅斯年則是外省籍。可以見得，陳誠可能不大去區辨純台籍和半山的不同，不論如何，他總是要找可以談話的人做部下，不會說國語的老一輩台灣人，自然不容易擠進候選範圍。

第一章
李登輝家族
楊三郎、汪明燦、董大成、李遠哲

李登輝家系

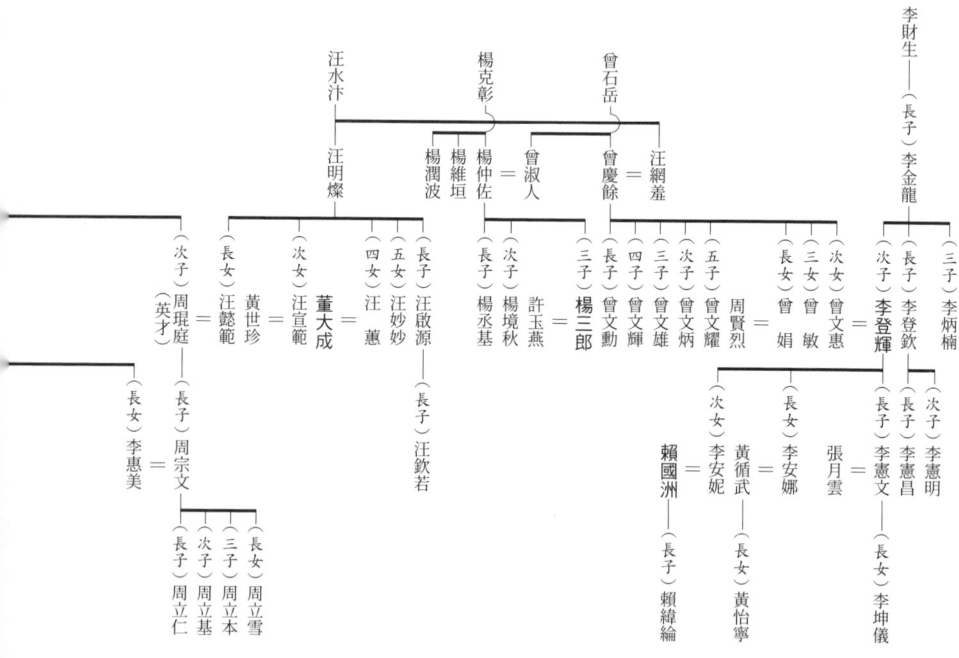
李財生
（長子）李金龍
（三子）李炳楠
（長子）李登欽
（次子）李憲明
（長子）李憲昌
（次子）李登輝
＝
曾文惠
（長子）李憲文
＝
張月雲
（長女）李坤儀
（長女）李安娜
＝
黃循武
（長女）黃怡寧
（次女）李安妮
＝
賴國洲
（長子）賴緯綸
曾石岳
曾慶餘
＝
汪網羞
（次女）曾文惠
（三女）曾 敏
（長女）曾 娟
＝
周賢烈
（五子）曾文耀
（次子）曾文炳
（三子）曾文雄
（四子）曾文輝
（長子）曾文勳
楊克彰
楊仲佐
＝
曾淑人
楊維垣
楊潤波
（三子）楊三郎
＝
許玉燕
（次子）楊境秋
（長子）楊丞基
汪水汴
汪明燦
（長子）汪啟源
（長子）汪欽若
（五女）汪妙妙
（四女）汪 蕙
（次女）汪宣範
＝
董大成
（長女）汪懿範
＝
黃世珍
（次子）周琨庭（英才）
（長子）周宗文
＝
（長女）李惠美
（長女）周立雪
（三子）周立本
（次子）周立基
（長子）周立仁

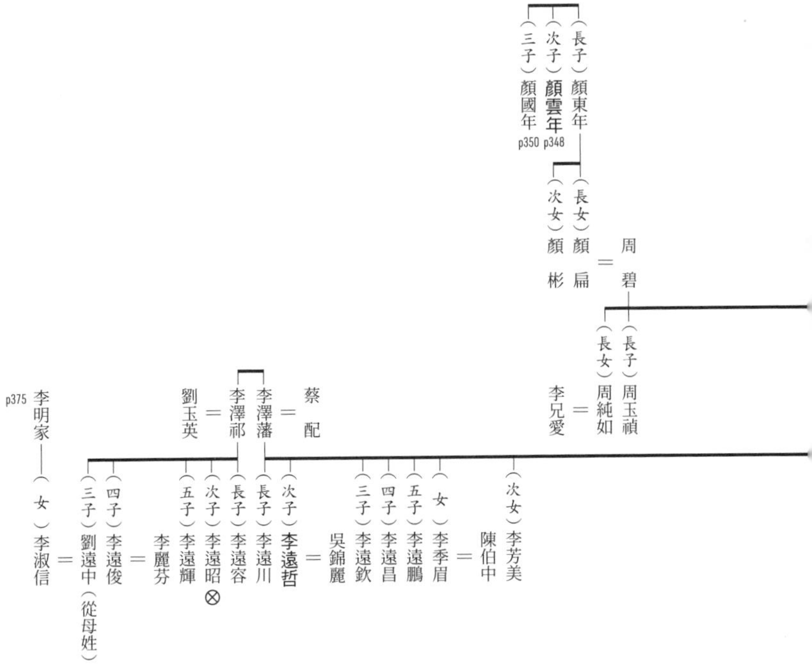
（長子）顏東年
（次子）顏雲年 p348
（三子）顏國年 p350
（長女）顏扁
（次女）顏彬
＝
周碧
（長子）周玉禎
（長女）周純如
＝
李兄愛
蔡配
＝
李澤藩
李澤祁
＝
劉玉英
李明家 p375
（次女）李芳美
陳伯中
＝
（女）李季眉
（五子）李遠鵬
（四子）李遠昌
（三子）李遠欽
吳錦麗
＝
（次子）李遠哲
（長子）李遠川
（長子）李遠容
（次子）李遠昭⊗
（五子）李遠輝
李麗芬
＝
（四子）李遠俊
（三子）劉遠中（從母姓）
＝
（女）李淑信

台灣舊五大家族，板橋林家、基隆顏家、霧峰林家、鹿港辜家及高雄陳家，架構起台灣政商姻親網路的骨幹；權貴重商透過這五大家族，結出一個龐大的親戚網。

其中，最「貴重」的名人，屬當今總統李登輝。李登輝通過基隆顏家的中介，進入台灣的貴族姻圈。關係線由李太太曾文惠拉出。曾母姓汪，是淡水名人汪明燦的大妹。汪明燦的長女嫁前台陽礦業常董周碧的兒子，而周碧的岳父顏東年是開創「基隆顏家」的顏雲年的長兄。

李登輝循線碰觸到顏家，名親貴戚就如櫻花飄落的剎那，不勝盡數。顏雲年系中，前彰化銀行董事長羅萬俥是女婿；孫子顏惠霖是前衛生署長許子秋的連襟；孫女婿有來自板橋林家的、有出身統一企業吳修齊家族的、還有永豐餘紙業集團的何家人；孫媳婦則有來自高雄市議長陳田錨家族。顏雲年的弟弟顏國年，則有女婿魏火曜曾任台大醫院院長。

把李登輝的姻網帶出「三芝源興居」的關鍵人物——曾文惠的舅舅汪明燦，是上流家族人盡皆知的名紳。曾文惠的外公在淡水街上經營藥店，舅舅汪明燦自國語（日語）學校第一期畢業，因日語說得好，人也長得體面瀟灑，順利進入林本源事務所，負責台灣第一世家「板橋林家」與日本官方的交涉事宜。

和汪明燦同期畢業、習通日文的台籍名人還有前政務委員蔡培火、許丙、陳逢源（前台北區中小企銀董事長）幾位。他們無疑是日本治領台灣以後，第一批受完整日語教育的台灣人；而在任何異族統治的地方，能說新主人話的通譯可能比舊貴元老更接近新統治主。

板橋林家當時居全台首富，擁有五千三百甲土地（一九〇〇年），遍及北台灣，幅員廣大。

土地放租，業務龐大，林家分設帳房來管理經營，內部稱帳房總管為「家長」。板橋林家大房分家以後，汪明燦當上林熊祥（曾任省文獻會主委）一房的「家長」。

板橋林家家大業大，家長走起路來，袖邊生風。日本官方籠絡舊時大家族，全靠「家長」穿梭溝通，幾位家長的地位水漲船高，有的日後還獨當一面，開創屬於自己的局面，如林熊祥大哥林熊徵的「家長」許丙，終戰前還當上貴族院議員；日本治台五十年，只四個人受此榮銜。汪明燦則曾獲聘為台北市協議會員，相當今天的市議員。日本人橋本白水寫的《台灣統治及其功勞者》一書中，從南到北，除了把大家族的家主提列為功勞者之外，板橋林家的三位「家長」陳振能、張園和汪明燦也被提列，足見林家家長的社政地位。

以日治前期來說，最受台籍年輕人青睞的公司企業，板橋林家名列前茅。「家長」更是上班族最高的夢想職位，既擁地位，也博有財富。汪明燦東家林熊祥的大兒子林衡道教授曾說：「汪明燦的大太太叫月治，二姨太叫蘭英，三姨太是藝妓出身，人叫阿珠倌。當年一個大學畢業生的薪水才五、六十塊錢，汪每個月給大太太四百元，給蘭英二百元，阿珠倌八十元。」板橋林家主企業「大有物產株式會社」，也由汪明燦出任常務取締役。

汪明燦膝下共四子十一女，長子汪啟源為醫學博士。

一九九八年夏秋之交，引發「白鳳豆抗癌」熱潮的主角董大成教授，則是汪明燦的女婿。董大成曾任台北醫學院院長，致力研究抗癌藥物。在白鳳豆之前，他也提出過雞母珠可抗癌的研究。

沿著汪明燦的關係線到第三代，則會與諾貝爾化學獎得主、中研院院長李遠哲家族連上親戚關係。汪明燦和周碧共同的外孫周宗文娶了李遠哲的姊姊李惠美，這個關係也可以描述為李登輝太太的表姊的兒子是李遠哲的姊夫。

李遠哲一九八六年獲得諾貝爾獎，李登輝一九八八年繼任總統，一九九四年，李遠哲起任中研院院長，到李登輝二〇〇〇年卸任，仍然在位。李遠哲的大哥李遠川與弟弟李遠鵬也都是科學博士，兩人也都擁有中研院院士的榮銜。李家妹妹李季眉和妹夫陳伯中都是留德博士，前後擔任過中興大學副校長。他們的爸爸李澤藩卻是所謂的台灣前輩畫家，是日本時代最早學習西洋畫的第一批畫家。

日本時代前半期，台灣本地最好的學業上進之道有兩個，一是進總督府醫學校，另一個就是李澤藩選擇的國語學校，畢業後擔任教師。在學中，來了一個名叫石川欽一郎的美術老師，啟發了李澤藩的繪畫之路。石川欽一郎門下的學生，除了李澤藩，還有倪蔣懷、藍蔭鼎等人，構成台灣早期畫家的一支。

李澤藩的哥哥李澤祁也有科學家兒子劉遠中（從母親劉玉英姓），為清華大學物理系教授。劉遠中娶屏東名門李仲義家族之女，因而與台大數學系元老級教授施拱星為連襟，小提琴家胡乃元的老師李淑德則是劉遠中太太的三姊。姻親網絡連上屏東李家，也意謂即將多線展開，觸及近代歷史諸多人物，像是二二八受難的林茂生博士、台灣第一位車主黃東茂等等。（參閱第二十一章）

台灣舊社會門戶分明，汪明燦的姊姊汪網羞匹配的人，也非白丁小戶。依日治時期的名人錄記載，汪網羞的丈夫曾慶餘畢業自淡水中學，二十一歲去當公務員，任過三芝庄役場（等同今天的鄉公所）書記。之後從商，做過三芝物產商會代表。日本政府習慣找地方士紳出任公職，曾慶餘一度受命出任三芝庄協議員，類似現在的鄉民代表。曾慶餘即曾文惠的父親。

曾家在淡水、三芝地區是累代望族。日治初期，曾慶餘的父親曾石岳即擔任過三芝庄長，在地方也有金融勢力，曾是「小基隆信用購買利用組合長」。

李登輝的獨子李憲文於一九七九年所寫〈我的母親〉一文中，描述曾家在台北縣三芝鄉有「富甲一方的財富」，所言不假。但關於李登輝夫婦出身階級之別，李憲文一段散文式的描寫：「一個地主的女兒嫁給佃農的兒子，只因為覺得佃農的兒子很用功，又常流鼻涕，很可愛」，恐怕與事實有出入。李登輝和太太的家庭背景確有間距，但「佃農之子」顯然太低估李登輝的父親李金龍。「佃農」家庭的寒傖清苦，並不適用李家，否則戰前，李登輝不可能飄洋，負笈東瀛，進入京都帝國大學。

一九八三年十二月二十二日，李登輝在台中證道，也曾提到自己十幾歲就常常覺得社會不公平，「小時候家裡是小地主，每逢年節，佃農就要送雞送鴨來，目的是希望明年能繼續有地耕作。當時看到這種情形，心裡就產生同情心，但實在沒有辦法，只有在佃農要回家時，拿點東西送給他。」李登輝自述李家屬「小地主」，才是準確的說法。

李登輝的祖父是一名肉販。李金龍讀公學校畢業。年輕時，已努力成為三芝庄協議會員，相當現今的鄉民代表。並曾擔任台北州淡水郡刑事八年。李金龍最後還成了地方小政客。戰後初期，先被推選為三芝鄉農會理事長，淡水水利委員會委員。一九六〇年底，更出馬角逐台北縣議員選舉，一九六一到一九六四年間當了一屆縣議員。李家並非全然一張政治白紙。

李登輝生一子二女，長子李憲文年輕病逝，兩位女婿的角色益形重要。一九五二年生的長女婿黃循武畢業於台北醫學院，專攻骨科。可能因他是廣東籍的馬來西亞僑生，又一直在台中榮總、台中澄清等醫院服務，地緣較淡，關係較疏遠。小女兒李安妮和小女婿賴國洲就和李安娜夫婦不同，他們陪同住在總統官邸，賴國洲又學新聞，和李憲文同行，以「半子」之名，有兒子之實。李登輝金婚五十的宴會，進場時，賴國洲夫婦緊隨李登輝之後，走在黃循武夫婦之前。

賴國洲與岳丈總統朝夕相處，海峽對岸的人自是不敢小覷他的分量。鄧小平生前，其子鄧樸方於一九九三年四月曾提議和賴國洲交互訪問。若非著眼於賴國洲有什麼實權，至少也把他看成「對等」角色——國家領導人的兒子。

一九九四年之前，賴國洲的角色尚能守住本分，除本職在政大新聞系的教席外，重要兼職仍屬專業範疇，新聞評議會祕書長一任多年。但自一九九四年起，伴隨李登輝從權力巔峰，逐漸要步出任期，賴國洲開始加重他的政治味道，似乎有一股隱形力量在催促，像是一九九七年，國民黨台灣省黨部有人拱他參選台中市長。

但真正一直拉抬賴國洲的人物卻是蔣孝嚴。蔣孝嚴接掌僑委會，即新聘賴國洲為僑務委員，賴國洲出任中央黨部青工會主任，擔任黨秘書長的蔣孝嚴均扮演了「推手」的角色。從民主開放的角度看，任命權貴，拉拔血緣近親，令人生厭，但若訴諸政壇的倫理道德，不照顧權臣後代及長官子婿，卻又顯得無情無義。李登輝在道德上，「必須」提拔蔣經國的兒子，蔣孝嚴因此迭受照顧。相對的，蔣孝嚴也「必須」投李報桃，恩恩相酬，在容許的範圍內，提攜李登輝的第二代。

賴國洲在李登輝姻親網裡的地位類似一座溝通政商的橋梁，把中小企業界的名人李成家帶進來。李成家創辦美吾華公司（有耳熟能詳的產品「美吾髮」）及博登連鎖藥局，也是不分區國大代表。早期商界流傳，他是李登輝的義子。事實上，傳言對了一半。解謎的關鍵就在賴國洲。

李成家的太太和賴國洲的大嫂是親姊妹。在姻誼的基礎之上，賴國洲娶李安妮時，李成家的女兒來充當花僮，也拜賴國洲為義父。如此一來，李登輝是女兒的義外公，李成家當然就變成義子。

李登輝姻圈內的名流親戚，則還有台灣前輩畫家楊三郎。曾文惠娘家為地方貴紳，父親曾慶餘在男孩中排行最小，一位姊姊嫁楊仲佐，楊仲佐的三子楊三郎就是當今畫壇備受尊重的台灣前輩畫家之一。曾文惠要叫楊三郎「表兄」。

畫家陳進、李石樵、廖繼春、陳澄波、李梅樹及楊三郎等台灣前輩畫家，不論存歿，畫作都很受重視，畫價也屢創新高。而不管紀念展或年展，李登輝從台北市長任內起，凡楊三郎畫展，必親至看畫。除雅好藝術，也禮遇這位妻表兄。李登輝當總統以後，楊三郎更不敢張揚他是總統夫人的表哥，倒是李登輝為表親切，喜歡對楊氏夫婦說：「我們是親戚喔！」環觀畫壇，李登輝青睞的畫家，楊三郎之外，也只有吳炫三了。

楊三郎畢業於京都關西美術院，日本時代已享畫名，遊歷過法國、英國、義大利等歐洲各國美術館。能有此「壯舉」，家境優渥，不在話下。

楊家已三代有名。楊三郎的祖父楊克彰曾被連雅堂寫入《台灣通史》的〈文苑列傳〉，「設教於鄉，及門數十人，四方師事者亦數十人」、「克彰設教三十年，及門多達才」、「知府陳星聚聞其文行，欲舉為孝廉方正，辭。」楊克彰最後曾任臺灣縣（今之中、南台灣）學教諭。楊三郎的父親楊仲佐則「十五能文，二十能詩」，著有詩集，也是名園藝家，占地五千多坪的蘭菊園別墅，菊花盛開時，名流雲集。賞花原是日治時代上流的休閒雅事，辜振甫與辜嚴倬雲婚前也曾相約到楊府賞菊觀花過。楊仲佐實則以擁有酒專賣的權利而致富。

第二章

連戰家族

陳查某、衣復恩、北斗林家、黃大洲、周百鍊家族、味王林家、石鳳翔家族、蔣緯國

連戰家系

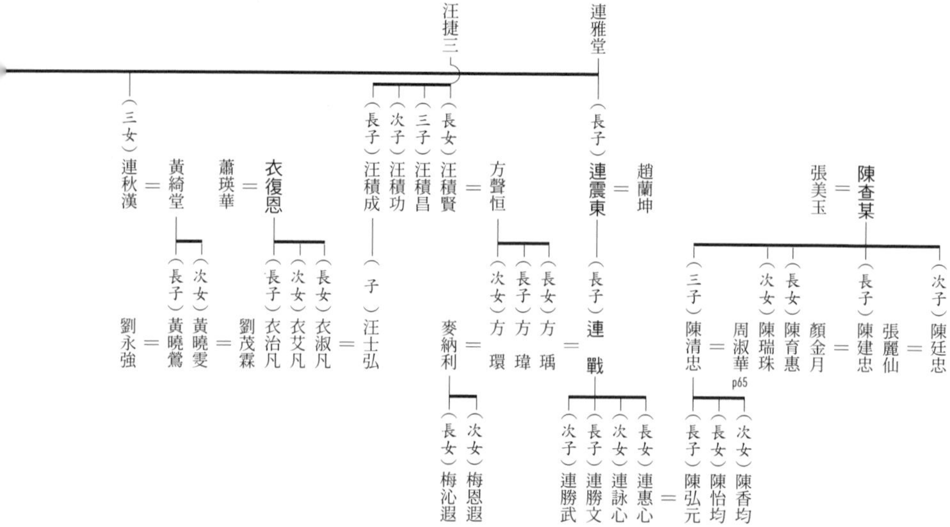
陳查某 = 張美玉
（次子）陳廷忠 = 張麗仙
（長子）陳建忠 = 顏金月
（長女）陳育惠
（次女）陳瑞珠
（三子）陳清忠 = 周淑華
p65
（次女）陳香均
（長女）陳怡均
（長子）陳弘元 = 連惠心
連雅堂
（長子）連震東 = 趙蘭坤
（長子）連戰 = 方瑀
（長女）連惠心
（次女）連詠心
（長子）連勝文
（次子）連勝武
汪捷三
（長女）汪積賢 = 方聲恒
（長女）方瑀
（長子）方瑋
（次女）方環 = 麥納利
（次女）梅恩遐
（長女）梅沁遐
（三子）汪積昌
（次子）汪積功
（長子）汪積成
（子）汪士弘 = 衣淑凡
衣復恩 = 蕭瑛華
（長女）衣淑凡
（次女）衣艾凡
（長子）衣治凡
劉茂霖 = 黃曉雯
（三女）連秋漢 = 黃綺堂
（次女）黃曉雯
（長子）黃曉鶯 = 劉永強

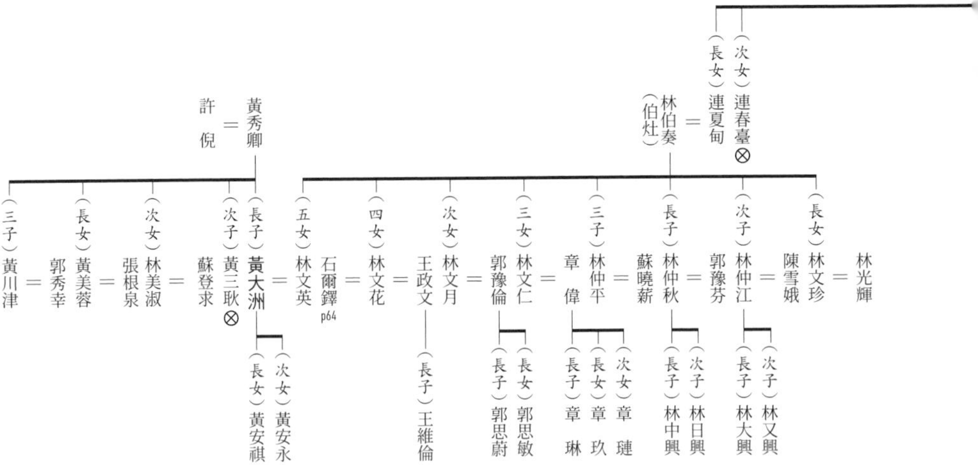
（長女）連夏甸＝林伯奏（伯灶）
（次女）連春臺⊗
許　倪＝黃秀卿
（長女）林文珍＝林光輝
（次子）林仲江＝陳雪娥
（長子）林大興
（次子）林又興
（長子）林仲秋＝郭豫芬
（長子）林中興
（次子）林日興
（三子）林仲平＝蘇曉薪
（長子）章　琳
（長女）章　玖
（次女）章　璉
（三女）林文仁＝章　偉
（長子）郭思蔚
（長女）郭思敏
（次女）林文月＝郭豫倫
（長子）王維倫
（四女）林文花＝王政文
（五女）林文英＝石爾鐸
p64
（長子）黃大洲
（長女）黃安祺
（次女）黃安永
（次子）黃三耿⊗
（次女）林美淑＝蘇登求
（長女）黃美蓉＝張根泉
（三子）黃川津＝郭秀幸

石鳳翔家系

- （五子）石鵠翔＝曾瓊英
  - （長子）石爾鐸＝林文花 p63
  - （五女）石寶華
  - （四女）石清華
  - （三女）石明華
  - （次女）石德華
  - （長女）石舜華
  - （次子）石爾銘
- （長女）石佩玉
- （長子）石志泉＝劉瓊
  ＝楊岫雲
  - （長女）石文綺
  - （次子）石克亮
  - （長子）石維明
- （三子）**石鳳翔**＝馬熙
  - （三女）石婉華
  - （八子）石爾琮
  - （七子）石爾璠
  - （六子）石爾瑄
  - （五子）石爾璜
  - （四子）石爾瑛
  - （三子）石爾璉⊗
  - （次子）石爾璽
  - （長子）石爾瑚
  - （長女）石淑宜＝呂鳳章

周百煉家系
（三信商事林家）

- （四子）林淑祺
  - （三子）**林顯章**＝楊基焜 p146
- （次女）林彩娥＝王金成
  - （三女）林碧貞＝林本庸
  - （四女）林豔玉＝林煌明
  - （次女）林豔珠

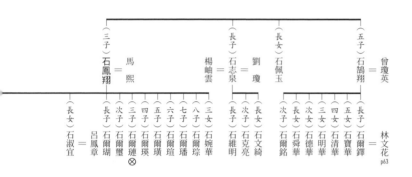

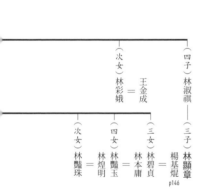

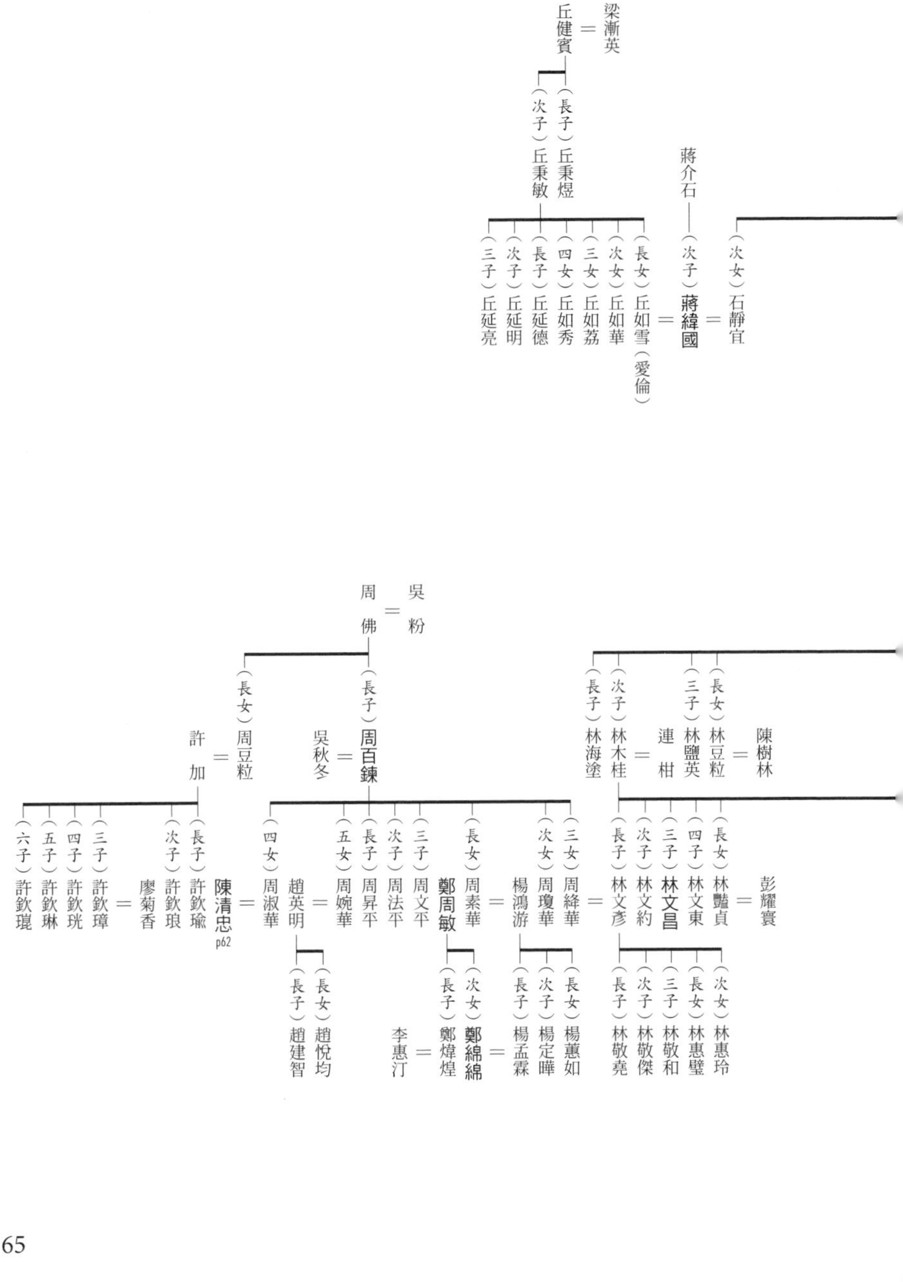
丘健賓＝梁漸英
（長子）丘秉煜
（次子）丘秉敏
蔣介石
（長女）丘如雪（愛倫）＝（次子）蔣緯國＝（次女）石靜宜
（次女）丘如華
（三女）丘如荔
（四女）丘如秀
（長子）丘延德
（次子）丘延明
（三子）丘延亮
周佛＝吳粉
（長女）周豆粒＝許加
（長子）周百鍊＝吳秋冬
（長子）許欽瑜
（次子）許欽琅＝廖菊香
（三子）許欽璋
（四子）許欽珖
（五子）許欽琳
（六子）許欽琨
陳清忠
p62
（四女）周淑華
趙英明＝（五女）周婉華
（長女）趙悅均
（長子）趙建智
（長子）周昇平
（次子）周法平
（三子）周文平
鄭周敏＝（長女）周素華
（次女）鄭綿綿＝（長子）鄭煒煌＝李惠汀
楊鴻游＝（次女）周瓊華
（三女）周絳華
（長女）楊蕙如
（次子）楊定暐
（長子）楊孟霖
（長子）林海塗
（次子）林木桂＝連柑
（三子）林鹽英
（長女）林豆粒＝陳樹林
（長子）林文彥
（次子）林文約
（三子）林文昌
（四子）林文東
（長女）林豔貞＝彭耀寰
（長子）林敬堯
（次子）林敬傑
（三子）林敬和
（長女）林惠璧
（次女）林惠玲

前副總統、前國民黨主席連戰的親族網路，終戰以前，絕不及辜振甫等五大家族人脈廣植。他的祖父連雅堂曾經只是廁身日治台灣第一、第二家族「板橋林家」及「霧峰林家」的文書。但五十年風水輪流轉，連家在戰後的政商親戚關係已有凌駕舊世家之勢。

連戰的親族網路可簡單描述成「倒T字型的三線關係」。

縱線從上而下是他的祖父連雅堂，父親連震東；前者有文名，後者有官祿。橫線左邊由連戰姑母延伸出去，關係可及前台北市長、現任中華奧會主席黃大洲；黃與李登輝總統有近乎親人的嫡系政治關係，是連戰表妹的夫婿。連戰的另一位姑表妹夫石爾鐸則與蔣介石家族有姻誼。

橫線右側則於近幾年新發展形成，由長女連惠心的婚姻而來。連惠心嫁台北香蕉大王、紡織商陳查某的孫子，她的婆婆則是前監察院副院長周百鍊的女兒。又因為一九九四年一月亞洲信託集團的女總裁鄭綿綿嫁連惠心丈夫的表兄，連惠心還要叫鄭綿綿一聲「表嫂」。

從關係的角度來看，連戰真是天之驕子。今天能位極人臣，實在若有神助，能在蔣李兩朝變換之間，都擁有通天的親戚關係。

連家可說是李登輝時代以來，最走紅的政商家族。它的故事必須從連戰的祖父連雅堂講起。

連家祖先於清朝康熙中葉移居台南，經營糖廍，有店號「芳蘭號」。家境不差，但稱不上鉅富。到連雅堂一輩才開始讀書。連雅堂年輕時曾內渡上海，就讀聖約翰大學。書還沒讀完，奉母命娶妻，回居台灣。一八九五年，台灣割讓日本。十八歲的連雅堂正值科考之年，眼看進不能赴祖國應試，求得功名，退又年齡已大，無法入學受新式教育，精神極為苦悶。

和連雅堂同時期的漢儒士紳非常多，處境相同，精神一致。嘉義的漢紳賴雨若曾作詩描繪了他們失落之情。詩說：「台灣割後竟如何，漢學儒生落拓多，八股文章無用處，大都個個變詩魔。」於是，台灣各地的詩社如雨後春筍成立。當時的漢紳能夠讀書，家裡多有田產，衣食無虞；閒來無事，詩社正提供他們定期聚會，以吟詩作詞，文酒相酬，寄託棄民的悲情。

南台灣最大的詩社「南社」，連雅堂是創始人之一。連雅堂的詩作文采，被譽為當時台灣詩人三大巨擘之一，詩人間莫不奉為鵠首。所以，連雅堂活動範圍不限南社，與台中「櫟社」的詩友也有往來。和霧峰林獻堂家族過從甚密。和鹿港的詩人謝石秋、洪棄生成為莫逆。這些關係在戰後一併留蔭子孫。謝石秋是「少棒之父」、台籍資深立委謝國城的父親，洪棄生是前《國語日報》社長洪炎秋的父親，洪炎秋畢業自北京大學，與外省籍文人雅士有良好關係。

連雅堂和台北樹林名紳黃純青也交情匪淺，常有書信往來，討論學術問題。有一次，黃純青於報上發表文章，並尊孔子和墨子，引起文壇軒然大波。一般認為，墨子主張兼愛，是無父無君之說。但連雅堂卻表示贊同，兩人相知相惜。

黃純青是北部最大詩社「瀛社」的重要成員。日治後受日本當局重視，曾聘任為總督府評議員，開樹林造酒公司致富。他是北台灣聞人許丙的親家。許丙則又是台灣第一世家「板橋林家」的帳房總管。他的老闆林熊徵於一九一九年創設華南銀行，糾合南洋華僑投資入股。因需與華僑股東書信來往，聘請連雅堂擔任文牘祕書。

連雅堂為新工作移居台北，又和台北瀛社詩人墨客時相往遊。前華南銀行總經理高湯盤的岳父洪以南，前台大醫院院長魏火曜的父親魏清德（潤庵）都是連雅堂的文友。

從詩人圈子來體會連雅堂的「餘蔭」，他幾乎已為獨子連震東、獨孫連戰布下了一張關係的大網。

一九二〇年，連雅堂完成《台灣通史》，奠立他的歷史地位。連雅堂曾發豪語說：「三百年來無此作，馬遷而後失宗風。」台灣第一位文人總督田健治郎題賜「名山絕業」四字。特別在台灣意識抬頭的今天，台灣史研究成為顯學，台灣通史有其價值。不過，已有學者考證指出全書有六百多個錯誤。

連雅堂留給連家最大遺產就是他的文名，蔣介石曾追頒褒揚令給連雅堂，表彰他著史的民族情操，到連戰一輩依舊受用。一九六九年，連戰三十三歲，和一群平均長他二、三十歲的達官顯要一起參加國防研究院第十一期訓練。蔣介石總統一一召見。見連戰時，第一句就問：「有沒有讀過祖父的重要著作？」顯然，蔣介石了解連戰的家世。老一代官僚都知道，老蔣總統偏愛有名門血統的人。

連雅堂第二代有三女，兒子僅一位。連震東先獲得老東家林熊徵獎助留學，到日本讀慶應大學普通部（中學）和大學部經濟科。一九三一年，連雅堂催促連震東到祖國發展，並寫了一封介紹信給國民黨元老張繼（溥泉），「託諸左右」。這封信全然改變連家的命運。

當年端午節前兩天，連震東在南京黨國大老吳鐵城家見到張繼。連震東在中國長達十五年，始終以張繼為師，跟隨他的腳步。若沒有張繼帶引進入國民黨系統，就沒有以後的連震東。

稱張是連震東的「政治父親」，並不為過。

張繼是追隨孫文的老革命黨人，一九一三年國會成立時當選參議院議長。一九三一年曾當選立法院長，但辭未就。最後以國史館館長一職終，未及來台。

張繼應故人託付，把連震東帶去北平，促習北京話。張繼和陳立夫等人於一九三二年上書建議設西京於西安，建設西北。張繼隨後被任命為西京籌委會委員長，連震東出任籌委會專門委員。連戰就在西安誕生。

一九四三年冬天，開羅會議確認台澎應歸還中國。蔣介石領導的軍事委員會下設置的「國際問題研究所」，工作重點移轉為蒐集、翻譯與台灣政經、社會、產業有關的資料。連震東有日文根底，被延攬到國研所任第一組主任。所內台籍同僚有前台北市長游彌堅、前《新生報》社長李萬居等戰後台籍聞人。

同年冬天，日軍戰勢愈來愈衰頹，盟軍勝利腳步愈來愈近，國民政府預做接收台灣的準備，中央訓練團下設「台灣行政幹部訓練班」，班主任即後來的台灣長官公署長官陳儀。連震東奉召參訓，衣錦返鄉的日子愈來愈近了。

一九四五年十月廿四日陳儀飛抵台北，連震東同一天搭美國軍艦從基隆上岸，頗有衣錦還鄉的味道。連震東在所有「半山」接收大員中，開始就居龍頭地位，負責接收台北州。他派父親的老友黃純青為七星郡守、有助學之恩的林熊徵的堂弟林宗賢為板橋街長，既有揚眉吐氣之感，又兼顧恩義，和台灣舊存勢力搭上線。

一九四九年，陳誠繼任省主席兼東南軍政長官公署長官，延任連震東為長官公署土地處處長。同年底，陳誠晉任閣揆，連震東轉任行政院參議，最主要工作都是勸導台灣大地主「配合」耕者有其田政策，農地充公。父親連雅堂在台灣地主階級的聲名，此時派上用場，連震東也與台籍世族豪門開始更密切的交往。

一九五〇年，國民黨改造時期，中央改造委員會十六名委員，連震東是唯一台籍，後勢看好。之後，連震東歷任國民黨第五組（社工會前身）主任、省府建設廳長、民政廳長、省府祕書長，周至柔主席時回任民政廳長，一九六〇年陳誠組閣，連震東升任內政部長，是為內政部劃歸台籍政治地盤的嚆矢。一九六六年五月轉而專任不管部政務委員，直到一九七六年六月卸任，任職時間長達十年，可見受蔣氏政權倚重的程度。

連戰是獨子，和祖父緣慳一面，只有兩件事相關。連戰之名由連雅堂命取。當時連雅堂已不久人世，知道長孫即將出生，就說假如生男孫，取名「連戰」，有克敵致勝、重整家園的寓意。以及戰後初期，連戰未隨父親返台，稍後才和母親、姑媽、姑丈、表兄弟姊妹由上海回基隆。上岸後，一路上，由九歲的連戰捧著連雅堂的靈骨到台北。

父親連震東的庇蔭則很直接。一九七六年秋，連震東臥病榮總，不管政治或身體的生命都近暮色，仍把握機會，對來探病的蔣經國院長說：「我連家三代都受過總統之令，一是先父褒揚令，一是我內政部長的委任令，再是小兒連戰出使薩爾瓦多的委任令。」言下之意，連家三代忠於黨國，盼望繼續栽培連家一門。

連戰系出名門，又有芝加哥大學政治學博士頭銜，備受重用。一九六八年回台，三十歲出頭就當上台大政治系系主任。到蔣經國去世為止，並已歷任國民黨青工會主任、行政院青輔會主委及交通部長，並爬上行政院副院長的高位。

連戰無叔伯，只有三位姑姑，二姑連春臺早逝，親戚更稀。大姑連夏甸嫁林伯奏。當今知道林伯奏其人已不多。他原是彰化北斗人，其女林文月教授曾指出，北斗林家在當地小有名氣，但林伯奏一支比較清寒。

北斗林家在日本時代確實是地方豪族，與林伯奏同一輩且見諸名人錄者就有林伯殳、林伯廷、林伯餘等人。林伯殳有留日的大學學歷背景，曾任大城庄、田尾庄長。林伯廷則熱中參與對抗日本政府的政治運動；曾任台灣議會期成同盟會（向日本政府請願，成立民選議會）的理事，也是台灣民眾黨創黨的中央委員。林伯餘是醫師，曾任台中州協議會員。

林伯奏自北斗公學校畢業，考取台北國語學校國語部（國語指日文），成績優異，台北第一大地主林熊徵出資送他去上海讀東亞同文書院，因而和板橋林家維持緊密關係。他曾任林熊徵元配盛關頤（清末名臣盛宣懷之女）的祕書；林熊徵創辦的華南銀行，光復初期籌備改組時，林伯奏擔任第一任總經理；林熊徵學田基金會董事名單中一直有林伯奏。

林伯奏去上海前，舊名「林伯灶」。林伯奏在上海一方面考入日本三井洋行，擁有不少房地產。連雅堂晚年定居上海，住的上海公園坊八號，即林伯奏的房子。

林伯奏與繼室連夏甸有一子四女，幾位女兒在連家姻親關係上扮演重要角色。小女兒林文英即前台北市長黃大洲的太太。

一九九三年底，黃大洲接受《天下雜誌》採訪，專文中說到：「黃大洲和李總統結緣很深。在台大，他們是師生，到了康乃爾，他們除了是先後期的同學，而且更在求學、生活兩方面互相照應。黃大洲陷入回憶中，他描述，當時他除了在李總統撰寫博士論文時，幫忙收集、整理資料；回到台大當講師時，也經常照顧李總統的孩子。當時由於李總統的學業仍未完成，和夫人還在國外，當時住在新生南路上的黃大洲，有空便騎車到松江路上的李家，『看看憲文、安娜和安妮，』黃大洲說，他偶爾也帶他們去看電影。」這樣子的黃大洲對連戰仕途的妙用不在話下。

李登輝和黃大洲有點像禍福與共、攜手求發展的父子，黃大洲大半輩子始終跟著李登輝。學校部分不談，做官時，李登輝當台北市長，他當研考會執行祕書，李登輝高升省主席，他又跟去中興新村當副祕書長；李登輝當上無權副總統，沒了衙門，他只得回台大；李登輝掌國家大權，黃大洲便扶搖直上台北市長；選舉敗給陳水扁，還讓他當行政院研考會主委、政務委員，乃至於取代張豐緒，入主奧會，執體壇權柄。在政治上，黃大洲沒有跟過第二個老闆。

黃大洲和李登輝師生關係開始不久，他也成了連戰的表妹夫，經歷二、三十年的相識共處，連戰豈能不順利轉進李黃的親密關係結構。除此之外，連方瑀在一九九八年八月，《連戰風雲》新書發表會上直剖李連關係的由來：「經歷過兩位蔣總統和李總統，都對他厚愛有加。尤其是李總統，可能是與連戰相處時間較久，也可能是兩代的關係……。」這裡所謂的「兩代關係」，可能涵蓋兩個內容，一是指黃大洲與李登輝的兩代關係，其二，指李登輝與連震東曾同任行政院不管部政務委員，有五年的同事情誼。

連戰的大姑媽除有黃大洲這位女婿，還有一位知名的作家女兒林文月。她是黃大洲的大姨子，也是連戰的表姊。她為連家的權錢色彩添粧些許文采。孫運璿掌內閣之始，曾有意延攬她為政務委員，因林文月婉拒才作罷。

林文月長期執教於台灣大學中文系。因隨父親居住上海，讀日人小學，奠定日文的基礎，專治日本文學，翻譯過類似《紅樓夢》的日本古典鉅著《源氏物語》。

林文月的先生郭豫倫在台灣美術史上見名。一九五〇年代，藝壇出現「五月」和「東方」兩個新銳繪畫團體，急欲中國繪畫現代化。台灣美術史家林惺嶽在《台灣美術風雲四十年》書裡寫道：「這兩個新銳繪畫團體，從不同的基礎教育出發，殊途同歸於『現代』的開拓，他們最熱中吸收研究的，就是當時風行世界的抽象主義繪畫……為國內畫壇的新進，提供了一條徹底擺脫傳統的蛻變捷徑。」

五月畫會成立於一九五七年五月，師大藝術系畢業的郭豫倫第一次畫展就參加，參展者只有六人。事實上，前一年師大校內「四人畫展」已發出先聲，郭豫倫也是其一。作家鍾梅音曾為文透露新一代畫家的心思：「畫展不賣錢，純屬藝術方面的欣賞與觀摩。希望前輩畫家們能重視青年人的創造精神，不要用一成不變的規範去拘束活潑的創造力……。」

連戰通過姑父林伯奏的親戚關係線，姻親網擴及蔣家；蔣緯國的岳父石鳳翔有一位侄子石爾鐸，娶林伯奏的三女林文花，現定居美國。

石家和蔣家門戶相當，前者有財勢，後者有權勢。蔣緯國、石靜宜於一九四三年認識，年餘之後論及婚嫁，蔣緯國請示父親，蔣介石回電說：「石家親事可結合。」當時，石鳳翔早是聞名中國的大紡織商。（參閱第二十六章）

石鳳翔讀日本京都大學紡織科畢業，民國初年回國，就在家鄉湖北創辦裕華紡織廠，又在河北創設大興紡織廠，在西安的大華紡織廠也是他的，四川並有大華紡織廠的分廠。一九四七年，政治地位尾隨財勢而來，石鳳翔當選國大代表。

國民黨逃到台灣，石鳳翔跟隨過來，是少數外省籍人士把產業資本帶來台灣的一位。病逝時任中國人造纖維公司的董事長。當時中纖的主要股東有新光集團創始人吳火獅、侯雨利等台籍金主，又因石鳳翔會日語，和台籍舊貴頗為熟稔。其弟石鵠翔曾任中國人纖的監察人，就是林伯奏的親家、石爾鐸的父親。

此外，石鳳翔的哥哥石志泉也出任過中國人纖的常務董事。石志泉是石家最活躍於官場的人。一九三〇年代，石志泉曾任國民政府司法行政部常次。此後短暫消逝於高層，侄女石靜宜進蔣家當兒媳沒幾年，一九四八年六月，石志泉一舉升任司法院副院長。石志泉另有民社黨副主席身分，來台灣後，蔣介石聘為總統府顧問。

石鳳翔有兩女，石靜宜居幼，大姊石淑宜嫁商界聞人呂鳳章。呂鳳章最早跟著岳父起家，擔任過中國人纖最早的廠長兼經理。有蔣緯國這位連襟，呂鳳章曾被翁大銘家族的華隆公司奉為名譽董事長，他本身還曾是聯成石化公司董事長。

石淑宜姊妹均福薄，比父親更早棄世。石靜宜身體虛弱，早有心臟病，前後流產八次。一九五三年，懷胎情況原本順利，但石靜宜有一天失眠，吃了三粒安眠藥，因腹痛，又打止痛針，引起心臟病致死。

隨著石鳳翔父女過世，蔣緯國再娶，石家漸被淡忘，它的「皇戚」招牌光彩日益褪色。石爾鐸也在此之後才娶林文花，難說石家與連家仕途有關聯，只能說，台灣的貴族階級隱然存在，階級的封閉性使階級內的人很容易碰頭，進而結姻。

連家政商親戚網近年頗有「斬獲」，第四代的第一樁婚姻即「告捷」。長女連惠心嫁前監察院副院長周百鍊的外孫陳弘元，而一九九四年元月，周百鍊的另一個外孫楊孟霖娶菲律賓華僑富商鄭周敏的女兒鄭綿綿，周百鍊一位女婿又出身三信商事集團林家，為連家的姻網加強幾分商人性格。

連戰的親家陳清忠和其父陳查某也都是富商。陳查某以經營進出口貿易發跡，特別在台灣香蕉大量輸往日本時，陳查某是頂尖的「香蕉王」，在南部買山坡地，普種香蕉。後期自辦榮隆紡織公司，在明台產物保險、華南產保、國華產保都有投資，擔任常董。

陳查某的三個兒子，依次為建忠、廷忠和清忠。據陳家老職員說，三兄弟名字都有「忠」字，老二、老三叫中間字，只有叫老大陳建忠「阿忠」。又以「阿清」最為優秀，畢業於早稻田大學，所以繼承陳查某的紡織企業，並娶時任台北市長周百鍊的四女周淑華。

陳家到陳清忠一代，事業已呈疲態，榮隆紡織廠房後來轉售遠東紡織，等於棄守紡織業。陳清忠又投入新興的電子產業，成立「天下電子」，非上市公司，卻曾是李登輝太太長期擁有的兩支股票之一。連戰的女婿陳弘元現任天下電子的總經理。

連戰女婿的外公周百鍊世居台北萬華，從日本長崎醫科大學畢業回來，便在萬華開「周內科醫院」。戰後被擢任為省府委員，因此有機會代理台北市長，並於一九六四年代表國民黨和無黨無派的高玉樹對決。雖然日後，周百鍊當選監察委員，一九七三年拜「本土化政策」之賜，膺任監察院副院長，大家仍然習慣以「高玉樹vs.周百鍊」的台北市長選舉大對決，來記憶這位台籍資深政客。

那一場選戰，高玉樹最後以十九萬一千八百三十八票，打敗周百鍊的十七萬六千一百十七票。熱戰餘溫延燒到隔天上午，兩、三千個民眾圍繞周宅不散。

周百鍊有三子五女，女婿名氣勝過兒子。對一個家族興衰而言，這種情況不一定是件好事。長子周昇平和三子周文平都是醫生，五女周婉華嫁的也是台大醫學院畢業的趙英明。台籍名門裡，「醫生女婿」似乎是很普遍的家族「配備」。

與醫生一比，長女婿楊鴻游活躍有餘。一九六〇、七〇年代，楊鴻游是台北商場炙熱的人物。當一九六〇年代起，周百鍊最走紅時，楊鴻游當選過第十二屆（一九六四年）國際青商會會長，他的本職是美國花旗銀行在台第一號華人，高居花旗副總經理。一度遁跡海外，和台灣如斷線風箏。青商會資料裡，歷任會長的聯絡地址，就是他一個人空白。但楊鴻游不愧是交際高手，政商界的不死鳥；一九九三年台灣的報紙又有他的動態報導，此時，他變成香港的富國銀行董事長。富國是中國核准、第一家在深圳成立的外資銀行。

接著又有更教人驚奇的發展。楊鴻游的長子楊孟霖娶了亞世集團女總裁鄭綿綿。楊孟霖畢業於哈佛大學建築研究所，在華裔建築界大師貝聿銘的事務所工作。一九九四年，被東帝士集團延攬，升任建設本部總經理。據了解，楊鄭婚姻即東帝士集團總裁陳由豪牽的紅線。陳由豪與鄭周敏熟稔，鄭綿綿的弟弟鄭煒煌娶韓國小姐李惠汀時，依菲律賓習俗，新娘必須有一位德望兼備的教父，便請陳由豪充任，兩家私交非比尋常。

楊孟霖的媽媽周素華是陳弘元媽媽周淑華的親姊姊，連惠心隨丈夫陳弘元也必須喊楊孟霖「表哥」。

連戰透過周百鍊家族，觸及的鉅商姻親尚不只此。周百鍊家本為艋舺望族，他的一位姊妹嫁給前台北十信理事主席許加。許加在日本時代讀至總督府國語學校師範部畢業，當年已屬知識菁英。自一九五一年起，歷任十信要職凡二十九年，並曾任全國合作社聯合社理事主席。

許加的三子許欽璋娶雲林縣西螺鎮名門廖文毅家族之女。廖文毅曾是海外台獨史的赫赫主角，成立政府，並自任大統領。與廖文毅家族有直接姻親關係的有霧峰林家及清水蔡家。（參閱第十九章）

廖文毅的侄子廖史眼在一九八一年前後，曾任國泰蔡家的國泰產物保險公司總經理，現今仍是富邦產保公司副董事長。而十信與蔡家的關係已眾所皆知；十信金融風暴曾重創蔡萬春這一房。許加三子許欽璋則任過國泰建設董事，五子許欽琳則是國泰人壽董事。這些經歷均可看出姻親圈在事業圈的投影。

另外，周百鍊三女周絳華的先生林文彥是三信商事集團老東家林木桂的長子。三信商事為歷史悠久的外國汽車進口代理商。一九六〇年代，三信商事跨足觀光旅館界，擁有台北火車站前的「中國大飯店」，陽明山也有。一九七六年再向食品業進攻，成立愛如蜜食品工業公司。也投資了味王醬油公司。目前，林文彥為三信商事董事長，其弟林文昌則擔任相關事業味王公司的董事長。

林木桂家族信仰天主教，環繞在以基督教、佛教居多的台籍政商家族，益顯別樹一格。大台北地區天主教學校，如恆毅中學、靜修女中、基隆私立聖心工商、耕莘護校，林木桂兄弟都曾任董事。林木桂去世，治喪委員會主委也捨棄王公貴族，請羅光主教擔任。

林木桂的三女兒林碧貞於一九六五年與前民政廳長楊肇嘉最小的兒子楊基焜在美國結婚。這時候的楊肇嘉已退休，蔣介石總統聘為國策顧問，仍兼省屬事業「大雪山林業公司」董事長。關係線既抵達楊肇嘉，姻親網絡便乍時如樹幹岔枝，政商姻親包羅萬象。（參閱第五、六、二十四、二十五章）

總的來說，連惠心的婚姻對建立連戰與台籍大財閥的關係，除既有的世誼之外，再加深一層親戚關係，意義非凡。

除三線關係外，連戰太太連方瑀也帶來可觀的政商姻親網。

連方瑀的父親方聲恆為專研太空農業的教授，曾赴美國講學，正逢連方瑀台大植病系二年級、當選第三屆中華民國小姐。一九六二年選美當時，連方瑀一直感覺到台下有一對夫婦猛盯著她，賽後又請她去家裡吃飯，他們正是當時的內政部長連震東夫婦。

緊接著赴美參加世界小姐選拔，近一個月間，她感受到連家的天羅地網；她和媽媽去芝加哥探望小舅舅汪積昌，汪積昌的「同學」連戰帶她到處旅遊。回台灣，一下飛機，連部長夫婦又以花環歡迎她。連方瑀至此似乎已被連家的花環套牢了。

一九六〇年開始的中國小姐選拔，很受政治當局重視，由台北市長加冕之外，蔣宋美齡並會接見。與賽者也都頗有家世和相當學歷，這種才德貌兼具的人選，曾獲得上流官宦的喜愛，迎娶進門。在連方瑀之前，第二屆的中國小姐第一名馬維君，父親馬熙程為知名小提琴家，母親是留德的台大教授，最後即嫁給前央行總裁徐柏園之子徐小波。參謀總長彭孟緝之子也娶進入決賽的中國小姐。

當年「中國小姐」被奉為擇媳的主流價值，一如今天的「新聞女主播」。自陳藹玲嫁入富邦集團蔡家，女主播兼具學識、美貌、知名度和外文能力，便倍受豪富家族青睞。孫自強嫁台南幫吳修齊之子；陳昭如則進華新麗華集團焦家。一九九九年四月也傳出民視主播唐可珊與元大證券老闆馬志玲之子馬維建已文定的消息，婚期訂在同年十月。

連方瑀母親汪積賢的弟弟汪積昌是伊利諾大學工程博士，曾任台電電力綜合研究所所長。另一位弟弟汪積成的關係也靠近蔣家。汪積成的兒子汪士弘娶前空軍副總司令衣復恩的長女衣淑凡。

衣復恩在大陸時期，曾任蔣介石專機駕駛，和官邸有親密關係。國防部長俞大維的兒子俞揚和在美國與蔣經國之女蔣孝章戀愛，論及婚嫁，蔣經國火冒三丈，但鞭長莫及，便是指派衣復恩去美國勸阻。衣復恩有一子二女。長子衣治凡和長女衣淑凡都活躍於台北上流社會。一九九二年，藝壇有件盛事，蘇富比首次登陸台灣，辦拍賣會。衣淑凡就是蘇富比在台負責人。

上市公司「亞洲化學」是衣復恩家族事業，由衣慶恩於一九六〇年創立，生產農藥。一九七二年起，改由衣復恩擔任董事長，現已交棒給獨子衣治凡。

衣治凡另外還擁有台灣老牌營造公司——理成營造工程。在四十家營造商中，理成排名第四，遠超過殷琪的大陸工程。理成的名氣不及大陸，與衣治凡內斂、不事張揚的作風有關。理成營造未上市，一般人大概只能從類似台北新公園的捷運工地告示，看到理成承造的字眼。不過，自從一九九五年連戰競逐副總統，一個被新聞記者封派的「擁連會」浮現檯面，衣治凡之名也屢見報端。張伯欣、謝忠弼、林明成等擁連會的核心成員，都是與連家有世代交誼的好友兼富貴人家，同屬台籍上流大姻圈的一員。衣治凡則更是近距離的姻親，沒有不「逗腳手」的道理。

一九九九年七月四日，台灣最大的購物中心「台茂」在桃園開幕，其董事長即衣治凡，請來的剪綵貴賓，連戰居首位。

由年輕企業家組織的ＹＰＯ，衣治凡占一員，他的妹夫汪士弘經營「國貿公司」，販售電腦，名氣雖也不大，卻能擠進會員數固定的ＹＰＯ，足見「連家親」的功力。

第三章

辜振甫家族

辜濂松、嚴復家族、鹿港丁家、大同林家、淡水洪家、張敏鈺、沈錡、陸小曼

辜顯榮家系

岩瀨芳子 黃寶 施過 張悅 翁富 陳笑 = 辜顯榮

(四女)辜津治 = 黃逢平 p87 p296
丁瑞彬 p86 p89 = (長女)辜敦治
(次女)辜註治 p228 = 陳贊治(陳棧治)
(三女)辜金治⊗
(五女)辜秀治 = 蕭成美
(長子)辜皆的 = 池田君子
(次子)辜斌甫 = 楊詠詩
(五子)辜偉甫 = 後藤具味
(六子)辜京生
(七子)辜寬敏 —— (子)辜朝明
(四子)辜振甫 p83 p85 p228 p295
(三子)辜岳甫 = 顏碧霞

辜岳甫 ——
(長子)辜濂松 = 林瑞慧
(長女)辜麗卿 = 陳守實

辜濂松 ——
陳俊哲 = (長女)辜仲玉
周靖華 = (三子)辜仲立
錢靖雯 = (長子)辜仲諒 = 羅惠玲
(次子)辜仲瑩 = 李婷蘭 Tina

辜振甫家系

林挺生 p87 —— (長女)林倫寬 = (子)孫黔
孫景華 = 葉雪珍 —— (子)孫黔、(子)孫岱、(長女)孫玫兒
(子)孫岱 沈燕士 = (長女)孫玫兒
龔福明 = 張敏鈺 = 雷欣雲 —— (長子)張東平
(長女)孫玫兒 = (長子)張東平

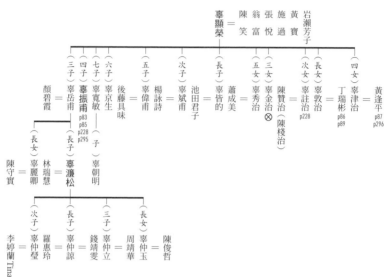

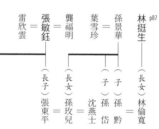

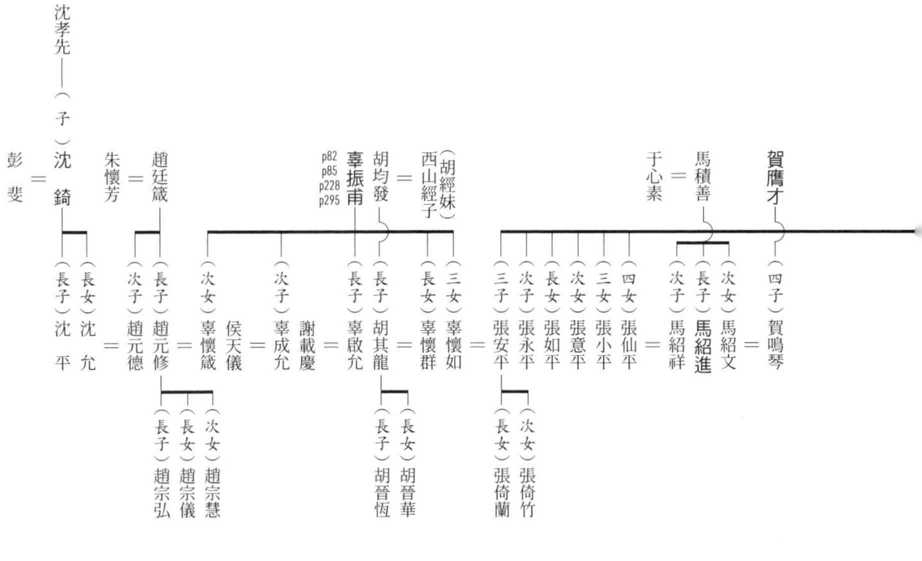
沈孝先
（子）沈錡
彭斐
（長女）沈允
（長子）沈平
趙廷箴
朱懷芳
（長子）趙元修
（次子）趙元德
（長子）趙宗弘
（長女）趙宗儀
（次女）趙宗慧
p82
p85
p228
p295
辜振甫
胡均發
（胡經妹）西山經子
（次女）辜懷箴
侯天儀
（次子）辜成允
謝載慶
（長子）辜啟允
（長子）胡其龍
（長女）辜懷群
（三女）辜懷如
（長子）胡晉恆
（長女）胡晉華
（三子）張安平
（次子）張永平
（長女）張如平
（次女）張意平
（三女）張小平
（四女）張仙平
（長女）張倚蘭
（次女）張倚竹
馬積善
于心素
（次子）馬紹祥
（長子）馬紹進
（次女）馬紹文
賀鷹才
（四子）賀鳴琴

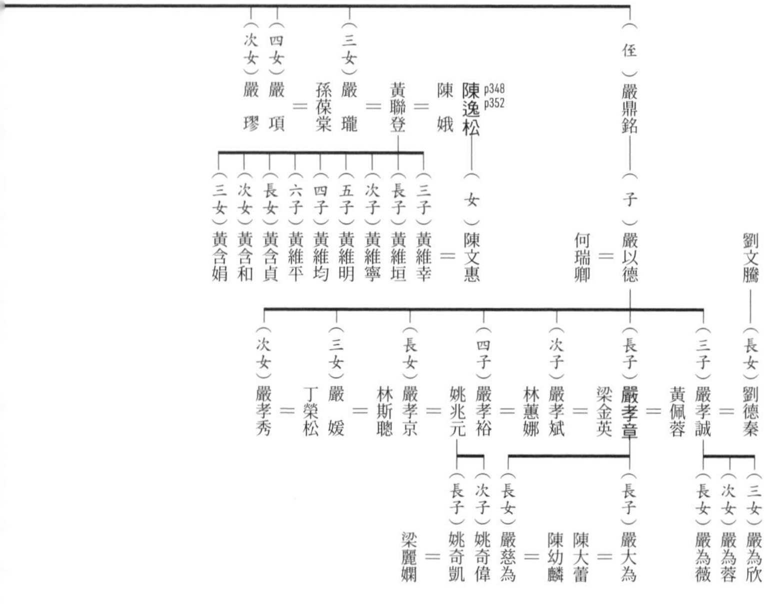
(侄)嚴鼎銘
(子)嚴以德
何瑞卿
陳逸松 p348 p352
(女)陳文惠
陳娥
黃聯登
(三女)嚴瓏
孫葆棠
(四女)嚴項
(次女)嚴璆
(三子)黃維幸
(長子)黃維垣
(次子)黃維寧
(五子)黃維明
(四子)黃維均
(六子)黃維平
(長女)黃含貞
(次女)黃含和
(三女)黃含娟
劉文騰
(長女)劉德秦
(三子)嚴孝誠
黃佩蓉
(長子)嚴孝章
梁金英
(次子)嚴孝斌
林蕙娜
(四子)嚴孝裕
姚兆元
(長女)嚴孝京
林斯聰
(三女)嚴媛
丁榮松
(次女)嚴孝秀
(三女)嚴為欣
(次女)嚴為蓉
(長女)嚴為薇
(長子)嚴大為
陳大蕾
陳幼麟
(長女)嚴慈為
(次子)姚奇偉
(長子)姚奇凱
梁麗嫻

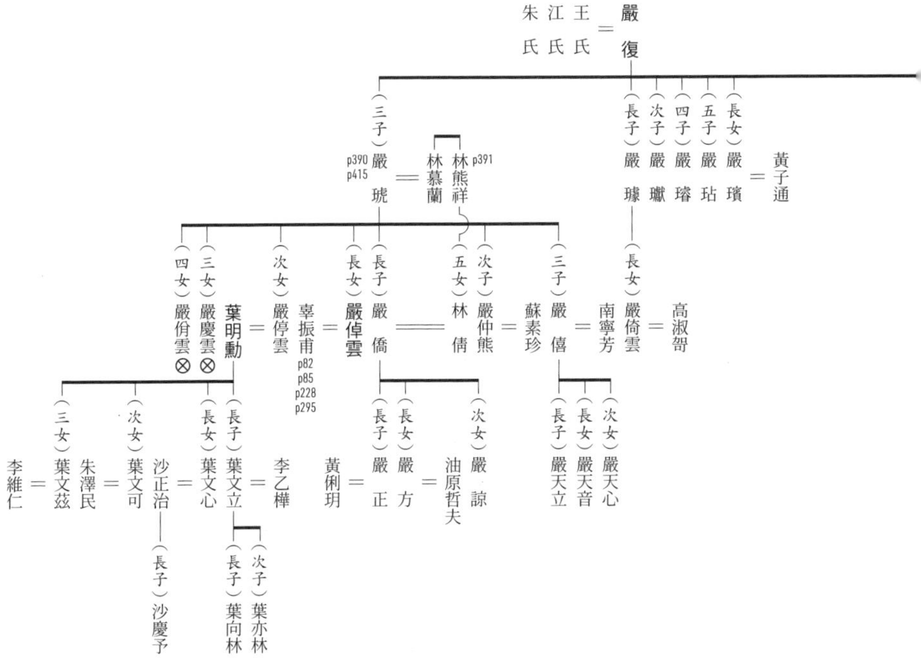
嚴復
王氏
江氏
朱氏
（長子）嚴璩
（次子）嚴瓛
（四子）嚴璿
（五子）嚴玷
（長女）嚴瓊
黃子通
（三子）嚴琥 p390 p415
林慕蘭
林熊祥 p391
（長女）嚴倚雲
高淑詈
（四女）嚴侚雲⊗
（三女）嚴慶雲⊗
葉明勳
（次女）嚴停雲
辜振甫 p82 p85 p228 p295
（長女）嚴倬雲
（長子）嚴僑
（五女）林倩
（次子）嚴仲熊
蘇素珍
（三子）嚴僖
南寧芳
（三女）葉文茲
李維仁
（次女）葉文可
朱澤民
（長女）葉文心
沙正治
（長子）葉文立
李乙樺
（長子）沙慶予
（長子）葉向林
（次子）葉亦林
（長子）嚴正
黃俐玥
（長女）嚴方
（次女）嚴諒
油原哲夫
（長子）嚴天立
（長女）嚴天音
（次女）嚴天心

辜振甫大姊姻系

（鹿港丁家）

丁壽泉——（次子）丁錫勳 ＝ 蔡秀瓊

- （長女）丁琴英 ＝ 陳滿盈（虛谷）
- （次子）丁瑞彬 ＝ 陳婉如 ＝ 辜敦治
  - p89 黃炎生——（長女）黃媛媛 ＝（長子）丁伯雄
  - 劉淑妙 ＝（次子）丁仲翹
  - （三子）丁叔豪 ＝ 陳秀娥
  - （四子）丁幼如⊗
  - （六子）丁若夢⊗
  - （五子）丁一天 ＝ 何玲春
  - （長女）丁采靜 ＝ 林徵龍
  - （次女）丁采蘋
  - （三女）丁采華 ＝ 張石崇
  - （四女）丁采芬 ＝ 蘇成仁
  - （五女）丁秀卿
- （長子）丁瑞圖 ＝ 林樹蘭
- 魏罔 ＝（三子）丁瑞魚
- （四子）丁瑞鉠 ＝ 洪若惠 ＝ 顏梅
  - p350 顏國年——（長女）顏梅
  - （長子）丁逸民
  - （次子）丁逸龍
  - （三子）丁逸郎
  - （長女）丁淳兒
  - （次女）丁玲兒 ＝ 吳凱民
    - p209 p313 吳三連——（三子）吳凱民

辜振甫四姊姻系

張祖澤

- （四子）張嘉璈（公權）
- 王世憲、王世瑛
  - 王世憲之子女：（三女）王敦錦、（次女）王敦嘉、（長女）王敦菁、（長子）王敦鍵
- （次子）張君勱 ＝ 王世瑛
  - 姜蒓芳 ＝（長子）張國瀏
  - （長女）張敦華 ＝ 王大蔚
  - （次女）張敦復 ＝ 董啟超
- （次女）張幼儀 ＝ 徐志摩 ＝ 陸小曼 ＝ 王賡

王賡、王淑敏

- 王淑敏 ＝ 游彌堅
  - （長子）游並茂 ＝ 林桃
  - （次子）游敬熙 ＝ 沈曼麗
  - （四子）游復熙 ＝ 季光容
  - （三子）游宗熙
    - （長女）游安娜
    - （長子）游安盛
  - 游宗熙 ＝（三女）蘇君琦
  - （三女）蘇君琦 ＝ 錢致榕
    - （長子）錢其斌
    - （次子）錢其凱
    - （長女）錢其安
  - （四女）蘇君瑋

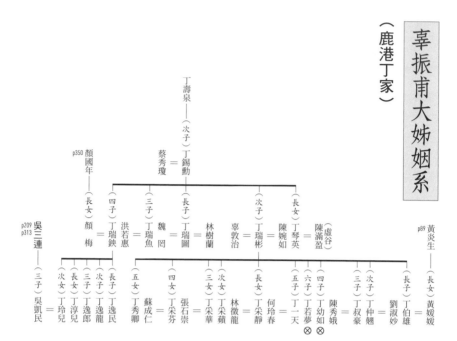

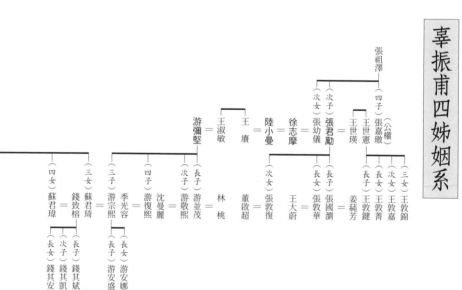

林挺生家系

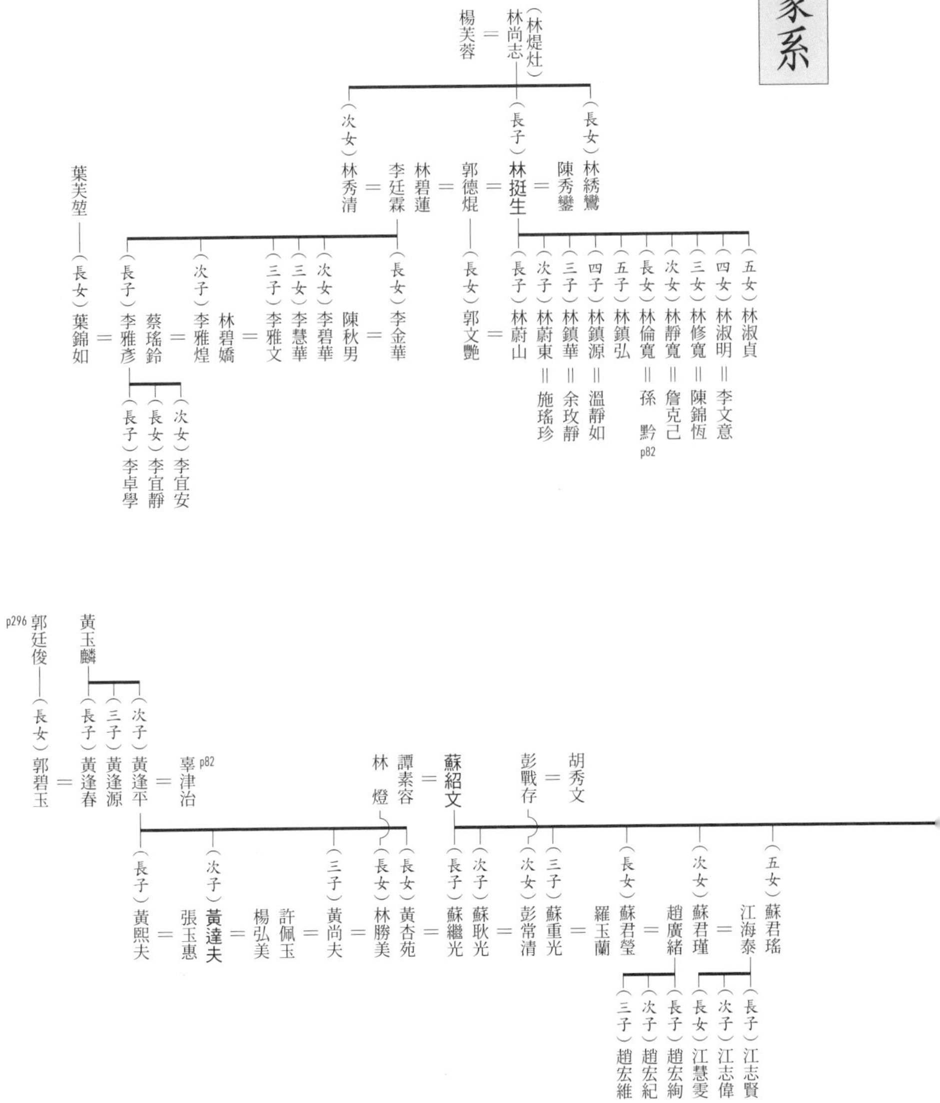
（林焜灶）林尚志
楊芙蓉
（長女）林綉鸞
陳秀鑾
（長子）林挺生
郭德焜
林碧蓮
李廷霖
（次女）林秀清
（五女）林淑貞
（四女）林淑明
李文意
（三女）林修寬
陳錦恆
（次女）林靜寬
詹克己
（長女）林倫寬
孫　黔
p82
（五子）林鎮弘
（四子）林鎮源
溫靜如
（三子）林鎮華
余玫靜
（次子）林蔚東
施瑤珍
（長子）林蔚山
（長女）郭文艷
（長女）李金華
陳秋男
（次女）李碧華
（三女）李慧華
（三子）李雅文
林碧嬌
（次子）李雅煌
蔡瑤鈴
（長子）李雅彥
（次女）李宜安
（長女）李宜靜
（長子）李卓學
葉芙堃
（長女）葉錦如
（五女）蘇君瑤
江海泰
（長子）江志賢
（次子）江志偉
（長女）江慧雯
（次女）蘇君瑾
趙廣緒
（長子）趙宏絢
（次子）趙宏紀
（三子）趙宏維
（長女）蘇君瑩
羅玉蘭
（三子）蘇重光
胡秀文
彭戰存
（次女）彭常清
（次子）蘇耿光
蘇紹文
譚素容
（長子）蘇繼光
林　燈
（長女）黃杏苑
（長女）林勝美
（三子）黃尚夫
許佩玉
楊弘美
（次子）黃達夫
張玉惠
（長子）黃熙夫
辜津治
p82
黃玉麟
（次子）黃逢平
（三子）黃逢源
（長子）黃逢春
郭廷俊
p296
（長女）郭碧玉

淡水洪家

- 莊福
  - （長子）莊村徹
  - （次子）莊村誠 ＝ 林衡敏 p391
  - （三子）莊秀石
  - （四子）莊秀欣
  - （次女）莊淑華 ＝ 馬德程
  - （長女）莊淑媛 ＝ 高呈徽
- 高番王
  - （次子）高呈徽
  - （四子）高呈熙
  - （三子）高呈勗
  - （長子）高騰蛟 ＝ 宋秀霞
    - （四子）高志遠
    - （三子）高志誠
    - （次子）高志明
    - （長子）高志尚
- 宋瑞昌
  - （次女）宋秀霞
  - （長子）宋進英 ＝ 洪謙謙
    - （長子）宋文彬 ＝ 林玲珠
    - （次子）宋文恭 ＝ 林美惠
    - （三子）宋文雄
    - （長女）宋壽壽 ＝ 劉逸民 p333
    - （次女）宋貞貞 ＝ 吳嘉興
- 洪以南
  - （四女）洪謙謙
  - （長子）洪長庚 ＝ 盧乖
    - （子）洪祖培 ＝ 朱秋月 p229
  - （次子）洪我鈞
  - （五女）洪淑子 ＝ 蕭秀淮
    - （三女）蕭郁香
    - （次女）蕭慧香
    - （長女）蕭舜香
    - （次子）蕭殷章
    - （長子）蕭殷宏
  - （六女）洪彬彬 ＝ 李朝章
    - （三子）李英正
    - （次子）李英明
    - （長子）李英世
    - （長女）李真真

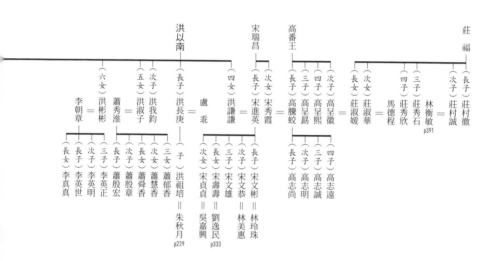

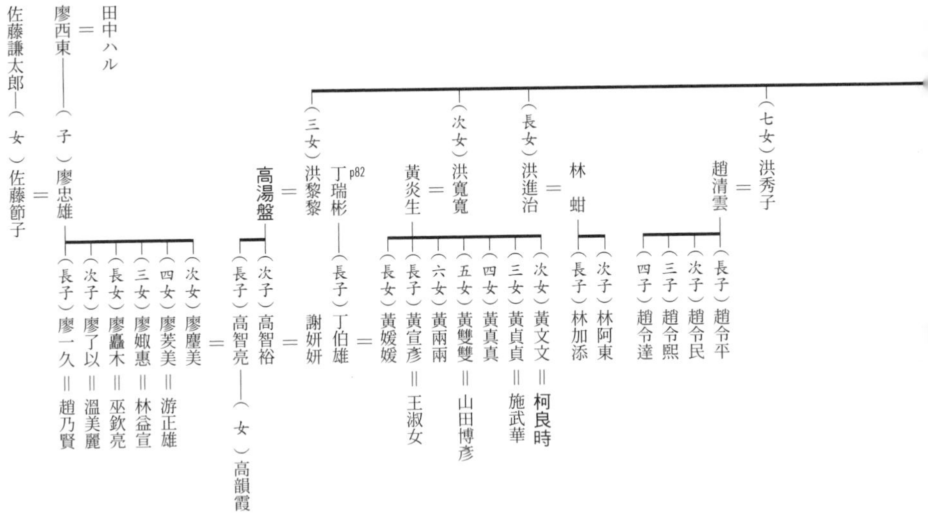
（七女）洪秀子
＝
趙清雲
（長子）趙令平
（次子）趙令民
（三子）趙令熙
（四子）趙令達
（長女）洪進治
＝
林蚶
（次子）林阿東
（長子）林加添
（次女）洪寬寬
＝
黃炎生
（次女）黃文文＝柯良時
（三女）黃貞貞＝施武華
（四女）黃真真
（五女）黃雙雙＝山田博彥
（六女）黃兩兩
（長子）黃宣彥＝王淑女
（長女）黃媛媛
（三女）洪黎黎
＝
高湯盤
丁瑞彬 p82
（長子）丁伯雄
＝
謝妍妍
＝
（次子）高智裕
（長子）高智亮
（女）高韻霞
＝
田中ハル
＝
廖西東
（子）廖忠雄
（次女）廖麈美
（四女）廖芠美＝游正雄
（三女）廖娵惠＝林益宣
（長女）廖矗木＝巫欽亮
（次子）廖了以＝溫美麗
（長子）廖一久＝趙乃賢
佐藤謙太郎
（女）佐藤節子
＝

歷史的推進有如波濤，後浪推著前浪，波波相連，在每個變化最劇的浪頭，有人駕馭浪頭成功，迎接另一高浪，有人卻慘遭吞沒。

台灣百年，有兩次政權更替的巨浪來襲，辜振甫家族始終搶據浪頭，並成功馭浪，將家族的地位、權勢及財富，往上推高。台灣和中國的關係，九〇年代正值柳暗，在等待花明的前夕，辜振甫家族又下海居首，投入歷史的第三波大浪。

當台灣受制於中國，總統無法像一位正常國家的領袖元首，自由來往於國際社會時，辜振甫便是李登輝總統最佳的分身選擇。APEC召開，站在美國總統柯林頓身旁的不是李登輝，而是辜振甫；當兩岸首度官方授權的正式接觸，於新加坡和汪道涵碰面時，台灣代表是辜振甫；見江澤民，傳達台灣全民意志的人，又是辜振甫。就某種意義而言，辜振甫毋寧是台灣「另一形式的總統」。

從政商婚姻關係結構來看，辜振甫擁有崇高的地位，有點順理成章，有些理所當然。他處在本省與外省政商大家族關係連結的橋梁上，也在台籍大家族關係結構的核心，上層關係四通八達。

攸關台灣主權誰屬的議題，辜家兩代始終有角色。究竟是宿命、歷史的偶然、抑或人為的努力，一時還理不清楚。但辜家崛起，擁有雄厚財力，起於政權新換宗主，則是事實。故事必須由辜振甫的父親辜顯榮說起。

像亂世中一夕決戰成功的梟雄，一八九五年的夏天，辜顯榮夾著一把洋傘和一封請願書，從台北走到基隆。就這麼一趟路，把他從凡夫俗子推上政經貴族階級。甚至百年後，辜家子孫仍在台灣位居權貴。

一趟路似小非小，於辜顯榮，可能是一條赴難的黃泉路，於他人，目睹辜顯榮一夜之間飛黃騰達，紅眼生妒者有之、欣羨生奇者有之，原版故事經過添油加醋，主人翁被指成「漢奸」、「辜狗」；關於他的出身，不斷有上流社會的人傳說他是「睡豬砧仔」的「羅漢腳」，或是賣菜的小販。

但是，出身鹿港望族施家，並嫁入霧峰豪族的林施璇璣曾口述指出：「辜顯榮早年在我姑婆的父親開設的『瑞成行』擔任雜役工作，瑞成行從事兩岸間的貿易……由於他往來於海峽兩岸，累積不少貿易經驗。」日治初期的台北鉅富茶商李春生，一八九六年隨台灣總督樺山資紀前往東京，寫下《東遊六十四日隨筆》，也曾說：「聞今翻所宿之寓乃當日辜君顯榮所棲舊館。」辜顯榮崛起前，顯然沒有那麼卑微。

依正式的記載，例如來台灣接收的樺山資紀總督向總理大臣呈報，即指辜為「商賈」。辜顯榮去世，有漢日文並陳的紀念文集《辜顯榮翁傳》出版，傳文指辜顯榮二十一歲便來往上海、天津、寧波、福州、廈門、香港各地做煤礦出口生意。三十歲這一年，甲午戰爭開打前，他人正在上海，與南洋大臣張之洞簽訂供煤契約，不料台灣割讓日本，契約只得取消。

辜顯榮回台灣便遇上出迎日本皇軍的事。當時台北城內亂成一團，先前還信誓旦旦奮死抵抗的「台灣民主國」總統唐景崧和國之大臣，紛紛趁夜逃走，城內陷入無政府狀態。彈藥庫被炸，大火延燒。殘餘的清軍內部，廣東人和福建人互相殘殺，掠奪財物。商人素來要求安定，社會安定才能做生意，政權控制者是誰並非要緊，於是，台北首富李春生、白隆發等人聚會商定要請日軍儘速入城鎮撫。大家寫好請願書，卻無人敢去投遞，此時，辜顯榮自告奮勇。

據辜顯榮自己的說法，他隔天半夜三點左右出發，通過汐止的日軍前哨，到達基隆總督府下駐地點，說明來意。日軍官員正分兩論，說他不是間諜，就是土匪頭頭，他聽見漢語通譯轉述，眼淚馬上奪眶而出。這時民政局長水野遵起身說，依他之見，「這個人是義民」，不是壞蛋。折騰一天之後，半夜三點，辜顯榮陪前哨軍隊進台北城東門。辜家就此登上歷史舞台。

辜顯榮奉迎日本皇軍進台北城，至今有人指為「賣台」行徑，經過口耳相傳，似為民間通論。換個角度看，此論也是過分抬舉辜顯榮了。即使沒有他去引接進城，日軍仍舊早晚接占全台灣。何況，辜顯榮手下並無一兵一卒去投靠日軍，因而導致台灣淪陷日本手中。

百年來，台灣幾經易手，國家認同變成一個模糊煩人的問題，動輒扣「漢奸」帽子，那是統治者玩弄的把戲。日本軍進城時，送給日本人木梯，便於日軍登城牆，讓台北淪陷，算不算是幫助日軍的叛國「漢奸」？是的話，這個叛國犯是台北北門的一位名叫「陳法」的農婦。從平民百姓的立場和角度看，政權移轉非小小個人可以阻止。不斷更換「政權父親」已很悲哀，把悲哀化成憤怒，轉嫁給沒有能力扭轉大局的平民，徒然個人與個人精神殘殺而已。

當初，日軍事前並未公告，帶引進城者有功，評論辜顯榮出迎一事，必須再斟酌他的可能動機。大家沒把箭頭指向發號的李春生，顯然辜顯榮是犯了樹大招風之害。

當然，辜顯榮不折不扣是日本占領台灣的獲利者。迎接日軍後半年，辜顯榮跳升台北保良局局長，第二年，辜顯榮開始經營事業，以賣鹽起家。食鹽為政府專賣，第三任總督兒玉源太郎藉著把食鹽販賣權賞給「島治功勞者」，收攬人心，又增益政府財源，這一石二鳥的統治術，以辜顯榮為頭號受惠者，出任「官鹽賣捌組合長」。辜顯榮並被准許開闢鹽田，辜宅被稱「鹽館」，即因於此。

辜顯榮也不斷購地，他在鹿港、台中，一直到濁水溪以南的虎尾，開鑿埤圳，灌溉荒地為農田。因政商關係良好，事業觸角廣及糖業、金融、建築、漁業，財富快速累積。不到第十年，有紀錄可查的資料顯示，辜顯榮已躋身富商，有財產「百萬」，直追台灣首富高雄陳中和的一百二十萬圓。當年留學日本一年的學雜食宿費加旅費，差不多五十圓即可打發。

等日本治台第二十七年，一九二一年，台灣總督府設立評議會，以總督為會長，總督府七位高級官員和民間日本人、台灣人各九位擔任評議員共同組成，兩年一任。評議員為台灣人擔任公職層次最高的職位，辜顯榮一開始便被選任。一九三四年，更獲選為日本帝國貴族院議員。日本治台半世紀，前後共四位台灣人得任貴族院議員，辜顯榮不僅是第一位，而且距離後三位獲選者早了十一年。

辜顯榮衣錦榮歸故里，家鄉彰化鹿港的老老小小稱他「辜大人」，背後叫他「麻仔榮」，因為他臉上長麻子。

台北上流社交圈對辜顯榮的認識，多認為他粗里粗氣，但他對日本官僚也是如此，和一般親日商紳的唯唯諾諾、鞠躬哈腰，不完全一樣。能不把在台總督府官員放在眼裡的台灣人，除辜顯榮外，上流仕紳大概沒幾個，原因之一可能是他自己與「內地」（日本本國）的貴族公侯，認識者眾，關係匪淺，已融進日本上流階層。

辜顯榮死於中日開戰的那一年，之後的八年，中日交戰，辜家的命運一度中挫。

舊時豪富非娶幾房妻妾，才數正常。辜顯榮的多位太太，分住鹿港、台北和東京，依地點稱之「鹿港太」、「台北太」和「東京太」。辜振甫為「台北太」施過所出，排行第四。

中日戰爭結束前，行四的辜振甫因長兄、三兄去世，儼然成為辜家家長。他的元配黃菖華是總督府評議員黃欣的侄女，也是民進黨前外交部主任楊黃美幸的親姑姑。簡又新的大舅媽黃荷華是黃菖華的大姊。（參閱第十七章）

日治末期，辜振甫遭喪妻之痛。屋漏又逢連夜雨。日本投降到國民政府派員來台接收，有幾個月空檔，台灣陷入無政府的真空狀態，地方一片紛亂。依辜振甫一九九三年在立法院的陳述，部分留台日本軍官有意組織治安機構。總督安藤利吉在今天的台大農學院舊址召開會議，與會者包括貴族院議員及總督府評議員。安藤利吉說，「設立維持台灣治安的機構」或「台灣獨立」的想法不妥當，日軍不應輕舉妄動。會議結束不久，台北地方的龍頭、也是貴族院議員的許丙提議在辜府開會，邀集台北市議員，轉告安藤總督的談話。總督府曾發給許丙一張書面，許丙叫他依書面資料念一遍。辜振甫說，就這一念，遭人密告陰謀鼓動台灣獨立，導致一九四六年時被捕，讓他坐了一年七個月的牢。

同遭獄災的還有許丙與林熊祥，他們都是辜家的好友。林熊祥的大哥，也就是許丙的老東家林熊徵，是日治時期台灣第一豪族「板橋林家」的代表人物，與辜顯榮一直站在同一政治立場，曾共組「台灣公益會」，對抗具有民族運動色彩的「台灣文化協會」，是公認的親日派。

出獄後不久，經林熊祥介紹外甥女嚴倬雲，辜振甫一九四八年再婚。這樁婚姻對辜家重返主流具有關鍵作用。蔣介石撤退來台，對蔣氏政權來說，退此一步，絕無死所，台灣真的是「最後堡壘」，因此蔣氏對台籍地主階級的態度比陳儀和緩，因為與地主階級合作才能發展工業、累積資本，耕者有其田政策也需要地主配合。板橋林家行情回漲，林熊祥獲聘為台灣省文獻會主委，林家的家主林柏壽則被公推為台泥公司董事長。林柏壽是嚴倬雲母親的堂叔，提攜辜振甫不遺餘力。辜振甫不僅獲取台泥的天下，林柏壽和黃少谷、袁守謙等幾位大老的親密交誼，辜振甫也承襲不少。

另一個更重要的作用是建立與蔣宋美齡的關係。嚴倬雲的大舅舅林熊徵娶清末名臣盛宣懷的五女盛關頤，蔣宋美齡的姊姊宋藹齡曾擔任過她的英文家庭教師，辜嚴倬雲第一次晉見宋美齡，便隨舅媽盛關頤前往。後來，辜振甫一家人每年都獲邀參加士林官邸的聖誕禮拜。辜嚴倬雲接掌婦聯會，也是和夫人派有深厚淵源的結果。

辜嚴倬雲家世皎好，母親來自板橋林家，父親則是清末民初大儒嚴復的三子。嚴復一生的作為「多面相」，歷史學界至今還努力「對焦」，希望回復嚴復的「本相」。嚴復在台灣的後代，也有著豐富多樣的面貌；孫女辜嚴倬雲是「蔣夫人」婦聯會系統的傳人，現任總幹事；外孫黃維幸律師卻曾一度是海外異議分子，不得返台；「成棒之父」嚴孝章是嚴復的曾孫輩；孫女「華嚴」則是小說家。

一八六六年，嚴復十二歲，第一名考取船政大臣沈葆禎在家鄉福州興辦的馬江學堂。從馬江學堂畢業後，奉派到船政局自製的揚武軍艦上學習，成為清末最早碰觸現代科技文明的人之一。他又經送往英國深造，通識英文，因而奠下一生事功的基礎。嚴復受中日甲午戰爭刺激，加上考了四次鄉試都落第，只得另尋人生的出路，開始翻譯西方社會科學名作，如赫胥黎的《天演論》、亞當斯密的《原富》、孟德斯鳩的《法意》。在中國現代化歷程中，嚴復居有思想啟蒙的地位。

一九一〇年，清廷賜封嚴復為文科進士，筆名「華嚴」的嚴停雲在《吾祖嚴復的一生》小冊子裡說：「祖父自己覺得好笑，鄉試四次都名落孫山，此時像天上掉下來般來個進士。」

又一年，清廷成立資政院，嚴復獲選為議員，聲名達到頂峰。嚴復家書中有說，在上海青年會演講政治學，「印稿撒至五百餘張，尚有求者，今日海內視吾演說真同仙語，群視吾如天上人」，「做得一篇請興辦海軍摺稿六七千言，大家佩服無地。我現在真如小叫天，隨便亂嚷數聲，人都喝采，真好笑也」。

一九一二年，嚴復出任北京大學校長，處於袁世凱的權勢範圍下，可想而見，嚴復的生命火車未走上新民國的軌道。之後，返鄉歸寂，一九二一年病逝，留下「大儒」之名。

嚴復有三位太太，前後共生育四子四女。三子嚴琥就是辜嚴倬雲的父親。嚴琥多以「嚴叔夏」之名行。同鄉的前清宣統皇帝溥儀的老師陳寶琛太傅，把甥女林慕蘭嫁給他；林慕蘭為板橋林家林熊徵的妹妹，嚴家的根開始植向台灣。一九四六年底，林熊徵急逝，林慕蘭帶子女從上海來台灣奔兄喪。中國正值復員，局面也亂，便定居台灣。辜嚴倬雲就在此時隨母親落籍台北。一九四八年，舅舅林熊祥介紹她和獄中難友辜振甫認識，進而結婚。

嚴家和辜姓頗有緣分。嚴復留學英國，在愛丁堡大學期間，同學有日本前首相伊藤博文、中國大儒辜鴻銘。這三位東方學生，占據了前三名，辜鴻銘更搶居第一名。辜鴻銘以英文見長，是孫中山口中「中國人讀通英文者有三人」之一。胡適初到北大，曾遭這位愛嗅裹小腳臭味的大牌文人批評，指胡適「說的是美國中下層的英語」。一九二四年，辜振甫之父辜顯榮曾邀請辜鴻銘來台灣遊歷講演。事實上，兩辜有共同祖先。辜鴻銘的曾祖父辜禮歡有八子，其中一子東渡台灣，就是辜顯榮的祖先。辜振甫說：「辜鴻銘是我的堂伯父。」

辜嚴倬雲有三位兄弟。幼弟嚴僖曾任台泥公司人事處長。大弟嚴仲熊任職過中央通訊社，未脫離裙帶關係；因為嚴倬雲的妹夫葉明勳是台灣最早的中央通訊社台北分社主任。大哥嚴僑則娶舅舅林熊祥的女兒林倩，嚴林兩家親上加親。事業上，嚴僑早年任教於台中一中，白色恐怖時期，遭誣指為匪諜，抓去拘留訊問過，於一九七四年去世。嚴復直系卑親屬的男孫未在台灣闖出字號。

嚴復兄弟的後代，卻出了個知名人物——前榮工處處長嚴孝章。嚴孝章的祖父嚴鼎銘是嚴復的侄子，他叫辜嚴倬雲「姑姑」。

關於嚴孝章的家世背景，已見的書面資料均作嚴復的曾孫，即使去世後，治喪委員會發出的事略也寫成「其曾祖復諱幾道公，為晚清大儒」。這種不夠準確的說法，有其原因。嚴復長子嚴璩的長女、華盛頓大學語言學教授嚴倚雲曾說，一塊長大的姑侄弟妹，「我們相親相愛的程度比普通親兄弟姊妹還多。我們也不問我們的父親是什麼關係，我們的祖父是什麼關係，所以很多人都把這些族內族外的兄弟姊妹算做我祖父的孫子孫女。」她的說法大概可以解釋嚴孝章何以常被誤作嚴復曾孫。

嚴孝章畢業於復旦大學土木系，戰後開始在軍中負責修築防禦工事，官至國防部軍事工程委員會陸軍工程處長。一九五五年行政院退輔會成立，副主委蔣經國代理會務，負實際之責。一九五七年，嚴孝章以陸軍上校退役，轉調退輔會工程組組長，任內完成中部東西橫貫公路。

退輔會是蔣經國最早主持的部會，一九五七年升任主委，任內最大成績就屬中橫，嚴孝章因此一直被視為蔣經國親近倚重的嫡系人馬，一九五九年起更歷任了二十七年的榮工處長。嚴孝章的大妹嚴孝京是政治圈內知名的機要祕書，人稱「姚太太」，她的先生姚兆元是一位將軍。凡是要與前行政院長、現任總統府資政孫運璿聯絡拜訪，都要先找姚太太。一九七八年孫運璿接替蔣經國出掌閣揆，嚴孝京就開始擔任院長辦公室主任。

嚴復的三女嚴瓏也嫁到台灣來，但嚴瓏之子黃維幸列名黑名單，有一段「黑資料」，和嚴氏子孫「當權派」較疏遠。

嚴瓏的丈夫黃聯登於戰後初期，頗為知名。部分第一屆台灣省參議員遭逢二二八悲劇被捕失蹤，一些參議員恐懼疑慮，不願再去開會，當年十二月有法令公布，讓參議員候補當選人遞補。黃聯登因而遞補了高雄縣參議員洪約白之缺。

黃聯登原籍高雄縣鳳山，畢業於北京大學政治經濟系，才得認識嚴復的女兒。遞補參議員時正任三民主義青年團台灣區團部高雄分團幹事。卸任參議員以後，黃聯登遷移到台北執業律師。

黃維幸是黃聯登的三子，哈佛大學的法學博士，目前是美國律師，辦有一家銀行。黃維幸所以會成異議分子，與他的岳父陳逸松有不可分的關係。

陳逸松為早年省籍聞人，當選過國府參政員，戰後膺任第一位台籍考試委員。他又是日治台灣五大家族之一的基隆顏家顏雲年的女婿，在台灣上流社會頗為活躍。（參閱第二十章）

一九七三年，陳逸松因不滿國民黨監視，藉參加女兒婚禮赴美不歸。中共總理周恩來聞知，邀請陳逸松訪問中國（陳逸松之後出任中共人大常委）。三十二歲的黃維幸陪同前往，會見了周恩來。黃維幸曾說：「他們情報搞得很好，周恩來知道我母親是嚴復的女兒，嚴復是我的外祖父，也花了很多時間在談嚴復。」「也談到嚴家親戚在台灣的狀況，我叫辜嚴倬雲、嚴停雲『表姊』，周總理也知道她們在台灣做什麼事情。」

辜振甫的子女婚姻圈也很可觀，姻親多是外省財閥和外省官僚，台籍企業家中僅此一家發生這種狀況。

辜振甫有二子三女。長子辜啟允目前負責和信企業團中的「中國人壽」，他的太太謝載慶是上海人。次子辜成允現任台泥總經理，他的太太侯天儀祖籍新疆。辜振甫三個女兒中的老大辜懷群，曾任教於台大外文系，她的先生胡其龍為新竹客家人。

次女辜懷箴和三女辜懷如的婚姻改由父母做主，情況就大大不同。她們分別嫁給前華夏海灣集團董事長趙廷箴的長子趙元修和嘉新水泥董事長張敏鈺的三子張安平。三家姻親兩代間，彼此早是舊識朋友；特別像張敏鈺和辜振甫有同業之誼。台灣水泥業需要特准才能經營，供應內銷綽綽有餘，近年水泥還需進口以應需求，水泥業商之間少了競爭的火硝味，有時倒還有必要聯手合作。

張敏鈺擅於婚嫁兒女，親家多有來頭。四女張仙平嫁泰豐輪胎馬家兄弟的老二馬紹祥。泰豐輪胎也是一家老牌上市公司，為馬家第一代的馬岐山、馬積善創立。一九五九年開始製造汽車輪胎。馬家第二代早已接掌泰豐輪胎，曾由馬紹進擔任董事長，馬紹祥擔任總經理。「馬家兄弟」成為商場對他們的通稱，一如華新麗華電纜集團的「焦家兄弟」。

馬家兄弟的妹妹馬紹文嫁紡織商「廣豐實業」董事長賀膺才四子賀鳴琴，典型的企業聯姻。

談起賀膺才「廣豐實業」的字號，成天混號子的股市投資人對這家上市公司一定不陌生，一般民眾就不見得熟悉了。若說「信華台鐘」紡織或「來福牌毛巾」，大家對廣豐實業會親近些。現任董事長為第二代的賀鳴玉。

早在一九六六年，張敏鈺的長子張東平就娶國營事業台灣鋁業公司總經理孫景華的長女孫玫兒。孫景華為福建惠安人，英國倫敦大學電氣化學博士，蔣介石總統時代頗受重用。一九五九年起，蔣介石開辦國防研究院，培養新一代行政幹才，前後共十二期。孫景華於第一期就雀屏中選。同期的黨政要員包括後來的行政院長孫運璿、中央黨部祕書長張寶樹、連戰的父親連震東等人。在國民黨各類訓練班裡，蔣介石時代以國防研究院的資歷最為醒目。

張孫兩府親家不出幾年便因離婚而關係斷絕。孫玫兒另於一九七〇年再嫁給沈燕士。孫玫兒現任知名文學出版社「洪範」的發行人。「洪範」最早即由沈燕士和名詩人楊牧等人共同創辦。

孫景華另一位親家則是鼎鼎大名的大同集團董事長林挺生。一九六七年，孫景華的兒子孫黔娶林挺生的長女林倫寬。孫黔在大同公司裡，曾任旗下子公司「中華映管」的董事長。目前中華映管公司已由林挺生三子林鎮源接手，一九九七年外貿績優廠商排名為第二十名。

林挺生是辜振甫之前的工商界龍頭，又曾任國民黨中常委及台北市議長，典型跨越政商兩界的企業家。

林家發跡甚早，其父林煶灶畢業於總督府工業講習所建築科，一九一八年創設「協志商會」，專攻建築營造。根據台北文獻會邀約中山區耆老座談，有耆老說，相傳林煶灶在日本時代曾承包川端堤防工程，「後來堤防被大水沖毀，他很負責，變賣田產蝕本重建，獲得日本當局的讚賞，以後許多工程都包給他做」。林煶灶因此變成台北建築業鉅子，共承造多項重大工程，較著名者如行政院舊建築。日治之末，因應皇民化運動，林煶灶改名「林尚志」，往後一直使用此名。大同集團下，有尚志化工、尚志造漆、尚志貨櫃、尚志精機等公司，均因紀念他而命名。

林挺生為獨子，當時也改日本名「林哲生」，國民政府遷台以後改回舊名。林挺生畢業於台北帝大理學部化學科。戰前就接辦「大同鐵工所」（鐵工所即鋼鐵廠），擔任社長。當時他才二十三歲，真可說英年早發。

林挺生的長媳郭文豔系出名門，她的父親郭德焜曾任北企總經理，前北企董事長陳逢源的太太郭希韞是他的姑姑。（參閱第十一章）

林挺生的親家郭德焜是終戰前後的台籍知識菁英。自東京帝大經濟學部畢業，任過東大研究室研究員及台灣大學法學院教席。戰後初期，曾任職於合作金庫研究室，和前央行總裁許遠東、現今總統李登輝既是同事，也是無所不談的摯友，被太太們戲稱為話很多的「三隻烏鴉」。許遠東及李登輝在二二八之後有被拘置盤問的白色恐怖經驗，郭德焜亦然，曾避居台南家鄉好幾年，經前省議長黃朝琴保證，才免於躲藏。

郭德焜返回台北，即入北企，曾任過正副總經理。郭德焜的太太郭林碧蓮是上流圈的知名人物，主因她擔任中山女高校友會理事長數十年。中山女高的前身為第三高女，日本時代的台籍富貴名媛多入三高女，她們也成為富紳望族娶妻擇媳的最佳對象，因此衍成老一輩名門家族中，總有出身三高女的校友。其中，如李登輝、林挺生等人的太太，都是三高女的前後期校友。郭林碧蓮與曾文惠且有鄰居之誼，雙方有著多重的關係。因此，在一九九九年，李登輝夫婦金婚五十的慶祝宴上，受邀者全為李家的友人，郭林碧蓮即賓客之一。

由辜振甫的次女也綿延成婚姻網。辜懷箴的公公趙廷箴是商場公認的交際高手。趙廷箴的手法是不隱瞞他的政商關係，他常告訴別人「陳慶瑜是我舅舅」。陳慶瑜曾任財政部長、行政院主計長，數財經大員，也算一號人物。「長跑小將蒲仲強」是陳慶瑜之女陳建的兒子。

依理，趙廷箴叫陳慶瑜舅舅，趙母就該姓陳，但根據調查，趙廷箴的媽媽姓「張」。若依另一種說法，「趙廷箴是陳慶瑜的外甥」，可能所指係「趙廷箴是陳妻的外甥」。但是，陳慶瑜的兩位夫人汪亞達、鄧欣南，從姓氏上，也看不出端倪。

一九六六年，「復興紡織公司案」鬧得台北滿城風雨，部分立委和輿論就把箭頭之一指向陳慶瑜和趙廷箴的「至親關係」，認為「親戚關係」在搗鬼。當年，蔣緯國的岳父石鳳翔經營的大秦紡織經營不善，負債兩億七千萬元，宣告破產，公開拍賣，被最大債權人台灣銀行標到，但在幾天之間就低價轉手給「復興紡織」，准許十年分期償還，而所謂的復興紡織竟是一家尚未辦理公司登記的「公司」。時任財政部長的陳慶瑜公開表示，公司未登記雖然於法不合，大秦轉讓給復興公司的「法律行為人」卻屬有效。陳慶瑜的說法激怒立法委員，立委認為，如此是台銀拿公家的錢買下大秦，賤售給搞復興公司的幾個人，獨利私人。而復興公司的民股董事中就有趙廷箴、時任中央銀行總裁徐柏園的女婿趙璋、立法委員劉秋芳的丈夫苗育秀等人。

趙廷箴早年和王永慶合創台塑，曾任台塑總經理。一九六四年毅然轉售台塑股票，開辦華夏海灣塑膠，很快創造出台灣第二大石化王國。但趙老闆從來不死守股票，價格高檔時他就拋售，獲利再去開一家公司，一而再，再而三，所以，龐大壯觀的企業集團，趙廷箴像是國王，卻不擁有權杖和王冠。

早些年，華塑集團下的友寧工業、華淵電機工業公司，陳慶瑜的女婿謝冠方都是主要股東。其他的台達化工、華夏海灣塑膠、亞洲聚合等公司，趙的親家辜振甫和辜家的中國信託均有大股。

趙廷箴僅二子一女，女兒趙元熹嫁外國人，長子趙元修娶辜懷箴，次子趙元德娶前駐西德代表沈錡的長女沈允。

沈錡在外交圈和前外交部長沈昌煥、前駐美大使沈劍虹並稱「三沈」，他們都曾朝夕伴隨蔣總統身畔，有段風光歲月。沈錡事業最頂峰是一九五〇年代後半期，同時兼任行政院新聞局長、中央黨部第四組（即今天的文工會）主任和中央電影公司董事長，全面掌控文宣系統。

事實上，沈錡當時的權威，建築在先前擔任蔣介石總統的機要祕書上。他雖然已轉任新聞局長，每天清晨，仍要上士林官邸給蔣介石總統讀報紙。伴君側的人即使職位再低，任何人都要退三步表示恭敬。

沈錡的兒子沈平近幾年在台北金融圈很受注目。沈平原是美國紐約華爾街大證券公司「摩根史丹利」的副總裁，現任執行董事兼台北辦事處代表。辜振甫則應邀為摩根史丹利顧問委員會的九位顧問之一。沈平曾與辜振甫的外甥女、即連襟葉明勳的女兒有過婚約。這麼近的家族關係令人想起，辜嚴倬雲的大哥和舅舅都娶表妹為妻，母親娘家的親戚甚至有娶自己阿姨的例子。在「小圈子」裡尋找結婚對象似乎是這些大家族的文化。

辜嚴倬雲在台灣只有嚴停雲一位親妹妹，辜葉兩家關係親密。和信企業團的聯廣公司董事長長年就由葉明勳擔任，葉明勳的獨子葉文立已接棒主持聯廣。

葉明勳的長女葉文心為美國柏克萊大學中國近代史教授，有英文著作《嚴復傳》。中譯本的序文請她的姨丈辜振甫撰寫，兩家在各種生活層面都顯得很親密。

辜振甫的親族網可觸及近代文學大師徐志摩和他的情人陸小曼，真應了「人生如戲」的話；戲原是無事不可能。

這一線關係從辜振甫的四姊辜津治出發。辜津治和丈夫黃逢平的獨生女嫁「半山」陸軍中將蘇紹文的長子；蘇的一位親家游彌堅，也是「半山」台灣人，戰後初期擔任過台北市市長。關係網絡在此處走進一陣曲折。游彌堅的大舅子王賡是陸小曼前夫，王陸婚姻因中途殺出程咬金，徐志摩橫刀奪愛，陸小曼才轉而離開。辜家和徐志摩的關係已毫無政治意義，只平添人世間的趣味。

這段遙遠而曼妙的關係，起源於辜振甫的四姊夫黃逢平。黃逢平畢業於日本商科大學，回台灣曾任台灣銀行業務員，娶辜家女兒之後，入主辜家事業「大和拓殖」和「大和興業」公司當常務董事，深得辜顯榮倚重。

辜顯榮死於中日開戰之年，暮年時中日關係轉惡，辜顯榮為報效日本，又身為華人，擺出當仁不讓的態度，積極投入，扮演斡旋止戰的魯仲連角色，和當時中國各方勢力都頻頻接觸。會面、修書、協商會見行程、送禮、資金捐輸，各式活動均有。接觸的人物包括蔣介石、馮玉祥、汪精衛、杜月笙、陳儀、陳炯明等等。

辜顯榮頗善於外交穿梭，也很能投各方所好。寫信給陳炯明，就罵蔣介石「假三民主義之名……徒事牢籠，排斥異己，以致民窮財盡……今足下揭揚義旗，振臂一呼，天下耳目，復為之一新，甯非快事……。」另一面對蔣介石則極盡恭維，「承贈尊影（指蔣送照片之事），逾錫百朋，似此颯爽英姿，晨昏可仰。巍峨德業，蓬蓽增光。」

黃逢平則是岳父的外交密使，特別在後期辜顯榮患病，即派黃逢平代表送信和商量見面細節。信中常見「特派小婿三度晉京（去中國之謂），與當局鉅公接洽一切」的字句。辜顯榮慨贈壹萬圓給陳炯明，也由黃逢平親赴香港致送。

等把穿梭成果呈報給日本大員，也多由黃逢平陪行充任翻譯。辜顯榮為此事晉見最高層級為日軍參謀總長閑院宮殿下，黃逢平經特許陪見。

戰後，黃逢平出任台灣信託公司常董。台灣信託係日治末期，總督府強迫民營大東信託他併，由台灣銀行入股成為最大股東而組成的公司，一直由陳炘擔任總經理。二二八發生，陳炘被捕失蹤，「半山」劉啟光接辦華南銀行，把台灣信託強制兼併，台灣信託便消失了。黃逢平後來長任省行庫第一銀行各要職，包括副總經理、董事和常務董事。

黃逢平為桃園人，父親黃玉麟曾任大溪街的助役，即「副鎮長」。他的大哥黃逢春是台北大稻埕的聞人、前總督府評議員郭廷俊的女婿。黃逢平的兒子黃達夫現任辜家和信企業團下的和信醫院院長。（參閱第十七章）

黃逢平自己的兒女親家蘇紹文則另織成一個小政治婚姻圈。它可簡單描述成「半山」和「外省」政治人物通婚圈。蘇紹文本身是「半山」官僚，他的兩位兒女親家，游彌堅也是「半山」，彭戰存則是江西省籍的中將。

蘇紹文一九二三年就離開台灣，進北京大學當僑生，一九二七年拿蔣介石的資金，赴日讀日本陸軍士官學校二十期砲兵科，兩年後成為陸官學校的教官。

戰後，中國各地台籍官員多被徵召回台接收，當大員做大官。蘇紹文被派任台灣省警備總部處長，他的上司即二二八歷史的重要人物柯遠芬。二二八後，柯遠芬先派客籍校官劉定國（後曾任苗栗縣長和國大代表）鎮撫桃竹苗地區，之後派蘇紹文為新竹防衛司令，維持桃竹苗治安。二二八期間，就屬桃竹苗地區最安定。蘇紹文綏靖有功，一九四九年獲選為國大代表，仍帶軍職，一九五二年升陸軍中將，一九六二年外調擔任省府委員。

蘇紹文的長子娶黃逢平之女，次子則娶彭戰存中將之女。彭戰存出身黃埔四期，一九五〇年一月調任金門防衛司令部參謀長，繼升金防部中將副司令官。一九六一年，彭戰存和蘇紹文結親時，兩人都是國防部賦閒的中將，門戶相當。

蘇紹文的子女中，四女蘇君瑋在生態保育上有狂熱作為。蘇君瑋原隨丈夫錢致榕（曾任香港科技大學副校長）長居美國，從事藝術經紀。有一次安排美國畫家到西藏拉薩開畫展，迷上西藏。然後，她花了五、六年時間，在西藏自治區成立「珠穆朗瑪峰自然保護區」。

蘇紹文與另一位親家、前台北市長游彌堅不僅同為「半山」，又都與軍事家蔣百里關係密切。蘇紹文早年就讀北大預科時，拜在蔣百里門下。對游彌堅而言，蔣百里則是他到中國大陸發跡的「政治父親」，又是他的大媒人，兩人結成親家，早有徵兆。

游彌堅原名游柏，負笈東京念大學，後轉進北京，在印刷所工作，混得不好。兩年後到南京三民中學教英文，偶識蔣百里，頗獲欣賞。蔣百里交代整理自己的著作文稿，並且介紹游彌堅加入國民黨，又介紹他進中央軍校擔任少校政治教官，最重要的，介紹好朋友王賡將軍的妹妹王淑敏給游彌堅，一九三一年，游王結婚，游彌堅開始另一段政治旅程。

一九三〇年，財政部長宋子文成立稅警總團，大量起用「留美幫」，西點軍校畢業的王賡獲選任總團長。前陸軍總司令、總統府參軍長孫立人當時都還只是王賡旗下的一位團長。

王賡對游彌堅這位妹夫頗多照應。一九三一年，日軍占領東北三省，國際聯盟出面干涉。中國首席代表顧維鈞正物色中英日文俱佳，熟悉日本政情的人才，王賡推薦游彌堅隨顧維鈞到巴黎任使館祕書。

中日戰爭中，中國財政歸宋子文統理，受宋子文和王賡的關係之惠，游彌堅在這段期間歷任財稅官職。日本一投降，游彌堅立刻奉派為財政部台灣區財政金融特派員。

游彌堅在台灣歷任台北市長、國大代表、省府委員等公職，民間職位則有台灣觀光協會第一任會長、泰安產物保險公司董事長、國語日報董事長等。

提攜游彌堅有功的大舅子王賡死於中日戰爭，未能來台，台灣少有人知道。若說他是文壇名女人陸小曼的前夫，大家便豁然了解。

王賡先畢業於清華大學，之後留美，獲普林斯頓大學文學士學位，接著進西點軍校，會多國語文。等一九一九年巴黎和會召開時，王賡任中國代表團武官。另一名武官梁上棟後來來台曾任監察院副院長，足見王賡發跡之早。二十九歲時，王賡已晉升少將。

王賡二十六歲娶十八歲的陸小曼，由於奉父母之命成親，婚後第四年，陸小曼認識徐志摩，兩人即告婚變，隔年九月離婚，結束陸小曼所謂「在性情與思想上不能相謀而勉強結合」的痛苦婚姻。

徐志摩的前妻張幼儀也是名人，她是張君勱及張嘉璈的胞妹。張氏兄弟均是近代中國史上的名士，張君勱為中華民國憲法起草人、中國民社黨主席；張嘉璈在戰前歷任中國銀行總經理等要職，戰後更任央行總裁，是國民政府財界的要角。妹妹與徐志摩的婚姻即由張嘉璈做的主，兩人結婚時，才第一次見面，新娘十五歲。徐志摩後來以「纏過的小腳」及「西式服裝」來形容兩人的不搭調。

張君勱的小舅子王世憲是張君勱早期的祕書，來台後，一直擔任立委，也接續張君勱而為民社黨主席。民社黨長久為黨禁未開前的政治花瓶，一直到李登輝的時代，國統會初組成時，王世憲還曾任國統會委員。

辜振甫的姊姊的關係線，像鑽探海底石油的鑽子一樣，四姊辜津治「鑽探」到陸小曼，大姊辜敦治則探勘到台灣兩個古老的家族——鹿港丁家和淡水洪家。

丁家在鹿港頗有名望。辜敦治的丈夫丁瑞彬的祖父丁壽泉是前清進士。前國語日報社社長洪炎秋是丁瑞彬的表弟。台灣新文學運動的重要人物、詩人陳虛谷則娶了丁的姊妹。

丁瑞彬出身書香世家，自然也負笈東瀛，明治大學法科畢業，便進入岳父辜顯榮的事業體系幫忙。辜顯榮事業龐大，舉凡製糖、金融、漁業、進出股市等，無所不有，但親生的兒子中，最大的辜岳甫比長女辜敦治足足小了十歲，女婿正好補上空缺。丁瑞彬主要的職務大和拓殖公司總經理、高砂鐵工所董事等，都屬辜顯榮的事業體。

丁瑞彬夫婦並未偕老，辜敦治在婚後第八年病逝，隨著和辜家關係變化，日治末期，丁瑞彬已退出辜家事業，由辜振甫、辜偉甫和辜岳甫遺孀辜顏碧霞全面接管。但他和辜家的親戚關係沒有間斷，一九七九年，丁瑞彬八十二歲去世，訃聞上的親戚代表，辜振甫仍列第一位。

戰後，丁瑞彬在政壇曾有短暫光芒，先選上鹿港鎮長、台中縣參議員，繼而省參議員。參議員於一九四六年選出，任期兩年，本應於一九四八年五月任滿，但國民黨政權此時在中國的處勢已日非一日，所以一直延任到一九五〇年底。

丁瑞彬的大弟丁瑞魚畢業於台灣醫學校，一直業醫，學生時代熱中社會運動及抗日，並參與成立台灣文化協會，此被視為抗日三大行動之一。根據《台灣總督府警察沿革誌》，蔣渭水奔走促成組織文化協會，蔣渭水出面主其事，背後係因台灣醫學校學生簇擁，丁瑞魚即其中一位學生。丁瑞魚曾說，他和醫專同學曾去訪問日本基督教牧師賀川豐彥，賀川一席話深具啟發性。賀川說，台灣還不配談獨立，一個獨立的國家必須有獨自的文化，譬如美術、文藝、音樂、歌謠等。不能夠養成自己的文化，縱使有獨立的表面形式，文化上仍是他人的殖民地。醫校學生深受刺激，以培養文化為要務，並把觀念傳遞給平日就有交遊的蔣渭水醫生，文化協會因而誕生。

丁瑞彬最小的弟弟丁瑞鉠在台灣商界頗為知名。丁瑞鉠一九〇四年生，台北高等商業學校畢業後，赴日本讀東京商科大學。娶基隆首富顏國年長女顏梅以後，也和二哥丁瑞彬一樣，進岳家的企業「基隆炭礦」（即煤礦）株式會社。戰後退出，先後在大同和台塑兩大產業受到器重，王永慶始終奉為顧問，他的女兒丁玲兒嫁做前《自立晚報》董事長吳三連的兒媳。（參閱第十章）

經由丁家，辜家的姻親關係延伸到達淡水洪家。丁瑞彬的長子娶台北名人黃炎生的長女，黃炎生的岳父即淡水富豪洪以南。

淡水洪家早在清廷時代就發跡成富，到洪以南已是遷台第四代。洪家第一代在艋舺經營貿易商，第二代洪騰雲晉身大富。台灣巡撫劉銘傳建設台北市街，洪騰雲捐錢捐地，劉銘傳奏請清廷賜頒「急公好義」，刻石製成石坊放在台北城內的「石坊街」，即現在的台北二二八和平公園內。現今公園和台大醫學院一部分土地也是洪家所捐。

洪以南跨越清日兩代，年輕時，他像所有全台灣的地主紳商子弟一樣，讀漢書古文，準備科考舉名，不知新知識為何物。遇上中日甲午戰爭，洪以南趕快回中國大陸考試，中福建晉江縣秀才。

日治初期，總督府懷柔漢學士紳，賜「紳章」供佩帶，以示榮耀，又請任地方官吏。洪以南不僅任淡水街長（鎮長），又擔任過台北廳參事。

洪以南的七位女兒均嫁一時碩彥，女婿在台北上流社會多是聞人。次女婿黃炎生聞名於日本時代，三女婿高湯盤活躍於國民政府時代。

黃炎生和岳家同是淡水同鄉，淡水公學校（小學）一畢業，就留學東京。大學就讀京都帝大法學部，畢業前一年，陸續考取行政科和司法科高考，在東京地方裁判所擔任過判事。一九三一年，回台出任台北地方法院判官。日本治台五十年，通過行政科高考，只有十七位，黃炎生即其一。一九三五年，黃炎生當選民選的台北州會議員。

洪以南三女洪黎黎嫁給高湯盤。高湯盤台北高商畢業後，轉赴中國東北求發展。當初東北政權名義上屬遜清皇帝溥儀新立的「滿洲國」，實則日本完全控制中。日本大力開發東北，鼓勵日本青年菁英共同努力完成帝國美夢。台灣是日本殖民地，中日語文均通，不少人也前往謀求發展。有些人去做生意，如已逝的養樂多公司董事長陳重光；有人去開醫院，如前彰化縣長陳錫卿；更有人去當滿洲國的官僚，如台大心理系教授黃光國的父親黃子正當了溥儀的御醫；高湯盤和前彰銀董事長吳金川則進入滿洲中央銀行工作。戰後，高湯盤擔任過華南銀行總經理及一銀董事長。

高湯盤的長媳是前台中縣長廖了以的姊妹。廖了以的名字在台灣人中顯得很突出。他的哥哥叫一久，也不普通。他的姊妹就更絕無僅有了，像是「娵（音同駒）惠」、「麈（音同主）美」、「茇（同菱）美」。

這些不平常取名的背後，還有更特別的身分背景。廖了以的祖母是日本人，媽媽也是日本人，而且外祖父佐藤謙太郎還是來台的高官。佐藤出身岡山縣上道郡操陽村的倉富（位於今岡山市中區）。日本統治台灣初期，導入現代國家的做法，進行土地所有權的清查，一九〇一年，帝國大學畢業的佐藤即出任台灣土地調查局的課長，一九〇七年起任台中廳長，一九〇九年改任屏東的阿緱廳長，一九一四年阿緱廳長的年薪已高達三千圓。隨後一次世界大戰爆發，日本參戰，出兵奪下德國擁有的南洋諸島（今帛琉、馬紹爾群島等），佐藤謙太郎奉派負責南洋新占諸島的民政長官。

廖了以的祖父廖西東也是在二十世紀初開始擔任公職，一九〇二到一九一六年都在台中廳，與佐藤謙太郎在台中廳長任內有重疊，只不過當時只是個小雇員、小通譯。後來接連擔任葫蘆墩區長、豐原街長、台中州協議會員，二〇年代已登躍上流了。

廖了以的父親廖忠雄畢業於早稻田大學，戰後連任過多屆豐原鎮長、市長。大哥廖一久則是東大博士、中研院院士，大廖了以十一歲，也更早聞名全台，他成功研發草蝦和虱目魚、烏魚苗的人工繁殖，影響台灣水產產業深遠。

洪以南的四女洪謙謙則嫁台北的教育家宋進英。宋進英出身富商家庭，父親宋瑞昌是日治時代台北有名的實業家。宋進英東大法科畢業，二戰一結束，宋進英和朱昭陽（東大法科畢業，曾在日本大藏省當官）等人返回台灣，面對全新待建的台灣，知識分子使命感驅使，積極籌設大學。創辦永豐餘集團的三兄弟中的老三何義與煤商劉明出資，設立「延平學院」，當時的教席包括李登輝總統、股市名人邱永漢、前大法官洪遜欣、前立委謝國城、前彰銀董事長吳金川等人，也包括宋進英的連襟高湯盤。

二二八事件發生，延平學院遭勒令停辦。宋進英和朱昭陽執著興學，退而求其次，才有現今北市建國南路上的私立延平中學。宋進英久任副校長，早期台北市長黃啟瑞請他出任教育局長，台大也擬聘為專任教授，宋進英均予以婉拒。直到一九七九年去世為止，未曾或離延平中學。

關係在此，出現一些同窗、同事、親戚關係的交織。洪以南的孫子、台大神經內科醫生洪祖培娶朱昭陽的女兒。（參閱第十二章）宋進英的女兒則嫁台南名門劉家，劉家的上一輩既有娶基隆顏國年的三女，顏國年的次女顏碧霞又是宋劉聯婚的介紹人，顏碧霞的先生魏火曜與宋進英是同屬「猴會」的多年好友。顏碧霞的大姊則嫁前述的丁瑞鉠。

宋進英另有妹妹嫁給義美集團創辦人高騰蛟，高騰蛟又有弟弟娶莊福的女兒，莊福創設的六福村、六福客棧、長春戲院，有名於時。關係網至此，有向企業界延伸之勢。但是，莊福的次子莊村徹娶了板橋林家之女，關係網又迴轉到辜振甫的岳母所在的舊豪門林家。（參閱第二十二章）

洪以南的兩位兒子洪長庚和洪我鈞循日本時代上流階層之習，到日本留學都念醫科，兩兄弟都入大阪醫大，洪長庚主攻眼科，更獲東京帝大醫學博士，隔年一九二九年在台北開設達觀眼科醫院，洪我鈞則青年早逝。

洪氏家族下一代也出現眼科權威。洪以南外孫女黃文文的先生柯良時，於一九八三年升任台大醫院眼科主任在眼科界享有盛名。

辜振甫的二姊夫陳贊治（舊名棧治），曾任日本時代台中州的民選州會議員。他的長女嫁曾浴沂，曾是一位電子公司老闆。曾浴沂的幾位姊姊都嫁名門的知識菁英。二姊嫁「少棒之父」謝國城，三姊嫁長老教會高俊明牧師的哥哥高俊雄，四姊即嫁朱昭陽的弟弟朱華陽。（參閱第十二章）

辜顯榮共七子五女，三女辜金治早夭，其餘多位英年早逝，辜顯榮享盡功名富貴，卻有白髮人送黑髮人的傷心事。像三子辜岳甫，二十五歲即病逝，遺留妻小。他的獨子就是赫赫有名的中國信託董事長辜濂松。

辜濂松算是苦盡甘來。幼年父親早逝，戰後初期，母親顏碧霞（出身三峽顏家）又不幸被羅織入罪，坐了幾年政治牢。

受寡母養育長大的影響，辜濂松事母孝順，並且堅持不續妾室，對屬下也要求不准有男女緋聞。政治上，卻未因母親坐政治牢，而痛恨國民黨及黨國官僚，反倒關係良善，並為國民黨政府奔走，努力辦民間外交。此舉與辜濂松口中的「家叔」辜振甫態度相同，做法一致。相對獲得國民黨相當程度的信賴。新近獲外交部任命為無任所大使。據辜濂松一九九四年對《新新聞》周刊透露，蔣經國剛當行政院長之初，曾找他出任財政部常務次長。

辜振甫年事已高，他的人脈關係是無形的資產，依中國式的習慣，均由嫡子繼承，但辜振甫元配無出早逝，得子較晚，父子年齡差距過大，銜接較難。辜振甫單要延續辜家第二代掌控台泥，抗拒來自各大財閥家族的挑戰，為次子辜成允爭取出任總經理，已很費工夫。

辜濂松縱橫國際上流，經營中國信託銀行有聲有色，填補辜振甫這一房後繼的空檔，能力綽綽有餘。

第四章

陳守山家族

台塑集團、謝介石、陳天來、楊麗花

陳守山家系

（七子）陳天運
（六子）陳天元
（五子）陳天生
（四子）陳天印
（三子）陳天椿——（長子）陳清泉——（長子）陳守山＝黃淑女

陳守山之子女：
（長子）陳信宏＝陳和枝
　（長子）陳衍良
　（長女）陳衍如
　（次女）陳衍安
　（三女）陳衍伶
（長女）陳安瀾＝許博偉 p130
（三女）陳安琪＝林于昉 p448（林秋江——（次子）林于昉）
（四女）陳安婷
（次女）陳安慧＝曹昌祺 p145
（五女）陳安靜＝王文潮 p118

（四子）陳清汾＝田中不二子
陳清汾＝王淑儀（王舅舅——（女）王淑儀）
王香蟬＝謝介石——（子）謝喆甡＝鄭蓁蓁（鄭肇基 p132 p330 p424——（女）鄭蓁蓁）
（王香蟬、王舅舅）

陳清汾之子女：
（長子）陳守一
（次子）陳守中
（三子）陳守庸
（長女）陳朝子＝畠山茂
（次女）陳淑瑜＝萬道森
　（長女）萬丹楓
　（長子）萬凱文
（三女）陳淑玲＝張彥緒——（長子）張文豪

王永慶家系

（三子）王永在＝王碧鑾
（五女）王銀英
（四女）王銀桂
（三女）王銀尾
（次女）王銀燕
（長女）王罔市

王永在之子女：
（次子）王文潮＝陳安靜（陳守山 p118——（五女）陳安靜）
　王文潮——（長子）王泉龍
（長子）王文淵＝鄧美苓
（三子）王文堯＝林千惠
（長女）王雪清＝林豐欽
（次女）王雪敏＝吳國雄
（三女）王雪洸＝張家鈁
（四女）王雪惠＝周令侃
（五女）王欣蓉

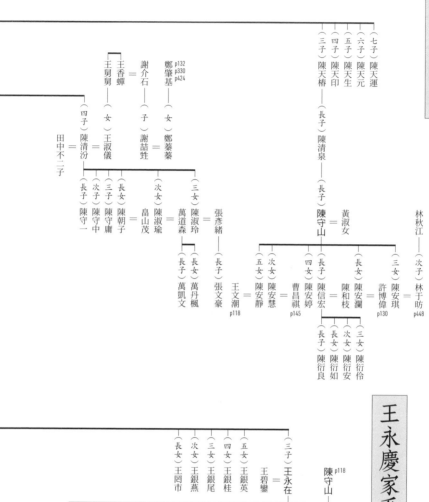

陳澤粟
- （長子）陳天賜
- （次子）陳天來
  - （長子）陳清素
  - （次子）陳清秀
    - （三女）陳淑瑩 = 洪文樑
    - 洪文棟 = 楊麗花
  - 吳培銓 = （長女）陳寶珠
    - （長子）吳錫洋
  - （次女）陳寶釵 = 周敏益
  - （三女）陳寶霞 = 蔡萬福
  - （三子）陳清波 = 顏梅玉
    - （長子）陳守誠
    - （次子）陳守毅
    - （三子）陳守和
    - （四子）陳守實 = 辜麗卿
    - 辜濂松 p82
    - （五子）陳守義
    - （女）陳淑惠 = 顏惠然 p351

徐清山
- （長子）徐千田 = 顏溫溫
  - （長子）徐懷達 = 黃勝美
  - （次子）徐龍雄
  - （三子）徐明達
  - （長女）徐美玲
  - （次女）徐美玟
- 盧采貞 = （次子）徐瀛洲
- （三子）徐辛盤

王長庚 = 詹 樣
- （長子）王永慶 = 郭月蘭、楊 嬌、李寶珠
  - （三女）王雪紅 = 陳文琦
  - （四女）王瑞華 = 區永禧
  - （五女）王瑞瑜 = 楊定一
  - （六女）王瑞慧 = 李宗昌
  - （七女）王瑞容 = 劉培森
  - （長子）王文洋 = 呂安妮
  - （次子）王文祥 = 陳靜文
  - （長女）王貴雲 = 范文華
  - （次女）王雪齡 = 陳 徹
- （次子）王永成

簡 吉 = 陳 何
- （五子）簡明仁 = 王雪齡
  - （次女）簡民智
  - （長女）簡民惠
  - （長子）簡民龍
- （四子）簡道夫 = 葉春枝
- （三子）陳 從（從母姓）= 許雪梨
- （次子）簡 恭
- （長子）簡 敬 = 吳 燕

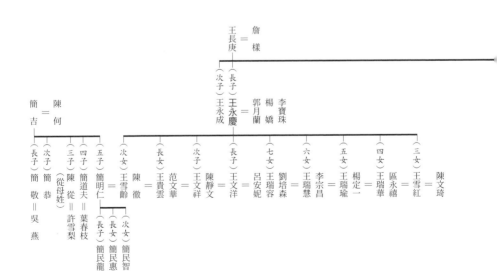

陳守山不愧是台籍第一位將領，他結親能力與之輝映，獨步台籍官僚。

前警總總司令、國防部副部長陳守山有五個女兒，長女嫁前合庫理事主席、華南銀行董事長許敏惠的兒子；次女嫁國泰蔡家三兄弟的外甥；幼女嫁台塑總經理王永在的兒子，三樁婚姻都是台籍族群最最典型的政商聯姻。

即使在外省族群官僚間通婚，也少有人能夠把三個女兒，都嫁入富商權貴名門。半世紀以來，大概只有前陸軍總司令、退輔會主委張國英堪與媲美。張國英有四個女兒為他帶來權貴親家，包括聯華實業集團大老闆苗育秀、資深立委關大成（考試院副院長關中之父）、前海軍總司令劉廣凱及前國防部次長艾靉。

事實上，沒有任何白手起家的台籍大官僚，能獲得富豪家族青睞；政治行情變幻莫測，權力起伏太大，財富的穩定性比權力高太多。若要富商家族在政界或商界選擇親家，企業家族毋寧比較受到青睞，陳守山背後，就有一個龐大的營商世族。

陳守山的祖父陳天椿在八兄弟中排行第三，他的二伯公陳天來個性開放、交遊廣闊，有「八面美人」及「好好先生」的雅號，在日本時代是聞名全台的大稻埕茶商，曾任台灣茶商公會會長。陳守山曾祖一代經營木炭生意，伯公陳天來二十歲開始，把陳家帶進茶業，他的店號「錦記」後來變成陳家的代稱，享有盛名。

一八五三年，艋舺地方發生漳州、泉州人分類械鬥，住在今天西門町來來獅子林一帶的人，經不起包擊，一群泉州陳姓族人逃往北方的大稻埕，建立新市街。

五年後，清廷和英法締結天津條約，開台灣、牛莊等五地為通商港埠。「台灣」並非只一港，含安平和淡水兩港。淡水又因名詞解釋問題，擴大及於淡水河流域的台北。洋商看準貿易已經繁榮的「艋舺」。但是，十年河東，十年河西；艋舺河身淤積，艋舺人又反對「番仔」進駐當地，洋商於是移往民性開放而溫和的大稻埕，於今天的南京西路（時稱「六館街」）設洋行。早先吃癟的大稻埕拜天之賜，開始漸入開放與繁盛。

又過三年，淡水英國領事把台灣茶介紹給西方世界，博得好評。外商在大稻埕普設茶館焙製粗茶成烏龍茶，輸往美國。再經十二年，泉州茶商來台製造包種茶。兩種茶使台灣茶揚名立萬，曾有外國人著《台灣島之過去及現在》，說到：「北部台灣之榮枯盛衰繫於茶葉。」台灣史學者黃得時評說，這句話有「一辭千金之價值」。

大稻埕的洋商輸出烏龍茶到英美，他們的茶館稱「番莊」。台灣商人多製包種茶，茶館俗稱「舖家」，行銷網廣及東北、香港、泰國、越南。陳家的錦記屬於後者。陳天來為了開發南洋市場，兩次下南洋考察，對台灣茶業有功。擔任台灣茶商公會會長多年，曾穿梭奔波，使總督府廢徵製茶稅。

陳天來有四子，日治時期，因應國際化經營，老大陳清素出任過爪哇支店長，老二陳清秀駐新加坡支店二十餘年。在台灣本島，以老三陳清波為主角。陳天來不通日語，和日本權貴交涉來往，都委給陳清波，他有個抬頭叫「錦記茶行外交部長」。陳家第二代屬他最活躍。陳天來擔任過的台北州協議會員等公職，也由陳清波接續，曾任過台北市協議會員和台北市會議員。

戰前，台北市民共同生活記憶少不了的第一劇場，即陳清波創建。

四兄弟中，陳清波的姻親圈最可觀，日治時代的台灣五大家族，有兩個家族是他的親家。陳清波的一個兒子陳守實，親友習慣以日語稱呼他的名字「minolu」，他進過日本皇族學校「學習院」讀書，現今日本天皇明仁是他的同學。陳守實的太太辜麗卿則是中國信託董事長辜濂松唯一的妹妹。他們的父親辜岳甫在辜濂松四歲時病逝，兄妹和母親三人相依為命，感情自是與「大房頭」裡手足眾多不同。

辜陳兩家已有三代交情。辜顯榮發達以後，遷居台北，即建築新宅在大稻埕。他也曾把大稻埕最古老的戲院「淡水戲館」，改建為「新舞臺」。辜顯榮去世，日人出版《辜顯榮翁傳》紀念集，陳天來是少數受邀發表感念文章的台籍巨商。

陳清波最小的女兒陳淑惠則嫁入五大家族之一的基隆煤礦鉅富顏家。顏家第一代家主顏雲年的三子顏德修正是陳清波的親家。陳的女婿顏惠然有多位舅子，分別來自永豐餘集團何家、台灣第一世族板橋林家及前省議會議長黃朝琴家族。

顏惠然本身經營「亞洲寶石」等事業，在妹夫林明成當副董事長的華南銀行，占一席董事。

顏惠然的丈母娘顏梅玉是岳父陳清波的繼室。清素、清秀、清波三位兄弟，就有七位太太，舊豪族不有三妻四妾，似乎就不夠格稱之富貴門第。

陳清波有位醫界名人的連襟——徐千田。徐千田的太太顏溫溫和陳清波的繼室是姊妹。徐千田創辦台北醫學院，曾任院長、董事長，專攻婦科癌症，儼然是台大系統之外的另一位醫界教父。徐千田因創子宮頸癌手術法享譽醫界，一九七四年，美國婦產科學院頒授榮譽院士，為全球榮膺斯職的第三人。又是世界婦產科學會副會長。徐千田七十八歲時，仍能到基隆為病人開刀，一九九二年八十歲時，病危入院，夢中還呼喚護士準備為病患動手術，真真徹首徹尾的一位外科醫生。

徐千田的三子徐明達也習醫，為現任陽明大學生命研究院院長。

在演藝界維持不墜的巨星屈指可數，歌仔戲的楊麗花是天空上最燦爛的一顆星。演藝明星能走入政商姻親圈的，她是難得的一位，這顆閃亮明星正是被陳守山的親戚網「捕獲」。

陳天來的次子陳清秀的三女陳淑瑩和楊麗花是妯娌，陳的丈夫洪文樑是前任醫生立委洪文棟的哥哥。洪文棟當年再娶楊麗花，轟動演藝圈，大家爭看「小生」楊麗花花落誰家，大大提升洪文棟的知名度。洪文棟於一九八〇年第一次參選立委，高票落選。等娶了楊麗花，捲土重來，二度參選，功力大增；再憑醫生上流菁英的形象，一九八三年順利勝選，開始進入立法院。

進入戰後的國民政府時期，陳天來的四個兒子，輪到四子陳清汾的個人關係最好。陳清汾曾說：「先父天來公，家兄清素、清秀、清波、及本人，兩代四任臺灣省茶葉公會理事長職，深受同業的愛戴。」有人封他「台灣茶業大王」的徽號，有人卻為他可惜。前警總副總司令鈕先銘曾引詩句說：「這個才人真絕代，可憐薄命作君主」，感嘆陳清汾若不生在富貴之家，不繼承家庭的經商傳統，他的藝術生命必更加不凡。

陳清汾居幼，早年，家業有父兄操煩，他的藝術細胞得以縱情發揮。普遍貧窮的社會，藝術是極端的奢侈品，只有世家子弟有條件沾惹。陳清汾十五歲受日本文藝界祭酒「有島生馬」啟蒙，十八歲隨有島遊學巴黎習畫，和馬蒂斯（Matisse）、畢卡索都有交遊，後因家族事業，棄藝就商。

陳清汾雅好文藝，原是藝界人物，日治時期曾創第一映畫（電影）會社。他有位姊妹嫁新莊地區的車商吳培銓，吳氏長子吳錫洋一度投入其下。一九三七年，吳錫洋自創第一映畫製作所，製作了台灣首部有聲電影《望春風》。電影王國美國於一九二六年初次發行有聲電影，日本則是一九三一年。

陳清汾的妻子王淑儀是大名鼎鼎詩妓王香禪的外甥女。戰前台灣上流墨人騷客，特別雅好漢詩漢文的儒紳，交際酬酢，總不免請藝妲坐陪，引為一種風流。萬華人王香禪以貌美及歌藝，名噪一時。

在台南，則有一位前清舉人羅秀惠，號「花花世界生」。《台南市志》記有：「花花世界生，性好獵色，民國四年，與同居經年之詩妓王香禪離異回南，竟入寡居之蔡碧吟幕，舉行羅蔡聯婚，輿論譁然，抨擊有加。」

羅王偕婚，係連戰祖父連雅堂作的媒。王香禪和連雅堂的關係，則有著許多傳說。連雅堂的外孫女、台大中文系教授林文月曾為文寫道：「據云，夢癡女士在當時確有甘居側室的意思，而以雅堂先生的思想，則無結合的可能。」

王香禪與羅秀惠仳離，一度遁入空門，不久還俗，再嫁傳奇名人謝介石。連雅堂曾描述這位故交：「幼安，新竹人，為吉林法政學堂教習，兼治報務，性豪邁，善飲，有志功名。」謝介石後來果然在滿洲國出任外交總長等要職。一九三五年，台灣總督府辦始政四十年的博覽會時，謝介石、王香禪等一行以滿洲國駐日大使的身分衣錦返鄉，受到官方熱烈歡迎。

謝介石有一子娶新竹進士世族鄭家鄭肇基的女兒。其婚禮盛況空前，紅地毯一路鋪到新竹火車站，老一輩新竹人仍記憶猶新、津津樂道。（參閱第五章）

戰後，台灣工商日漸發達，農產逐步相對式微，茶葉慢慢比不上水泥、石化等重工業，更追不上繼起的服務業、金融業，陳家並沒有在翻滾的潮流中蛻變成功。陳清汾之後，也不見家族有主體人物接棒，呼嘯商界。矗立在貴德街的華宅，似在為此低吟傷感。

陳守山算是陳家的異數，在國民政府來台後，有十餘年的政治光芒。

陳守山的父親陳清泉是祖父陳天椿的長子。陳清泉早年到泉州經營茶行，陳守山隨父親去廈門讀中學。陳守山的太太說，因為「愛國」，陳守山留在中國念軍校。多年後，因緣際會，陳守山成為軍系的「稀有動物」。

蔣介石生前臥病多年，早於一九六〇年代後半期，蔣經國即開始實際掌權。蔣氏父子用人最大差別在蔣經國刻意拔擢本省籍官僚，陳守山是他很早就注意的台籍人士。據前士林官邸副侍衛長陳宗璀的回憶錄《士林官邸三十年》記述，一九六六年，蔣氏父子赴花蓮視察東防部，非常滿意，蔣經國即向父親請示：「陳守山司令忠誠負責，做事踏實，如有機會，是否可調任台北市市長？」時因蔣介石考慮仍以文人任市長而作罷，但陳守山的崛起，顯然老早有跡可循。

陳守山的省籍，在軍中以稀有族類而更顯寶貴，蔣經國的本土化用人政策，陳守山躬逢其時，最後得以晉任警總總司令及國防部副部長。

陳守山的獨子陳信宏是衛豐保全的創始大股東，與香港衛安公司各出資一半成立。衛豐的墨綠色系「裝甲」型運鈔車，近來成了很惹眼的都會街景。後來在徐立德擔任國民黨財委會主委時，黨資入股百分之三十，衛豐保全的董事長開始改由國民黨指派。陳信宏自一九九四年底接任總經理一職。隨著陳守山自官場退隱，陳家又回歸商賈家族的本位。

陳守山和親家及女婿間，似乎與長女婿許博偉關係較為多元。許博偉是許敏惠長子，也是新象藝術中心負責人許博允的堂弟，娶陳守山長女陳安瀾。許博偉目前是永昌基金公司總經理，陳安瀾則為董事長，陳守山的太太黃淑女掛名董事。

陳守山的二女陳安慧則嫁國泰集團創辦人蔡萬春妹妹蔡玉蘭的兒子。蔡玉蘭和曹永裕的兒子曹昌祺銜接了陳守山和蔡家的親戚關係。（參閱第六章）

陳守山的三女嫁齒科博士林于昉。林于昉的媽媽和衛生署長詹啟賢的媽媽是堂姊妹，他的姊姊林靜芸則是整形外科的名醫。（參閱第二十五章）

台灣的舊世家、新富商及「半山」出身的權貴官僚，再加上東移來台的政權最高統治者，經過半世紀的通婚活動，織成一張姻親大網，隱約暗示：台灣有個肉眼難見的貴族階級。這個無形的貴族階級，像一座王宮或城堡，宮內有權力和黃金。陳守山的親家許敏惠就代表舊世家；他的父親許丙曾任台灣總督府評議員及日本貴族院議員。陳守山本身混合半山權貴與舊世家的身分背景。台塑王永慶家族於一九八四年才進入這個城堡；這一年，王永慶的弟弟王永在之子王文潮娶了陳守山的幼女陳安靜。

拿企業來說，台泥、國泰人壽、新光人壽、台南紡織、嘉新水泥，規模、資產或不如台塑，姻親圈卻遠豐富於台塑。

當然，另外還有原因造成台灣數一數二的大企業主竟沒有半個知名親家。事實上，這個原因也是普遍存在的心理。有女兒，當然非嫁不可；若嫁出一個女兒，能引進女婿充當企業助手，對掌控龐大家族企業，那是「獲利」。但若女婿出身企業家族，背後另有一股財勢，就必須思考是否有企業易幟換姓之虞。

對台塑王家而言，家業已富可敵國，不需要依靠結親來擴張事業。第一代白手致富的家族，除非對社會影響力、政治權力、提升家格等等產業外的價值有愛好，否則不會熱中攀結權貴親戚，王永慶家族就是這種類型。

王永慶兒女多已嫁娶，其中，有大眾電腦老闆簡明仁這種博士女婿，也有工商記者出身的女婿李宗昌，都非世家名門子弟。

王永在向來比王永慶玲瓏些。最早兩兄弟一起做木材生意時，就是王永慶在前頭和人大小聲扮黑臉，王永在在後扮白臉，與人簽訂單，大概因此才會結交一位官親戚。

陳守山家族從陳天來起算，第四代的「信」字輩正值青壯，除陳守山的兒子陳信宏之外，較知名者有陳信豪，現任中華民國旅行同業公會理事長。

第五章

許博允與力晶黃崇仁家族

許丙家族、許博偉、新竹鄭家、黃純青

許丙家系

許丙 = 葉白 ┌ 葉貓貓

┌ 張福堂 ┌ 張燦堂

(長子)許伯埏 = 楊素娥 p146 ／ 張寶玉 = (次子)許仲毅⊗ ／ (三子)許敏信 = 足立和子 ／ (五子)許敏忠 ／ (四子)許敏惠 = (女)張娟娟 ／ (長女)許碧霞 = 顏德修 ／ 楊國斌 p132 = (三女)許秀子

張炎虎 ──(六子)張裕泰 = (次女)許玉暄 ／ (長女)許瑞瑗 = 李榮龍 ／ (長子)許博允 = 樊曼儂

(長女)許瑞洋 ／ (次女)許瑞瑛 ／ (三女)許瑞芳 ／ (四女)許瑞晶

陳守山 ──(長女)陳安瀾 p118 = (長子)許博偉 ／ (長女)許瑞真 = 張康聰 ／ (次女)許瑞玲 = 方一平 ／ (三女)許瑞琛 = 周登正

(長子)張恩誠 ／ (次子)張恩榕 ／ (三子)張恩堉 ／ (長女)李彥頤 ／ (長子)李彥樞 ／ (長子)許維烜 ／ (次子)許維城

(長子)許元禎 ／ (長女)許元齡 ／ (次子)方原 ／ (長子)方驥 ／ (次子)周彥宜 ／ (長子)周彥均

黃純青家系

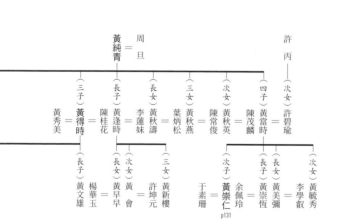

許丙 ──(次女)許碧瑜

黃純青 = 周旦

(次女)許碧瑜 = (四子)黃當時 ／ 陳茂麟 = (次女)黃秋英 ／ 陳常俊 = (三女)黃秋燕 ／ 葉炳松 = (長女)黃秋濤 ／ 李蓮妹 = (長子)黃逢時 ／ 陳桂花 = (三子)黃得時 = 黃秀美

(次女)黃毓秀 ／ 李學叡 = (長女)黃美彌 ／ (長子)黃崇恆 = 余佩玲 ／ (次子)黃崇仁 = 于素珊 p131

(三女)黃新樓 ／ 許坤元 = (次女)黃會 ／ (長女)黃早早 = 楊華玉 ／ (長子)黃文雄

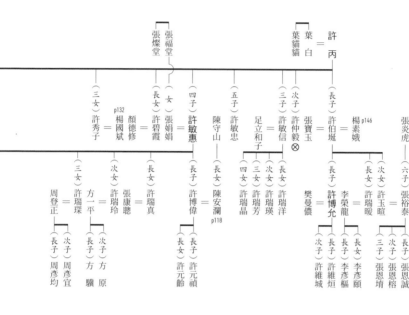

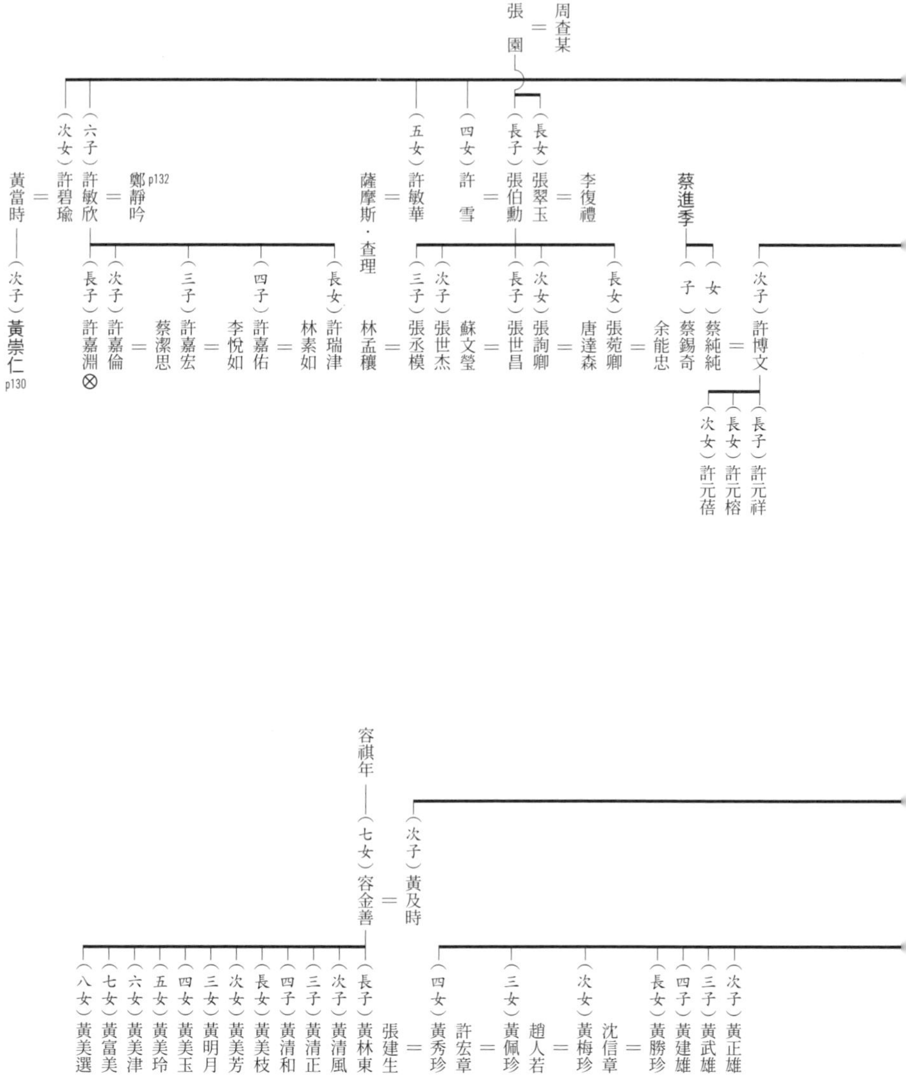
周查某
張園
（長女）張翠玉
李復禮
（長子）張伯勳
（四女）許雪
（五女）許敏華
薩摩斯・查理
（六子）許敏欣
鄭靜吟 p132
（次女）許碧瑜
黃當時
（次子）黃崇仁 p130
蔡進季
（女）蔡純純
（子）蔡錫奇
（次子）許博文
（長子）許元祥
（長女）許元榕
（次女）許元蓓
（長女）張菀卿
余能忠
唐達森
（次女）張詢卿
（長子）張世昌
蘇文瑩
（次子）張世杰
（三子）張承模
林孟穠
（長女）許瑞津
林素如
（四子）許嘉佑
李悅如
（三子）許嘉宏
蔡潔思
（次子）許嘉倫
（長子）許嘉淵
容祺年
（七女）容金善
（次子）黃及時
（次子）黃正雄
（三子）黃武雄
（四子）黃建雄
（長女）黃勝珍
沈信章
（次女）黃梅珍
趙人若
（三女）黃佩珍
許宏章
（四女）黃秀珍
張建生
（長子）黃林東
（次子）黃清風
（三子）黃清正
（四子）黃清和
（長女）黃美枝
（次女）黃美芳
（三女）黃明月
（四女）黃美玉
（五女）黃美玲
（六女）黃美津
（七女）黃富美
（八女）黃美選

新竹鄭家家系

鄭國慶 ——（次子）鄭崇科 ——（長子）鄭用鑑

鄭國唐 ——（四子）鄭崇和

鄭崇和 ——（四子）鄭用鈷
鄭崇和 ——（長子）鄭用鐘
鄭崇和 ——（次子）**鄭用錫** ——（長子）鄭如松
鄭崇和 ——（三子）鄭用錦 ——（次子）**鄭如蘭**

陳緝熙 ——（長女）陳　氏 ＝ **鄭如蘭**

鄭如蘭 ——（長子）鄭安柱（拱辰）
鄭如蘭 ——（次子）鄭神寶

鄭神寶 ——（長子）鄭肇基 p118 p330 p424 ＝ 蔡秋霞
鄭神寶 ——（次子）鄭大明 ＝ 黃　紡

蔡秋霞、**蔡惠如**

鄭肇基 ——（長子）**鄭鴻源** ＝（次女）楊繡霞
鄭肇基 ——（次子）鄭薇郎
鄭肇基 ——（子）鄭欽仁
鄭肇基 ——（女）鄭順娘 ＝ 林垂訓 p424
鄭肇基 ——（女）鄭蓁蓁 ＝ 謝喆甡 p118

王舅舅、王香蟬
王舅舅 ——（女）王淑儀 ＝ 陳清汾
謝介石 ＝ 王香蟬
謝介石 ——（子）謝喆甡 p118

楊子培 ——（次女）楊繡霞
楊子培 ——（四子）楊國仙 ＝（女）許秀子 p130
楊子培 ——（三子）楊國斌 ＝（長女）陳雙美
楊子培 ——（次子）楊國喜
楊子培 ——（長子）楊國琛
楊子培 ——（長女）楊雪霞 ＝ 林雲龍

許　丙 ——（女）許秀子 p130
陳炘 p228 ——（長女）陳雙美
林獻堂 p312 p424 ——（三子）林雲龍
許　丙 ——（六子）許敏欣 p131 ＝ 鄭靜吟

鄭大明 ——（次女）鄭靜吟
鄭大明 ——（四女）鄭靜和
鄭大明 ——（三女）鄭靜瑟
鄭大明 ——（長女）鄭靜香
鄭大明 ——（三子）鄭洋光
鄭大明 ——（次子）鄭祥光
鄭大明 ——（長子）鄭重光

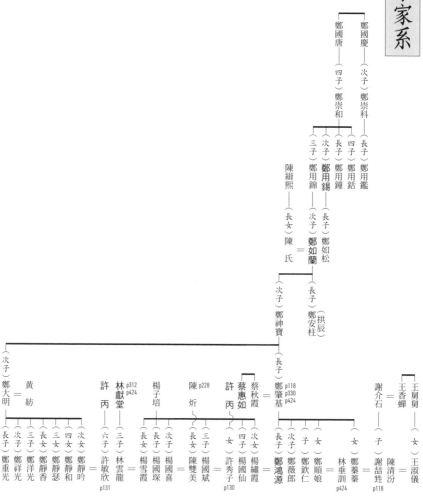

「新象」活動推展中心主持人許博允，毫無疑問是台灣表演藝術界的重臣貴冑。沒有他引進國際藝術表演節目，台灣藝壇不知要延遲多少年才現露蓬勃的曙光。做為民間最大的表演節目經紀商，許博允本身就鑲嵌著藝術氣質，太太樊曼儂又是名音樂家，若猜許博允出身名校博士，大概沒有人會搖頭。不過，上帝搖頭了，許博允只有高中畢業的學歷。

傳奇，好像是許家人血液裡的傳統。日本時代，許博允的祖父許丙開創了這個血統。

許丙的傳奇，屬於布衣卿相式的發跡故事。許丙的第一個工作只是富豪的小通譯，但不到二十年之後，他已經榮登總督府評議員；他的評議員同僚不是地主世家，便是富商巨賈。日治台灣最後一年，許丙更當上日本帝國議會（貴族院）議員，全台只四人擁有這項榮銜。

是許丙創造了「許丙家族」，他的父親許松麟只是淡水的農民，還不足為人談論。許丙考入總督府國語學校國語部，可謂是這個家族的生命起源。「國語」意指日本國的「國語」。在異國異族統治初期，會說統治者語言的人往往已搶占政經優勢，許丙的發展是活生生的例證。

許丙最早受僱於台灣第一世家——板橋林家。林家是日本統治台灣首要籠絡修善的對象，其中又以大房林熊徵目標最顯著。林家當然也需要和日本官僚維持親善關係。兩個熱切渴望擁抱的人卻語言不通，自是迫切需要一位溝通感情的譯者。在這種時代背景下，許丙出任林熊徵的翻譯，並獲得兩邊當事人的歡心。

通譯的實際地位不高，但林熊徵個性溫和謙虛，凡事詢問，許丙又聰明機靈，愈來愈受林熊徵倚重，五年資歷，就升任許丙為林家長房的「家長」，統管林家財務。

對總督府和東京的中央要員來說，名義上，許丙是代表老闆林熊徵前來交涉，但會面的那一剎那，許丙其實又像是板橋林家的主人。加上許丙自己口才便給、風度翩翩、英俊瀟灑，給人印象深刻。內務大臣原敬（後曾任首相）便不斷讚賞他。許丙很快超脫「僕人」角色，以「許丙」行世。先擔任過台北市協議會員，台北州協議會員，一九三〇年膺選為總督府評議員，已和老闆林熊徵平起平坐當同僚了。

一九三二年出版的《臺灣古今財界人の横顔》中，把許丙定位成繼辜顯榮、林熊徵之後的「二世民間代表」。

戰後之初，許丙卻從天之驕子淪為階下囚。一九四五年八月戰爭結束，十月陳儀來台接收前，有兩個多月的「政權空檔」，日本軍民尚待遣送，日本最後一任總督安藤利吉還未離台，日產也待清點交接。空檔中，台灣治安一團混亂，部分日本軍官鼓動台灣士紳資本家成立維持治安單位及進行台灣獨立。

安藤總督隨後在現今台大農學院約集貴族院議員和總督府評議員會議，全台貴族院議員僅霧峰的林獻堂、桃園的簡朗山與台北的許丙，另一位議員辜顯榮已去世多年。安藤總督在會中說，有關「設立維持治安機構」和「台灣獨立」的想法不妥當。許丙接著在辜顯榮之子辜振甫家開會，邀集台北市議員，轉告安藤談話，總督府有交一張書面文件給許丙，許丙就叫辜振甫宣讀。

一九四六年一月，陳儀進行全省漢奸總檢舉，許丙等人遭密告被捕，以陰謀竊據國土罪入獄，一九四八年才獲釋。

許丙不愧是許丙，出獄後仍是政商圈的交際高手。他酷愛京劇，顧正秋初來台北演出，許丙每天把永樂戲院前三排座位訂光，分送政商要人。一九四九年吳國楨出掌省府主席，聘為省府顧問，許丙又活躍於上層了。立法院長張道藩認南部巨商唐榮之母為乾媽，也是許丙和張道藩熟識，居間牽線而來。

許丙的長子許伯埏，也就是許博允的父親，在台灣社會沒有知名度，但台北上流的小圈子裡，他可就赫赫有名，新淡水高爾夫球場即由他投資興建，擔任過第一屆總經理。

許伯埏另有一項歷史紀錄——通過日本外交科高考筆試。戰前日本高等考試有司法、行政、外交三科，台籍留日學生多選考司法科，因為即使日人不給予平等待遇，無法當上法官或檢察官，也能自由開業當律師。台籍很難爬到高等行政官，參加行政科考的留學生明顯少一些，外交科就更難過登天，更乏人問津。外交官可接觸國家機密，台灣和朝鮮兩處殖民地人民的忠誠永遠被懷疑，出任外交官的機會比零還小。台灣有兩位不信邪的唐吉軻德，分別是林伯埏和林迺敏；他們都通過筆試，口試時遭到刷除。

許伯埏畢業於東大法科，不事法曹，反而酷愛西洋古典音樂，音樂家生平典故如數家珍，蒐購各種珍貴的唱片版本，子女顯受薰陶。長子許博允建國中學念完未再升學，就拜許常惠為師，遊學海外，成為作曲家，娶音樂家太太，一九七八年成立新象活動推展中心，現在還是作曲家協會理事長。

藝術往往是食飽之後才能從事的東西，許伯埏父子能如此悠遊於音樂藝術的世界，與許丙遺留的財富大有關係。

許博允的祖母葉白家族也頗具傳奇性。許博允和叔叔許敏惠比較常曝光，仔細讀他們的臉龐，會覺出幾分異國風情。原因就在葉白。葉白的祖父是位英國人，許博允只知道他叫「密斯特．葉」（Mr. Yap），葉先生是位船長，清朝時到台灣，在淡水開航運公司，娶本地女子為妻，衍成葉家。

葉白有位弟弟，名叫葉猫猫，畢業於台北醫專，在大稻埕開業後，再修得博士學位。依台灣醫界「教父」杜聰明說法，葉猫猫於抗戰時前往廣東發展，戰後返台，不久又進中國，不知所終。許博允九〇年代去中國找到他這位「三舅公」，葉猫猫已更名「葉松輝」，曾任安徽總醫院院長，是中國知名的直腸內科醫生。

許丙出身林熊徵家臣，兩家後代延續了這種親密關係。林熊徵獨子林明成與父親相差五十六歲，輩分落後許伯埏一輩，林明成太太顏絢美認許伯埏為義父。

許丙的兩位親家也與林家關係很深。許丙長女許碧霞嫁基隆礦業鉅子顏雲年三子顏德修；林熊徵是顏雲年事業唯一的台資合作夥伴。三女許雪嫁張園之子張伯勳；張園和許丙一樣出身淡水，一樣畢業於總督國語學校國語部，一樣進入林本源第一房事務所。日本時代，許丙推薦了張園接掌林熊徵「家長」之職。許丙與張園結為親家，戰後兩人合資辦製冰公司、窯業公司，交情更深。張園一直擔任林熊徵創辦的華南銀行監察人，一九七九年，張園已八十五歲，仍舊獲選連任。林熊徵身後的學田基金會，張園還被林家後代請任名譽董事。

環繞板橋林家的臣僕，以林家為軸，構成一張親密的交際圈。拿許家來說，副總統連戰之祖父連雅堂一度是林家文臣，許丙又是大掌櫃，許丙曾聘請連雅堂擔任家庭漢文教師，指導許博允的父親許伯埏和大姑媽許碧霞。

許博允的叔叔許敏惠也和林家關係密切。許敏惠畢業於台大法律系。一九七五年起，歷任台北市銀總經理、省合庫及彰銀總經理，一九八八年二月調任合庫理事長。數十年金融事業生涯最後兩年，依舊回到父親的老東家，一九九三年才從華南銀行董事長一職退休。林熊徵的獨子林明成現任華南銀行副董事長。

許敏惠有二子，除長子許博偉娶前警備總司令陳守山的長女，現經營永昌證券集團之外，次子許博文現任台大電機學院院長，他的太太蔡純純為上市公司春源鋼鐵董事長蔡進季的女兒。春源鋼鐵是台灣鋼板裁剪的龍頭大廠，主要供應車體鋼板材料。

許敏惠的太太張絹絹系出木柵名門。從許敏惠的岳父張福堂身上，又可以看見和林家密友「基隆顏家」的親密關係。張福堂畢業於總統府醫學校，曾在基隆顏家「臺陽礦業」前身「雲泉商會」，擔任社醫。

醫生↓經濟領袖↓政治菁英，是日本時代晉升上層階級的三部曲。張福堂一九二七年被任命為深坑庄長（當年深坑庄包含今天的台北市木柵），又經營「木柵茶業」公司。

到許丙的第三代，又見孫女嫁入木柵張家，許丙長子許伯埏之女許玉暄嫁木柵醫生張炎虎之子張裕泰。「木柵張家」是個統稱，日本時代的木柵只有一條老街，人口少，幾乎全姓張。張炎虎始終在木柵行醫，曾任木柵鄉民代表會主席達十七年。張裕泰則是日本國立信州大學的醫學博士，現為台北市立和平醫院外科主治醫師。

張福堂的弟弟張燦堂，許敏惠的太太張絹絹叫他「三叔」，先前擔任過台北市民政局長，於一九六九年參加增補選立委選舉當選。同期立委有前立法院長劉闊才、前民進黨黨主席黃信介，他們享有同於第一屆資深立委的待遇，終身不改選，所以，張燦堂一直到一九九〇年二月才任滿退職。

張燦堂曾任國泰信託的常務董事，他與國泰蔡家其實就有姻親關係，中介人即許博允家族。許博允的媽媽楊素娥的伯父楊肇嘉，即蔡萬才的岳父。楊肇嘉曾任省民政廳長，許博允的外祖父楊天賦曾任省參議員。

日治時期，環台北盆地的區域，只有板橋林家、基隆顏家和大稻埕的茶商李春生家族，財勢與關係兼具，得入選早期的總督府評議員，另外就只剩黃純青的樹林黃家堪與比擬。而繼把長女嫁入基隆顏家之後，許丙又把次女嫁入黃家，成為黃純青的親家。

許丙之女嫁給黃純青的四子黃當時。黃當時是一名皮膚科醫生，他的兒子黃崇仁也有醫學博士的學歷，卻是現今所謂的「科技新貴」、力捷電腦集團的董事長。力捷集團為台灣電子業八大集團之一，下有力捷電腦、力晶半導體、力新、力宜科技、捷元、利翔航太、力太、力世證券等關係企業，一九九七年集團總營業額三百零七億。

黃崇仁的妻子于素珊曾是電視連續劇走紅的女主角，藝名「于珊」。

台灣電子科技為近十年的新興事業，造就了一批新的資本家、企業家。他們大多家世乏善可陳，靠專業知識及低資本起家，年紀輕輕，因此被稱為科技新貴。然而，黃崇仁不同，除了有許丙這樣的外祖父，黃家早是政商世家。媒體通常描述黃崇仁出身「醫生世家」，並不夠精準。

黃家之首黃純青為來台第二代。二十歲那一年遇馬關和議，台灣割日，本來學漢文，熱中科考，此時只好轉向，創辦樹林紅酒株式會社，因而致富。派任過樹林區長和鶯歌庄長，一九三〇年起膺任評議員連續十年，和親家許丙同僚有七年時間。

日本時代閉幕，黃純青已七十歲，還當選省農會理事長和省參議員，比當時最年老的參議員李崇禮只小一歲，一九五〇年起又擔任省文獻會主委四年。不過，黃純青的文名反而勝過其他公職角色。日治第十一年，他和一些前清時期有漢學基礎的士紳合組「詠霓詩社」，沒幾年改為「瀛社」，鼎盛一時。當時台灣北中南各有一個大詩社，被稱為三大詩社，台南為「南社」、台中有「櫟社」，台北便是「瀛社」。像基隆顏家顏雲年的親家謝汝銓、前台大醫院院長魏火曜的父親魏清德都是瀛社社員詩友。副總統連戰的祖父連雅堂更時相吟詠唱酬。

黃純青晚年移居台北市宮前町（今中山北路、錦州街到圓山一帶），建造宅邸，取名「晴園」，係擷取太太周旦的「日」，加上他的「青」，組合為「晴」。晚號便叫「晴園老人」。現在「晴光里」里名也緣於此。

黃純青有四子，長子黃逢時接掌樹林紅酒株式會社，總督府實施專賣制度，公司瓦解，改從事米穀、肥料批發。次子黃及時畢業自東京商科大學（一橋大學前身），曾任台灣省進出口商業同業公會理事長，也一直是第一屆國大代表，其岳父容祺年為怡和洋行經理。

三子黃得時承襲黃純青文名，得台北帝大文學士，在樹林創立過「樹林吟社」。一九四一年，和台灣第一位社會學博士陳紹馨及一群日本人士創辦《民俗臺灣》。總督府以談「鄉土民俗」，有害皇民化運動而時常騷擾。

國民黨接收台灣後，台北帝大變更為台灣大學，由台籍的林茂生、陳紹馨和黃得時三位先生接收文政學部和預科。後來，二二八事件爆發，林茂生被捕失蹤，陳紹馨於一九六六年去世，黃得時成為碩果僅存的第一批台大文學院台籍教授。黃得時於一九九九年二月病逝，生前一直是台大名譽教授。

戰後，許丙元配所出的幼子娶新竹鄭家的小姐，再為許丙家族富麗的姻親圈，再添風華。

清代幾個台灣豪族，如板橋林家及霧峰林家，均是擁地千萬的富族。新竹鄭家則主要以科舉功名，屹立於竹塹。台灣歷史上，一六九四年由福建來台的陳夢球，及第進士，之後有嘉義籍人王克捷、鳳山人莊文進、彰化人林聰四位進士。但他們均以福建籍應試，因此，新竹的鄭用錫於一八二三年高中進士，首次以「台灣」為籍入榜，因此有「開臺黃甲」或「開台進士」的稱譽。

到一九〇一年，日本治台的第七年，全台資產有五十萬日圓以上者有板橋林家、霧峰林家的林烈堂及林季商、台中的吳鸞旂和鄭如蘭，五大富翁及家族，鄭家占有一席。鄭如蘭即鄭用錫的親侄。日治時期，鄭家分支愈細，最出風頭的一支，也是鄭如蘭一房。日本總督府統治台灣，士紳富豪對最底層的農民，居經濟上的支配地位，因之成為統治階層的一環。日治之初，鄭如蘭曾被請任新竹廳參事，他的兩個兒子鄭拱辰、鄭神寶，先後獲官選為總督府評議員。許丙的親家即鄭拱辰的次子鄭大明，是鄭家最早赴日本「內地」留學的子弟，從小學校即東渡，最後畢業於同志社大學，曾任新竹市會議員。一九五四年，鄭大明之女嫁許丙幼子時，還陪嫁有婢女，鄭家的官第格調，由此仍可見得餘風。

鄭大明的妻子黃紡，來自台北艋舺的黃氏大族。與前龍山寺董事長黃崇西屬同一宗族，知名的「羅馬瓷磚」即黃紡的兄弟興辦。

鄭大明的兄長鄭肇基則有女兒分別嫁新竹籍的前滿洲國外交總長、駐日大使謝介石的兒子（參閱第四章），以及霧峰豪族林澄堂之子。林澄堂的太太吳映雪又是前述二十世紀初，台灣五大富豪之一的吳鸞旂之女。鄭家和霧峰林家，單在鄭肇基一房就有兩線重疊的姻親關係。除前述之外，霧峰林家的主軸人物林獻堂的三子林雲龍和鄭肇基的長子還是連襟（參閱第二十四章）。

鄭肇基的長子鄭鴻源是鄭家過渡到國民黨政權的核心人物。一九五七年曾出馬角逐新竹縣長，敗給唯一的對手、國民黨籍、陸軍通訊兵學校畢業的「半山」鄒滌之。一九六〇年再戰當選，但只當過一屆新竹市長。當時新竹市未升格，其行政層級與鄉鎮相同。此後，鄭家便不再見政商大人物。

鄭肇基另有一子鄭欽仁，即台大歷史系名教授。現在流行的用詞「命運共同體」，據研究，最早係由鄭欽仁的一篇文章，提出「台灣島命運共同體」開始。

鄭家在新竹立足已久，家大房支多，與鄭家有姻親的名人不少，例如，資深女性國代鄭玉麗也來自鄭家，她有兒子章偉義，曾任國民黨海工會副主任。

許丙家族的另一傳奇，則是許丙有一非元配所生的女兒，不姓許，即現在的達欣工程公司董事長王人達的太太。

第六章

蔡萬霖與蔡萬才家族

國泰集團、霖園集團、富邦集團、清水楊肇嘉家族、士林曹家、曹永和

國泰蔡家家系

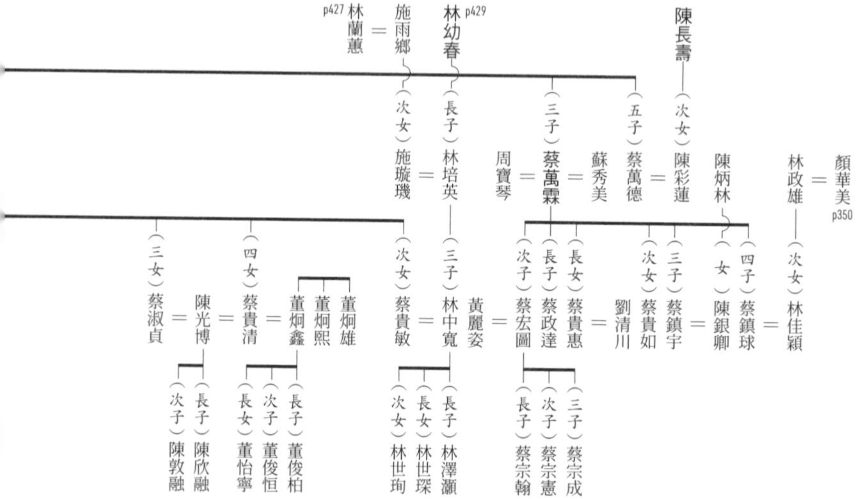

蔡萬才家系

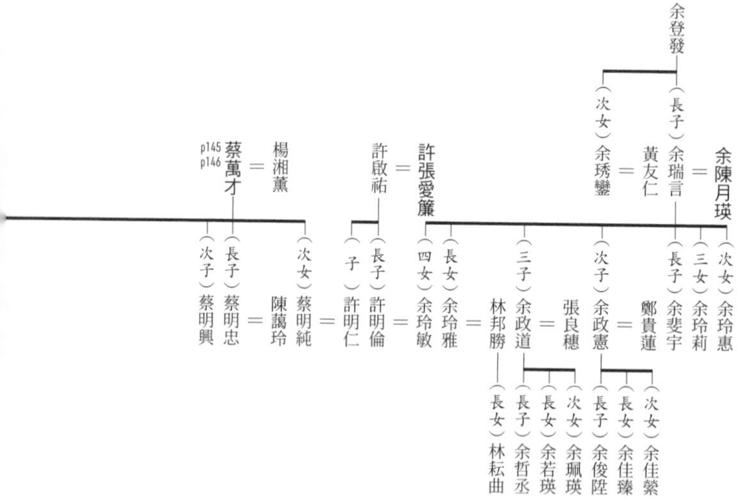

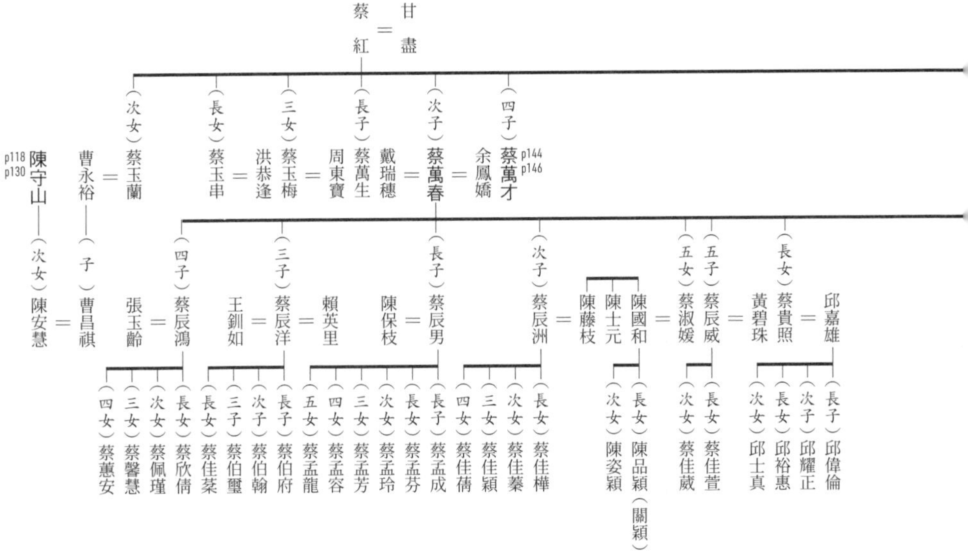
蔡紅＝甘晝
（次女）蔡玉蘭＝曹永裕
p118 p130 陳守山
（長女）蔡玉串＝洪恭逢
（三女）蔡玉梅＝周東寶
（長子）蔡萬生＝戴瑞穗
（次子）蔡萬春＝余鳳嬌
（四子）蔡萬才 p144 p146
（子）曹昌祺＝（次女）陳安慧
（四子）蔡辰鴻＝張玉齡
（三子）蔡辰洋＝王釧如
賴英里＝（長子）蔡辰男＝陳保枝
（次子）蔡辰洲＝陳藤枝
陳士元
陳國和＝（五女）蔡淑媛
（五子）蔡辰威＝黃碧珠
（長女）蔡貴照＝邱嘉雄
（長女）蔡欣倩
（次女）蔡佩瑾
（三女）蔡馨慧
（四女）蔡蕙安
（長子）蔡伯府
（次子）蔡伯翰
（三子）蔡伯璽
（長女）蔡佳棻
（長子）蔡孟成
（長女）蔡孟芬
（次女）蔡孟玲
（三女）蔡孟芳
（四女）蔡孟容
（五女）蔡孟龍
（長女）蔡佳樺
（次女）蔡佳蓁
（三女）蔡佳穎
（四女）蔡佳蒨
（長女）陳品穎（關穎）
（次女）陳姿穎
（長女）蔡佳萱
（次女）蔡佳葳
（長子）邱偉倫
（次子）邱耀正
（長女）邱裕惠
（次女）邱士真

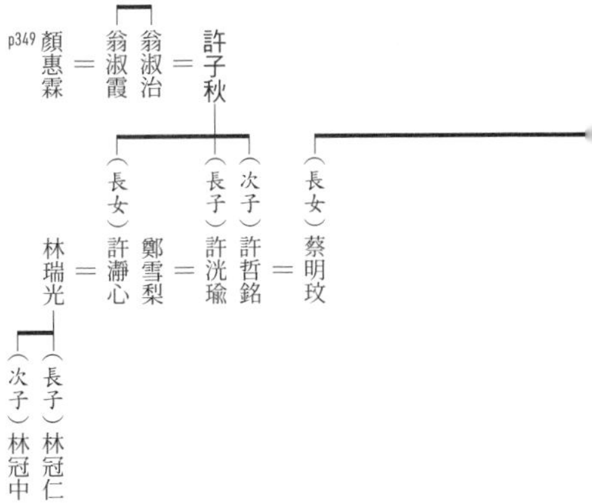
p349 顏惠霖＝翁淑霞
翁淑治＝許子秋
（長女）許瀞心＝林瑞光
鄭雪梨＝（長子）許洸瑜
（次子）許哲銘＝（長女）蔡明玟
（長子）林冠仁
（次子）林冠中

楊肇嘉家系

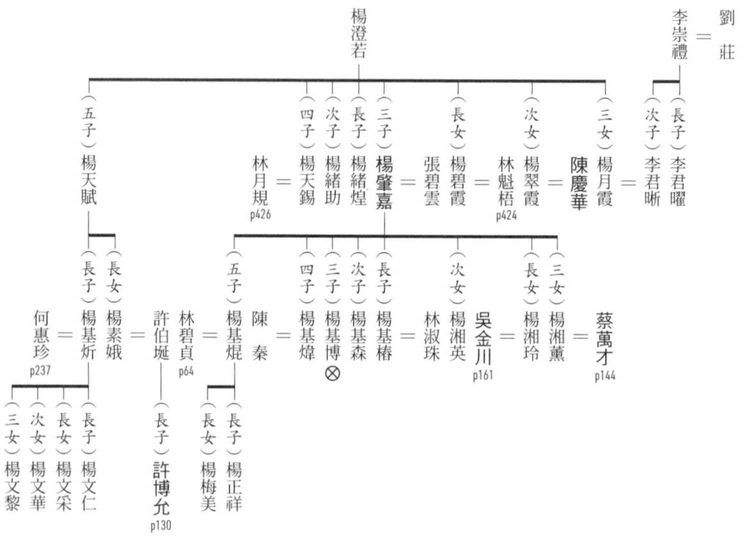

劉 莊
=
李崇禮
楊澄若
（長子）李君曜
（次子）李君晰
=
（三女）楊月霞
=
陳慶華
=
（次女）楊翠霞
林魁梧
p424
=
（長女）楊碧霞
張碧雲
=
（三子）楊肇嘉
（長子）楊緒煌
（次子）楊緒助
（四子）楊天錫
=
林月規
p426
（五子）楊天賦
蔡萬才
p144
=
（三女）楊湘薰
（長女）楊湘玲
=
吳金川
p161
（次女）楊湘英
林淑珠
=
（長子）楊基椿
（次子）楊基森
（三子）楊基博
⊗
（四子）楊基煒
=
陳 秦
（五子）楊基焜
=
林碧貞
p64
許伯埏
=
（長女）楊素娥
（長子）楊基炘
=
何惠珍
p237
（長子）楊正祥
（長女）楊梅美
（長子）許博允
p130
（長子）楊文仁
（長女）楊文采
（次女）楊文華
（三女）楊文黎

曹永和家系

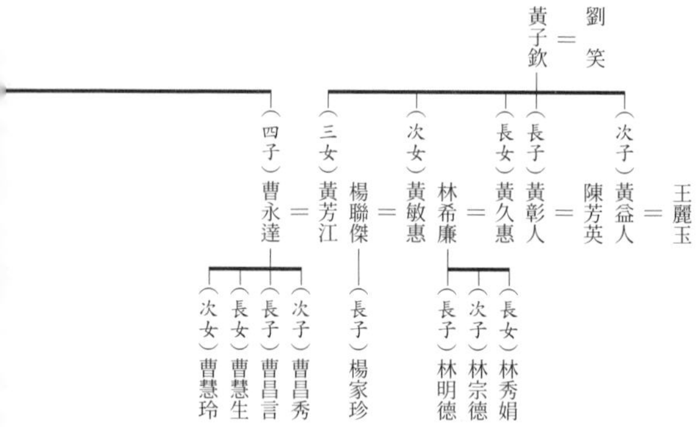

劉 笑
=
黃子欽
王麗玉
=
（次子）黃益人
陳芳英
=
（長子）黃彰人
（長女）黃久惠
=
林希廉
（次女）黃敏惠
=
楊聯傑
（三女）黃芳江
=
（四子）曹永達
（長女）林秀娟
（次子）林宗德
（長子）林明德
（長子）楊家珍
（次子）曹昌秀
（長子）曹昌言
（長女）曹慧生
（次女）曹慧玲

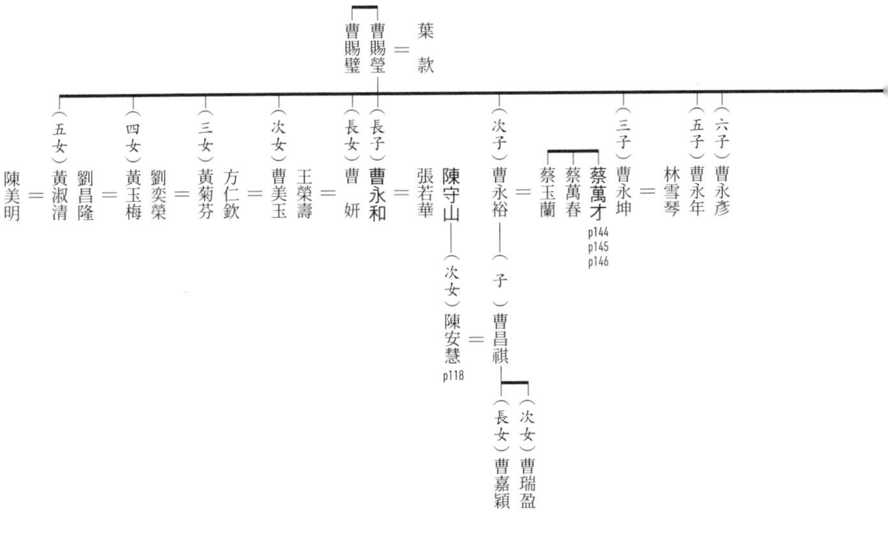
曹賜璧
曹賜瑩
＝
葉款
（六子）曹永彥
（五子）曹永年＝林雪琴
（三子）曹永坤＝蔡萬才
p144
p145
p146
蔡萬春
蔡玉蘭
（次子）曹永裕＝陳守山
（子）曹昌祺＝（次女）陳安慧
p118
（次女）曹瑞盈
（長女）曹嘉穎
（長子）曹永和＝張若華
（長女）曹妍
（次女）曹美玉＝王榮壽
（三女）黃菊芬＝方仁欽
（四女）黃玉梅＝劉奕榮
（五女）黃淑清＝劉昌隆
＝陳美明

一九九八年《富比士》雜誌公布，蔡萬霖既是台灣首富，也是全球第十二大富豪。

蔡萬霖之富，起源於兄弟胼手胝足，走過甘苦歲月，創造了國泰集團。但自一九八五年十信風暴後，像急洩而下的大瀑布，蔡家三兄弟分奔三道水路，不再回首他們共同的日子。長兄蔡萬春已過世，大弟蔡萬才自立「富邦」集團；蔡萬霖固守國泰人壽，另立「霖園」集團。

回顧蔡家發跡的歷史，其婚姻活動與事業擴展，頗成等比秩序。

蔡萬春生於一九一六年，十五歲從新竹家鄉到台北投靠姨丈，種菜、賣菜、開雜貨店，只做個人小生意，直到一九三九年二十三歲，考進資生堂台中營業所當外務員，才初識大企業。兩年的資生堂會社生活，蔡萬春建立幾個習慣，像是出差搭火車，為了節儉，買三等車廂的票，但為了彰顯大會社的體面，巧妙從一等二等車廂下車。蔡萬春快速升任主管，但雄心不能放在當人家的職員，一九四一年離職，開拓自己的事業。

就在戰前戰後交替之間，蔡萬春產銷「丸萬醬油」成功，累積一些資本，和蔡萬霖在市區沅陵街開旅社，在中央市場經營木材行，又在松山設窯廠，蔡家已有富商之象。

蔡家的聰明，表現在勇於政治投資，也勤於攀結政商親戚。一九五〇年，蔡萬春即當選台北市第一屆市議員，此後，偶有間斷，但基本上，蔡家維持「一人在壘」的政治投資法，總有一位蔡家人擔任民意代表。一九五二年，蔡萬春連任市議員；一九五八年，排行最小的蔡萬得（後改名「蔡萬德」）接棒，進入北市議壇；接著，一九六一年、一九六四年，蔡萬林（後改名「蔡萬霖」）兩度當選北市議員；一九七二年起，換蔡萬才（舊名「蔡萬財」）上陣，連任三屆北市立委；一九八三年，蔡萬春次子蔡辰洲延續家族傳統，當選立委，「金牛」之號，不脛而走。

穿插在政治投資間的商業投資與結親，就有點像是政治投資的獲利了。一九五五年，蔡萬才娶前民政廳長、時任省府委員楊肇嘉的幼女楊湘薰。一九五七年，蔡萬春當選十信理事主席。十信發起「一元開戶」運動，拉近銀行和庶民的距離，轟動一時。一九六一年，蔡萬春搭上開放保險業列車，請來前省議會副議長林頂立合作，林出任國泰產險董事長，開啟蔡家風光的金融世紀。

早在一九五五年春天，蔡家就攀結上楊肇嘉這位實力派官親，對剛處於企業起步的蔡家而言，即使無法帶來立即而明顯的現實利益，也有助於「家格升級」。

楊肇嘉嚴格品管女婿人選，圈內知名。他的長女遲至二十歲過了頭，才於一九四〇年出嫁，在當時，這種情況有些不可思議。蔡萬才能成功娶得楊家幼女，端賴台北上流重要的穿線人物、前養樂多公司董事長陳重光居間巧扮月下老人。先前蔡萬春委請陳重光說媒，一開始，楊肇嘉有些猶疑，陳重光強調說，對方不是蔡萬霖，是蔡萬春那個「台大法律系畢業的弟弟」，楊肇嘉才點頭。顯見，金錢之外，個人學歷、學識也是入選世家女婿的重要條件。楊肇嘉兩小冊回憶錄提到蔡家兄弟幾句話：「湘薰許配的是台北蔡萬財君，他是大學剛畢業的好青年。其令兄蔡萬春先生不但雄才大略，對於弟弟們的愛護也無微不至。」若只有蔡萬春雄才大略，沒有「大學畢業」的好學歷，蔡家要結這門親恐怕就難了。

蔡萬才的姻親圈比兩位兄長、弟弟還要雄偉，原因就在他的岳父楊肇嘉及其背後的台中清水望族楊家。

楊肇嘉出身台中牛罵頭（今清水鎮），是秀才楊澄若的養子，曾承繼楊澄若遺缺，接任清水街官派街長。後來負笈日本，進早稻田大學讀政治經濟系，和留日學生熟識，介入抗日運動。一九三〇年成立「台灣地方自治聯盟」，楊肇嘉出任常理，實為首腦。自治聯盟在全台巡迴講演，鼓吹民選地方議員。楊肇嘉演說都用台語，他自己都說：「故每逢我演說時，多是坐無虛席而掌聲不絕……，連那些臨監的日本官員……也有於我演說完畢後和我握手慰勞以示祝賀的。」楊肇嘉因而名聞全台。一九三五年，總督府終於實施「台灣地方自治改正案」，地方議員半數民選產生。台灣人開始行使民權，楊肇嘉功不可沒。

一九四九年底，台灣省主席吳國楨是留美派，認為台灣應力行民主政治，大量起用台灣人，博取美國認同與援助。楊肇嘉獲延任民政廳長，一九五三年專任省府委員至一九六二年，才以七十一歲高齡告退。楊肇嘉在廳長任內，正是國民黨力行三七五減租政策，楊肇嘉有功，退休後還被聘為總統府國策顧問，在台灣人中聲望崇高。

楊肇嘉曾說，長女楊湘玲達適婚年齡時，因是第一個女兒要出閣，他異常不捨，選婿嚴苛，不知不覺，女兒已二十三歲。之後，經老友吳三連（前台北市長、省議員、《自立晚報》創辦人）介紹他一橋大學的學弟吳金川，兩人於一九四〇年十月九日相親，三天後訂婚，再三天後閃電結婚。

能讓選婿嚴苛的豪族士紳，快速而果敢地為女兒擇定良人，吳金川的條件優異，自不待言。除他畢業的一橋大學是日本商科名校，當年正在東北滿洲國的中央銀行任職，前途似錦之外，吳金川也有很好的家世。

吳金川的父親吳鏡秋（應澄）是台南的秀才，日治後，曾設私塾「靜修軒」，教授漢文。據吳金川說：「是時官紳士賈之子女，多雲集受教，又執鞭於長老教會中學兼任台灣師範學校漢文囑託（按，即漢文教席）。兩人（按，吳鏡秋與楊鵬摶。楊氏為省籍聞人楊蘭洲之父，參閱第十七章）與是時紳士陳鴻鳴、許廷光（按，均曾任總督府評議員）等同列為台南士紳，時常聚餐取樂……。」

吳金川於抗日戰後，先是受張嘉璈（戰後曾任中央銀行總裁）賞識，轉任國民政府東北行轅經濟委員會經研所副所長（所長為蔣碩傑）。一九四九年返回台灣，先入合庫當業務經理，一九五二年三月進彰化銀行，歷任副總經理、總經理、董事長，在彰銀服務二十五年，一九七六年才屆齡退休，是台籍金融界的巨擘之一。

吳金川有一子二女，其中長女嫁入高雄豪門陳家，他的女婿陳田義，是前高雄市議員陳田錨的叔叔陳啟安的兒子。（參閱第七章）

楊肇嘉其他子女部分，雖有五子三女，但三子楊基博、次女楊湘英早歿，次子楊基森也英年早逝，長子楊基椿死於車禍，只五子楊基焜和名門富商閨女聯姻。楊基焜的岳父林木桂和弟弟林淑祺共創三信商事集團，林木桂與前監察院副院長周百鍊為兒女親家，副總統連戰的長女又嫁周百鍊外孫。沿這條關係線，楊家姻親網絡可通往連戰家族。（參閱第二章）

楊肇嘉旁系親戚中，弟弟楊天賦和永豐餘集團何家結為親家，頗能和他與富邦集團的翁婿關係，等量齊觀。

楊天賦早年被楊肇嘉帶去日本留學，日本大學政治科畢業。林獻堂、陳炘等人企圖吸收台灣人資金，再供台灣人利用，籌組具有本土色彩的金融機構「大東信託株式會社」，楊天賦也軋了一角，擔任取締役（董事）。

楊天賦的長子楊基炘娶何永的長女。何永與兄長何傳、弟弟何義共創永豐餘集團，三兄弟分工，何永以中部為事業基地，供應台中地區瓦斯的欣中天然氣公司，何永就是重要的投資者，和楊家結親，似與地緣有關。他的弟弟何義以台北為活動範圍，則有兒子娶基隆顏家的女兒。（參閱第十三章）

楊天賦另一位親家許丙更具看頭。楊天賦的獨生女楊素娥嫁日本貴族院議員許丙的長子許伯埏。楊素娥也就是現在文化界聞人許博允的母親。楊肇嘉和這位侄女感情不錯，曾一起登上新高山（玉山舊名）。許博允應叫楊肇嘉「伯公」，叫蔡萬才「姨丈」。（參閱第五章）

日本時代，楊家分別有一女一孫女嫁入總督府評議員的家庭，家格益顯富貴。特別像許丙，還是日治台灣僅有的四位貴族院議員之一。除許丙之外，楊肇嘉三妹楊月霞的公公李崇禮也是評議員，楊月霞嫁李崇禮的三子李君晰。

李家為彰化名門世家。李崇禮早年畢業總督府國語學校，會說日文，逐漸獲得總督府青睞。一九二一年，總督府第一次選九位台灣人擔任評議員，以示籠絡時，李崇禮即中選。一九三〇年，又被任命為彰化街長。戰後，李崇禮依然活躍政壇，當選過參議員，與出身台北樹林的參議員黃純青同為七旬耆宿。

大概年紀長些，李崇禮曾大膽提案著名的水租案，建請「特別水租不可使業主負擔」。李崇禮說明理由：三七五減租施行，地主所得實收已減少，還應負擔田賦、公學糧、附加防衛捐、愛國公債等，地主負擔能力已達飽和點，特別水租應歸佃農負擔。此議公然直陳圖謀地主利益，無疑違反國民黨的既定政策，結果遭到決議「保留」的命運。

當年時局剛翻新，台灣省參議員仍由舊朝的富商、地主、士紳等社會領導階級人士當選，但多半聞知政治風向，對接踵而至的政策，削弱既有財富，只會藏在心底，噤若寒蟬。李崇禮提出水租案頗能透露一絲地主富豪的心聲。當年只有兩位參議員同僚敢連署李案，其中一位正是楊肇嘉的弟弟楊天賦。

一九五一年，七十八歲的李崇禮去世。他的長子李君曜本職為醫生，在雲林崙背鄉設立「曜生醫院」。戰後初期，一度曾任彰化市參議會議長。

環繞楊肇嘉身旁的姻親，在國府來台初期，多能在議壇搶奪頭角。楊肇嘉的另一位妹夫陳慶華就是少數的台籍第一屆監察委員之一。陳慶華從一九四七年當選，久任到一九八八年去世為止。陳慶華畢業於早稻田大學法科，日本高考司法科及格，便在東京、宮崎、福岡、小倉、久留米等地方法院當判事（法官）。福岡、小倉均屬日本九州大城市。待日本宣布投降，陳慶華便被推舉為九州台灣同鄉會會長，回台灣進高院當檢察官，直到當選監委。

陳慶華為前台中縣長陳水潭的堂弟，現任衛生署長詹啟賢的媽媽即陳水潭的親侄女，詹啟

賢叫他「慶華叔公」。（參閱第二十五章）

楊肇嘉另一位妹婿林魁梧，出身中部第一豪門霧峰林家；楊肇嘉也有弟弟楊天錫娶林家小姐。楊林兩家如此多角的姻親關係，有地緣相近、門戶相當等等原因。

清水楊家家族龐大，即便到一九九三年年底縣市長選舉，台中黑派倒戈支持民進黨提名的楊嘉猷，內部傳出的理由，還提到楊肇嘉和黑派感情好，而楊嘉猷叫楊肇嘉「叔公」云云。

前經濟部次長、土地銀行、第一銀行董事長楊基銓也是清水楊家人，楊肇嘉是他的堂叔。楊基銓讀東京帝大時，便和楊肇嘉一家同住。

楊基銓的姻親又可到達舊五大家族之一的基隆顏家。楊基銓的太太劉秀華有七位兄弟，排行第五的劉青和是留德的工學博士，娶前總督府評議員顏國年的女兒顏碧秋，而顏碧秋的二姊夫是前台大醫院院長魏火曜。（參閱第十九章）

蔡萬才的妻系延伸出去的姻親群，睥睨兄弟姊妹，蔡萬才的二子二女的婚姻對象也非常可觀。長子蔡明忠娶前台視新聞主播陳藹玲，開啟豪族子弟和新聞女主播結合的先河。後繼的例子還有台視陳昭如嫁華新麗華電纜焦廷標之子焦佑衡，華視孫自強嫁台南幫吳修齊之子吳建德等等。

蔡萬才的兩位女兒則分別為前衛生署署長許子秋、前立委許張愛簾的媳婦。許子秋一度是台灣醫療行政系統的霸主，一九八一到一九八六年曾任五年的衛生署長。一九六二年，黃杰擔任省府主席時，許子秋初露頭角，獲延任省衛生處長，年紀才四十歲，是當時省府廳處長最年輕的一位。

許子秋的太太翁淑治和基隆顏家顏惠霖的太太翁淑霞是姊妹。蔡家和舊世族清水楊家、許丙家族關係親近，與顏家也不遠，環顧國民政府遷台後興起的新政商家族，無人能比。

蔡萬才的另一位親家母許張愛簾則是歷任四屆增額立委的資深民代。彰化國民黨紅白兩大派系，許張愛簾隸屬紅派。一九八五年，紅派內鬨，派系領袖施金協、派系成員陳陽德、翁性融都登記競選，一九八九年，又是施金協、陳少輝和王顯明三人相執不下。選後，紅派不堪內鬥，瀕臨崩潰，等施金協病逝，紅派整合更形困難，致使一九九二年底許張愛簾敗選，無法五度蟬連立委。

許張愛簾的丈夫許啟祐原任省交通處旅遊局局長。一九九〇年，發生震驚一時的日月潭翻船事件，導致數十人死亡，輿論一片指責聲，許啟祐被迫辭職。

許張愛簾夫婦除與台灣首富的蔡家有姻誼之外，還有位特別的親家——前高雄縣長余陳月瑛。姻緣的關鍵地在榮總醫院。許張愛簾的長子許明倫畢業於高雄醫學院牙醫系，余陳月瑛最小的女兒余玲敏，也念牙醫系，畢業於陽明醫學院。一南一北，因同在榮總實習認識，進而戀愛。年輕人自由戀愛，帶給兩家長輩無限困擾。他們終於在一九八一年結婚。當時距離一九七八年的「橋頭事件」，余登發父子被捕入獄，以及一九七九年底的「美麗島事件」，僅僅兩、三年，正是黨外氣息最慘淡的歲月。對余陳月瑛來說，余家受國民黨迫害幾十年，怎麼可以和國民黨立委結親！而且，不同黨派結婚，會被黨外同志懷疑。對許張愛簾而言，更加恐懼，怎麼能娶政治犯的孫女。雙方初期都堅決反對兒女結婚。

余家雄踞高雄縣政壇已三代。以一九九九年來說，有余政憲任縣長、余政道任立委、余政憲之妻鄭貴蓮是國大代表。在民進黨內，余政憲夫婦又分別是中常委及中評委，稱得上民進黨內的第一政治家族。

早年，蔡萬春是蔡家的大家長，除敏於投資事業，也專心致力打點弟妹的婚姻大事。蔡萬才成為楊肇嘉的女婿，幼弟蔡萬德也不差，蔡萬春栽培他留學日本，畢業於東京文科大學。蔡萬德的太太陳彩蓮是前省議員、桃園縣長陳長壽的女兒。

陳長壽家族從日治時期開始在桃園就是一個大族。陳長壽的三伯陳慶輝創陳合發商行，由日本三井、三菱、日清製粉等大會社進口肥料、麵粉，批發全台，獲致巨利，業務層擴大，遷移本店至台北市。陳家族內曾有陳瑞鳳擔任過桃園鎮長，陳長壽的一位堂兄陳希達是日治時代桃園街的資深協議會員，登上名人錄過。

陳長壽本人畢業於東京工業大學，戰後初期，出任過新竹州接管委員會工商課長，新竹市府工務課長（一級主管，等於現在的局長）。此外，也在蔡家的國泰人壽保險公司擔任過常董。

這種被蔡家龐大的事業體吸納的情形，也發生在蔡萬春的妹婿曹永裕身上。曹永裕畢業於日治時代的台北商業學校（台北商專前身），被蔡萬春看中，把二妹蔡玉蘭嫁入曹家。曹永裕原來已任華南銀行的經理，後來被蔡家找去十信，擔任過副總經理及常務監事。

曹永裕出身台北士林，父親曹賜瑩老早就是台灣金融界的前輩。曹賜瑩畢業於總督府國語學校師範部，與台北企銀（台北國際銀行的前身）的老董事長陳逢源是同學，戰後曾任台灣銀行總行的公庫部經理及嘉義分行經理。

曹永裕的兒子後來娶台籍前警總司令陳守山的女兒，連接了蔡陳兩大家族的關係。在前行政院長郝柏村的《郝總長日記中的經國先生晚年》中透露，一九八四年時，蔣經國對其談及憲兵司令柏隆鑽交際應酬甚多，經過郝柏村調查，柏司令呈報有國泰集團的蔡萬財（才）在場，主客是安全局長汪敬煦、警總司令陳守山等情治首長，他只是陪客。當年，蔣經國反商，蔡家人能與軍方高層應酬，不知是否與陳守山有關？（參閱第四章）

曹家現在真正名號響亮的，不是有陳守山這位親家的曹永裕，而是曹永裕的大哥曹永和。在台灣史的研究圈，曹永和之名無人不知。他以中學的學歷及台大圖書館館員的背景，經過數十星霜的埋首努力，專研荷蘭文及清治以前的早期台灣史，學術成就獲得肯定，獲選為中研院院士，實為學術界的奇葩。

蔡萬春自己的五子五女，也有次女嫁入霧峰林家。蔡家因有楊肇嘉這位親家翁，和霧峰林家應不陌生，蔡萬春的親家林培英系出林家的名人林幼春房下。林幼春出身宦商巨族，自幼習詩讀文，才氣橫溢，前省文獻會主委、桂冠詩人林熊祥曾說，林幼春和連雅堂、胡南溟是日治時代台灣的三大詩人。

日治台灣民族運動最高領袖人物林獻堂，就是林幼春的堂叔，但林幼春還稍長一歲，對於介入抗日運動，林幼春也非常積極。一九二三年，抗日派分子組成「台灣議會期成同盟會」，要求人民有權舉選議員，組織具民意的議會。林幼春出任同盟會專務理事，見忌於當道，總督府以非法結社，大肆搜捕。林幼春被判刑三個月，同案最高刑期為蔡培火、蔣渭水的四個月。史稱此案為「治警事件」，使抗日派遭遇最大打擊。

蔡萬春的親家林培英是林幼春的長子。霧峰林家下厝數十位堂兄弟，林培英最早露頭角，日治末期的名人錄《台灣人士鑑》只他一人上榜。林培英年輕曾赴上海讀大夏大學文科，前國防部長、司法院副院長汪道淵就是大夏的校友。

林培英的太太施璇璣為鹿港大戶施雨鄉之女。辜振甫之父辜顯榮崛起前，即受僱於施家，和施雨鄉一起做生意，往來中國及日本各地。施雨鄉娶霧峰林朝棟之女，其女施璇璣再嫁入林家，顯示早期上流家族通婚有一定程度的封閉性。

蔡萬春的次子蔡辰洲和幼女蔡淑媛也有親上加親的內婚現象；蔡辰洲的太太陳藤枝與蔡淑媛的先生陳國和是姊弟。陳國和為日盛證券的負責人。

蔡萬春的四女婿董炯鑫則是上市公司佳能企業董事長董炯熙的兄弟，另一位兄弟董炯雄則為副董事長。董炯熙畢業於日本早稻田大學，一九六六年創立佳能，引進電子計算機，那時規模小，董炯熙以董事長身分還兼修計算機。隔年再引進影印機，逐步建立佳能的基礎。

蔡家第一代的兄弟中，蔡萬霖最富有，但早先的政商親家，只三子蔡鎮宇娶匯豐證券陳炳林的女兒陳銀卿，不及蔡萬才一房「壯觀」。但一、兩年前，最小的四子蔡鎮球娶士林紙業常董林政雄的女兒之後，已然改觀。林政雄的太太出身名門基隆顏家，和顏家有直接姻戚關係的政商大戶，多如繁星。（參閱第二十章）

第七章

陳田錨家族

高雄陳家、陳啟川、黃朝琴家族、邱創煥、白秀雄、谷正綱家族

陳啟清家系

漢寶德 = 漢菊德

白秀雄 = 白鈴玉

邱創煥

(次女)邱佩琦
(長子)邱哲穎
(次子)邱哲毅
(長女)邱佩琳

=

(七子)陳田鈺
(次女)陳園婷
(長女)陳園淳

(八子)陳田興

林碧蕙 = (九子)陳田文 p255 = 黃琲華

(六子)陳田民
(長女)陳園甯
(次子)陳園樵
(長子)陳園棠

鐘素娥 = (五子)陳田稻
(長女)陳雅雯
(長子)陳建洋
(次子)陳建太
(三子)陳建周

(四子)陳田佑⊗

唐 慧 = (三子)陳田慶
(長女)陳園莉

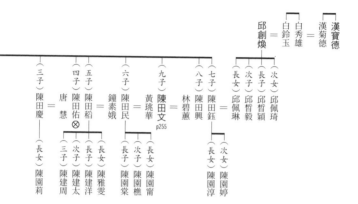

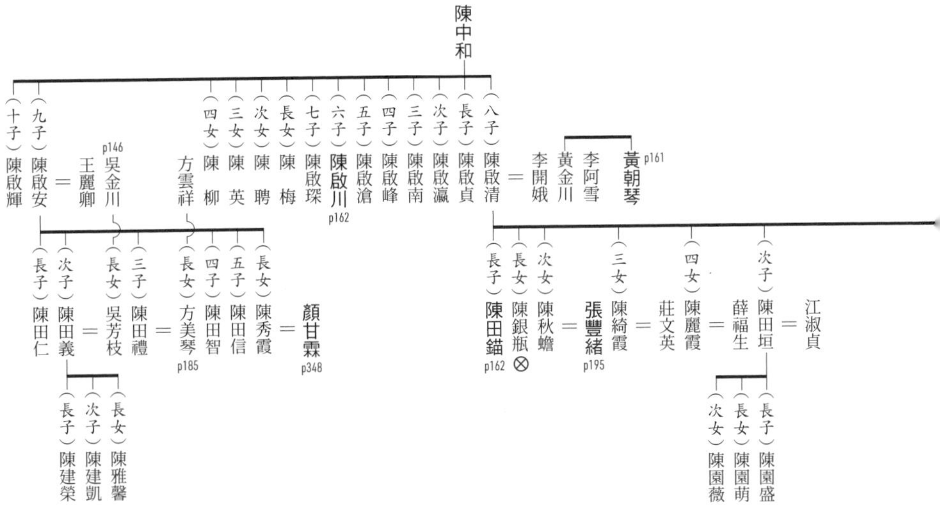
陳中和
（十子）陳啟輝
（九子）陳啟安
王麗卿
p146
吳金川
方雲祥
（四女）陳 柳
（三女）陳 英
（次女）陳 聘
（長女）陳 梅
（七子）陳啟琛
（六子）陳啟川
p162
（五子）陳啟滄
（四子）陳啟峰
（三子）陳啟南
（次子）陳啟瀛
（長子）陳啟貞
（八子）陳啟清
李開娥
黃金川
李阿雪
黃朝琴
p161
（長子）陳田仁
（次子）陳田義
（長女）吳芳枝
（三子）陳田禮
（長女）方美琴
p185
（四子）陳田智
（五子）陳田信
（長女）陳秀霞
顏甘霖
p348
（長子）陳建榮
（次子）陳建凱
（長女）陳雅馨
（長子）陳田錨
p162
（長女）陳銀瓶⊗
（次女）陳秋蟾
張豐緒
p195
（三女）陳綺霞
莊文英
（四女）陳麗霞
薛福生
（次子）陳田垣
江淑貞
（長子）陳園盛
（長女）陳園萌
（次女）陳園薇

黃朝琴家系

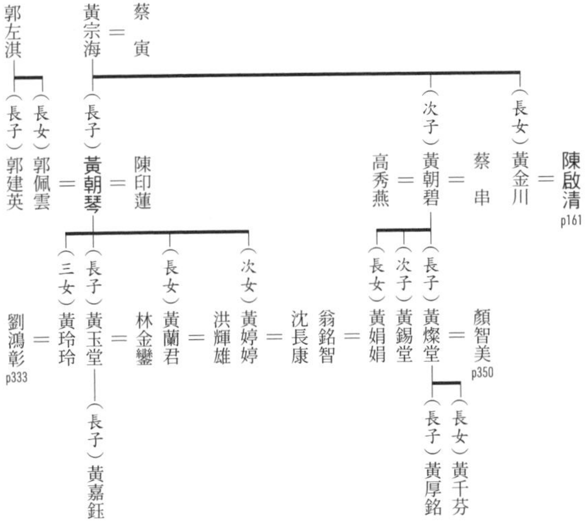
郭左淇
黃宗海
蔡 寅
（長子）郭建英
（長女）郭佩雲
（長子）黃朝琴
陳印蓮
（次子）黃朝碧
蔡 串
高秀燕
（長女）黃金川
陳啟清
p161
（三女）黃玲玲
劉鴻彰
p333
（長子）黃玉堂
林金鑾
（長女）黃蘭君
洪輝雄
（次女）黃婷婷
沈長康
（長女）黃娟娟
翁銘智
（次子）黃錫堂
（長子）黃燦堂
顏智美
p350
（長子）黃嘉鈺
（長子）黃厚銘
（長女）黃千芬

陳田錨家系

李南
- (次子)李開胡
  - (次女)李鳳美 = (長子)林瓊瑤
    - (次女)林孟貴
    - (次子)林孟丹
    - (長子)林孟光
    - (長女)林孟淑 = 黃及時
    - (三女)林孟玉 = 洪哲台
    - (四女)林孟麗
    - (五女)林孟雪
  - (長子)李鳳儀
  - (次子)李鳳鳴
  - (三子)李鳳盛
  - (長女)李鳳雀
  - (三女)李鳳鸞
  - (四女)李鳳彩
- (三子)李開山
  - (子)李世昌
- (次女)李開娥 = (八子)陳啟清
  - (長子)陳田錨 p161 = 黃淑惠
    - (長子)陳建東
    - (次子)陳建平 = 魏秀玲
      - (長女)陳淨立
    - (長女)陳怡君 = (五子)谷家恆
- (三女)陳英 = (四子)李開榮
- 黃百祿
  - (長女)黃淑惠
  - (次女)黃富美
  - (長子)黃俊堯
  - (次子)黃俊熊
  - (三子)黃暉庭

張燕 = 林迦
- (三女)林瓊珠
- (次女)林瓊雲
- (長女)林瓊霞
- (三子)林茂山
- (次子)林瓊璋
- (長子)林瓊瑤

翁肇喜
- (女)翁翠君

（谷氏）
- (五子)谷家恆 = 翁翠君
- (四子)谷秀衡 = 林友嫫
  - (長子)谷有量
  - (長女)谷有容
- (三子)谷家嵩

陳啟川家系

陳啟川 p161 = 潘繡汝、王昌、黃雪、葉清金、周淑容
- (長子)陳田植 = 東良子
- (次子)陳田柏 = 鍾慧喜
- (三子)陳田原 = 張春江
  - (長女)陳怡慈 = (四子)吳威德
- (四子)陳田圃

吳修齊 = 曾淑慧
- (四子)吳威德

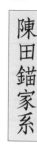

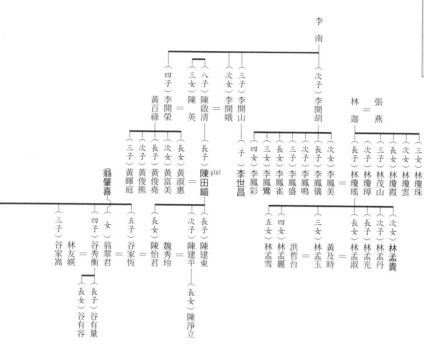

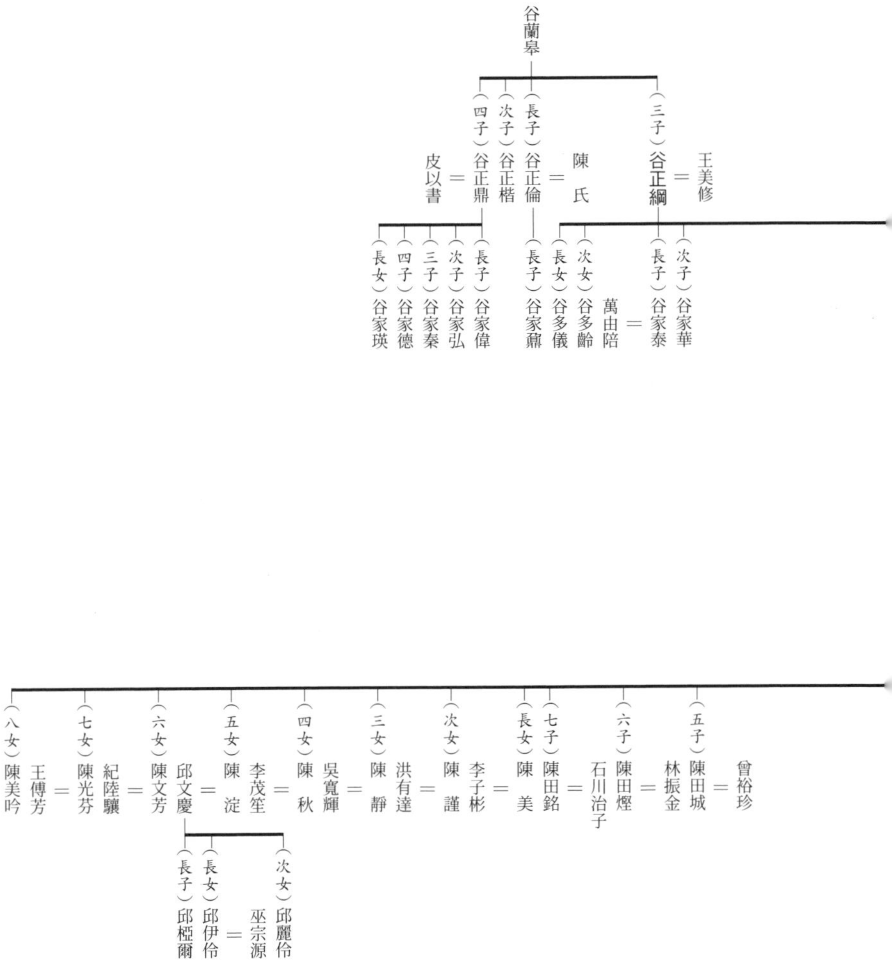
谷蘭皐
（四子）谷正鼎＝皮以書
（次子）谷正楷
（長子）谷正倫＝陳氏
（三子）谷正綱＝王美修
（長女）谷家瑛
（四子）谷家德
（三子）谷家秦
（次子）谷家弘
（長子）谷家偉
（長子）谷家鼐
（長女）谷多儀
（次女）谷多齡
萬由陪＝（長子）谷家泰
（次子）谷家華
（八女）陳美吟
王傳芳＝（七女）陳光芬
紀陸驤＝（六女）陳文芳
邱文慶＝（五女）陳淀
李茂笙＝（四女）陳秋
吳寬輝＝（三女）陳靜
洪有達＝（次女）陳謹
李子彬＝（長女）陳美
（七子）陳田銘＝石川治子
（六子）陳田熞＝林振金
（五子）陳田城＝曾裕珍
（長子）邱楹爾
（長女）邱伊伶＝巫宗源
（次女）邱麗伶

環顧台灣目前林立的政商家族，就屬一九九八年堅辭高雄市議會議長的陳田錨家族根基最穩固，生命力最旺盛。

一個家族歷久不衰，需要幾個基本條件，陳家都一應俱全。從陳田錨的祖父陳中和發跡開始，上兩代都是妻妾二三，子女如雲。子女多，搭配經濟事業等比擴張，得以把子女多的優點展現出來，避掉食指浩繁或分產割業的缺點。家族主軸人物清楚，沒有兄弟各房爭相出頭，彼此踐踏的家醜問題。

台灣威權統治百年之久，最高統治階層有權力強制沒收，合併家產，也有權力特許利潤優厚的事業給特定人，所以，修善上層關係，攸關台灣的家族興衰。而因應政權興替，陳家是箇中佼佼者。

陳家始於陳中和，因為他，高雄陳家才開始有資格稱為「世家」。

陳中和出身高雄港邊的苓雅寮，進入台灣頭號糖商陳福謙的「順和行」（一稱順和棧，現從連雅堂的《台灣通史》所述），之後脫離老闆，自創事業，衍成今天的豪族「陳家」。

清治末期，台灣糖產量高，已走進國際市場。糖廍多至兩百餘間，集中南台灣。產銷管道多經外國洋行，但「台糖之直配日本，自（陳）福謙始」，「台糖之直配西洋，亦自福謙始」，陳中和的老闆陳福謙減少中間剝削，獲利可想而見。連雅堂寫《台灣通史》，就把陳福謙放在「貨殖列傳」的第一位。

陳中和在台灣首屈一指的大行號工作，往來福州、廈門、廣州、香港各地跑帆船，累積經驗。二十歲那一年，也就是他習商務的第五年（一八七三年），在中國知道日本的鎖國政策鬆動，已開放通商，他立刻押運五千包蔗糖從高雄港出發，到橫濱賣給日商「大德堂」和「安部幸」，日後陳中和以這樁生意聞名。不只如此，陳中和把交易款項匯到香港，再開船去香港買石油、鴉片、雜貨回高雄出售，獲得更高利潤。

十年後，老闆陳福謙病逝，陳中和自創「和興行」，聯合陳福謙家順和行旗下的七十二「行郊」的資本，在日本大賺貿易錢，日本商人讚嘆陳中和的商業手腕，稱他為「智高」。

再過十二年，台灣割讓日本。清廷在台官僚誓死反抗，鄉紳哀嘆「進京會試」的路從此斷絕，憤世歸隱，只有商人比較適應政權變局。俗語說「商人無祖國」，不是沒有道理。一八九五年，日兵兵分三路「接收」台灣，南路由屏東枋寮登岸；陳中和來往日本，會日語，出面向日軍示善，表示苓雅寮地區沒有反抗的意圖，以免燒殺。陳中和當時說，「我賈人也，年十六初投身于海商，估颿屢次往復于日本，故我詳悉事情。此地今歸于貴國疆域，我亦已日本人也！何歡如也。」任何政治新主人都喜歡這類識時務的地方領袖，陳中和於是踏出新政權下成功的一步。

一九〇四年，日本來台第十年，爆發史上著名的日俄戰爭，雙方爭奪在朝鮮半島的殖民勢力。戰情波及台灣，總督府當時選定鹿港的辜顯榮和陳中和負責偵防敵艦動態，以漁船佯裝，每天在台灣海峽、巴士海峽巡邏，蒐集情報。事後台灣一切平安，陳中和在日本統治台灣的功勞簿上又記一筆。

陳中和因此得到日本總督府賞賜的各種政經利益。日治初期，陳中和擔任過台南縣參事，又總攬南部鹽務專賣。一九〇〇年日資台灣製糖株式會社成立，工場設在今天的高雄橋頭，陳中和是唯一的台籍董事。

一九〇四年，陳家的事業向前邁開一大步，總督府特許成立「新興製糖」。以資本額來看，新興製糖為台灣製糖的四分之一弱。後來日益成長，超過台糖一半強，種植甘蔗的土地多達近八千甲。

陳中和趁盛，再投資鹽田，創立「烏樹林製鹽」，鹽田上千甲之多。現任文建會主委林澄枝的家族亦有大股投資，其父林東淦年輕時即在烏樹林製鹽供過職，長年擔任董事。

一鹽一糖，兩大專賣利益，又雄踞南台灣，不與北中部望族富紳利益衝突，陳中和成為南台灣首屈一指的富翁。日本人曾稱台北的林熊徵、中部的辜顯榮與陳中和為台灣財界「三傑」。

陳中和有十子，依排行為啟貞、啟瀛、啟南、啟峰、啟滄、啟川、啟琛、啟清、啟安、啟輝。次子陳啟瀛與五子陳啟滄早逝，餘者，長子陳啟貞在日治時代，繼承陳中和的權勢，取得政治地位，總督府曾聘為評議員；四子陳啟峰是日治後期陳家的經濟龍頭；戰後，則由下面的六子陳啟川、八子陳啟清延續陳家的世族地位，在政經兩界得意。

陳中和長子陳啟貞於割台時已十二歲，一九〇〇年，十七歲，負笈日本，進入今天的慶應大學前身「慶應義塾」讀中學。中部望族霧峰林獻堂家族的子弟，第一批留學日本是於一九〇七年動身，已被稱為開風氣之先；陳家順應新局的嗅覺與行動力，顯然更勝一籌。日本人官派高雄街協議會員、高雄州議會員，甚至總督府評議員，陳啟貞都成了陳家推派的代表，膺任了這些象徵家族榮耀的職位。

當陳啟貞晉升台灣人得享的最高政治榮銜——總督府評議員，次一級的高雄州會議員職缺，日本政府便選派其弟陳啟峰遞補。顯示地方勢力以「家族」型態展現，統治者的懷柔賞賜，也相應以「家族」為授予的單位。

一九三〇年陳中和病逝，主企業新興製糖株式會社由陳啟峰接任社長。一九三七年，中日開戰，戰情逐漸吃緊，台灣最後陷入戰時體制，日本統制經濟，強制併吞許多台資事業。陳家的新興製糖未能倖免，遭到台灣製糖合併。陳啟峰把持股拋售求現，存入銀行，在日本當寓公。人算不如天算，日本戰事愈來愈悽慘，日圓大幅貶值，陳啟峰這一房便步向沒落。

日治後期，陳田錨的父親陳啟清在兄長之後，繼之而起。陳啟川雖長於陳啟清，但陳啟清少年英發，政治企圖心強。陳啟清小陳啟川四歲，不念陳家子弟的傳統學府——慶應大學，反就明治大學，而且念法科，不像其他兄弟讀經濟科。等陳啟峰升級當選高雄州議會員，便由陳啟清接替擔任低一級的高雄市會議員。

中日戰爭前一年，台灣巨紳林獻堂去中國說了一句「回到祖國」的話，回台挨了日本流氓一巴掌。一些敏感的台籍士紳有意緩和日本和台灣人之間的緊張氣氛，台北大稻埕的貴紳郭廷俊出面邀約，全台各地重要領袖人物齊集台灣神社（舊址於今圓山飯店）參拜，並赴總督府晉見小林躋造總督，表達感謝四十餘年治台功勞。陳啟清是四十八位士紳之一，而且年紀最小，才三十四歲。

日治末尾，日本大張旗鼓搞皇民奉公會時，陳啟清擔任中央本部奉公委員，陳啟川只在高雄市支會當委員。

台灣更換政權，國民政府抵台，並無礙陳啟清的政治行情。他先當選制憲國大代表，又連任八年省府委員，但同父異母的哥哥陳啟川顯然後來居上。

陳啟川很快搭上國民黨新政權的主流，出任過高雄三青團的幹事及日產處理委員會高雄分會委員。根據前參謀總長彭孟緝的口述回憶，二二八事件前後他任高雄要塞司令，搜捕來的政治嫌疑犯，均先請陳啟川打「〇」打「×」，名字被打「〇」的便釋放，此事可一窺陳啟川已嵌入新政權的主系，獲得信任。

一九六〇年，國民黨百般敦請，陳啟川雖一度以侍奉老母懇辭，但熬不過層峰關愛的眼神，出馬競選並當選高雄市長。此後，陳啟川終其一生，一直擔任榮耀清高的象徵性職位，如中選會委員及總統府光復大陸設計委員會副主委。

假如說，陳啟川、陳啟清兄弟有一場無聲的人生競賽，陳啟清先衝刺過終點線，也獲取較豐盛的功名利祿。其緣由又不得不談到堪稱台灣最雄偉的政商婚姻關係建築——陳家姻親網絡。

陳啟清所超過陳啟川的，毋寧就是堂皇的姻親譜系。他本身就有權貴姻親。陳啟清元配李開娥產下長子陳田錨以後就病逝，一九三〇年，再娶黃金川。黃金川即前省議會議長黃朝琴的胞妹，陳田錨叫黃朝琴「舅舅」。

蔣家父子政權的前階段，一直到蔣經國當上行政院長為止，當紅台籍政客全然是「半山」。頭角峥嶸者有黃朝琴、前內政部長連震東、前副總統謝東閔、前台北市長游彌堅、前省議會副議長林頂立等人，而幾人之中，黃朝琴又屬第一人，謝東閔直到蔣經國時代才竄紅追上。

黃朝琴於台南縣鹽水港出生，當紅之際，一度政壇有「鹽水幫」之稱。黃家為當地首富，地有一百五十多甲。黃朝琴十歲時，祖父黃錦興和父親黃宗海相繼去世，留下寡母和弟弟黃朝碧和妹妹黃金川，一家四口相依相偎。雖然如此，物質生活極其優裕。黃朝琴曾說，他年輕管理家產時，「派頭十足，並自備機器腳踏車代步，那時臺灣除我以外，只有台北施福隆有機車。」

一九二〇年，黃朝琴入早稻田大學，畢業後又留學美國伊利諾大學，然後進入南京政府外交部工作，為此脫離日本籍。在台南老家的母親受到日警不少騷擾，中日戰爭爆發，黃朝琴時任中國駐舊金山總領事，還是日本國民身分的黃母寫了一張明信片給黃朝琴，直說：「從今以後，永遠脫離母子關係。」黃朝琴事後解釋說，母親為顧及家人在台安全，故有此權宜之計。黃朝琴也曾感傷回憶，戰後，當他隨前進指揮所主任葛敬恩抵台接收時，有人來報，有一位「老人」待見，一見，原來所謂的「老人」竟是小他兩歲，才四十七歲的弟弟黃朝碧。黃朝琴哀嘆說，弟弟「容貌竟蒼蒼視若老人！他過去處境的艱苦，不言可喻。」唯一的妹妹黃金川於一九三〇年出閣，也是黃朝琴求聞達於中國，家人處境最困窘的時候。加上，黃朝琴的父親是獨子，黃家人口簡單，日後，黃朝琴照顧弟妹相關的子侄輩親戚，就可想而知了。

黃朝琴返台之初任台北市市長。一九四六年夏天，省參議會推選議長，當時最具民間聲望的耆宿林獻堂，有「不二人選」之勢。但立刻有熟悉國民黨味道的親戚、丘逢甲之子丘念台勸退，前監察委員丘念台曾輕描淡寫憶述：「因公私環境關係，勸止獻老勿競選省議會議長，推讓與後進少壯黃朝琴君。」其中隱含的似乎是政治信賴的問題，黃朝琴相對是比較受信於國民政府。黃朝琴自此連任議長達十七年，也成為第一位擠進國民黨權力核心——中常會的台籍政治人物，權傾一時，而有「鹽水幫」之說。

黃朝琴也是台籍政客「亦政亦商」的典型。擔任議長期間，一邊於一九四七年起，收併舊台灣商工銀行，成立台灣工商銀行，一九四九年再改名台灣第一商業銀行，即省三商銀之一的「第一銀行」。直到一九七二年病逝，黃朝琴始終為一銀董事長，共任二十五年。

妹夫陳啟清接任過董事長（一九七二到一九七六年），小舅子郭建英長年擔任一銀副總經理、總經理（一九六一到一九七五年退休）；外甥陳田錨目前仍是一銀最大民股，占常董席位；獨子黃玉堂早不居住台灣，一銀也曾長時間保留一席公股代表的董事給他，在在顯示，第一商銀過去的強烈家族色彩。

黃朝琴唯一在台的小舅子郭建英是元配郭佩雲的弟弟。郭氏姊弟的爸爸郭左淇曾任中國駐日外交官，黃朝琴留日時得識。郭建英原籍福建，畢業於上海聖約翰大學政經系，也曾派駐日本大使館長崎領事館主事。來台後，到一九七五年退休為止，都任職一銀。退休後，國泰集團延任為國泰租賃公司董事長，顯然意在借用他的上層關係。

黃朝琴元配無出，繼室陳印蓮生一子三女。獨生子黃玉堂與黃朝琴足足差了五十歲。這種膝下孤單又歲數相距過大的情形，是名望家族發展的負面變數，導致人脈關係及經驗歷練無法傳承，中樞枯萎，家族便容易步向寂寞。

女兒的部分，黃朝琴的幼女嫁給台南望族劉家劉子祥的兒子，劉子祥和陳啟川兄弟一樣，畢業於慶應的經濟科。（參閱第十九章）

黃朝琴的弟弟黃朝碧也僅二子。長子黃燦堂娶舊豪門基隆顏家顏德修的女兒顏智美。黃燦堂的連襟多出身上流家族，如板橋林家少主林明成、永豐餘集團何家二房的何政廷。黃燦堂太太的堂弟顏甘霖也娶高雄陳家的女兒，換句話說，黃家與陳家有雙重姻親關係。

黃燦堂任過辜振甫的和信企業團旗下的「中信觀光開發公司」總經理，這和他的姻親圈有非常近的關係；連襟林明成叫辜振甫「表姊夫」。之前，黃燦堂任職過一銀行員和國賓大飯店經理，他的伯父黃朝琴都是這兩家公司的董事長。特別是黃朝琴一九七二年七月五日去世，黃燦堂當月也從國賓大飯店辭職。黃燦堂又擔任過永琦百貨總經理，老闆就是連襟林明成。

隨黃朝琴凋零，黃家本系並未枝葉茂盛繁榮於台灣。不僅獨子長居夏威夷，三個女兒也定居美國。反倒陳家吸收黃家政經關係的「養分」，在一九七〇年代，跨建和中央大員的姻親關係。陳啟清的七子陳田鈺娶時任內政部長邱創煥的女兒邱佩琳，長孫女陳怡君於一九七八年嫁國民黨大老谷正綱的幼子谷家恒。

在此之前的一代，一九五〇年代初期，陳啟清家的政商聯姻有次女嫁張豐緒，長子陳田錨娶前台南市參議會議長黃百祿的長女，均屬於地方層次的世家通婚。一九五四年元旦，張豐緒和陳家次女訂婚時，雙方家長為省府委員同僚。張父張山鐘先前當選過一任屏東縣長，是地方要角。（參閱第九章）

陳田錨的岳父黃百祿則是台南市的政商聞人。黃百祿早年留學日本中央大學，畢業後通過高等考試行政科、司法科及格。老一輩留日學生通過司法科居多，已屬不易，一回台灣，均為碩彥菁英，政經地位崇高，世家豪門爭相收納為婿。通過行政科者又更少，及格生的「優異」程度更勝司法科及格。在這種時空背景下，黃百祿的特出不難想見。日治時，黃百祿回台南執業律師，戰爭一結束，立刻獲選台南市參議會議長。他曾參選過第一屆台南市長，敗給葉廷珪，從此專心經營銀行，長年為台南中小企銀董事長。

黃百祿有三子二女，目前有次子黃俊熊在南企擔任常務董事。三子黃暉庭是內科醫生。

陳田錨有兩位異母弟弟陳田鉦、陳田文，分別成為現任國民黨副主席邱創煥、三重幫宏泰集團老闆林堉璘的女婿，非貴即富，但結親時間都晚過他的女兒嫁谷正綱的兒子。

邱創煥是於內政部長任內，把長女邱佩琳嫁給陳田錨的七弟陳田鉦。由於陳田鉦為陳啟清第三個太太所出，邱創煥輩分上還高出陳田錨一輩。以當時的狀況來說，陳家的這項聯姻，眼光精準。蔣經國起用台籍政客，邱創煥屬箇中翹楚，林洋港和他平分秋色；他在內政部，林在省府。李登輝則排在他們之後。此後，邱創煥升任行政院副院長，院長孫運璿中風，還一度代理院長，然後再攀升省府主席，具有實權。只不過，一九八一到一九八四年，他在行政院副院長位上盤桓過久，教林李超前一步。不過，現在仍居國民黨副主席的高位。

從邱創煥延伸出去的親戚有白秀雄與漢寶德。現任台北市副市長白秀雄叫邱創煥「姊夫」，邱太太是他的姊姊。白秀雄前後擔任過國民黨社工會編審、台北市黨部總幹事，高市、北市社會局長、內政部社會司長。邱創煥歷任過社工會主任、內政部長，白秀雄這位小舅子的仕途前半段均不脫他走過的路。

白秀雄的太太漢菊德則是名建築設計師漢寶德的妹妹。漢寶德有廣泛的上流人際關係，例如聯合報系王惕吾在新竹興建的中國式庭園「南園」，即委請漢寶德設計。一直在學界和業界的漢寶德，一九八七年，五十三歲時，開始進入行政機關，擔任台中國立自然科學博物館館長，現任國立台南藝術學院院長。一九八九年主軸人物陳啟清病逝，陳田錨掌家，九〇年代，最小的弟弟陳田文依舊能接續特異的家族傳統，娶三重幫林堉璘的女兒林碧蕙。

這樁婚姻對了解高雄陳家意義非凡，意謂家族調適政經環境，嗅覺敏銳，渾然天成。現今的台灣及未來的台灣，再沒有強權統治者；政治因素不會影響財富的安定，不會再有一聲令下，沒收財產的荒謬事情。沒有必要再去巴結外省權貴，即使是本省籍要員，也大可不必。權力的東西一夕萬變，今天一位純粹的政治權貴，明天可能一場選舉就垮台。最實在的還是「金錢」。有錢，可以自己參選，當選後，結黨造派；也可以供養代理型政客。兩者最終均能獲得政商兩頭的利益。從這點看，陳家的選擇正確，符合潮流走勢。

另一方面，也看得出陳家沒有世家身段。一般家族的成長歷史，第一代致富，但粗鄙；第二代守成，有教養、有知識，第二代或第三代結親時，常在乎家世背景。像三重幫的形象和氣質，換做辜振甫家族，可能就會敬而遠之。

陳啟清一房的結親能力以陳田錨擁有谷正綱這位外省籍親家為極致，足堪睥睨其他台籍大家族。台灣籍政商家族在同族群內有綿密通婚網，突破省籍樊籬，與國民黨外省權貴官僚聯姻，有「不能」的因素，也有「不願」的理由。

谷正綱在台長任數十年國民黨中常委，咸信與他對蔣介石一片忠貞有關。一九四九年是蔣介石最困頓蹩腳的一年，共黨進逼，李宗仁的桂系脅迫他下野，蔣介石的政治生命岌岌可危。一月二十一日，蔣介石宣布引退，在官邸約集中常委發表談話。話畢，洪蘭友、張道藩、谷正綱等人痛哭失聲，時任社會部長的谷正綱更當場大聲陳詞：「總裁不應退休，應繼續領導，和共產黨作戰到底。」

除了搞反共，谷正綱也兼任國大代表，一直是主席團主席之一，幾乎是整個國大的龍頭。只消看某國大代表去世，治喪委員會主委多由谷正綱擔綱，即知味道。

谷正綱的族系是外省官僚中少數能稱為「家族」者。谷家以谷家三兄弟聞名。事實上，谷家有四兄弟，除老二谷正楷外，老大谷正倫、老三谷正綱和老么谷正鼎均有一席之地。

谷正倫發跡最早，出身軍旅，和何應欽為日本陸軍士官學校十一期同學。一九三二年，國民政府首立憲兵司令部，谷正倫即任第一任憲兵司令。往後歷任甘肅省主席、糧食部長與家鄉貴州的省主席，一九五三年在台北病逝。

谷家老四谷正鼎和太太皮以書長期是立法院權勢聲望最隆的一對夫婦。他們是典型國民黨的革命情侶，在蘇俄莫斯科中山大學念書時認識結婚。回到中國，歷任要職。抗戰結束，谷正鼎出任中央黨政軍聯席會報祕書長，又任國民黨組織部副部長、部長。皮以書則是婦聯會首任總幹事，均屬蔣介石、宋美齡跟前的紅人。所以，一九六〇年代，谷氏夫婦晚年，在立法院經常可以見到他們的身影，和立法院大老級的人物程滄波、成舍我、薩孟武聊天，而旁邊不時有楊寶琳一類的小牌立委走過，向他們點頭行禮。

谷家第二代只谷正綱的四個兒子在台發展。有父叔庇蔭，「谷家四兄弟」雖不及「谷家三兄弟」風光，但也夠羨煞人矣。谷正綱的長子谷家泰曾任台灣吉悌電信公司總經理，董事長是現任國民黨不分區立委劉國昭，他的父親劉闊才曾任立法院長。

次子谷家華拿紐約州立大學商學碩士學位，是兄弟中學歷稍遜的一位，但論政治上的成就，谷家華最高。一九八七年，四十三歲的谷家華當選監察委員，少年得志。

谷正綱的四子谷秀衡、五子谷家恆為雙胞胎。谷秀衡曾任台灣氰胺公司常董兼總經理，現任美商惠氏藥廠負責人。谷家恆即陳田錨的女婿，拿美國聖母大學機械工程博士，一九八四年，一度被經濟部長徐立德延攬出任經濟部科技顧問室主任。那段時間，徐立德好用權貴子弟，副主任即為李煥的長子李慶中。另外，行政院主計長張導民和女監委蔡孝義夫婦的兒子張鍾潛，也被延任經濟部參事。

短暫的行政官僚生涯之後，一九八六年谷家恆回到學校，歷任中山大學教務長、工業技術學院副院長，現任國立高雄第一科技大學校長。

谷家恆自元配陳田錨之女病逝五年後，一九九四年二月二十五日再婚，對方仍來自名門，是三商行老闆翁肇喜之女。

從陳田錨的親生母親，則延伸親戚關係到前監察委員林孟貴和她的弟弟、前國大代表林孟丹。林孟貴姊弟叫陳田錨「舅舅」。陳田錨生母長得細緻秀美，出身屏東萬丹豪族，其二哥李開胡就是林孟貴的外祖父。

李家舊居屏東萬丹，李南已是當地名望紳士地主，次子李開胡、三子李開山、四子李開榮都曾登上日文版《台灣人士鑑》。日治時期，李開榮便曾由萬丹遷移潮州，當過潮州庄長。李開山則活躍於政商兩界，做過萬丹庄長，又出任屏東信託株式會社社長。日本時代，信託業才新興，全台沒幾家，屏東信託頗具知名度。末期經濟統制，總督府強行兼併屏東信託、中部巨紳林獻堂的「大東信託」和北部煤礦鉅子顏國年的「台灣興業信託」等三家公司，併入台灣信託。換國民黨來台，台灣信託又遭接收，併進省屬華南銀行。

戰後，李開山仍在地方有勢力，當過屏東市南區區長。他的兒子李世昌繼之代起，第一屆鄉鎮市長選舉，便當選屏東市長。一九六〇年，第四屆縣市長選舉，再當選屏東縣長。

李家和高雄陳家關係親密。除陳啟清娶李開娥，李開娥的兄弟李開榮也娶陳啟清的妹妹陳英。雙重姻親的結果，李開榮既是陳田錨的舅舅，又是姑丈。林孟貴都說，陳田錨是「母舅」，當然「很親」。

林孟貴的外祖父李開胡作風開明先進，長女、次女均送往日本讀東京女子醫專。半世紀以前，一般台灣的大地主富豪，因受日本人鼓勵，多有把子弟送去「內地」（指日本國內）留學，汲取現代西方新知，但限男不及女。家中女兒若讀到高等女學校，就算頂尖，足夠匹配醫生、律師、博士了。

李開胡的次女李鳳美、也就是林孟貴的媽媽，嫁給高雄望族林迦之子林瓊瑤。林迦在日本時代就是高雄信用組合的要人，林瓊瑤繼承父業，曾任興業信用組合常務理事，戰後，改制為高雄市第三信用合作社，膺任理事主席數十年，林家與「三信」形影不離，高雄市的三信高商亦由林瓊瑤創辦。

林瓊瑤於戰後初期，曾連任兩屆高市參議員（即市議員）。中斷多年，由女兒林孟貴接上，兒子林孟丹再於一九九二年當選國大代表。

陳啟清的姻親網占去陳家姻親建築的大宗，次大宗不是一般熟悉的陳啟川，反而是陳啟清同父同母的弟弟陳啟安。陳啟安畢業於日本法政大學專門部政經科，做過家鄉苓雅寮區副區長，戰後管理家產，任興南公司董事長。陳啟安的次子陳田義娶前彰化銀行董事長吳金川的長女，吳金川的太太又是政治聞人楊肇嘉的長女。楊肇嘉另一女則嫁給富邦集團創辦人蔡萬才，所以，陳田義要叫蔡萬才「姨丈」。（參閱第六章）

陳啟安三子陳田禮則娶前台灣煉鐵公司總經理方雲祥的女兒方美琴。方雲祥娶台南貴紳辛西淮之女，辛西淮的長子辛文炳曾任台南市長及增額立委，他有女兒嫁給吳伯雄的堂兄。（參

閱第八章)

陳啟安的獨女陳秀霞則於一九六二年出閣，北嫁基隆煤礦鉅族顏家第三代的顏甘霖。顏家房支龐大，顏甘霖的父親顏德潤一房最早和南台灣大族聯姻。先有顏德潤娶屏東里港望族藍高川的女兒藍錦綿，下一代又有媳婦來自高雄陳家。後來，顏德潤的侄女也嫁給台南統一集團吳尊賢的兒子。(參閱第十五、二十章)

由顏德潤與日本三菱財閥三菱電機合組的「中國電器」公司，顏甘霖現任董事長，代表股東「大德建設公司」，大德建設其實也屬顏甘霖所有。

陳啟川在同輩兄弟中，最紅於政壇，當過高雄市長，擔任光復大陸設計委員會副主委一直到九十六歲病逝前，雖是閒差，畢竟還享有「政務官」的頭銜。然而安排子女婚嫁，卻少政治或商業味道。陳啟川這一房唯一的豪族通婚，出現在他的孫輩，三子陳田原的女兒嫁台南幫吳修齊的幼子吳威德。

陳啟川的子女眾多，日治時代的名人錄便突出過這點，說他「子女大勢アリ」。子女多，源於他有五位太太。蔣介石曾經帶著讚嘆的口吻說:「帶五個女人比帶五個集團軍還困難。」蔣介石佩服陳啟川，因為陳啟川的五位太太相安無事，沒鬧過家庭糾紛。

陳啟川的子婿稍稍不同於其他房的子弟。八個女兒，有三個女婿是醫生。次女陳謹嫁洪有達，京都府立醫科大學畢業;三女陳靜嫁吳寬輝，台北帝大(台大前身)附屬醫專畢業，在台北市南京西路開「吳寬輝診所」，專看皮泌科;五女陳淀嫁邱文慶，曾在高雄市成功一路開設

「邱綜合醫院」，他的連襟洪有達、舅子陳田柏（陳啟川次子）都曾在他的醫院擔任過醫生。邱文慶現已去世，由長女婿巫宗源醫生繼任院長。

不知道是否受多位醫生女婿影響，陳啟川把高雄火車站後站附近十一甲水田撥出，創建高雄醫學院暨附設中和醫院。現已成南台灣醫界重鎮，一如陳家在政治上的地位。目前，長子陳田植為醫學院董事長，次子陳田柏習醫，也是七個兒子中唯一學醫的一位，曾任醫院副院長，現已退休。

三子陳田原是吳修齊的親家，其主事業為台灣富聲達電機公司，製造揚聲器。四子陳田圃比較活躍，畢業於夏威夷大學農經系，經營穎達農牧公司。年輕企業家組成的工商建研會，陳田圃擔任過會長；高雄市地區同性質的組織「稻禾會」，陳田圃也擔任過會長，他也是現任的高雄企銀董事長。

第八章

吳伯雄家族

台南辛文炳家族、宋瑞樓、林為恭、林久翔

吳伯雄家系

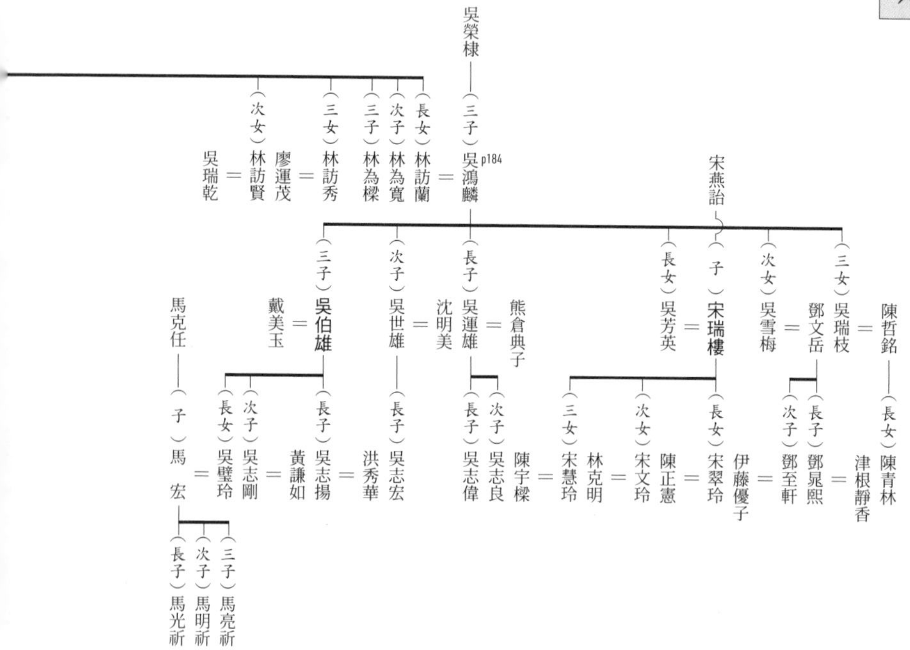

吳榮棣
（三子）吳鴻麟 p184
（長女）林訪蘭
（次子）林為寬
（三子）林為樑
（三女）林訪秀
廖運茂
（次女）林訪賢
吳瑞乾
宋燕詒
（三女）吳瑞枝
陳哲銘
（次女）吳雪梅
鄧文岳
（子）宋瑞樓
（長女）吳芳英
（長子）吳運雄
熊倉典子
（次子）吳世雄
沈明美
（三子）吳伯雄
戴美玉
（長女）陳青林
津根靜香
（長子）鄧晁熙
（次子）鄧至軒
伊藤優子
（長女）宋翠玲
陳正憲
（次女）宋文玲
林克明
（三女）宋慧玲
陳宇樑
（次子）吳志良
（長子）吳志偉
（長子）吳志宏
洪秀華
（長子）吳志揚
黃謙如
（次子）吳志剛
（長女）吳璧玲
馬克任
（子）馬宏
（三子）馬亮祈
（次子）馬明祈
（長子）馬光祈

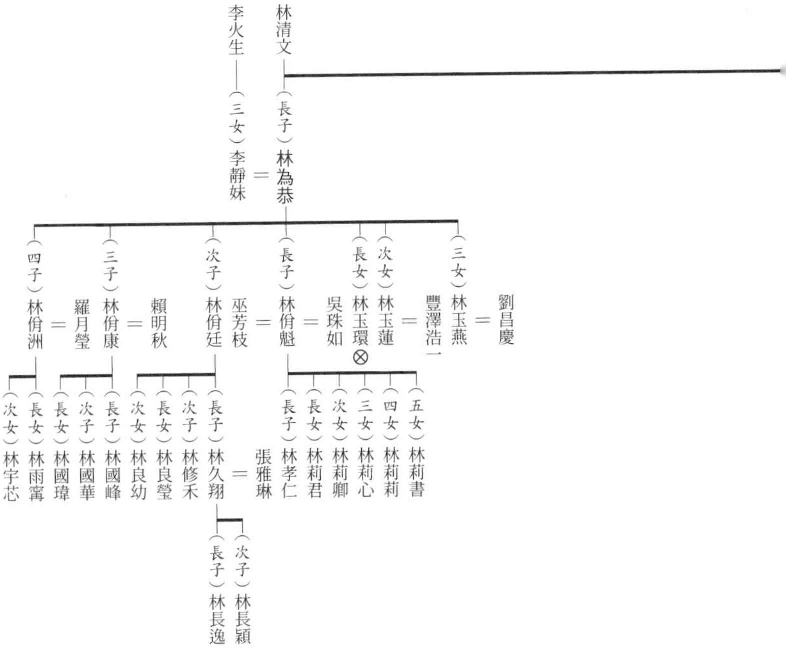
林清文
李火生
（長子）林為恭
（三女）李靜妹
劉昌慶
（三女）林玉燕
豐澤浩一
（次女）林玉蓮
（長女）林玉環⊗
吳珠如
（長子）林佾魁
巫芳枝
（次子）林佾廷
賴明秋
（三子）林佾康
羅月瑩
（四子）林佾洲
（五女）林莉書
（四女）林莉莉
（三女）林莉心
（次女）林莉卿
（長女）林莉君
（長子）林孝仁
張雅琳
（長子）林久翔
（次子）林修禾
（長女）林良瑩
（次女）林良妁
（長子）林國峰
（次子）林國華
（長女）林國瑋
（長女）林雨甯
（次女）林宇芯
（次子）林長穎
（長子）林長逸

桃園吳家家系

- （八子）吳鴻烹
  - （次子）吳弘貴
  - （長子）吳正貴
- （七子）吳鴻煎
  - （四子）吳郁夫
  - （三子）吳白光
  - （次子）吳仁光
  - （長子）吳運嘉
- （六子）吳鴻蒸
  - （三子）吳昭雄
  - （次子）吳武雄
  - （長子）吳運明
- （五子）吳鴻勳
  - （長子）吳運南
- （四子）吳鴻爐
  - （三子）吳文光
  - （次子）吳俊雄
  - （長子）吳文雄
- （三子）吳鴻麟 p182
- （次子）吳鴻麒
  - （長子）吳和光

- （五女）吳梅芬＝黃中正
  - （次子）黃　昱
  - （長子）黃　旭
- （四女）吳小眉＝邱慶源
  - （三女）邱瑩玲
  - （次女）邱瑋玲
  - （長女）邱玫玲
  - （長子）邱智盛
- （三女）吳蘭英＝謝有福
  - （長女）謝映紅
  - （三子）謝汝敦
  - （次子）謝汝彬
  - （長子）謝汝光
- （次女）吳蘭芬＝詹湧泉
  - （長女）詹文瑜
  - （長子）詹光漢
- （長女）吳杏仙＝陳丁聖
  - （四子）陳澤宏
  - （三子）陳亮宏
  - （次子）陳基宏
  - （長子）陳肇宏
  - （長女）陳瓊雲
  - （次女）陳瓊惠

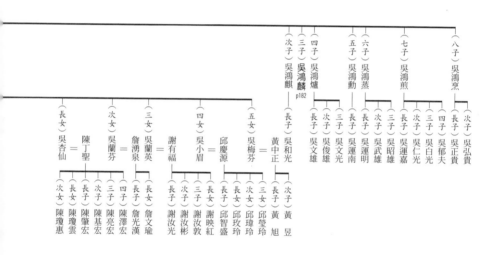

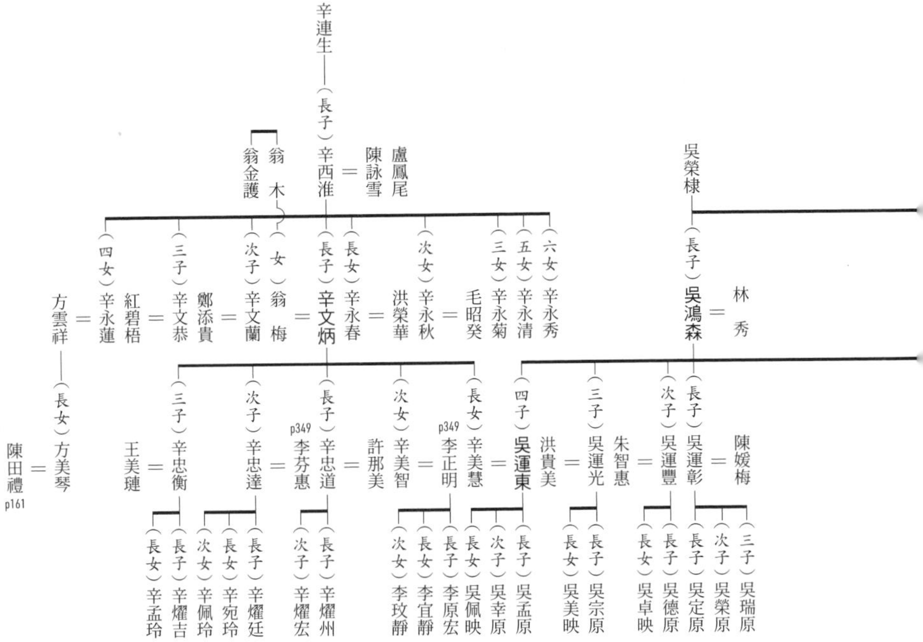
辛連生
（長子）辛西淮 ＝ 陳詠雪
盧鳳尾
翁木
翁金護
（六女）辛永秀
（五女）辛永清
（三女）辛永菊
毛昭癸
（次女）辛永秋
洪榮華
（長女）辛永春
（長子）辛文炳 ＝（女）翁梅
（次子）辛文蘭 ＝ 鄭添貴
（三子）辛文恭 ＝ 紅碧梧
（四女）辛永蓮 ＝ 方雲祥
（長女）方美琴 ＝ 陳田禮 p161
（長女）辛美慧
p349 李正明
（次女）辛美智
許那美
（長子）辛忠道 ＝ p349 李芬惠
（次子）辛忠達
（三子）辛忠衡 ＝ 王美璉
（長子）李原宏
（長女）李宜靜
（次女）李玟靜
（長子）辛耀州
（次子）辛耀宏
（長子）辛耀廷
（長女）辛宛玲
（次女）辛佩玲
（長子）辛耀吉
（長女）辛孟玲
吳榮棣
（長子）吳鴻森 ＝ 林秀
（長子）吳運彰 ＝ 陳媛梅
（次子）吳運豐 ＝ 朱智惠
（三子）吳運光 ＝ 洪貴美
（四子）吳運東
（三子）吳瑞原
（次子）吳榮原
（長子）吳定原
（長子）吳德原
（長女）吳卓映
（長子）吳宗原
（長女）吳美映
（長子）吳孟原
（次子）吳幸原
（長女）吳佩映

吳伯雄近一、二十年來，一直是客家籍族群參與政治的代表，也是客家族群在政壇勢力消長的指標。

關於吳伯雄家族，過去往往被認定是一個很「客籍」的政治家族，其姻圈似乎也在桃竹苗地區結織。事實上，吳家上一代已與閩南籍通婚，吳伯雄這一輩，甚至與前台南市長辛文炳結為姻親，也因著此一關係，吳家才與閩南籍政商大姻網有了一絲的「牽掛」。

辛文炳的家族是台南市名門，祖籍福建同安，在辛文炳祖父一輩，才遷居台南市馬公廟街，是一說著福佬話的家族。

辛文炳的父親辛西淮三歲失怙，靠母親為人洗衣餬口。據日治時期的日本人分析，辛西淮與基隆的顏雲年、桃園的簡阿牛、彰化的李崇禮等人，都是因為精通日語，助益事業成功，才躋身上流。辛西淮在日本來台那一年，才十六歲，可塑性高，先前又隨舉人林際春讀過漢書，因此在本源寺的開導學校讀三年日文後，一八九七年便被派命為憲兵通譯，因緣際會，走對主流的路線。

一九一二年，辛西淮往實業界拓展，創立台灣輕鐵株式會社（今興南客運公司前身）。此後，多角投資實業，並歷任庄長、台南市協議員、台南州協議會議員及台南州會議員。當年台南州還涵蓋今天的嘉義、雲林，州會議員又由下一層級的市街庄議員間接選出，由此可見辛西淮已儼然是嘉南平原的貴紳。

戰爭結束前一年，辛西淮且被總督府選任為評議員，政治地位拉至最高。日本在台五十年，總督府評議會的組織設置前後二十五年，期間共有三十幾位台籍商紳名流入會。辛西淮是目前所知的最後一位府評議員。

辛文炳就像早年的世家貴族子弟，也負笈日本，明治大學法學部畢業。返台之初曾任公職於台南州廳的勸業課（即工商課）。戰後，由市議員起，連選連勝，歷任市議會正副議長，一九六〇年，擊敗葉廷珪，當選台南市長。一九六四年任滿，曾有短暫的沉寂。

依東帝士集團總裁陳由豪之父陳清曉憶述，辛文炳在市長任內，「曾先後創辦八所國小及初中，並協助三所私校創立，其魄力與遠見，曾震驚教育界」。所以，當台南幫幾位領導人物如吳三連、吳修齊兄弟，邀集陳清曉、辛文炳籌劃在台南興學時，即公推辛文炳為新校「南台工專」的校長。

辛文炳中斷政治生涯有八年之久，直到一九七二年，辛文炳以南台工專校長身分被國民黨提名競選增額立委，再創另一波高原期。副校長張麗堂同時也被提名競選台南市長。辛文炳與張麗堂有很深的「台南幫」色彩，並與統一吳家往來密切，維持他在台南地區的德望，也應與他在台南幫關係事業的南台工專擔任校長二十餘年有關。一九九九年病逝前，辛文炳仍是升格後的南台工技學院董事長。一九九六年李連角逐第一任民選正副總統時，辛文炳還是台南市競選總部主委，台南地方政壇因此有「文炳仙」的暱稱。

辛文炳家族的主事業除學校外，另有興南客運，行走公車於台南縣市間；台南貨運則遍行全台；台灣聯邦玻璃公司則生產太陽鏡片及交通用玻璃珠。

辛家發跡後的第二代，除辛文炳之外，最小的辛永秀是台灣聲樂界的前輩。

辛文炳家族與上流大姻網的連結有兩處。一是辛文炳在美行醫的次子娶台北名醫李枝盈的女兒；李枝盈是李登輝總統夫人的婦科醫生，他既是前彰銀董事長、立委羅萬俥的女婿，也是現任長庚大學校長張昭雄的岳父。（參閱第二十章）

另一連結為辛文炳的四妹辛永蓮嫁前台灣煉鐵總經理方雲祥，方雲祥的長女嫁高雄陳家的陳田禮。（參閱第七章）辛文炳家族因而成為吳伯雄與大姻網的橋梁孔道。

一九六九年，辛文炳與吳伯雄兩家築起姻誼，辛文炳的長女嫁吳伯雄大伯父之子吳運東。吳運東現任吳家所有的桃園區域醫院「新國民醫院」院長，同時也是中華民國全國醫師聯合會理事長。

吳伯雄在辛文炳八十歲生日祝壽會上透露：「我的親家可能不知道一個祕密。一九六〇年，您競選台南市長當時，家父也競選縣長，我沒去投我爸爸一票，卻在台南投您一票，因為當時我讀成大一年級，所以戶籍設在台南，正好滿二十歲，有生第一次投票，就是投給親家您，真是有緣啊！」

吳家本身的發展史，和許多近代台灣世家相似：清國時是秀才士紳，日治時，專業人士輩出，如醫生、律師或法政官僚。到了國民政府時代，政商經營有成，因而累代積成上流世家。

吳家發跡第一代是吳伯雄的祖父吳榮棣，研讀詩書，有最起碼的功名，人稱「吳秀才」，望重鄉閭。他的長子吳鴻森生於台灣割日的第三年，接受完全的日式教育。吳鴻森畢業於總督府台北醫學校，返中壢開業，一九三五年，被日本當局推拱為新竹州（含今天桃竹苗三縣市）兩位台灣人官選州會議員之一。

各地方的世家在日本時代已獲致的政經地位及資產，因為國民黨無意打倒資本家，搞共產黨那一套無產階級專政，政權轉變帶來的衝擊並不是很直接或具備毀滅性。因此從參政史上看，戰後初期的民意代表多半仍脫身自日治下的社政菁英。吳鴻森做為吳家長子，在國民黨來台後，仍當選第一屆參議員（省議員前身）及第一屆國大代表，一九五一年出任省府委員，已是少數非半山的台籍人士能得的榮寵。中央機構的高層，幾乎沒有台籍的容身之所。

吳鴻森的七個弟弟，排行第三的鴻麟也以醫生身分投入地方政壇，從縣議員到議長，最後並被國民黨提名參選桃園縣長，平抑地方派系的紛爭。

吳家的榮盛，主要即指鴻森、鴻麟兩房。他們同時將頭手伸向實業界，如今回顧起來，證實行動正確。唯有財經實力，才是大家族繁榮延續的根本。吳鴻森當年身在議壇，也像早期民代一樣，籌資組織銀行。黃朝琴籌立的第一銀行，吳鴻森曾是常董。吳鴻森興辦的桃園客運，至今仍是這一房的主事業，現由次子吳運豐任董事長。

吳鴻森、吳鴻麟兄弟共組的新國民醫院，原先由吳鴻麟主其事，到第二代，兩人的七位兒子中，只鴻森的幼子吳運東習醫，自然由他接掌院務。

吳家在新竹的中小企銀，以吳鴻麟一房為主。吳鴻麟本人曾任竹企董事長，目前有吳伯雄的太太戴美玉任常董，吳伯雄長兄吳運雄占一席董事，吳運雄的兒子吳志偉則擔任總經理。

吳家婚姻圈，舉目盡是醫生。吳鴻森兄弟八人，本來就有四位醫生；吳鴻森、鴻麟兩房，雖七個兒子僅一位業醫，但八個女兒則帶來七位女婿，且不乏望重杏林的醫學權威。吳伯雄的大姊夫宋瑞樓專攻消化系統醫學，膺任中研院院士。宋瑞樓出身新竹竹東的醫生家庭，父親宋燕詒畢業於總督府醫學校，返鄉行醫，曾獲任命為新竹州協議會員，和吳鴻森在教育、職業、地緣上都相近相似。

吳伯雄的二姊夫鄧文岳則是旅日懸壺的醫學博士。

吳鴻森的五位醫生女婿中，次女婿詹湧泉有名於時，是台灣細菌學的權威，曾任衛生署預防醫學研究所所長。三女婿謝有福博士專攻泌尿科，其子謝汝敦克紹箕裘，現任台大泌尿科主任。謝汝敦的二哥謝汝彬則曾於一九八六年被國民黨遴選為僑選立委。

假如吳伯雄家族可視為客籍家族的最顯著代表，則其婚姻圈透露，客籍世家並不排斥與福佬籍世家通婚，但說福佬話的閩籍大家族，與客籍聯姻，倒是少數。拿吳家來說，吳鴻森即娶艋舺的福佬人，次弟鴻麟亦然。吳鴻森能說流利閩南話，與閩籍兒媳、辛文炳之女講話，沒有隔閡。吳鴻森的次婿詹湧泉也不會說客語，三婿謝有福則世居台北士林。

吳家第四代已有子女婚嫁與政治有關的家庭，而且盡出現在吳伯雄家裡。吳伯雄共兩子一女，幼子吳志剛娶黃謙如，黃父曾任台北市議員。獨生女吳璧玲則嫁前僑選不分區立委馬克任之子。馬克任久為聯合報系在美國的《世界日報》社長。蔣家掌權的年代，報紙屬於權力外圍的一環，除報業主占三席中常委，高層的報社主管及記者，歷來有不少人經由議壇而浮游政海，較知名者如吳敦義、鍾榮吉等人。

吳伯雄母親那邊的姻親，已經五代在苗栗縣雄霸一方近八十年，對吳家地位有助長聲勢的功能，讓吳家更顯其大。

吳伯雄的媽媽林訪蘭籍出苗栗頭份，吳伯雄的外曾祖父林啟興因製糖致富，有林野數十甲，收租數百石。日軍占台第二年，為平靖仍舊紛擾的秩序，林啟興被派任頭份保良局長。台泥董事長辜振甫的父親辜顯榮便是在日本占領第八年，即獲任台北保良局長，從此家道快速繁榮。

頭份林家地處偏遠之區，發達的程度雖不足與辜家一較高低，但仍逐階按步，躍升為望族世家。吳伯雄的外祖父林清文畢業於總督府國語（日語）學校，以能說流利官話而進板橋林家的林本源事務所。有這樣起步背景的台籍名流，人數甚夥，如新象藝術中心許博允的祖父許丙、李登輝總統夫人曾文惠的舅舅汪明燦等人。林清文二十六歲就投資礦業，繼而製糖、開墾山林荒地，曾有形容此時他「財似淵泉」。頭份庄第一任庄長就是林清文。

吳伯雄的大舅林為恭的前半段經歷，和他的大伯吳鴻森差不多。當選過省參議員、新竹區合會儲蓄公司（新竹企銀前身）首任董事長、省屬土銀副總經理（吳鴻森任過監察人）。一九六〇年，和吳鴻麟同期競選縣長，郎舅雙雙當選桃園及苗栗縣長。這種姻親組合、雄踞客屬區域的架勢，已是國民黨中央所不能小視。這也是後來吳伯雄少年英發，從省議員而桃園縣長、省公賣局長的依恃。據說，蔣經國詢問謝東閔是否吳伯雄適任公賣局長，謝東閔列舉兩個肯定的理由：一是吳伯雄所學專長企業管理，一是吳家殷實富裕，吳伯雄的清廉可以預期，操守可以信賴。

吳家這一代的政治巔峰，在吳卸任國民黨祕書長時，已經開始以下坡緩降。林家亦有類似的趨勢。林為恭的弟弟為寬任過省議員，長子林佾廷任過省議員及省府委員，林佾廷的長子林久翔於一九九八年以省議員挑戰競選立委時，意外落敗，目前是省諮議會議員。

上流大家族要維繫權力、地位、財勢不衰不墜，需要配套的條件非常多；一個有才有識的主軸人物是絕對必要的條件。如果吳伯雄的兩個兒子，一個去當醫生，一個雅好藝術，志在創作，吳伯雄一房就會相對在政壇上沉寂。上天或社會對大家族的考驗是殘酷不講情的。不過，一九九九年元月底，一場少見而冠蓋雲集的律師事務所開業式，看得出來吳家的傳承已出現抗衰的主軸人物。

吳伯雄的長子吳志揚從台大法律系第一名畢業，又有哈佛大學法學碩士的學歷，最重要的是，吳志揚似乎對參政並不排斥。先前，他已參與馬英九競選台北市長的幕僚工作。對父親吳伯雄刻意把他推出檯面、延續人脈關係的律師事務所開業儀式，也欣然接受；在美國求學時，更發起過向中共抗議的活動。

一般人對上流階層人物，有一種不禁要窺探的衝動，從中得到快感。吳志揚既已浮出檯面，便會凝聚各方眼光，等待著看他的發展。律師事務所開張當天，已有大老期許吳志揚應該朝總統大選的方向規畫。吳志揚的動向關乎中壢吳家的發展，值得慢慢觀察。

第九章

張豐緒家族

屏東萬丹張家、金石堂周家、萬華呂阿昌家族

張豐緒家系

羅燦 ＝ （四女）張奺
（長女）羅郁美
（次女）羅美娟
（長子）羅舜光

唐美君 ＝ 陳碧蓉
陳奇祿 ＝ （五女）張若
（四子）陳國儀
（三子）陳國俊
（次子）陳國倫
（長子）陳國偉

林我澤 ＝ （三女）張靜
（長女）林千鶴

（次女）張媞 ＝ 王冠烈
王天球
（四子）王冠烈
（三子）王仁厚
（次子）王清佐
（長子）王清海

王冠烈之子女：
（三子）王泰信
（次子）王泰忠
（長子）王泰彬
（長女）王波波
（次女）王芳玉 ＝ 蔣承堯

（次女）戴喜美 ＝ 曾文弘
（長女）戴壽美 ＝ 張毓奇
（五子）戴怡安 ＝ 連鯤菁
（四子）戴怡德

金石堂周家家系

戴炎輝 p195
（長子）戴東生

周塗樹 ＝ 張桂香
（長女）周和惠 ＝ 柯立橋
（四女）周品慧 ＝ 許書章
（三女）周素慧 ＝ 蘇重光
（次女）周美慧
（長子）周正剛 ＝ 翁麗娟
（次子）周傳芳 ＝ 顏薰齡

顏岫峰 p264
（長女）顏薰齡

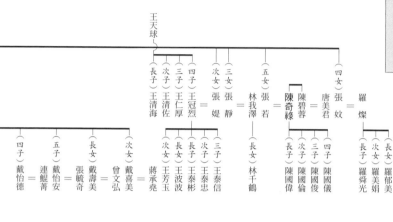

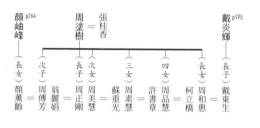

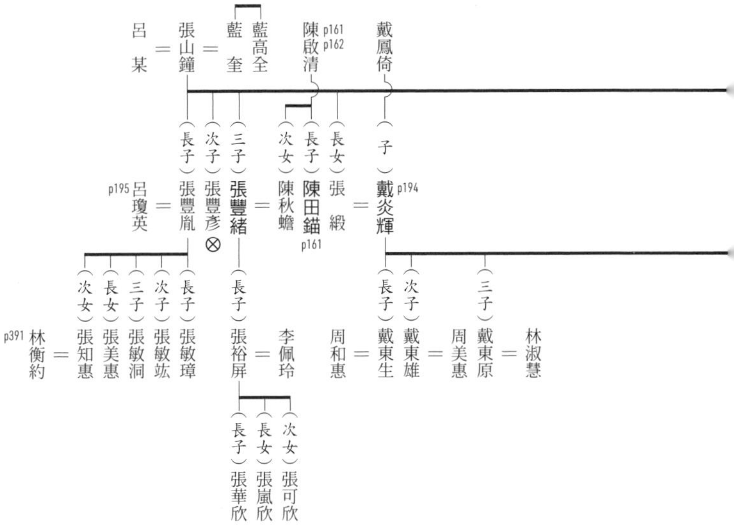
呂某
張山鐘
藍奎
藍高全
陳啟清 p161 p162
戴鳳倚
（長子）張豐胤
（次子）張豐彥⊗
（三子）張豐緒
（次女）陳秋蟾
（長子）陳田錨 p161
（長女）張緞
（子）戴炎輝 p194
p195 呂瓊英
（次女）張知惠
（長女）張美惠
（三子）張敏洞
（次子）張敏竑
（長子）張敏璋
p391 林衡約
（長子）張裕屏
李佩玲
周和惠
（長子）戴東生
（次子）戴東雄
周美惠
（三子）戴東原
林淑慧
（長子）張華欣
（長女）張嵐欣
（次女）張可欣

萬華呂家家系

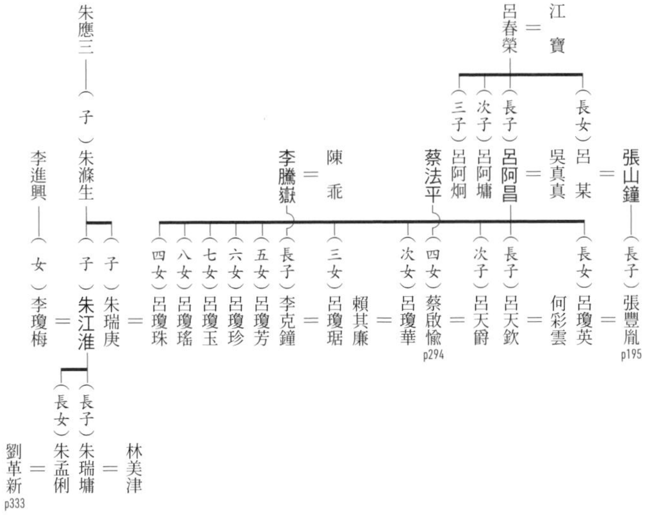
江寶
呂春榮
（三子）呂阿炯
（次子）呂阿墉
（長子）呂阿昌
吳真真
（長女）呂某
張山鐘
陳乖
李騰嶽
蔡法平
朱應三
（子）朱滌生
李進興
（女）李瓊梅
（子）朱江淮
（子）朱瑞庚
（四女）呂瓊珠
（八女）呂瓊瑤
（七女）呂瓊玉
（六女）呂瓊珍
（五女）呂瓊芳
（長子）李克鐘
（三女）呂瓊琚
賴其廉
（次女）呂瓊華
（四女）蔡啟愉 p294
（次子）呂天爵
（長子）呂天欽
何彩雲
（長女）呂瓊英
（長子）張豐胤 p195
（長子）朱瑞墉
（長女）朱孟俐
林美津
劉革新 p333

受高雄陳家盛名籠罩，前內政部長、中華奧會主席張豐緒因娶了前高市議長陳田錨的大妹，關於張豐緒崛起政壇、備受層峰關愛的原因，歷來也就歸諸陳家的裙帶關係。

這樣的說法無法有足夠且相當的說服力來解釋何以張豐緒的兩位姊夫戴炎輝及陳奇祿也能夠高陞至司法院長和文建會主委，備極榮寵。

事實上，屏東張豐緒家族在政治上並不從屬於陳家。相反的，屏東張家有其獨立自足性。從家族史的角度，日治時期衍生的台灣五大家族，除高雄陳家外，張家和板橋林家、基隆顏家都有姻親關係。從政治的角度來說，屏東縣躋身中央政壇的人物，大半與張家有姻親關聯；不說戴炎輝、陳奇祿，像久任立委的羅傳進、前僑委會副委員長柯文福、國民黨立院黨政協調工作會主任曾永權立委、前高雄市「黨外」市長楊金虎，乃至於現任文建會主委林澄枝，都囊括在張家的姻網裡。直稱這個姻親結織而成的政治體為「屏東幫」，並無不當。

張豐緒的父親張山鐘締造張家，有張山鐘，才有張豐緒步上中央政壇。張山鐘在日治時代讀總督府醫學校，先後在台北和屏東兩地官立醫院任職八年半，隨之返回家鄉屏東萬丹開設「東瀛醫院」。當年醫生之職是上流階級和高級知識分子、財富的綜合代名詞。張山鐘很快跨足政經兩界，擔任萬丹信用組合長（相當今天的信合社理事主席），一九二九年選上高雄州協議會員（當時屏東行政區隸屬高雄州）。張山鐘也得以娶屏東士紳望族藍高川的堂妹藍奎。藍高川曾獲日本總督府選為府評議員，可謂南台灣第一貴紳。藍家祖先藍鼎元曾隨堂兄藍廷珍率兵來台平定朱一貴之亂。藍高川自己的長女藍錦綿北嫁進入基隆首富、也曾任府評議員的顏雲年之門當兒媳。張豐緒因此與基隆顏家連上姻親關係。

張山鐘在日本時代享名最大的事跡是代表呈獻軍機。一九三七年三月，中日未開戰前，氣氛已很緊張，當時有國防費獻金運動，張山鐘慷慨捐獻壹萬圓，昭和年版的《台灣人士鑑》上指為「罕見快舉」。等戰爭末期，民間發起獻機義舉，共有三位台灣人和一位日本人代表獻四架飛機。四人依序為板橋林家的林熊祥、張山鐘、日籍的大甲郡守、霧峰林家的林烈堂，站在日本海軍武官部前，獻給日本軍部。

和日本軍方關係密切，並不影響張山鐘後來的政治歷程。國民政府敗逃來台，張山鐘初期只是家鄉的地方政客，擔任過萬丹鄉長和屏東市萬丹區長、縣參議員（相當於縣議員）。一九五〇年實施地方自治，縣市長第一次民選，張山鐘擊敗其他五位候選人當選屏東縣長，從此，不僅形成屏東地方派系「張派」，持續四十餘年的勢力，一九五四年張山鐘更晉任省府委員，也開啟子婿們輝煌的仕途。

一九五四年元旦，這位時任屏東縣長張山鐘的三子張豐緒和高雄巨門富族陳家陳啟清的次女陳秋蟾文定。此後，兩家婚姻結盟，加上既有財富與家勢，如虎添翼，儼然南台灣最大政閥。

一九五九年，張豐緒三十一歲，當選省議員，連任省議員期中，一九六四年，選上屏東縣長。張豐緒八年兩任屏東縣長期間，正值蔣經國出掌閣揆，力圖開創屬於自己的政權新紀元。蔣經國特意拔擢張豐緒為台北市長。據指出，張豐緒有美國碩士學位，安排這位台籍青年才俊出任「京兆尹」，蔣經國曾透露得意之情。

張豐緒能受蔣經國賞識，說法不一。一說他在屏東縣長任內，栽植椰子樹，美化鄉間道路。有一天，蔣經國路過得見，大表讚賞。一說現任考試院長許水德當年是屏東縣政府的教育課長（相當於現在的局長），辦理九年國教，成績凌越各縣市，張豐緒沾了許水德的光。

這些都是可能的事實，但是據屏東幫要角透露，關鍵因素不是上述理由，也非張豐緒是陳啟清的女婿。一九五二年十月三十一日，蔣經國兩大班底之一的「中國青年反共救國團」成立。成立之前要籌措三千萬元，副主任謝東閔戰後之初，負責接收高雄州（含屏東縣），與張山鐘熟稔，謝向張山鐘勸募，張山鐘慷慨捐了兩百多萬元。

張山鐘下對賭注，不僅隔年他獲任省府委員，二十年後，蔣經國掌權，謝東閔扶搖直上，他的兒子張豐緒也當了二十年的政務官。

張豐緒當了台北市長後，未脫他公子般的閒雅特質。一位當年市府一級主管說，張市長不看公文，辦公桌上常放著生態環境相關的書籍刊物，那些才是他感興趣的事物，難怪後來他擔任了生態保護協會理事長。

接著，他做了兩年的內政部長。當今重量級政客邱創煥、林洋港和吳伯雄、許水德尾隨在後繼任內長，算來都屬他的政治後輩。

一九七八年改選總統，內閣跟著改組，孫運璿繼任閣揆。張豐緒從首席部部長，跌成不管部政務委員。此後，張豐緒坐了十二年政務委員的冷板凳。說是坐冷板凳，但能一坐十幾年，也代表他在蔣經國心目中有一定的地位。

張山鐘有五位女兒，都是張豐緒的姊姊，長他四歲到十八歲不等。五位姊夫中，一位曾高居五院院長之一，一位是部長級人物，其餘三位不是醫生，就是醫學教授。

張山鐘長女張緞嫁前司法院院長戴炎輝。戴炎輝同為屏東豪族之後，東京帝大法學部畢業，專攻法制史。一九三五年，通過司法科高考，放棄在日本擔任法官，返台在高雄當執業律師。戰後，前副總統謝東閔負責接收高雄州，就曾請戴出任潮州郡守。一九四六年起，戴炎輝開始擔任台大法律系教席。直到一九六二年，五十四歲的戴炎輝才獲授東大法學博士學位。一九七一年，被提名出任司法院大法官，隔年六月，蔣經國掌權開始，極重視高官的省籍均衡，特別是五院正副院長。行政院副院長首由台籍的徐慶鐘擔任；同年，立法院副院長由台灣客籍的劉闊才遞補；監察院於隔年五月，也換上台籍周百鍊出任副院長；司法院副院長則屬意戴炎輝。

一九七七年，戴炎輝更晉任司法院長，成為台籍第一位司法院長。一九七八年五月，戴炎輝已高齡七十，請辭讓賢，蔣經國總統慰留，直到一九七九年七月才辭卸院長一職。

在此前後幾年間，國民黨似乎和張家玩了一局「加減」的遊戲。一九七八年內閣改組，張豐緒由首席部部長跌至不管部政務委員，國民黨彷彿要彌補張家「損失」似的，拔用張豐緒的五姊夫、時任台大文學院院長的陳奇祿為政務委員。戴炎輝退職，陳奇祿接著做文建會主委。換句話說，國民黨似乎不敢小覷屏東幫，因而加以平衡與懷柔。

張山鐘的第三代孫中，以戴炎輝的幾位兒子最特出，擁有良好職位與社會知名度。

戴炎輝長子戴東生畢業於台大法律系，現任台北銀行（原台北市銀行）副總經理。次子戴東雄也習法律，拿德國邁因茲法學博士，承襲父親專攻的領域，在台大專任「親屬、繼承法」及「中國法制史」教席，曾任台大法學院院長，現任監察委員。四子戴怡德是化工博士，任教於台大化工系。三子戴東原承繼母親家族的主流志業，獲得日本新潟大學醫學博士，是台灣研究糖尿病的權威，曾任台大醫院副院長及院長。

一九九七年，國民黨提列戴東原為指定中常委，代表衛生醫療界，再造屏東幫的另一高峰。當時的黨祕書長吳伯雄與戴東原是師大附中的同班同學。但礙於台大的自由學風，台大希望戴東原在政學兩者之間擇一，戴東原最終選擇辭去中常委黨職。

戴炎輝家族第二代結有名戚。長子戴東生娶商賈聞人周塗樹的長女。聞周塗樹其名，一般民眾可能不知其人，但說起他創辦的「金石堂」書店，周塗樹其人就親近多了。

文化事業非周家本業，周塗樹在戰後以織布事業崛起，在台北汀州路開「高砂紡織公司」，自此事業騰雲起飛。之後，與束雲章共創「中國紡織」，任常董，與前台北企銀董事長陳逢源、大菊紡織老闆杜萬全合資設立「萬源紡織」，任副董事長。曾獲推選為台灣織布同業公會理事長，長達十七年，內外折衝，使周塗樹更成為商界望重的名流。

老輩台籍巨商組成的聯誼性團體「慶生會」，定員三十六人，周塗樹即原始會員之一。其他會友，如陳重光、味全創辦人黃烈火、杜萬全、陳逢源，均曾與他事業合作。

慶生會中的吳三連和吳尊賢，則為台南紡織的共創者，俗稱「台南幫」，原始發跡的本業亦為紡織。周塗樹的次子周傳芳娶台南幫要角顏岫峰之女，似乎是同業友好的一種結果、一種佐證。

台南幫主企業有三，分別為台南紡織、環球水泥及統一企業，顏岫峰即現任環球水泥董事長，也是台南幫已逝金主侯雨利的女婿，和前中央銀行總裁梁國樹是連襟。（參閱第十五章）

張豐緒的二姊張媞、三姊張靜、四姊張妏都當了「醫生娘」。二姊夫王冠烈是牙醫師，其父王天球也是萬丹的富商，和張豐緒的父親張山鐘為舊交，張山鐘擔任萬丹信用組合長（信合社理事主席），王天球為理事之一。

三姊夫林我澤為日本熊本醫科大學醫學博士，曾任教於台大醫學院。一九七三年，正值屏東幫鼎盛時期，六十歲的林我澤升任台北市立婦幼醫院院長。四姊夫羅燦也是屏東人，日本九州大學醫學部畢業，在家鄉東港開立「和春醫院」，後改稱「和春診所」。

羅燦是屏東幫另一姻親圈的重鎮。羅家本來不富，羅燦的曾祖一輩種植甘蔗，設廠製造黑糖，再賣給高雄陳家的家主陳中和，家族漸入佳境，成為屏東大地主。羅燦曾任東港信合社理事主席十餘年。

擔任過多屆立委的羅傳進叫羅燦「堂叔」，羅燦的父親是羅傳進祖父的堂弟。羅家家族性格很強，羅傳進的父親羅登增移居高雄市左營發展，陸續成立和春漁業、和春理化公司（製造拆船用氣體）、和春工業瓦斯公司、和春建設，均以「和春」命名。高雄縣旗山還有和春工商專校，羅傳進為董事長。目前在高雄西子灣旁的老宅，也命名「和春居」，和羅燦的「和春」

診所一脈相承。

羅傳進自一九八三年當選漁民團體立委，連選連任。多頭勢力角逐席次有限的不分區立委時，他依舊擠入安全排名內而當選。

羅傳進叫前高雄市長楊金虎「三叔公」，喊林澄枝的父親林東淦「五伯」，都來自太太陸富美的關係。陸富美的媽媽楊紅梅叫楊金虎「三叔」。而羅傳進的岳父陸雲風和林東淦都是「仕隆」地方的人，有族親關係，陸雲風叫林東淦「五兄」，羅傳進跟著太太叫他「五伯」。

從此可以一窺謝東閔和屏東幫多頭的關係。既有親家林東淦，又薦舉戴炎輝為潮州郡守，張山鐘有捐助救國團之誼等等。事實上，把許水德放進謝東閔和屏東幫這個政治勢力圈，也無不可。許水德前半段政治生涯的軌跡，和這些人脫不了關係。張豐緒當屏東縣長時，他擔任教育課長，屬一級主管。他也是楊金虎市長時代的教育局長。謝東閔則是推薦他出任省社會處長的人。

前屏東縣長、僑委會副委員長柯文福則是羅傳進的「堂姊夫」，柯妻羅春香是他的堂姊。羅春香的祖父羅上為台籍第一屆農民團體國大代表。柯文福仕途平穩無華，先任屏東中學校長，張豐緒交卸第六屆縣長，柯文福接任七、八屆屏東縣長，之後轉任省府委員，一九八四年轉調僑委會，變成僑委會元老，和曾廣順委員長共始終，到一九九三年蔣孝嚴接掌僑委會才辭卸。

羅家和大企業間，還有羅傳進大姊夫陳崇賢要叫台灣玻璃老闆林玉嘉「二舅」。林玉嘉的女兒林曼麗，嫁謝修平，謝修平曾任基隆市議會議長。林玉嘉的兒子林伯實在上流交際圈，則有出名的情感故事。林伯實原娶台中地區長億集團首腦楊天生的侄女，後來因與演員沈時華熱戀而離婚。林伯實繼娶企業界名女人中興百貨總經理徐莉玲，轟動一時。一九九八年，沈時華引燃的認領生女訴訟，頻頻上了報紙頭條。

羅傳進畢業於中興大學植物系，在以前的農、漁、工人職業團體立委中，學歷偏高。他的大哥羅傳地則是國際青商會歷任會長中，學歷低過大學的一位傳奇人物。羅傳地一九六九年出任第十七屆會長，只有高雄中學的學歷。據說，雄中畢業後，父親刻意栽培他的外務能力，要他扛一袋白米出外販售，磨練推銷口才。

張家除與高雄陳家有姻親之誼外，張豐緒的大哥張豐胤一線，也牽連甚廣，不輸給前者，只是一般人不熟知。

張豐緒共有三兄弟，他居幼，二哥張豐彥少年留學日本，讀九州熊本五高時不幸去世。大哥張豐胤足足長他十六歲。在兄弟姊妹排行中，張豐胤行二，早歲留日，熊本醫科大學畢業，回鄉繼承父親張山鐘的「東瀛醫院」，未與聞政治。

張豐胤娶萬華呂家呂阿昌的長女呂瓊英，連上龐大名流親戚。呂阿昌的父親呂春榮從鹿港引進線香製法，在台北開設「振玉線香」，日漸成為台北有名的香舖，有財力供下一輩留學。呂阿昌先畢業於台北醫專，不以為滿足，再赴京都帝大修獲醫學博士。之後一直在台北開設「懷安醫院」，為內科、小兒科名醫。戰後初期，呂阿昌當選國大代表，並擔任台灣省醫師公會理事長、台北市醫師公會理事長。

呂張兩家結姻後，張山鐘元配去世，再娶呂阿昌的妹妹，兩家親上加親。

呂阿昌的大弟呂阿墉是台灣人屈指可數的「內地」法官之一。日治時代在台日本人稱日本本國為「內地」，鼓勵台灣富豪地主送子弟去內地留學，以促融合。留學不難，但能念名校法科，通過司法科高考非常不易，能留在日本當法官更難。呂阿墉東大法學部畢業後，一舉通過司法和行政兩科高等考試，留居高崎裁判所任「判事」，並娶同事井村大吉的女兒。

呂阿昌有二子八女。長子呂天欽台北醫專畢業，選擇一條日治後期頗熱門的出路——到滿洲去，在大連創設醫院。戰後，轉去日本千葉縣繼續懸壺的事業。次子呂天爵畢業於九州帝大工科，娶板橋林家的親戚蔡法平的女兒蔡啟愉。蔡法平是板橋林家的外孫、林熊徵父親的表弟，也是林熊徵這一房第一代「家長」（總帳房），蔡法平只會說福州話和閩南話，無法因應日治新局，才由會說日語的許丙等人接替。

林熊徵為現任婦聯會總幹事辜嚴倬雲的舅舅，他資助過黃花崗七十二烈士起義，即蔡法平的緣故。起義前，林覺民等十九位同盟會員要從日本趕回廣東參加，經費無著，林森找上過去在上海江海關的老同事蔡法平勸募經費，蔡法平居間轉知林熊徵，林因此捐了日幣三千圓。

蔡法平的另一位女婿楊蘭洲頗為知名，曾任前台北市長吳三連任內的工務局長。吳三連市長「小內閣」大量啟用「東北幫」，楊蘭洲即其中重點人物。

一九五〇年，美國對國民黨政府態度有些搖動，省府主席吳國楨向蔣介石建議，唯有實施民主政治，才可穩定美國對台灣的立場，應大量啟用台籍人才。民政廳長楊肇嘉、建設廳長彭德、農林廳長徐慶鐘、台北市長吳三連都是在這個時空下跳脫出來的政治人物。更下一層則屬楊蘭洲一類。時北市歸屬省府管轄，吳國楨為表重視，還召見楊蘭洲，倚重他在東北哈爾濱的市政經驗。（參閱第十七、二十章）

屏東張家除有親家呂阿昌和板橋林家外孫蔡法平有姻親之外，本身更直接與林家結親。張豐胤有兩位女兒，小女兒張知惠畢業於東吳大學經濟系，回家鄉屏東女中擔任國文老師，一九六七年，出閣嫁給林熊祥的第九子林衡約。林衡約留美修得田納西州立大學土木工程碩士，夫婦一直留居美國。

原本蔡法平是林熊祥的表叔，但從他們與張家、呂家結親後的關係表來看，蔡法平反而高出林熊祥兩輩。若再看和信企業團辜振甫和林家的關係，辜振甫的太太辜嚴倬雲得叫林熊祥「舅舅」，她的表弟林衡約竟是張豐緒的侄女婿，辜振甫夫婦年長於張豐緒，卻反而小張豐緒一輩。從此可見，台灣上流的姻親關係複雜，足以混亂了輩分。

再回過頭來談呂阿昌的姻親圈。呂阿昌本是醫界龍頭，八個女兒也帶來不少醫生女婿和親家。唯一例外是四女婿的哥哥朱江淮是前建設廳長。朱江淮畢業自京都帝大工學部電氣科，回台灣以後，一直在台灣電力株式會社工作。日本投降，朱江淮仍留在台電，從業務處副處長，升計畫處長，最後晉任協理。一九五七年，省政府改組，新任省主席周至柔邀任省府委員兼建設廳長。當時他和呂阿昌、張山鐘、蔡法平等人已有姻誼。不過，到了一九五九年，朱江淮因病請辭，回任台電協理及台電董事。

呂阿昌的長女婿張豐胤是屏東萬丹的醫生、次女婿賴其廉在嘉義開「德馨醫院」，三女婿李克鐘是台北「宏仁小兒科醫院」副院長，院長李騰嶽是他的父親。

呂阿昌二女婿賴其廉家族值得一提。賴其廉的伯父賴尚和與台灣第一位醫學博士杜聰明關係匪淺，他們是雙重學長學弟關係。都自台灣總督府醫學校畢業，再入京都帝大拿到醫學博士。杜聰明任鴉片矯正所台北更生院的「醫長」(院長)，賴尚和也擔任該院主治醫師。往後才分途。一九三三年，賴尚和前往癩療養所「樂生院」擔任醫官，隨後升醫長。一般醫生不願從事癩疾醫療，但到日治結束為止，賴尚和做了十三年之久。

杜聰明與賴尚和的關係如此，杜聰明又包辦呂阿昌兩個兒子天欽、天爵的結婚介紹人；張豐胤和呂瓊英結婚，林衡約和張知惠結婚，杜聰明也是張家兩代結婚介紹人；杜聰明又是林衡約大哥林衡道的岳父。這一現象可謂是台籍上流社會的縮影，同窗之情、同業之誼和秦晉之好統統混合為一。他們關係愈緊密，關係圈裡的空隙愈小，階級性愈強，他人「侵入」的機會愈少，封閉性也愈大。

第十章

謝東閔家族

吳三連家族、林澄枝家族、台南市葉家

謝東閔家系

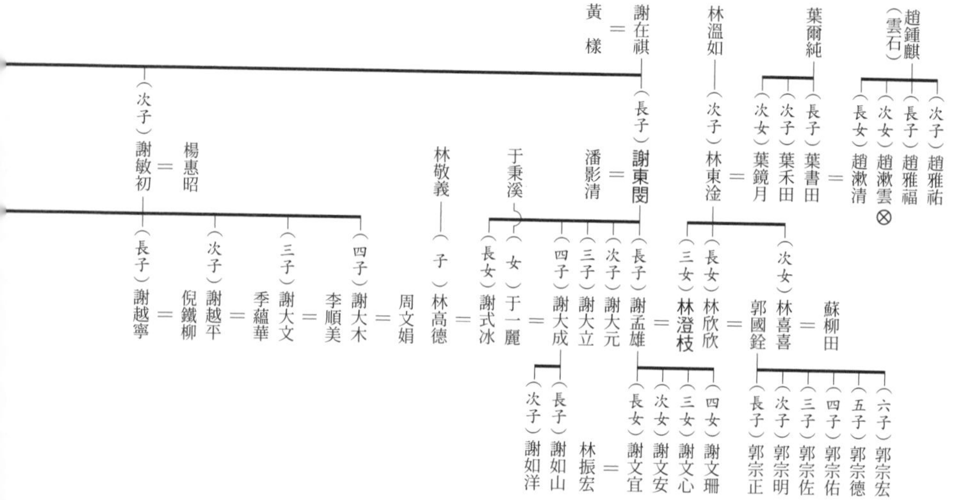
趙鍾麒（雲石）
（次子）趙雅祐
（長子）趙雅福
（次女）趙潄雲⊗
（長女）趙潄清
葉爾純
（長子）葉書田
（次子）葉禾田
（次女）葉鏡月
林溫如
（次子）林東淦
（次女）林喜喜
蘇柳田
郭國銓
（六子）郭宗宏
（五子）郭宗德
（四子）郭宗佑
（三子）郭宗佐
（次子）郭宗明
（長子）郭宗正
（長女）林欣欣
（三女）林澄枝
謝在祺
黃　樣
（長子）謝東閔
潘影清
（長子）謝孟雄
（四女）謝文珊
（三女）謝文心
（次女）謝文安
（長女）謝文宜
林振宏
（次子）謝大元
（三子）謝大立
（四子）謝大成
（長子）謝如山
（次子）謝如洋
于秉溪
（女）于一麗
（長女）謝式冰
林敬義
（子）林高德
（次子）謝敏初
楊惠昭
（四子）謝大木
周文娟
李順美
（三子）謝大文
季蘊華
（次子）謝越平
倪鐵柳
（長子）謝越寧

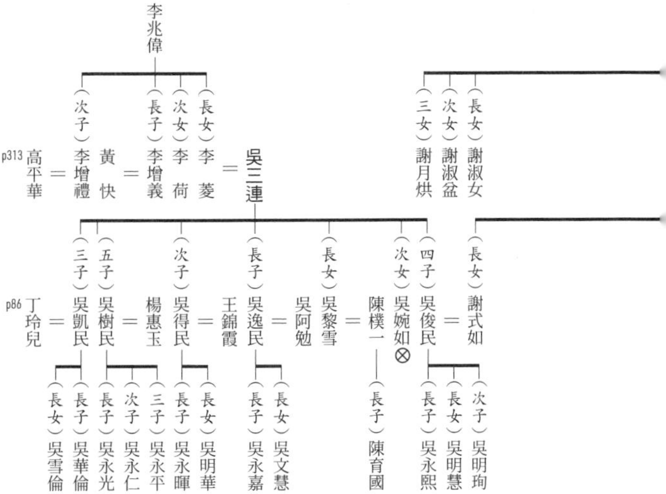

李兆偉
（長女）李菱
（次女）李荷
（長子）李增義
黃快
（次子）李增禮
p313 高平華
吳三連
（長女）謝淑女
（次女）謝淑盆
（三女）謝月烘
（長女）謝式如
（四子）吳俊民
（次子）吳明珣
（長女）吳明慧
（長子）吳永熙
（次女）吳婉如⊗
陳樸一
（長子）陳育國
（長女）吳黎雪
吳阿勉
（長子）吳逸民
王錦霞
（長女）吳文慧
（長子）吳永嘉
（次子）吳得民
楊惠玉
（長女）吳明華
（長子）吳永暉
（五子）吳樹民
（三子）吳永平
（次子）吳永仁
（長子）吳永光
（三子）吳凱民
p86 丁玲兒
（長子）吳華倫
（長女）吳雪倫

前副總統謝東閔家族的發展茁壯，在地緣上，與南台灣有著不可分割的淵源，特別是與高雄的關係。家鄉彰化二水反而未能給予政治上的滋養。

謝東閔青年時期赴中國留學，輾轉讀中山大學政治系畢業，成為國民黨黨員。等日本投降，便成為來台接收的要員，負責接收高雄州，並出任第一屆高雄縣長。高雄州幅員大，包括今天的高雄縣市及屏東縣。

現今公私大學林立，但回溯終戰之初，省立高雄高級商業職業學校及高雄中學兩所學校是高雄的最高學府。當年，謝東閔首先找上林東淦和陳啟清分任兩校校長。林東淦後來與謝東閔結為兒女親家，即現任行政院文建會主委林澄枝的父親。陳啟清則是久任高市議長陳田錨的父親。

林澄枝對娘家的背景，曾明白說：「我家在高雄是有錢的世家。」林家世居高雄縣橋頭鄉，林澄枝的祖父林溫如為當地少見的前清秀才。清治時期的台灣，未受西潮波濤洗禮，各地只有讀漢文的鄉紳。能讀書識詩文的人，意謂家中必有恆產。有田產的家族，子弟才有進私塾的權利。而有了土地和知識，意見領袖階級便非其莫屬。

林澄枝的父親林東淦生於一九〇五年，有優渥的經濟背景支撐，年輕赴日求學。自早稻田大學商學部畢業後，返台擔任烏樹林製鹽公司董事和主任，長達十餘年，林家和高雄陳家都是該公司的大股東，兩家關係深密。

陳田錨的父親陳啟清去世後，林東淦曾回憶提到，陳啟清之父陳中和與其父林溫如「交厚」，他幼年即隨父親與陳家「往來親密」。陳啟清長他兩歲，等他們負笈日本，雖然一讀明治大學，一讀早稻田，但「暇日往來無間，來則無所不談，談必盡歡始散，如是五六年。嗣各返台，初任職於雙方先人合營之烏樹林製鹽公司，各任董事，直至光復時，此同事同工、同心同德者凡十五年」。

林東淦在高雄社交界極為活躍，一九五四年擔任高市選舉委員會委員，一九六六年曾任高雄扶輪社社長，本職則一直擔任高雄商職校長，達二十六年之久。校長任內的一九六二年，林澄枝嫁謝孟雄時，謝東閔正擔任台灣省議會副議長。一九七一年退休後即轉任謝東閔興辦的實踐家專擔任祕書科主任，進而升任實踐的董事長。

林東淦的妻家則是台南望族。太太葉鏡月的兄長葉禾田於終戰之初，擔任過台南市參議會議長及第一屆台南市議會議長，於一九五二年卸職。葉禾田兄妹的父親葉爾純與連戰祖父連雅堂一樣，在台南市經營糖廍。台南為台灣開化最早的地區，西方文明訊息最早傳入，送子弟到外地留學的上流風氣不輸台灣其他城市，葉禾田與大哥書田就曾到中國廈門的英華書院。

台南市也是首開台灣文風的城市，老漢學及詩人特別多。那個文人圈不出幾十人，彼此吟詩品酬，形成書紳階級的交際網。拿與葉家相關者來說，林澄枝的大舅舅葉書田娶台南秀才趙雲石（號鍾麒）的長女，林澄枝的母親自幼追隨趙雲石及蔡碧吟學漢文漢詩。蔡碧吟為台南秀才蔡國琳掌上明珠，曾嫁舉人賴文安，但未嫁而寡，再嫁舉人羅秀惠。林澄枝父母親的婚嫁媒人即羅秀惠與趙雲石。

林澄枝無兄弟，只有兩位姊姊，三人全嫁給醫生，而且還都是醫學博士。次女婿蘇柳田在汐止開業，長女婿郭國銓則是台南市的婦科名醫，現任台南市醫師公會理事長。曾有新聞報導，形容郭國銓「一門、兩代、六醫師」，更亮麗的說法應加上「六博士」。郭國銓有六個兒子，四個為東京大學及慶應大學醫學博士，外加日本籍的次媳也是醫學博士。郭家開設的郭綜合醫院，近年積極投入人工生殖科技研究，在私人懸壺中，能有這樣的水準，誠屬少見。

謝東閔有四子一女，除長子謝孟雄習醫外，唯一的女婿林高德也是外科醫生，出身台中一個醫生世家。台中澄清醫院聳立於中港路旁，市民皆知的大型綜合醫院，李登輝總統的長女婿黃循武即在澄清行醫。第一代院長林澄清早年留學日本東京大學，獲醫學博士學位。林澄清之子林敬義接續父業，林高德則是第三代院長。林氏父子還是台中欣中瓦斯的大股東董事。

另外，謝東閔的幼子謝大成也有醫生岳父，于秉溪是台灣較少見的老一輩外省籍醫生，畢業於山東省立醫專，一九八一年起，一度當選過台北市議員，其時，謝東閔正任副總統。

林澄枝自夫家的實踐家專畢業後，嫁給也是醫生的謝孟雄，前半時間多經營學校，但自李登輝總統掌政以來，謝孟雄夫婦逐步在政壇爬升，到一九九八年底為止，一為閣員大臣，一為監察委員，繼倪文亞及郭婉容、施啟揚及李鍾桂，同為當代中央政壇夫妻組合的代表。

一九九七年蕭萬長內閣繼續延用林澄枝任文建會主委，隔年的國民黨中常委改選，林澄枝不僅在規畫十七席票選中常委的名單內，得票數更衝至最高。林澄枝幾番請辭，都獲婉留，她的丈夫謝孟雄倒先脫身，於一九九九年初回謝家自己的實踐大學當校長。

謝東閔與台籍政治人物，如林洋港、邱創煥、李登輝等人不同，後者經營政治尚且不及；蔣經國對高官達人插足營利事業非常痛忌，加上法令禁止公務員兼職事業，所以，不可能有事業體。謝東閔不然，在他長期任官的過程中，曾前後十五年在省議會出任民代，獲選為省議會副議長及議長，他即利用那段時間，成為橫跨政商兩界的人物。除設辦實踐家專外，一九六〇年政策開放保險業民營，謝東閔和前立委謝國城看準保險業前景，不過，徒有眼光，若欠東風，也不足以成事。於是，他們找上以紡織為本業的新光集團創辦人吳火獅，籌措資金。

吳火獅在商場，勇於嘗試各種事業，有的成功、有的失敗。新光集團今天能以保險立足雄峙，不得不說是拜謝東閔等人之賜。早年水泥、紡織、保險、信託、銀行之設立，均需政府特准，決定權全然操控於政府，國民黨政府文化又重關係，所以，商人要搶登開放列車，都習慣找有頭有臉的政治人物冠頭銜，共同發起。反之，政客則要尋覓金主，兩相合作，互蒙其利。

吳火獅於其口述傳記《半世紀的奮鬥》說：「但他們本身資金不足，因此就四處募集資金找人投資。由於當時一般人對保險事業並不了解，沒有人敢輕易大筆投資，最後才找到了『新光實業』……。『新光保險公司』能有今天的成果是我所意想不到的。當時謝國城先生等人來找我加入時，我一方面是顧念謝先生在『合作金庫』與我往來交情不錯……。」

謝東閔與新光集團關係之深，除新光產保首由他擔任董事長兼總經理外，到一九七二年，謝東閔轉任省府主席，不能再有民營企業的抬頭，遂辭去新光產險等職，乃由長子謝孟雄接替與新光的關係，一九八一年，謝孟雄曾出任新光產險副董事長。吳家的主要企業之一「大台北瓦斯」公司，謝孟雄也曾掛名董事。

謝東閔家族和省籍賢達吳三連結成親家，在本省籍權貴豪門通婚慣例中，稍微不同。相對於舊五大家族及新興財閥間進行綿密重複的婚配，謝東閔和吳三連不是富豪「世家」，吳三連家世還稱得上「清苦」，他們都不是那麼有錢，不過，他們有權力，悠遊於宦海。

謝東閔唯一的胞弟謝敏初是吳三連的親家，謝的女兒謝式如嫁吳的四子吳俊民。謝敏初在台灣香蕉當紅之際，擔任台灣省青果運銷合作社聯合社總經理及理事主席。

吳三連過去在國民黨和黨外間都享有聲望。他以「無黨無派、獨立經營」樹立《自立晚報》的風格，和黨外交善。黨外元老郭雨新曾任板橋林家林松壽的「家長」，吳三連則曾受林家林熊徵資助，兩人原本熟識。透過郭雨新的關係，吳三連和整個黨外便有了溝通管道。因此，當國民黨要和黨外建立溝通管道時，蔣經國屬意謝東閔來做，謝東閔以無關係辭卻，推薦他弟弟的親家吳三連。當時前往吳家傳達政府意思的主要人物就是謝東閔。而從上層的角度看，請任一位與反對勢力溝通的橋梁人物，「信賴感」很重要，蔣經國信賴謝東閔的推薦，而謝對吳的信任感，不可謂無延伸自親戚關係的可能。

吳三連另外與反對國民黨政府的人士有姻親管道；他的妻弟娶長老教會牧師高俊明的姊姊。（參閱第十八章）

吳三連出身平民，早年得到板橋林家林熊徵資助，負笈日本，畢業於全日本最著名的財金學校「日本商科大學」（今一橋大學），聞名台南鄉里。但初階段，吳三連未從商，反而熱中抗日運動，參與設置議會請願運動，擔任抗日派機關報《台灣新民報》東京分社長。吳三連因寫文章抨擊日本企圖控制台灣米穀產銷，在東京遭短暫逮捕，又被強制辭去分社長一職。當時中日已經開戰，吳三連因而轉進中國天津做生意。

戰後返台，適逢一九四七年行憲舉辦國大代表選舉，吳三連得到同鄉台南縣參議會議長陳華宗幫忙，奪下全國最高票，隨後便被官派台北市長。台北市長開放民選，吳三連續任，共在市長職四年。卸任後轉選省議員，三屆任內，與郭雨新、郭國基、李源棧、李萬居並稱無黨籍的「五虎將」。

卸任台北市長之後，吳三連曾應台南幫金主侯雨利、吳修齊等人敦請，出面擔任台南紡織公司籌備處主任委員。吳三連其實沒有資金，競選董事長，依法應有的一萬元股份，係向親友商借湊足。吳三連所出的無異是「政治資本」。例如一九六〇年，台南幫申請設立環球水泥公司，經濟部長尹仲容屢次不准，吳三連透過國民黨元老吳忠信說項，吳忠信回話說：「昨天在某人的生日酒會中遇到尹仲容先生，嘗就設立水泥廠的得失，與他討論，結果尹氏已同意我的看法，允諾你們設廠。」當年決策可以如此變化與決定，吳三連對台南幫崛起的功勞更不可抹滅。台南幫不敢或忘吳三連，環球水泥和南紡均曾奉為董事長。

吳三連有五子一女，四子吳俊民現任台南幫統一集團旗下的環球水泥總經理，他也就是謝東閔的侄女婿。

第十一章

吳火獅家族

新光集團、台新集團、許勝發、厚生徐家、陳逢源家族

吳火獅家系

- （長子）吳金龍＝廖寶鶯
  - （三子）吳東明＝陳惠珠
  - （次子）吳東憲＝林鳶英
  - （長子）吳東興＝彭吟芳
    - （三子）吳昕昌
    - （次子）吳昕陽
    - （長子）吳昕達
  - （長女）吳如淑＝李文三
  - （次女）吳如幸＝吳富雄
  - （三女）吳如雪＝周毓煒
- （長女）吳映＝陳火春
- （次女）吳柚柑＝黃新登
- （三女）吳寶珠＝陳邦亮
- （三子）吳金虎＝何碧珠
  - （六女）吳介文＝謝豪晃
  - （五女）吳瑞美
  - （四女）吳玥玢
  - （三女）吳如真＝葉忠祐
  - （三子）吳東泰＝呂玫芬
  - （長子）吳東勝＝王明瑛
  - （次子）吳東權＝魏麗芳

許勝發家系

徐鳳鳴

- （長子）徐風惠
- （次子）徐風澤
- （三子）徐風謨
- （五子）徐風和＝連月、高桂
  - （長子）徐正冠＝林翠玲
  - （次子）徐正材
  - （三子）徐正群
  - （四子）徐正位⊗
  - （五子）徐正新
  - （六子）徐正己
  - （七子）徐正泰
  - （長女）徐美媛
  - （次女）徐美倫
  - （三女）徐美玲
  - （四女）徐美智＝馬尚修
- （四子）徐風楷
  - （長子）徐正青＝許娟娟

林河鑽

- （女）林翠玲＝徐正冠

許勝發＝鄭溫溫

- （長女）許娟娟＝徐正青
- （次女）許嫻嫻＝吳東進 p219
- （長子）許顯榮＝李純良

李合珠＝林麗美

- （次女）李純良＝許顯榮
- （長女）李純京＝郭達標
- （三女）李惠齡

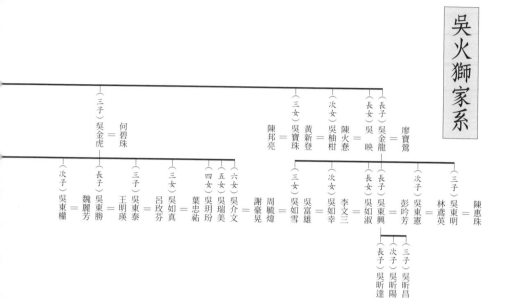

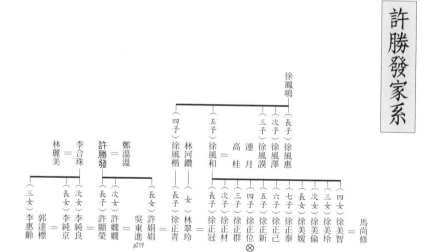

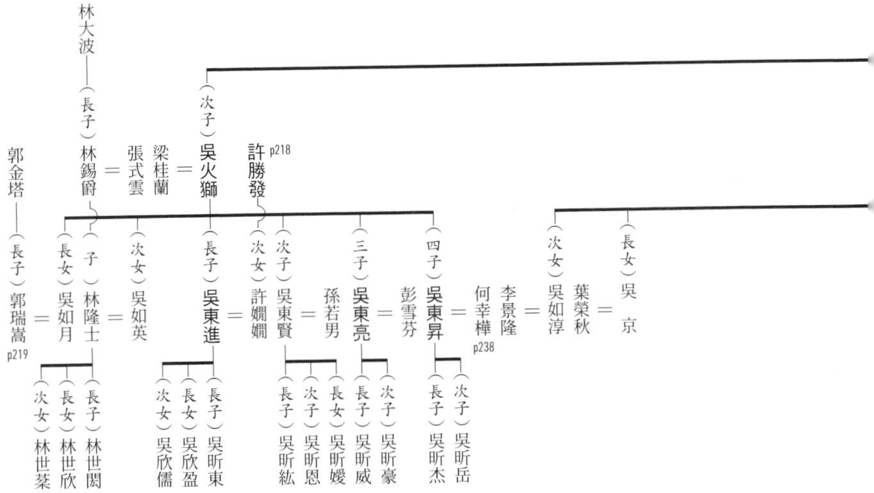
林大波
（長子）林錫爵
張式雲
梁桂蘭
（次子）吳火獅
許勝發 p218
郭金塔
（長子）郭瑞嵩 p219
（長女）吳如月
（子）林隆士
（次女）吳如英
（長子）吳東進
（次女）許媚媚
（次子）吳東賢
孫若男
（三子）吳東亮
彭雪芬
（四子）吳東昇
何幸樺 p238
李景隆
（次女）吳如淳
葉榮秋
（長女）吳京
（長子）林世閎
（長女）林世欣
（次女）林世棻
（長子）吳昕東
（長女）吳欣盈
（次女）吳欣儒
（長女）吳昕嫚
（次子）吳昕恩
（長子）吳昕紘
（次子）吳昕豪
（長子）吳昕威
（次子）吳昕岳
（長子）吳昕杰

陳逢源家系

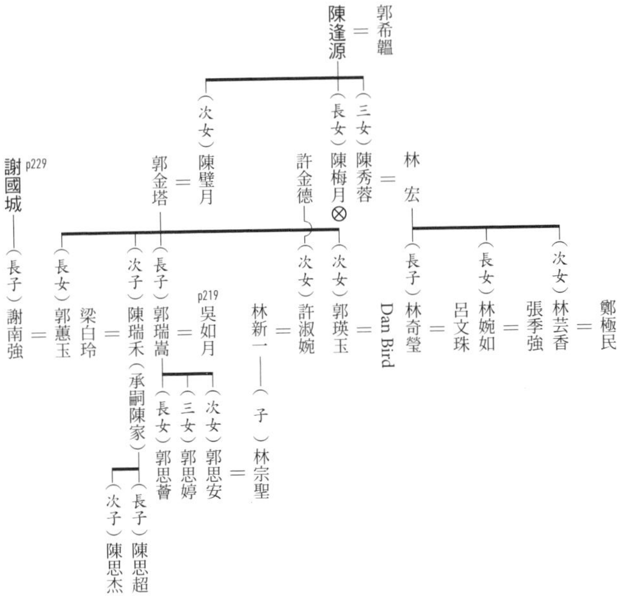
陳逢源
郭希韞
（次女）陳璧月
郭金塔
（長女）陳梅月⊗
許金德
（三女）陳秀蓉
林宏
謝國城 p229
（長子）謝南強
（長女）郭蕙玉
梁白玲
（次子）陳瑞禾（承嗣陳家）
（長子）郭瑞嵩
吳如月 p219
林新一
（次女）許淑婉
（次女）郭瑛玉
Dan Bird
（長子）林奇瑩
呂文珠
（長女）林婉如
張季強
（次女）林芸香
鄭極民
（長子）陳思超
（次子）陳思杰
（次女）郭思安
（三女）郭思婷
（長女）郭思薈
（子）林宗聖

一九六〇年代初，蔣家的「皇孫」蔣孝文帶著一位司機，駕駛吉普車，在中橫公路上悠遊，巧遇任職於新聞局出差拍風景片的官員，閒聊中，這位台籍官員問蔣孝文說：「你有沒有台灣人朋友？」蔣孝文答：「有，黃朝琴和吳火獅。」

黃朝琴擔任十七年省議長，又是鳳毛麟角的台籍中常委，能結識蔣孝文，並不令人意外。但是，吳火獅乃一介商人，蔣經國又有反商情結，能和皇孫交善，倒教人驚訝。吳火獅不愧是商場闖將。

吳火獅已於一九八六年病逝，一生的商場作為又敢又闖。他嘗試過無數種不同行業，有的成功，有的失敗，最成功的毋寧是保險業，新光以此知名，也以此為本。但是，吳火獅真正踏足保險業，並非自己看準保險業的前景樂觀。一九六〇年，凍結保險業的禁令解凍，第一、國泰、南山紛紛開立。省議會副議長謝東閔和合作金庫協理謝國城看好保險業有前途，但缺資金，找上吳火獅。吳火獅一來念在和謝國城交情不錯，二來新光紡織相關工廠的保費可節省下來，才決定「下海」。新光占股較大，所以把原議的名字「遠東」改成「新光」產物保險公司。

新光集團日後蓬勃發展，從紡織業跨足保險實為重要一步，謝國城等人有不可抹滅的功勞。一九七二年起，原任董事長謝東閔改任省主席，便由謝國城接任新光產險的董事長兼總經理。

事實上，吳謝兩人已經由朋友、事業夥伴，關係晉級為親戚了。在這段期間，吳火獅的長女吳如月嫁省籍名人陳逢源的外孫郭瑞嵩，謝國城的長子謝南強也娶陳逢源的外孫女郭蕙玉。

吳火獅和謝國城變成「間接親家」。

吳、謝兩人關係的橋梁、也是兩人共同的親家陳逢源，生前擔任北企董事長多年。台北中小企銀前身為台北區儲蓄合會，改制時陳逢源居最大功勞。一直到一九八二年，他生前最後一次股東大會，虛歲高齡九十的陳逢源仍舊蟬聯董事長。北企目前已改名「台北國際商銀」。

陳逢源生於一八九三年，曾就讀總督府國語學校，非留日學生，但設置台灣議會的十五次請願運動中，陳逢源參加過兩次。第二次激怒總督府，抓走數十人，陳逢源和蔣渭水、蔡培火、林呈祿、蔡惠如等抗日運動名人均被禁錮三、四個月不等。檢察官起訴理由中有：蔡培火說「強制本島人習國語（日語）是使台灣人成啞巴」，講的是「暴言」；東宮殿下蒞臨台北太平公學校時，蔣渭水懸掛「奉迎鶴駕　台灣議會請願團」的牌匾，實屬不敬。

戰前，陳逢源便投入新聞界，在強調代表台灣人立場的《台灣新民報》任事。日本總督府因戰事而管制新聞愈緊，陳逢源轉入金融界。戰後便儼然金融界鉅子了；既是北企老董事長，又曾任華南銀行、台泥的常董及台灣煉鐵公司董事長。

陳逢源於一九五二年，見腳踏車為民眾主要交通工具，卻又多賴進口，於是邀永豐餘集團創始三兄弟之一的何義、大同公司的林挺生，創設台灣自行車公司。在這裡，可以看見事業關係及姻戚的交匯。一九七六年，林挺生的長子林蔚山娶郭文艷，郭文艷的父親郭德焜即是陳逢源太太的侄兒，郭德焜稱呼陳逢源「姑丈」。而郭德焜的媽媽姓何，是何義的堂姊妹。郭德焜畢業於東京帝大經濟學部，曾任北企總經理。（參閱第三章）

陳逢源與吳火獅雖也說是親家，但吳火獅真正的兒女親家是陳逢源的女婿郭金塔。郭金塔為醫學博士，卻也轉入企業界，曾擔任過新海瓦斯公司副董事長。新海瓦斯為新光集團一員，供應北縣地區民用瓦斯。親戚關係與事業合作的交互作用，除郭金塔之外，也可見於陳逢源；他曾兼任過新光合成纖維公司的常董。

陳逢源無子，陳逢源與少棒之父謝國城的姻親關係，其實也因郭金塔的女兒嫁作謝家媳婦。（參閱第十二章）

吳火獅的長女嫁陳逢源外孫，次女吳如英婚嫁對象的門第也不凡。他的次女婿林隆士曾當選國大代表，出身霧峰林家。霧峰林家頗為龐大，林隆士的父親林錫爵雖與最盛的林獻堂一支有點距離，仍定居霧峰，日治時代便是有名的地方商紳。

林隆士一九六八年結婚，拿到美國維吉尼亞大學化學博士後，一九七二年回台灣，當選國大代表。幾年前，新銀行開放，新光集團籌辦台新銀行通過，他的小舅子吳東亮、吳東昇分任正副董事長，林隆士也列名五位董事之一。林太太吳如英對商業頗有興趣，「金格」長崎蛋糕公司即由她經營。

吳火獅的四位兒子依序為東進、東賢、東亮、東昇。只有吳東昇一度跨足政治。一九八九年立委選舉時，他嘗試組織無黨籍聯盟，排名不分區第一位，無奈無黨籍的得票率根本不足保送一個人上壘。一九九二年底捲土重來時，吳東昇以國民黨籍當選立委。目前為不分區國大代表，並經營台証證券公司，擔任董事長。

吳東昇擁有哈佛大學法學博士的學位，又出身富豪之家，若娶平凡家世的小姐，似乎不合台籍上流的性格。在綿密交織的重疊姻親圈內，訊息互通頻繁，有哪家漂亮小姐待字閨中，哪家公子正要學成，都會被刺探通報，要流出圈外，似乎也不簡單。吳東昇的太太何幸樺為永豐餘第三房何義的孫女。何幸樺有堂妹嫁台南幫金主侯雨利的孫子，也有堂弟娶了三重幫林榮三的侄女。（參閱第十四、十五章）

環繞在吳火獅家族的姻親網絡，不少人物有政商兩棲的經歷。陳逢源曾任兩屆省議員，謝國城曾任立委，林挺生更曾是國民黨中常委及台北市議長。吳火獅的另一位兒女親家許勝發更是箇中典型。

吳火獅的長子、現任新光人壽集團董事長吳東進娶許勝發的次女許嫺嫺。

許勝發於一九八〇年初次當選立委，一九八五年出任國民黨立委黨部副書記長，一九八八年擊敗蔣孝勇、王玉雲、高清愿，當選工總理事長，隨後並躋身中常委。許勝發初任立委，已經五十五歲，他的太子汽車看來只是裕隆汽車吳舜文的下游製造商，許勝發能快速在政商兩邊亨通，與兒女婚姻有許多時間上的巧合。

許勝發的獨子許顯榮與日本僑領李合珠之女李純良於一九八〇年二月十日結婚，同年十二月，許勝發選上工業團體立委，李合珠也獲遴選為日本僑區立委。一九八五年，許勝發從平常的立委凌駕一群老少立委，出任立委黨部副書記長，當時的中央黨部祕書長馬樹禮，曾任駐日代表十二年，正是親家李合珠的好友。

李合珠原為台灣桃園縣人，在日本東京經營「東京大飯店」，中華民國駐日使館的大型會議都在他的飯店舉行，最具代表性的國慶酒會也不例外。李合珠又任日本中華聯合會總會長多年，儼然親國民黨的僑社龍頭。馬樹禮還沒去當駐日代表，李合珠已當上會長，馬樹禮一九八五年二月離日返台，升任中央黨部祕書長，李合珠還是會長。等馬樹禮一回台灣，掌控黨部機器大權，許勝發也隨著高升了。

許勝發另外一位親家結得比李合珠還早，國內上層關係也非常好。長女許娟娟嫁厚生橡膠集團徐風楷的長子徐正青。徐風楷、徐正青父子並非厚生集團的主流。主流在弟弟徐風和、徐正冠父子身上。

徐氏兄弟出身板橋。徐風和一九二七年生，受過高校程度的日式教育，又到上海聖約翰大學念書，美國籍教授讓他有優異的英語說講能力。環觀台籍第一代富商企業家，只會日語，說英語則無人出其右。這一點使徐風和的經歷輝煌。參加過兩次雷根總統就職典禮，到白宮見過副總統布希，獲美國前總統福特邀請、外交部長朱撫松特派為代表，出席世界高階層會議等等。徐風和與國民黨的關係也很好，參謀總長頒授海軍勳章給他過，厚生的產品也打進國防部軍需品體系。

厚生集團雖說是徐風楷、徐風和兄弟創辦，但徐風和活躍、為人海派、人面闊，厚生集團董事長由他擔任。主企業厚生公司歸他。厚生化學工業公司、厚生玻璃才歸徐風楷。

一九八八年徐風和打高爾夫，傷到脊椎，動手術後不見好，反而惡化致命。匆促間，長子徐正冠接班。徐正冠與太太林翠玲於一九八五年結婚，再添財團聯姻一個新例。林翠玲的父親林河鑽為上市公司新奇、新燕毛紡的老董事長。新燕後來被百年建設陳美龍入主取代。

許勝發和親家企業相互投資，密切的情況勝過其他人。例如一九九一年底許勝發的新銀行「萬泰銀行」，徐風楷四千萬股，占百分之三．三三，擔任監察人。許勝發也投資徐風楷的厚生玻璃。許勝發的主企業太子汽車工業、太子資訊、勝榮貿易、聯合租賃、日勝汽車等等，吳東進都是股東。相對的，許勝發對新光集團的台証證券、新光保全也有投資。

第十二章

謝國城家族

台南謝家、陳炘、板橋朱家、朱昭陽

謝國城家系

謝四圍
- （長子）謝友我（獻秋）
  - （子）謝國文
- （次子）謝群我
  - （長子）謝國恩
  - （次子）謝國寧
  - （三子）謝國鏞
  - 楊子培
    - （長子）楊國喜 p132 ＝ （長女）陳雙美

- （長女）謝綺蘭 ＝ 陳炘（陳煌）
  - （長女）陳雙美
  - （長子）陳盤谷
  - （次子）陳盤東
  - （次女）陳雙惠
  - （三女）陳雙適
  - （四女）陳雙華
- （次女）謝禮蘭
- （三女）謝汀蘭
- 蔡啟懷 p294 ＝ 林濬哲
- 林坤鐘 ＝ 陳響
  - （女）林淑娟 ＝ （次子）謝東震

朱昭陽家系

辜振甫 p82 p83 p85 p295 p296
辜註治 ＝ 陳贊治
- （三子）陳經魁
- （次子）陳志堅
- （長子）陳志民 ＝ 吳幼璋
  - 王俊明 ＝ （長女）曾麗朱
  - 黃慧環 ＝ （次子）曾鴻基
  - 黎純真 ＝ （長子）曾鴻文
- （次女）陳桃桃
- （長女）陳奕奕 ＝ （四子）曾浴沂
- 吳滿治 ＝ （五子）曾炳奎
- 張晶晶 ＝ （三子）曾炳輝
- 陳研子 ＝ （次子）曾金澤

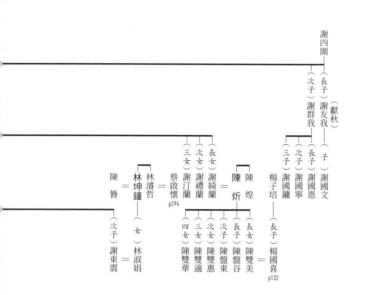

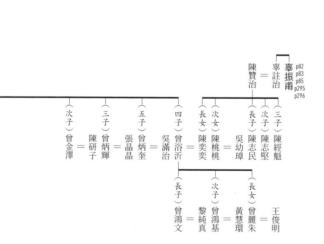

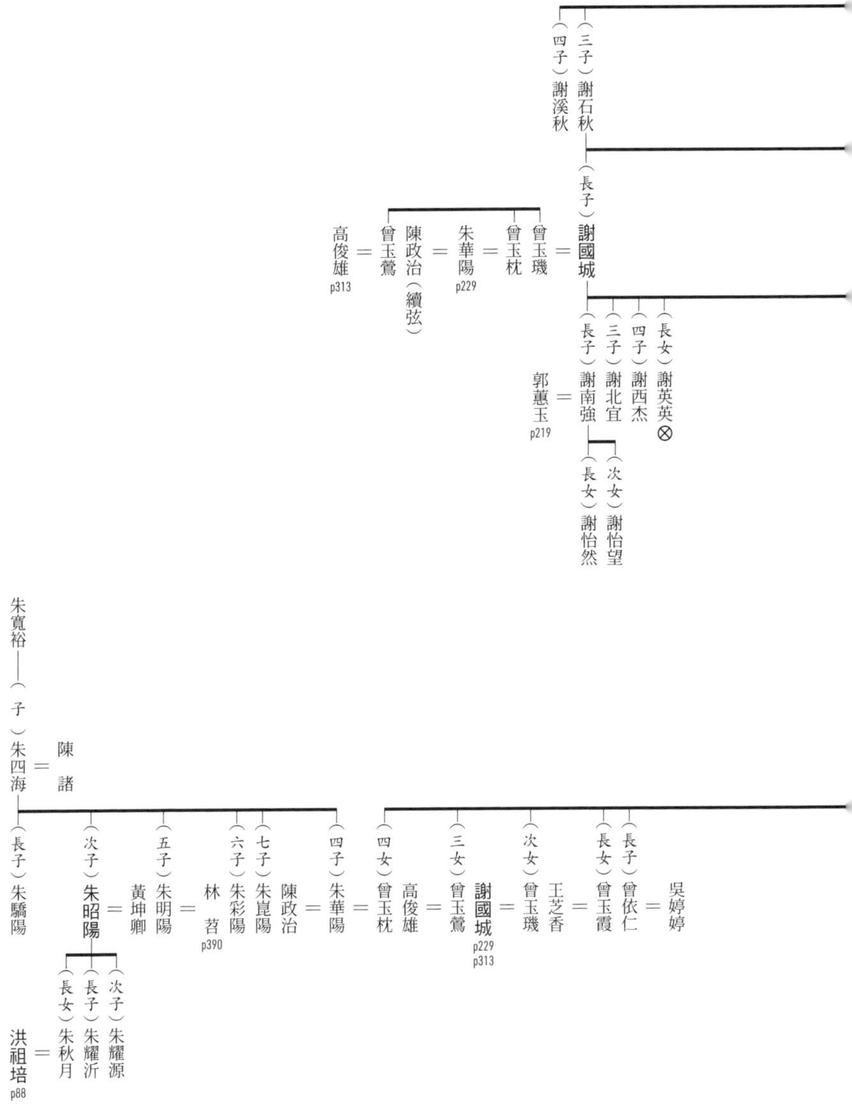
（三子）謝石秋
（四子）謝溪秋
（長子）謝國城
曾玉璣
曾玉枕
朱華陽
p229
陳政治（續弦）
曾玉鶯
高俊雄
p313
（長子）謝南強
郭蕙玉
p219
（三子）謝北宜
（四子）謝西杰
（長女）謝英英⊗
（長女）謝怡然
（次女）謝怡望
朱寬裕
（子）朱四海
陳　諸
（長子）朱驕陽
（次子）朱昭陽
黃坤卿
（五子）朱明陽
林　苕
p390
（六子）朱彩陽
（七子）朱崑陽
陳政治
（四子）朱華陽
（四女）曾玉枕
高俊雄
（三女）曾玉鶯
謝國城
p229
p313
（次女）曾玉璣
王芝香
（長女）曾玉霞
（長子）曾依仁
吳婷婷
（長女）朱秋月
洪祖培
p88
（長子）朱耀沂
（次子）朱耀源

中央銀行在前任總裁許遠東時代，銳意進行新台幣鈔票改版，邀集各界代表專家組成圖案評審委員會。原則上，新鈔仍以人物肖像為主題，台灣特有動植物及景觀為副題。

一九九八年，評審委員會初選具代表性人物共十三人，除孫文、蔣經國、鄭成功、孔子、胡適外，本土人物有林獻堂、連雅堂、杜聰明等，謝國城亦名列其中。謝國城的歷史地位，在此受到最高的認可。

謝國城的父親謝石秋，是文秀才，和連戰的祖父連雅堂既是同鄉，又是詩社的莫逆之交。當日治開始，漢儒寄託胸懷於詩詞，台南地區的士紳鄉儒便組成「南社」，是當年台灣三大詩社之一。

台南市做為台灣開化最早的地區，小小的市街間，世家輩出。謝國城為謝家發跡後的第三代。祖父謝四圍十二、三歲，即隻身自台南縣海邊的學甲鎮家鄉，來到府城開創天下。初期只「幫人為傭」，之後受僱於糖行。自立創業後，有店號「英泰行」，成為台南糖業巨擘。

謝四圍第二代有四子，其中兩位文秀才，一位武生員，使謝家名望更崇隆。謝國城的二伯謝群我在日治時期曾任台南州協議會員，也有許多事業，擁有台灣輕鐵及台北文山重興炭礦會社。

謝國城畢業於早稻田大學政經系。政治事業的源起與前副總統謝東閔有關。謝東閔戰後自中國返台接收，曾任多項要職。其中，當他擔任省合作金庫理事長時，謝國城充任協理。他們也曾經一起結合吳火獅的資金創辦新光產物保險公司。最重要的是，一九五〇年謝東閔受石炭調整委員會、基隆顏家顏德馨等人邀請，出任省棒協主委，謝國城又被找來當總幹事，負實際責任。到一九六八年，紅葉少棒隊擊敗世界少棒冠軍日本關西隊，一九六九年金龍少棒再傳捷報，登上世界冠軍，謝國城已成具全國知名度、又有聲譽的人物。當年冬天，立委增補選時，謝國城獲得國民黨提名，並且高票當選。增補選立委視同第一屆，不改選，謝國城因此長年擔任立委到一九八〇年病逝。享有「台灣棒球之父」的美名。

謝國城的姻圈多聞人。長子謝南強娶前省議員、北企董事長陳逢源的外孫女。早在半世紀以前，陳逢源已是謝家的老朋友，同為詩社的詩友。謝南強曾任國泰信託投資公司副總經理，謝國城去世隔年便離職。目前是百韻公司董事長，做進出口貿易，又任百音電子工業公司董事長，專門製造揚聲器、鼓紙，名列五百大外貿廠商。近年在「擁連」的聲勢中，都可瞥見謝南強的名字。

謝國城次子謝東震也娶知名商人林坤鐘的女兒林淑娟。叫林坤鐘的富商有兩位。謝國城的親家這一位是泰安產物保險公司前董事長；另一位林坤鐘來自宜蘭，當選過立委，擁有企業如中日飼料、遠東倉儲、花蓮區中小企銀。

小林坤鐘年輕時曾受老林坤鐘的盛名刺激，下狠心致富。有一天，老林坤鐘家收到一本存摺，上寫「林坤鐘」，好心人循名送回，林太太一翻，存摺裡支存的金額小得不像她先生的氣派，她直說不可能是她家這位林坤鐘。原來這本小氣巴拉的存摺主人是小林坤鐘的。

老林坤鐘的主體事業——泰安產物保險公司，與林坤鐘有間接親家關係的陳逢源曾任泰安早期的常董。另一位常董為前台北官派市長游彌堅，據林坤鐘自述，「有點親戚關係」、「同為內湖人」。單從名字出現的頻率，即可感知「親戚」、「事業」、「婚姻」在謝國城家族姻圈裡交織重疊的情形。

林坤鐘的胞弟林濬哲畢業自中國暨南大學，以中國留學生名義赴日習醫，取得東京帝大醫學博士，戰前曾在上海開業。林濬哲和前台北市工務局長楊蘭洲為連襟。楊蘭洲出身台南名門，其父楊鵬摶為前清補稟生，和謝國城父執一輩都是近交詩友。另據林坤鐘接受中研院近史所訪問指出，他是台北內湖人，現任交通部長林豐正是他「同宗同輩的堂兄弟」。

老林坤鐘一九二三年畢業於台北市商業學校，戰前擔任過「大東信託」副理。這項經歷有其意義，因為謝國城的姊夫陳炘當年正是「大東信託」的總經理。事業圈、朋友圈轉化成姻親圈，在這裡又看見一例。

日治時代，世家子弟一窩蜂往日本跑，陳炘是少見的留美派，由美國取得哥倫比亞大學商學院學位回台時，受到各界矚目。陳炘企圖心強，找上霧峰豪族林獻堂，一九二六年共組「大東信託」，由林獻堂擔任取締役社長（類似董事長），陳炘出任專務取締役（類似總經理）。由於大東信託標榜取諸台灣人，用諸台灣人，具有本土金融對抗殖民者的意味，曾受總督府藉故刁難拖延。台灣抗日史上，也將大東信託成立視為有重大意義。

一九四四年，大東信託遭強制併入台灣信託，陳炘繼續留在台灣信託擔任總經理。戰後，台灣信託又被併入華南銀行。就在董事長劉啟光接管華銀，幾乎同一時間，三月十一日，二二八事件後不及半個月，陳炘突然被捕，從此一去不回，找不到罪名，也不知道死因、屍首何處，和前台大文學院院長林茂生，同列為二二八期間失蹤的兩大社會菁英。

戰前，陳炘已有長女出閣，嫁給曾任台中梧棲街長的楊子培當兒媳。楊子培又與台中霧峰豪族林家的林獻堂為兒女親家。林獻堂與陳炘關係匪淺，已如前述。

楊子培另有兩位兒女親家許丙及鄭肇基，均是縱橫日本時代上流社會的風雲人物。許丙曾獲選為貴族院議員，鄭肇基的父親及伯父則曾任總督府評議員，鄭肇基又與前滿洲國外交總長謝介石是兒女親家。（參閱第四、五章）

由謝國城的太太擴散出去的親戚圈，也不斷與台灣上層的名門豪族產生交集。

謝國城的太太有四姊妹，老二嫁謝國城；老三嫁台南市基督教名門、高俊明牧師的兄長高俊雄，老四嫁板橋望族朱家的朱華陽。

朱華陽有位弟弟朱明陽，娶台灣第一世家板橋林家的小姐林苕，林苕的父親林熊祥是辜振甫太太的舅舅。在此，姻親關係線又走成一個圓圈；謝國城的一位小舅子娶陳贊治之女，陳贊治即辜振甫的二姊夫。在輩分上，辜振甫從太太那邊的關係，原應與朱明陽同輩，但透過謝國城這邊的關係，卻跳升一輩。輩分的亂序，可以見出上流姻親關係的複雜性。

同樣的「圓圈現象」，又發生在謝國城與辜振甫之間。謝的連襟朱華陽的侄女朱秋月嫁台大神經醫學權威洪祖培醫生，洪祖培的一位姑表姊妹嫁鹿港望族丁家丁瑞彬之子，丁瑞彬即辜振甫的大姊夫。（參閱第三章）

朱華陽一家，自祖父釀產「朱源隆」號紅酒起家，至父親朱四海已是板橋地方會日語的富紳，曾任板橋街協議會員。兄弟間，以排行居次的朱昭陽最知名，和朱華陽同為東京帝大經濟科畢業，戰前，已升至日本本國專賣局總局的主計課長，職等為高等官二級。整個日治時期，台灣人能任高等官的少之又少。

戰後朱昭陽號召一些旅日的菁英，成立「新生台灣建設研究會」，為返台建設家鄉而努力，其中包括聚會學習新國語——北京話。朱昭陽當會長，弟弟的連襟謝國城任副會長，主要人士還有後來的台籍名人，如魏火曜、林宗義、高天成等人。二二八之後，建設會成員受株連，朱昭陽被捕近三個月，謝國城也被抓去盤問兩、三天，朱華陽則被認為是馬克思主義的經濟學者而入獄六年。

朱昭陽戰後長期任合庫常務理事，前後共二十六年。其長子朱耀沂為知名昆蟲學家，曾任台大植病系主任。

第十三章

何壽川家族

永豐餘何家、何傳、台鳳謝成源家族、彰銀張伯欣家族、唐縱、林頂立

何傳家系

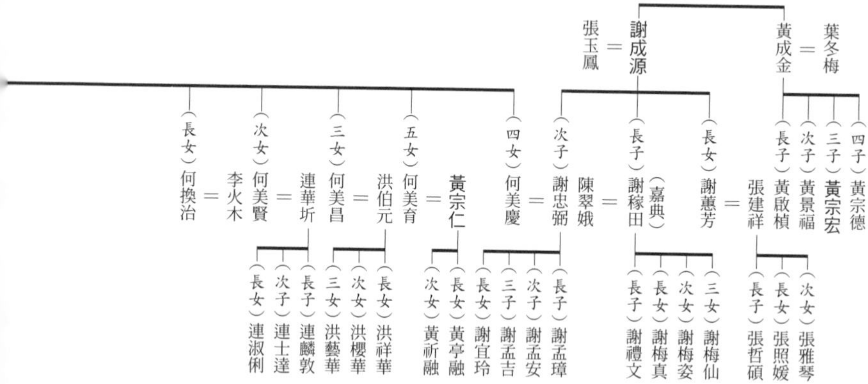
葉冬梅
黃成金
謝成源
張玉鳳
（四子）黃宗德
（三子）黃宗宏
（次子）黃景福
（長子）黃啟楨
張建祥
（長女）謝蕙芳
（嘉典）
（長子）謝稼田
陳翠娥
（次子）謝忠弼
（四女）何美慶
黃宗仁
（五女）何美育
洪伯元
（三女）何美昌
連華圻
（次女）何美賢
李火木
（長女）何換治
（次女）張雅琴
（長女）張照媛
（長子）張哲碩
（三女）謝梅仙
（次女）謝梅姿
（長女）謝梅真
（長子）謝禮文
（長子）謝孟璋
（次子）謝孟安
（三子）謝孟吉
（長女）謝宜玲
（長女）黃亭融
（次女）黃祈融
（長女）洪祥華
（次女）洪櫻華
（三女）洪藝華
（長子）連麟敦
（次子）連士達
（長女）連淑俐

何永家系

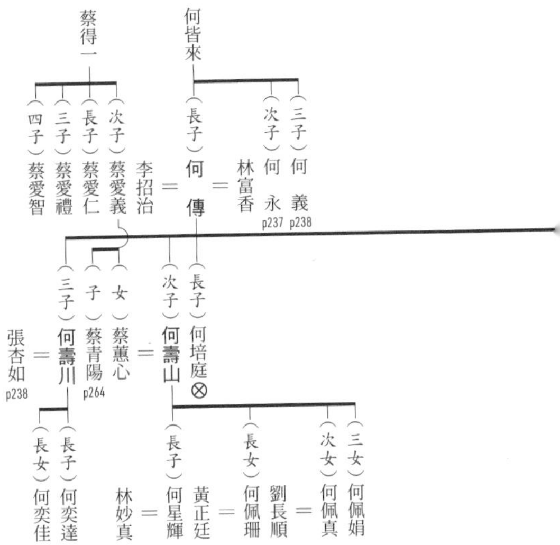
蔡得一
（次子）蔡愛義
（長子）蔡愛仁
（三子）蔡愛禮
（四子）蔡愛智
何皆來
（長子）何傳
李招治
（次子）何永 p237
林富香
（三子）何義 p238
（長子）何培庭⊗
（次子）何壽山
（女）蔡蕙心
（子）蔡青陽 p264
（三子）何壽川
張杏如 p238
（長子）何奕達
（長女）何奕佳
（長子）何星輝
林妙真
（長女）何佩珊
黃正廷
（次女）何佩真
劉長順
（三女）何佩娟

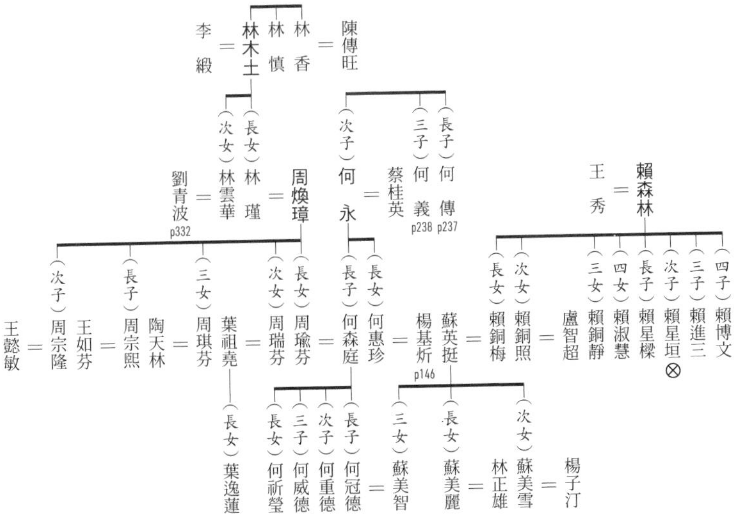
陳傳旺
林香
林慎
林木土
李緞
（長女）林瑾
（次女）林雲華
劉青波 p332
周煥璋
（長子）何傳 p237
（三子）何義 p238
（次子）何永
蔡桂英
賴森林
王秀
（四子）賴博文
（三子）賴進三
（次子）賴星垣⊗
（長子）賴星樑
（四女）賴淑慧
（三女）賴銅靜
盧智超
（次女）賴銅照
（長女）賴銅梅
蘇英挺
楊基炘 p146
（長女）何惠珍
（長子）何森庭
（長女）周瑜芬
（次女）周瑞芬
葉祖堯
（長女）葉逸蓮
（三女）周琪芬
陶天林
（長子）周宗熙
王如芬
（次子）周宗隆
王懿敏
（長子）何冠德
（次子）何重德
（三子）何威德
（長女）何祈瑩
（次女）蘇美雪
楊子汀
林正雄
（長女）蘇美麗
（三女）蘇美智

何義家系

何皆來

- （次女）何蔭治 ＝ 董全壽
- （長子）何傳 p237
- （次子）何永 p237
- （三子）何義 ＝ 陳肅容
  - （五子）何敏廷 ＝ 倪健敏
  - （四子）何健廷 ＝ 李純子
  - （長女）何美慧 ＝ 洪俊雄
  - （長子）何榮庭 ＝ 蔡湘蘋
    - （長女）何青樺 ＝ 吳東昇 p219
  - （次子）何曜廷 ＝ 黃素珠
    - （長女）何幸樺 ＝ 侯博裕 p265
  - （三子）何政廷 ＝ 顏雅美（顏德修 p348 之長女）
    - （長女）何京樺
    - （長子）何宗達
    - （次女）何季樺 ＝ 張家根
    - （次子）何宗龍 ＝ 林碧真（林堉璘 p255 之四女）

彰化銀行張伯欣家系

- （次子）張聘三 ＝ 王彩雲
  - （長子）張伯欣 ＝ 唐紀渝（次女）
    - （長子）張定民 ＝ 黃尚莉
    - （次子）張定立
    - （長女）張美絲
    - （次女）張雅絲
- （長子）張品三
- （三子）張漢三
- （四子）張達三
- （五子）張煥三 ＝ 偕林波士
  - （女）張杏如 ＝ 何壽川 p237
  - （長子）張伯翔 ＝ 劉惠美
  - （次子）張伯甫 ＝ 黃嫣紅
  - （三子）張伯誠 ＝ 李効群

林明爾 ＝ 林和引 ／ 偕林波士

- （女）林和惠 ＝ 黃茂雄
  - （長子）黃育仁
  - （次子）黃尚仁
  - （長女）黃尚莉

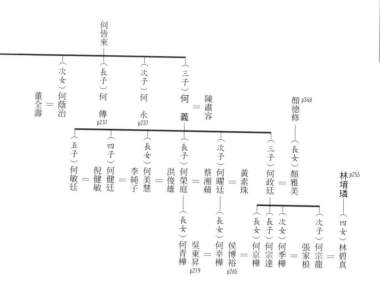

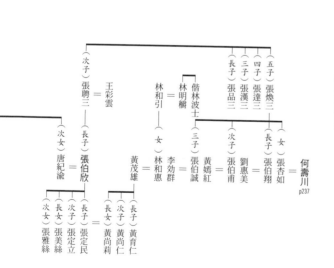

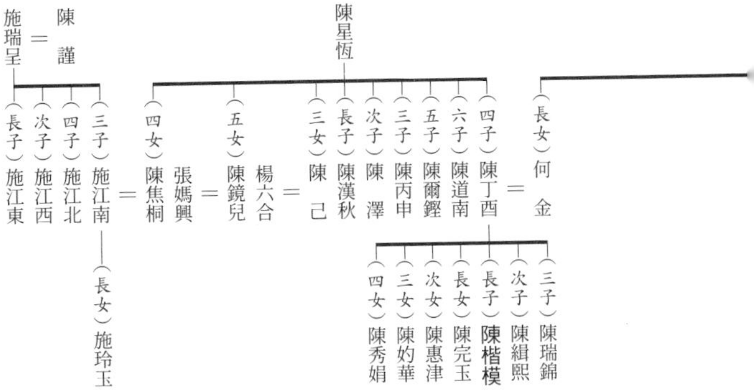
施瑞呈＝陳謹
（長子）施江東
（次子）施江西
（四子）施江北
（三子）施江南＝（四女）陳焦桐
（長女）施玲玉
陳星恆
張媽興＝（五女）陳鏡兒
楊六合
（三女）陳己
（長子）陳漢秋
（次子）陳澤
（三子）陳丙申
（五子）陳爾鏗
（六子）陳道南
（四子）陳丁酉＝（長女）何金
（四女）陳秀娟
（三女）陳妁華
（次女）陳惠津
（長女）陳完玉
（長子）陳楷模
（次子）陳緝熙
（三子）陳瑞錦

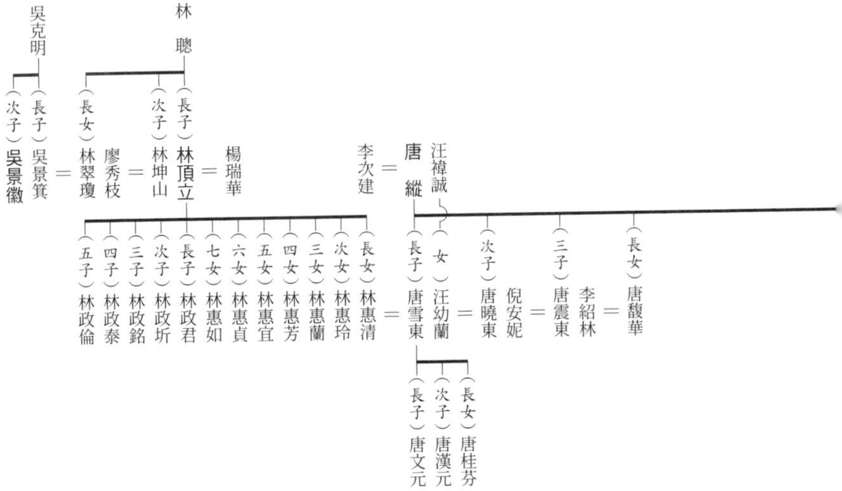
吳克明
（次子）吳景徽
（長子）吳景箕＝（長女）林翠瓊
林聰
廖秀枝＝（次子）林坤山
（長子）林頂立＝楊瑞華
（五子）林政倫
（四子）林政泰
（三子）林政銘
（次子）林政圻
（長子）林政君
（七女）林惠如
（六女）林惠貞
（五女）林惠宜
（四女）林惠芳
（三女）林惠蘭
（次女）林惠玲
（長女）林惠清＝（長子）唐雪東
李次建＝唐縱
汪褘誠
（女）汪幼蘭＝（次子）唐曉東
倪安妮＝（三子）唐震東
李紹林＝（長女）唐馥華
（長子）唐文元
（次子）唐漢元
（長女）唐桂芬

衛生紙、郵票、雜誌、書、報紙、餅乾盒、統一發票，當每個人每天接觸這些紙品，就同時和永豐餘集團產生消費關係。台灣所有企業集團中，以永豐餘和人民生活最為貼近。但是，永豐餘的知名度不及大同、台泥、新光人壽或國泰人壽等等，或許與何傳父子的鴨子划水作風有關。

永豐餘集團為台灣最大紙業公司，由何傳和兩位弟弟何永、何義共同創辦，靈魂則繫在何傳和兒子何壽山、何壽川這一房。

永豐餘初期的經營方向與何傳的少年經驗有關。十五歲那一年，何傳進入台南日商安部幸株式會社，買賣蔗糖、雜糧、肥料，整整待了十五年。熟悉做生意這回事之後，和弟弟何永、何義共同創設「永豐商店」，先販售三井代理進口的德國獅馬牌肥料，後換成代理三井東壓株式會社的商品。

一九三九年，何家三兄弟又到高雄內惟創立蔗板製造廠，開始與紙業沾上邊。這時何傳已是百萬圓級公司的富商，隔年參加競選，當選高雄州會議員，顯示事業重心已南移至高雄。由於政商勢力穩健上升，一九四一年奉派出任皇民奉公會中央本部委員。

一九五一年，何傳當選高雄市第一屆省議員，意謂何傳已度過戰後初期的政商階層重整期。先前有陳儀整肅「漢奸」的行動、二二八及「清鄉」白色恐怖行動，不少士紳富商、知識分子或不適應國民政府文化，或慘遭逮捕殺害，從上流階級出局。

在那一段動盪不安的幾年間，何氏兄弟似與統治階層維持頗為和諧的關係。一九四六年選出的參議員，不少位在任上「消失」，如王添灯、林日高、林連宗，也有人轉戰中央民代選舉而辭職。為了補足，先後派任三十位候補參議員，另外再於一九四七年十二月三日，國民黨和青年黨、民社黨協商，遴選民青兩黨各三人，共六人出任參議員。何傳的幼弟何義代表青年黨獲選。其他五位，不是未報到，就是因故辭職，只何義一人未出狀況。

國民黨政府遷台以後，美國要求培植民間資本，阻止官僚資本擴張，放棄四大公營產業，開放民營。其中，在豐原的台灣工礦公司第三造紙廠由何氏兄弟承購。此後一帆風順，鼎盛時，何家三兄弟有七家紙業公司，並擴充至製藥、貨運。

一九五六年何義病逝，集團分成三支。何傳經營永豐餘造紙；何永和獨子何森庭接辦中部的永豐原造紙、永森企業和大甲合同運送公司；何義的長子何榮庭負責永豐化學工業、永豐工業。

何家樹大分枝，貴在樹根仍在，互相投資占股，凝聚力量共榮。何家給外界保守印象，多少與此有關。何家的主體企業如此，對新創事業的態度也一樣。例如台北區中小企銀，基本結構為何家和新光吳火獅家族共有。以一九八七年資料為例，董事長為長房的何傳，常董何家占了三席，分別為何傳之子何壽川、何永本人、何義長子何榮庭。董事部分有何傳之子何壽山、何義之子何政廷、何曜廷、何建廷分任四席。三房持股比例分別約為5.5：1.5：3.2。充分反映家族行動具備整體性。

何傳三兄弟頗有計畫培養第二代。何傳長子何壽山是華盛頓大學碩士；何永的長子何森庭攻化工和造紙，拿普渡大學碩士；何義的次子何曜廷也拿科羅拉多大學碩士。

何傳日治後期便發跡聚富，第二代多早與名望家族子女結親。何傳的長子何培庭十七歲患結核性腦炎夭折，次子何壽山總被誤認為長子。何壽山娶台南市同鄉蔡愛義之女蔡蕙心。蔡愛義的幾位兄弟均有名於時。

蔡愛義的父親蔡得一是基督教牧師。基督教傳入台灣，也把西方文明帶給台灣人。長老教會早期就有幻燈機，講述地球自轉、太陽公轉等大自然現象，即是證明。基督教徒的家庭跟著重視子女教育，讓子女早受西方現代知識的洗禮，進而得以步入菁英階級。蔡愛義的兄弟中，蔡愛仁曾於一九五〇年參選過第一屆台南縣長，敗給國民黨籍的高文瑞。後來曾任台灣省物資局長。

蔡愛禮聞名於香港，也是一位醫生，留學英國，是日本時代少見的留歐派菁英。日治末期，蔡愛禮任教於香港醫學院，是香港最有聲望的台僑。

蔡愛智的身分更特殊。他是神學碩士，曾留居美國，當過牧師，又到美國海軍部供職。二次大戰中曾任美國陸軍部軍事情報局東洋研究室顧問。戰後美國「接管」日本，蔡愛智被派往日本參加戰勢特別調查團，隨之轉來台灣擔任聯合國善後救濟總署台灣分署辦事處特派員。

何壽山的岳父蔡愛義則讀大阪醫科大學畢業，和蔡愛禮一樣行醫。蔡愛義的兒子蔡青陽曾任台大病理科醫生，娶南台灣名商林自西的女兒。林自西開設的「林商號」為南台灣知名的合板公司。林自西的太太是台南幫吳修齊、吳尊賢兄弟的姑表姊妹，永豐餘集團因此和台南幫有近距離的姻親關係。何吳兩家曲折的姻緣路線上，蔡家是孔道。

何壽山的太太蔡蕙心念師大音樂系畢業，在上流家庭並不多見，但在基督教家族，則屢見不鮮。

何壽山唯一的弟弟何壽川足足小了他十六歲。何壽山為何傳元配李招治所生，何壽山三歲時母喪，何傳再娶林富香，即何壽川生母。何傳長女何換治係領養，其餘四女均與何壽川同父母。何壽川的太太張杏如也系出富族，何的岳父張煥三曾是台泥副總經理，張煥三的哥哥張聘三則是前彰化銀行董事長，而張聘三有一位親家是前國民黨中央黨部祕書長唐縱。

何壽川現任永豐餘造紙公司董事長，另任北企董事長，是整個集團的代表人。相對於內斂隱藏的大哥何壽山，何壽川活躍一些。但他處理人際關係卻毫不張揚。前幾年，每次傳出工商協進會理事長辜振甫退休，接棒人選一定有何壽川，而他總是熱門人選中最少在媒體曝光的一位。

何傳最小的女婿黃宗仁早些年曾加入經理人行列，任永豐餘造紙的執行副總經理。黃宗仁目前是上市公司精業電腦的董事長，擁有「插足」岳家事業「女婿幫」的共同特點，學歷耀眼，台大數學系畢業，美國威斯康辛州立大學的電腦博士。

次女婿連華圻和三女婿洪伯元都在美國。連華圻在麻州任自由銀行董事長，洪伯元是西雅圖的婦科醫生。

唯一一位企業聯姻而來的女婿謝忠弼，是前台鳳董事長謝成源的兒子。台鳳一度經營不善，由叔叔黃成金之子黃宗宏接手，擔任總經理，嬸嬸葉冬梅擔任董事長。過去謝忠弼並不參與台鳳經營，仍列名常務董事，現已經沒有任何台鳳公司的頭銜，自己另有事業，為台東興業董事長。謝忠弼和連戰關係親密，是擁連會的核心成員。

謝忠弼一九六八年與何傳四女何美慶結婚時，台鳳正值巔峰，何傳和謝成源又都是台北工商鉅子，門戶旗鼓相當。後來，永豐餘向上攀高、擴張成功，台鳳集團的領導人卻由長房移向二房。

謝成源原籍台北市，日本時代曾入日本三和銀行台北支店任職，學習商業知識。離開三和後，在大稻埕迪化街自設「義裕商行」，買賣織布，戰前已經累聚不少資金，是台灣老一輩的名商。謝成源在台北繁華舊區永樂町一帶享名，便被日本邀任皇民奉公會台北市支會委員，改名「上原章義」。

一九五五年，四大公司開放民營，四大之一的台灣農林公司附屬的分支「台灣鳳梨公司」，因為財務虧損，民間投資者望之卻步。謝成源大膽評估，認為台灣的鳳梨罐頭一度享譽世界，可賺外匯，便和同胞弟弟黃成金（因出嗣而姓黃）聯手買下台鳳，大量製造鳳梨、洋菇、蘆筍、番茄、果汁罐頭外銷，創造了台鳳的輝煌時代。

一九八〇年前後，鐵罐原料馬口鐵皮成本居高不下，產品又過剩，高雄廠開始虧損。台鳳土地廣達一千七百公頃，台鳳一九八〇年曾企圖投入建築業，正值房地產低迷時期，隔年便鎩羽而歸。

一九八四年，黃成金的三子黃宗宏才二十七歲，剛從日本早稻田大學商學院畢業，與母親葉冬梅共同承接式微的台鳳。此後幾年土地狂飆，台鳳頗有回穩之勢。

黃宗宏目前也是轉營藝術最負名氣的企業界人士。他以宏銓開發公司投資成立帝門藝術中心，一九九三年和故宮合作，籌劃印象派大師莫內畫展，造成轟動。

黃宗宏的父親黃成金曾當選過第一屆台北市省議員，由台北市（未改制前）市議員間接選出，參選者多必須有政商上層良好的關係。當時黃成金和前省議會副議長林頂立合作，雙雙當選。林頂立當上副議長後，黃成金又重金蒐購移轉民營的農林公司股票，把林頂立推上董事長兼總經理的地位。此舉卻種下禍根，林頂立後因非法販售麵粉入獄，政治行情一落千丈。

黃成金與林頂立早先有政治淵源，而林頂立是國民黨前中央黨部祕書長唐縱的親家，唐縱又和前彰化銀行董事長張聘三結成親家，而張聘三是何壽川的太太何張杏如的伯父，這個結果似乎意謂著，權力、金錢、婚姻三者在台灣的上層幾無距離可言。

林頂立這位曾經紅得發紫的政界大亨，因非法販售農林公司麵粉，鋃鐺入獄，後因高血壓，假釋出獄，如一隻出柙的猛虎，餘威仍殘留省議會。國民黨懷疑「敢言」直罵國民黨的省議員是受林頂立指使、放縱或受其出獄的鼓舞。因此，一九六一年，由蔣介石直接指派中央黨部祕書長唐縱負責協調疏導，標的鎖定林頂立。當時林頂立與蔡萬春合組國泰產物保險公司，擔任董事長。唐縱於是再去找了八位董事長來作陪，組成「董事長會」，加上他和林頂立，共十人。每月聚餐一次，吃飯喝酒，了解林頂立的動向。

董事長會員包括：

台泥董事長　林柏壽
第一銀行董事長　黃朝琴
華南銀行董事長　劉啟光
彰化銀行董事長　羅萬俥
中和紡織董事長　吳三連
中影董事長　蔡孟堅
工礦公司董事長　許金德
農林公司董事長　蔡鴻文

原本唐縱和林頂立就是舊識，同屬於情報系統，唐縱的長子唐雪東娶林頂立長女林惠清，兩人結成親家並非由來無方。

林頂立一生頗具爭議。雲林縣莿桐鄉人，日本明治大學政經系畢業後，抗戰期間，去廈門兼當日本和中國雙面間諜。當時廈門被日本占領，俗話說：「燈塔前最黑暗」，林頂立選擇在日本海軍軍部前面，租了一個二樓閣樓，每天就是抽鴉片，做放浪狀，讓大家誤認他只是放縱聲色的浪人，監視鬆懈。等每天日本軍部升旗，所有活動都停止的三分鐘空檔，拍電報到重慶。林頂立的工作表現頗受肯定，戰後返台，就當上保密局台灣站站長。

一九五三年十二月十一日，林頂立爬上事業的頂峰，當選省議會副議長，過程令人驚奇。

國民黨提名黃朝琴和劉啟光搭檔，選舉副議長的第一次投票結果，劉啟光二十一票，林頂立二十票，李萬居十四票，均未過半數。第二次投票，林頂立二十八票，反過頭來打敗劉啟光的二十二票。

現在聞名全台的國泰集團和聯合報兩大事業體，林頂立都是創辦人。林頂立入獄前，曾和謝東閔、游彌堅等人成立全民日報，自任社長。前省議長、台中縣紅派的祖師爺蔡鴻文當年只是台中分社主任。聯合報即合併全民日報、王惕吾的民族晚報、范鶴言的經濟時報而成。合併初期，林頂立還是發行人。參與國泰，則是出獄後的事。

台北十信理事主席蔡萬春找上林頂立，籌組國泰產保公司。當年這類需要特准的新興行業，商人莫不找政客，組成堅強的「政商組合體」，合作攻堅。像吳火獅和謝東閔便是一組。林頂立被蔡萬春找上，意謂他尚有影響力，然而，若他不和唐縱結成親家，難料蔡萬春會不會上門請賢。此後，林頂立擔任國泰集團多家企業的常董，一九八〇年病逝家鄉。

唐縱的台籍親家除了林頂立之外，還有前彰化銀行董事長張聘三。從這點看唐縱，他真是本外省內婚圈裡的「異數」。他的名字在姻親表中被本省人包圍。和林頂立結親家，部分原因可能同出戴笠的軍統系。和林、張二人結親家，則可能與他擔任過省府祕書長有關。一九五七年十月，唐縱出任省主席周至柔將軍的祕書長，到一九五九年調升中央黨部祕書長。唐縱時年五十初頭，正值子女適婚年齡，而張聘三正任省屬行庫彰銀總經理。後來，張聘三的獨子張伯欣便娶了唐縱的次女唐紀渝。

唐縱出身黃埔六期，入軍統系由力行社情報處幹事做起，處長即國民黨情報頭子戴笠。唐縱的同學左曙萍（兒子左紀國娶前總統府祕書長馬紀壯之女）曾描述唐縱，他「始終打不好三個『人』字的綁腿」，但「手不釋卷，湖南同學常笑他『天上的事情曉得一半，地上的事情，一概全知』」。可能才幹智慧過人，唐縱在省府祕書長之前，已歷任國防部保密局（國安局前身）局長、內政部政次和中央黨部第一組主任。之後又歷任中央黨部祕書長、駐韓大使、農民銀行董事長。

唐縱次子唐曉東受僱於前參謀總長彭孟緝長子彭蔭剛的偉聯企業集團旗下，擔任多家集團公司的董事、監察人，主要職務是偉聯投資公司總經理。

休閒服名牌很多，以一隻鱷魚為標誌的儂格仕（LACOSTE）就是唐縱的女婿張伯欣代理進口。儂格仕以創始人自己的名字為品牌的名字，他是戰前法國的網球名將。儂格仕的綽號便叫「鱷魚」，因他在球場上有鱷魚般緊咬不放的精神。張伯欣雖是張聘三獨子，沒有兄弟幫忙，對父親遺留的事業也緊咬不放。張聘三一生只服務一家銀行，任職彰銀董事長的時間長達十年，一九七三年退休後，張伯欣一直鞏固地盤，擔任常董。目前是最大民股董事，擔任副董事長。

張伯欣的主事業放在儂格仕上，以「永三企業公司」代理販賣。張聘三的兄弟都以「三」命名，有「品三」、「漢三」、「達三」、「煥三」，取名「永三」，寓意長遠。

張伯欣同時是高雄陳家的高雄醫學院的校董。幾年前，也還是台視的董事，代表省府，在凍省火辣辣的當頭，台視成為連宋兩陣營的角力場。張伯欣被換掉，敏感的媒體從此一動作聞知煙硝味。因為，張伯欣與連戰是世交好友，與謝忠弼、永琦百貨的林明成是一個圈子。

張聘三出身台中市南屯地方的望族，留學日本慶應大學，參加過留日台灣學生團體「台灣青年會」。台灣島內的抗日運動多由留日學生策動主導，台灣青年會又是他們集思發熱的地方。張聘三參與過的抗日活動以「台灣自治聯盟」較具代表性。自治聯盟由楊肇嘉領導，要求民選議員，不斷環島講演。張聘三既是聯盟理事，又是「辯士」（群眾大會的講演人），吳三連曾稱讚張聘三、葉榮鐘和莊遂性為「三勇士」。自治聯盟都以林獻堂為首腦。戰後，林獻堂創辦彰銀，便找學經濟的張聘三入行，延續了先前的關係。

張聘三有位台中同鄉的親戚賴森林，為何家帶來兩位知名政壇遠親——前民進黨黨主席黃信介和現任監察院副院長陳孟鈴。賴森林也是早年知名的政商，既蟬任省議員，又涉足商界。賴森林戰後先從事化工業，製造「天香肥皂」，聞名台灣，一方面在張聘三系統的彰化銀行也任董事。事業後期，主要是擔任台灣紙業公司董事長。

對這位台中政壇前輩兼親戚，曾任台中縣長的陳孟鈴說：「三十年前還有來往。」現在甚至不知道賴家第二代在哪裡。算來，賴陳也是遠親；陳孟鈴的父親陳文慶居長，最小的弟弟陳振明的太太叫王淑子，也就是陳孟鈴的嬸嬸，叫賴森林的太太王秀「姑姑」。

對民進黨的前主席黃信介來說，賴森林是一位難以說明白的親戚。黃信介只記得，賴森林的一個弟弟（賴森林有五位弟弟）的女兒，嫁給他的親戚。至於哪一位弟弟、叫什麼名字、他的什麼親戚，他一概說不清楚，他只說，賴森林的那個侄女叫他「姨丈」。

陳孟鈴和黃信介互相不知道他們「牽來牽去」，可牽成親戚。事實上，賴府一九七八年元月發布的訃告，「親戚代表」明明白白寫著「張聘三、黃信介……陳孟鈴」。

賴森林蟬聯數屆省議員，均屬台北縣選區。事實上，賴森林原籍台中豐原，其父賴義春北上，從開採煤礦起家。賴森林因此在北縣鶯歌鎮出生，幼年時，家境已很寬裕。賴家源出於台中縣，或許因此之故，才會有陳孟鈴這位來自台中縣的親戚。

賴森林的兒子賴星樑現任彰銀董事、國賓飯店監察人。國賓飯店由前省議長黃朝琴發起設立，現在由前省議員許金德的女兒、外孫經營，賴星樑在這樣背景的公司，擁有部分股權，並不令人意外。

至於賴森林與張聘三的親戚關係，目前則無法求知。不過，賴森林有一外孫女嫁給何永的長孫，姻親關係線依然可以經此抵達張聘三。

何家三兄弟的老二何永，僅有一子一女，但都與夙有傳統的名門世族聯姻。長女何惠珍一九四九年嫁台中清水望族楊天賦的兒子楊基炘。楊基炘便是藝術界名人許博允的舅舅，富邦集團總裁蔡萬才的太太是他的堂妹。楊基炘畢業於日本著名的外語大學「上智大學」，擔任太一廣告的董事長，是廣告界的老前輩。（參閱第六章）

楊基炘的小舅子何森庭則娶台灣日立公司老頭家周煥璋的女兒周瑜芬。周煥璋的主事業除日立外，還有啟業化工公司。

周煥璋的岳母李緞是第一屆台籍五位監察委員之一，一直到一九八九年四月一日才退職。

李緞畢業於台北第三高女（中山女中前身），另修畢早稻田大學經濟法制函授科，曾在總督府調查課任職，還做過大和貿易公司總經理，是當年難得一見的女強人。戰後活躍於婦女界，曾任台北市婦女會、台灣省婦女會常務理事，一九四七年，三黨協商，推民社、青年兩黨各三人出任參議員，李緞獲選為民社黨代表，後來雖然因為轉戰監委而未報到，但已看得出她的活躍程度。

李緞的丈夫林木土的妹妹林愼也是第一屆台籍立委，同時期選出的台籍資深立委共八位，包括前立法院長黃國書、前彰銀董事長羅萬俥、前行政院政務委員蔡培火等人。

李緞的女婿周煥璋除有永豐餘何家女婿外，另有出身台南名門劉家的女婿劉青波。劉家子弟均受高等教育，是一匯聚上流姻戚關係的大家族。與劉家有直接婚嫁的家族及人物包括前經濟部次長楊基銓、前省議長黃朝琴家族、現任司法院副院長城仲模家族及前行政院研考會主委王仁宏家族。（參閱第十九章）

何家第三房何義的姻親圈，雖然何義居幼，但他的第三代已展現財團聯姻的行動力，反而為兩位哥哥的孫輩所不及。何義次子何曜廷的長女何幸樺嫁新光集團四兄弟的老么吳東昇。（參閱第十一章）

何義另一子何政廷的女兒何京樺則嫁台南幫巨富侯雨利的孫子侯博裕。侯雨利有三房妻室，三太太無出子嗣，元配生二子四女，二太太生六女。侯雨利依傳統習慣，給長子兼長孫的侯永都一房最多財產。侯博裕即侯永都次子，他和兄弟侯博義、侯博明仍握有侯家在台南紡織的絕大股權，也擁有侯家大片土地，極盡富有，不受家族糾紛影響。侯家兄弟並不出面經營自己的事業，可說是典型的富貴閒人。（參閱第十五章）

何政廷另有次子娶了三重幫林堉璘的幼女。何政廷能有較之其他族內堂兄弟更可觀的政商聯姻，或許答案可以往他的太太方面推敲。何太太顏雅美來自舊五大家族的基隆礦商顏家。顏雅美和幾位姊妹均與望族富第聯姻，何政廷的連襟們包括板橋林家的林明成（永琦百貨老闆）、前省議長黃朝琴的侄子黃燦堂、鴻禧集團的張雨田。

永豐餘何家三兄弟的姊妹那邊，有一位嫁台南望族之後陳丁酉，所生長子陳楷模為國內首屈一指的外科權威，曾任台大外科主任，一九九六年起，受聘為霖園集團的國泰綜合醫院院長。陳楷模的祖父陳星恆為台南儒紳，曾登上日治時代的名人錄。陳星恆有子婿五人是醫生，其中四女婿施江南是京都帝大的醫學博士，曾任教於台北醫專，也被派任為臺北州會議員。戰後二二八事件爆發，曾任二二八處理委員會委員，過沒幾天隨即被帶走，下落不明，留下一頁菁英遇難的悲劇。

出生鹿港的施江南，兄弟四人，分別為江東、江西、江南、江北。江西也是醫生，江北則是京都帝大的法學士。

第十四章

林榮三家族

三重幫、宏國集團、宏泰集團、板橋劉炳偉家族、康寧祥

林榮三家系

- （五女）林盡 ＝ 陳安
  - （長子）陳政忠 ＝ 林玉芬
    - （長子）陳怡豪
    - （次子）陳怡瑋
    - （長女）陳怡潔
  - （次子）陳政輝
  - （三子）陳政憲
- 陳雙興（sibling of 陳金治）
  - （長女）陳麗容 ＝ **康寧祥**
    - （長子）康文彥
- 陳金治 ＝ 劉順天（sibling of 劉順成）
  - （長子）**劉炳偉** ＝ 謝溫柔
    - （長女）劉美芳
    - （次子）劉朝勝
    - （長子）劉朝日
  - （次子）劉炳煌
  - （子）劉炳發（from 劉順成）
  - （四子）劉炳中
  - （三子）劉炳華 ＝ 陳雪鳳
    - （長子）劉朝瀚
    - （次子）劉朝凱
    - （長女）劉喬佳
- （四女）林阿滿 ＝ **陳萬富**
  - （次女）陳雪鳳
  - （六女）陳淑修
  - （五女）陳淑宜
  - （四女）陳淑真
  - （三女）陳淑英
  - （長女）陳雪琴
  - （長子）陳宏昌 ＝ 林秀卿
    - （長子）陳楷文
    - （次子）陳韋廷

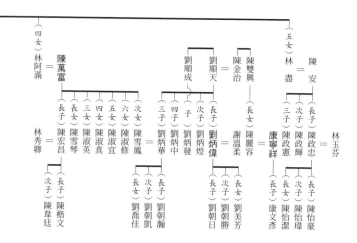

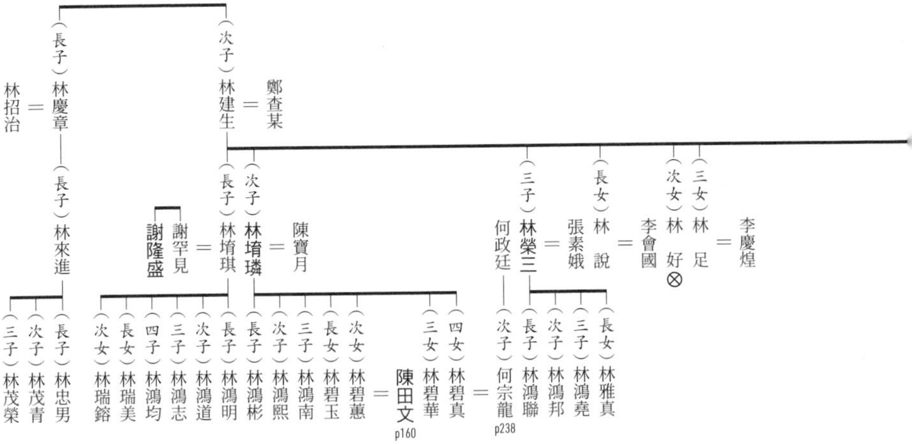

（長子）林慶章
林招治
（次子）林建生
鄭查某
（長子）林來進
（長子）林忠男
（次子）林茂青
（三子）林茂榮
（長子）林堉琪
謝罕見
謝隆盛
（長子）林鴻明
（次子）林鴻道
（三子）林鴻志
（四子）林鴻均
（長女）林瑞美
（次女）林瑞鎔
（次子）林堉璘
陳寶月
（長子）林鴻彬
（次子）林鴻熙
（三子）林鴻南
（長女）林碧玉
（次女）林碧蕙
陳田文
p160
（三女）林碧華
（四女）林碧真
何政廷
（次子）何宗龍
p238
（三子）林榮三
張素娥
（長子）林鴻聯
（次子）林鴻邦
（三子）林鴻堯
（長女）林雅真
（長女）林　說
李會國
（次女）林　好⊗
（三女）林　足
李慶煌

自由時報創辦人林榮三家族，已經被習慣稱為「三重幫」。戰後台灣至今，有三波新興財勢新貴崛起，第一波是戰爭結束之初，美援扶助，工業起飛，以石化、紡織、造紙等產業興起的企業主，如台塑、新光、台南幫及永豐餘等。第二波以土地建築崛起，第三波則是目前的電子等高科技業主。三重幫正屬於依靠建築業興盛的勢力。

三重幫崛起的源頭為林榮三的姊夫陳萬富。他只有蘆洲國小畢業的學歷，早年經營一家米店，壯大成碾米廠，一九五五年當選蘆洲鄉民代表，第二屆再入鄉代會已成主席。大量購地，建築房屋，次第展開。

環繞於陳萬富周圍的親戚也亦步亦趨。在事業上，三位舅子林堉琪、林堉璘、林榮三接著創設宏國建設，林堉琪太太林謝罕見的弟弟謝隆盛加入宏國，林家三兄弟的伯父的兒子林來進開立幸福建設公司。林堉璘又分支成立「宏泰」，林榮三則以「聯邦」立足。

在權力場上，一九六八年，林來進當選台北縣議員。

一九七三年，謝隆盛也「進場」當選縣議員。

一九七五年，林榮三揮軍中央政壇，一舉搶下立委席位。

一九七七年，三重幫的姻親圈中，共有陳萬富、林來進、謝隆盛同時當選北縣議員。

一九八〇年，謝隆盛轉戰國大代表，輕取過關。林榮三再戰監委，也獲成功。

一九八二年，陳萬富登上台北縣議長的寶座。

隨後，林榮三的姊姊林盡的長子陳政忠也當選台北市議員。

一九九〇年代的三重幫，則有林榮三於一九九三年卸任監察院副院長；謝隆盛由國大黨部工作會主任而國大副議長；陳萬富的獨子陳宏昌連任立委。三重幫儼然已是政商兩棲的大家族。不過，九〇年代後期，三重幫似乎已從政商家族，逐漸回歸到以企業為本體的家族。主要是謝隆盛因病不再任國大副議長；陳政忠自立「宏福」集團，三重幫色彩漸淡；目前只有陳宏昌擔任立委。

然而，三重幫的周邊姻親圈仍在政商界擁有相當大的財勢權勢。一九八〇年代，陳萬富的次女陳雪鳳嫁板橋老市長劉順天的兒子劉炳華，三重幫與台北縣板橋在地勢力劉家結盟。

劉家發跡過程與三重幫類似。劉順天於一九六四到一九七一年間當選板橋市長，揭開劉家參政的序幕。長子劉炳偉一九八一年接棒，參選省議員，迅速從副議長，躍升為議長。精省後，仍任立委。劉炳偉的弟弟劉炳華之前也曾當選立委，後來獲得李登輝賞識，擢為國安會副祕書長，在總統府上班。劉家不僅中央、省級議會都有人，基層地盤也固守不移。劉順天的弟弟劉順成的兒子劉炳發曾任台北縣議會副議長多年。劉家現在仍有第三代的劉姿鴻在北縣占一席縣議員。

劉家也以土地建築起步，大舉購買賤地，在都市計畫更新時，價值暴漲而致富。進而向金融擴張，板信商銀、海山證券、大眾證券投資等均為劉家事業。再加上營建及媒體，如海山有線，劉家目前已形成「海山」集團，立足商界。

經由板橋劉家的關係轉運，現任監察委員康寧祥和三重幫姻圈連上親戚關係。康寧祥的太太陳麗容和劉炳偉兄弟是表姊弟。陳麗容的父親陳雙興是劉炳偉母親的大哥，日本時代當過「巡查」，台灣人俗稱的「大人」，李登輝總統的父親李金龍也有相同經歷。陳劉兩家的聯姻，在當年，也算是一種門當戶對。

陳雙興除康寧祥這位民代出身的女婿外，另一位女婿吳滄富多次連選連任北縣議員，目前仍然在職。一個家族其實也是一個文化圈，家族成員會有共同的事業傾向，公教人員多出公教子女，政治家族總有些親戚家人耳濡目染，愛上政治這條路。劉家頗具代表性。

「老康」康寧祥長久身居「黨外」，一九七〇年代後半期，黨外氣氛最緊張的時期，劉家的政治活動並未受康寧祥的因素干擾。劉家人說，他們和康寧祥關係密切，時有往來，劉順天還擔任過康寧祥的助選員。只是對於某些政治議題，大家看法不同，會有辯論罷了。

三重幫另外與高雄世族陳田錨家有姻親關係，其意義與劉府聯姻自是不同。陳家在半世紀前即號稱台灣五大家族之一，一個「關係」密集的樞紐，和上層政商家族多有姻戚世誼。三重幫與陳家聯姻，即使沒有現實的政商利益，一定有提升家格、擴大交遊圈的效果。（參閱第七章）

居關係樞紐的婚姻是林堉璘的次女林碧蕙，嫁給陳田錨的弟弟陳田文。

陳田文的父親陳啟清一九八九年九月底去世，治喪委員會三百零九位治喪委員還找不到林榮三、林堉璘、陳萬富這些人的名字，顯示兩家尚有距離，往來也不密切。但是，這樁婚姻並非沒有軌跡可尋。陳田文和父親相差快一甲子的歲數，是陳啟清第三位太太李阿雪所出。同父同母的兄弟有陳田錚（現任國民黨副主席邱創煥的女婿）和陳田興。而陳田錚早已脫離高雄，以台北為活動圈。他經營康和租賃公司，擔任董事長，系出三重幫的前立委蔡勝邦是總經理，雙方已有商業合作的關係。蔡勝邦便是治喪委員之一。另外，陳田文擔任董事長的群益證券金融集團，林堉璘的兒子林鴻熙是股東之一。雙方先有事業關係，後為姻親。

現在，群益證券是三重幫聯邦銀行的承銷商，大眾投資信託公司則有陳田錨為名譽董事長，劉炳偉為董事，代表安泰銀行，而安泰企業機構創辦人即林堉璘。一九九九年五月，安泰銀行董監事會改選，新董事長由林堉璘出任。因此，可以看出陳家與三重幫雙邊已走出一些事業合作的關係。

台灣政商大家族的第一代所受到的議論最多，三重幫亦不例外。但以林堉璘為例，他的女兒多送往海外留學，最近這幾年紛紛屆適婚年齡，她們的教育背景及美貌已讓她們超越三重幫過去的形象，她們與豪門子弟結婚，又會讓三重幫逐漸遠離過去的形象。所有大家族的發展、蛻變，都是如此一點一滴轉化而來。

繼次女嫁陳田文之後，林堉璘的四女林碧真也於一、兩年前出閣，嫁給永豐餘第三房何義的孫子何宗龍。何宗龍的媽媽顏雅美系出舊世族基隆顏家，她的姊夫、妹夫有鴻禧集團張秀政的哥哥，也有和連戰如手足的永琦百貨董事長林明成。何宗龍的一位姊夫還來自台南幫的金主侯雨利家族。三重幫林家結此親戚，家族的格調與視野，便邁入另一個新境界。（參閱第十五、二十章）

第十五章

吳修齊家族

台南幫、吳尊賢、洪壽南、林自西家族、侯雨利家族、梁國樹

吳修齊家系

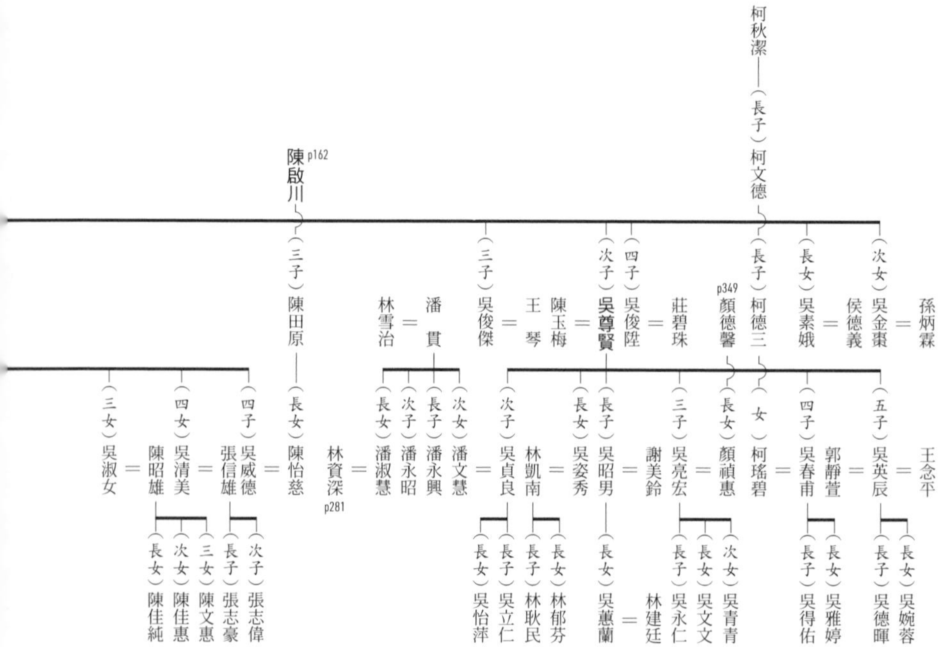
柯秋潔
（長子）柯文德
孫炳霖＝（次女）吳金棗
侯德義＝（長女）吳素娥
（長子）柯德三
p349
顏德馨
莊碧珠＝（四子）吳俊陞
（次子）吳尊賢＝陳玉梅
（三子）吳俊傑＝王琴
潘貫＝林雪治
陳啟川 p162
（三子）陳田原
王念平＝（五子）吳英辰
郭靜萱＝（四子）吳春甫
（女）柯瑤碧
（長女）顏禎惠＝（三子）吳亮宏
謝美鈴＝（長子）吳昭男
（長女）吳姿秀＝林凱南
（次子）吳貞良＝（次女）潘文慧
（長子）潘永興
（次子）潘永昭
（長女）潘淑慧＝林資深
p281
（長女）陳怡慈
（四子）吳威德＝張信雄
（四女）吳清美＝陳昭雄
（三女）吳淑女
（長女）吳婉蓉
（長子）吳德暉
（長女）吳雅婷
（長子）吳得佑
（次女）吳青青
（長女）吳文文
（長子）吳永仁
林建廷＝（長女）吳蕙蘭
（長女）林郁芬
（長子）林耿民
（長子）吳立仁
（長女）吳怡萍
（次子）張志偉
（長子）張志豪
（三女）陳文惠
（次女）陳佳惠
（長女）陳佳純

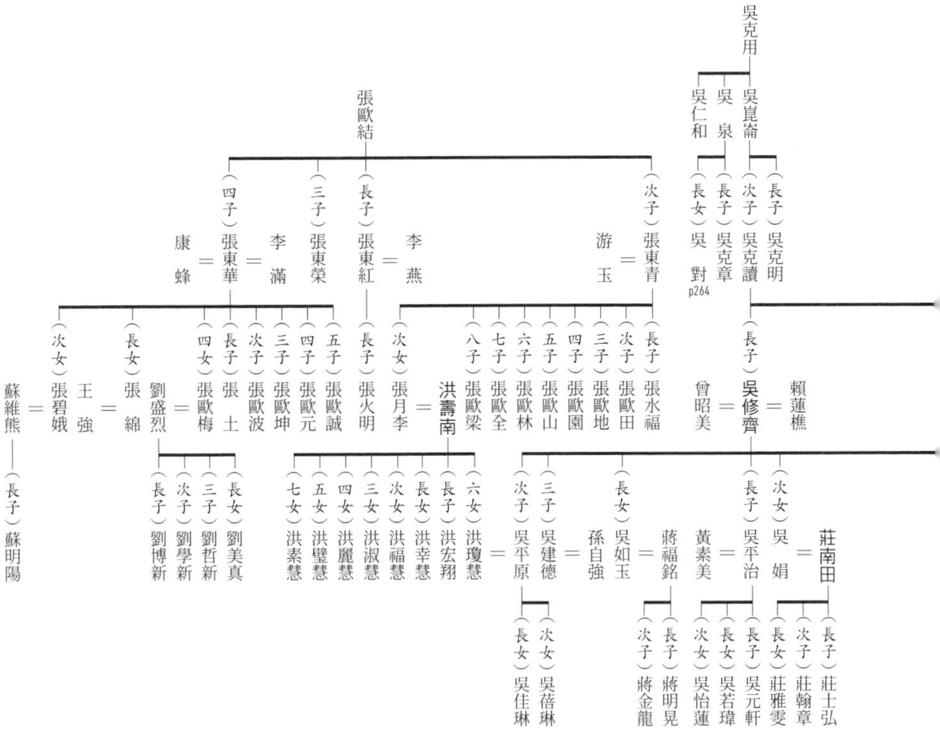
吳克用
吳崑崙
吳 泉
吳仁和
（長子）吳克明
（次子）吳克讀
（長子）吳克章
（長女）吳 對
p264
賴蓮樵＝（長子）吳修齊＝曾昭美
（次女）吳 娟＝莊南田
（長子）莊士弘
（次子）莊翰章
（長女）莊雅雯
（長子）吳平治＝黃素美
（長子）吳元軒
（長女）吳若瑋
（次女）吳怡蓮
（長女）吳如玉＝蔣福銘
（長子）蔣明晃
（次子）蔣金龍
（三子）吳建德＝孫自強
（次子）吳平原
（次女）吳蓓琳
（長女）吳佳琳
張歐結
（次子）張東青＝游 玉
（長子）張水福
（次子）張歐田
（三子）張歐地
（四子）張歐園
（五子）張歐山
（六子）張歐林
（七子）張歐全
（八子）張歐梁
（次女）張月李＝洪壽南
（六女）洪瓊慧
（長子）洪宏翔
（長女）洪幸慧
（次女）洪福慧
（三女）洪淑慧
（四女）洪麗慧
（五女）洪璧慧
（七女）洪素慧
（長子）張東紅＝李 燕
（長子）張火明
（三子）張東榮
（四子）張東華＝李 滿
康 蜂＝張東華
（五子）張歐誠
（四子）張歐元
（三子）張歐坤
（次子）張歐波
（長子）張 土
（四女）張歐梅＝劉盛烈
（長女）劉美真
（三子）劉哲新
（次子）劉學新
（長子）劉博新
（長女）張 綿＝王 強
（次女）張碧娥＝蘇維熊
（長子）蘇明陽

林自西家系

- 吳泉
  - （長子）吳克章 p263
  - （長女）吳對 ＝ 蔡掄
    - （三女）蔡創楣 ＝ 吳金台
    - （次子）蔡松城
    - （長子）蔡耀輝
    - （長女）蔡只 ＝ 林自西

- 林歡邦
  - （長子）林自西 ＝ 蔡只
    - （長子）林人權 ＝ 王英英
    - （長女）林人理 ＝ 廖朝煌
      - （次女）廖乃慧
      - （長女）廖芳玲
      - （長子）廖建松
    - （三女）林人程 ＝ 吳皆欣
      - （長子）吳鍾
    - （四女）林人芽
    - （五女）林麗雪
    - （六女）林和美
    - （次女）林人哲 ＝ 蔡青陽 p237
      - （長女）蔡惠敏
      - （長子）蔡惠中
  - （次子）林自東
  - （四子）林自經
  - （五子）林自炎
  - （次女）林如意 ＝ 盧有都
  - （三女）林如草 ＝ 王啟文
  - （三子）林自南
    - （長女）林人好 ＝ 侯錫榮 p264

侯雨利家系

- （次女）侯金柑 ＝ 顏岫峰
  - （次子）顏政吉 ＝ 侯明伶
  - （長子）顏政雄 ＝ 錢慧麗
  - （長女）顏薰齡 ＝ 周傳芳 p194
- （五女）侯貴貞 ＝ 吳榮秋
- （六女）侯榮秋 ＝ 楊鐵侯
- （七女）侯敏英 ＝ 王致健

- 林人好 p264 ＝ 侯錫榮
  - （女）侯明伶

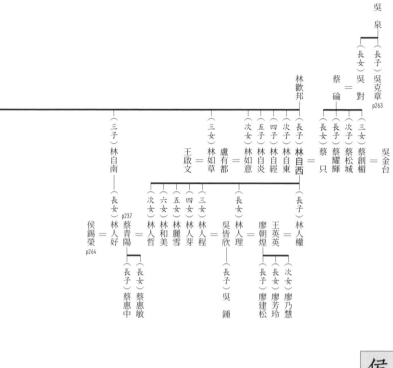

- 陳武璋 ＝（長女）林碧梧
  - （長子）陳怡謙
  - （次子）陳怡仁
  - （三子）陳怡德
  - （四子）陳怡亨
  - （五子）陳怡白
  - （長女）陳淑芳 ＝ 陳怡榮
  - （次女）陳淑貞
  - （三女）陳淑玲 ＝ 紀威廉

- 侯雨利 ＝ 吳烏香、王秀雲、林　進
  - （八女）侯銀月 ＝ 簡煥期
  - （九女）侯金足
  - （十女）侯盈足 ＝ 許東湖
  - （三女）侯玉嫌 ＝ 陳國振
  - （長女）侯謝榴 ＝ 黃金岱
  - （次子）侯永松 ＝ 蘇森枝
    - （長子）侯文忠
    - （次子）侯文仁
    - （三子）侯文信
  - （長子）侯永都 ＝ 陳碧華
    - （長子）侯博義 ＝ 蘇錦倩
    - （次子）侯博裕 ＝ 何京樺 p238
    - （三子）侯博明
  - （四女）侯金英 ＝ 梁國樹

- 梁其煙 ＝ 白阿淑
  - （三子）梁國樹 ＝ 侯金英
    - （長子）梁惠林
    - （次子）梁惠明
    - （長女）梁惠禎
    - （次女）梁惠欣
  - （子）梁國源 ＝ 李真真

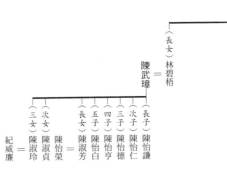

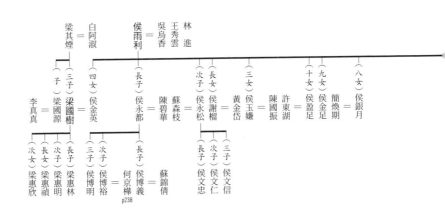

台灣的政商鉅閥中，台南幫像一只青銅鼎。支撐鼎的三隻腳分別是吳三連、侯雨利及吳修齊、吳尊賢兄弟。他們初期的功能妥當分配、各有職司。吳三連負責「出名」，打造上層關係；侯雨利「出錢」；吳氏兄弟「出人」，負實際經營之責。

吳修齊兄弟和前台北市長吳三連同出今台南學甲的新頭港仔村，又同姓吳，吳修齊兄弟始終尊稱他「三連宗叔」。吳修齊和父親兩代則受僱於侯雨利，侯雨利啟蒙吳家步上「生意人」之途。除老闆店員的關係，吳氏兄弟也常提到侯雨利的元配吳烏香也和他們同鄉又同宗。侯吳雙方有近似家人的親密情感，例如當侯雨利的四女出生時，命吳修齊去報戶口，吳修齊嫌取名俗氣，當場就自做主張改為「侯金英」，這位侯家四小姐便是日後的中央銀行總裁梁國樹的太太。

台南北門沿海一帶，地瘠民貧，鄉民多望能出外討生活。高雄市的政壇上，台南同鄉會就是一股勢力，其中北門幫更見強大，前市議會副議長顏火山即出身於此。商場亦復如此，來自貧瘠之鄉的北門人似乎更能吃苦耐勞，含淚帶笑中迎接成功。自日本時代起，北門人到台南市經營布業已卓然有成，並且經過鄉親累代相互提攜支援，「北門布商」是塊響叮噹的招牌。

到侯雨利這一輩，已是北門布商的第三代，他的親叔叔侯基是第二代傳人。侯雨利伯父的兩位兒子侯調、侯排也屬第三代。日治中期，四位侯家人都在台南市開立布行。

侯基開設「新復發布行」；

侯排經營「新復茂布行」；

侯調的布行叫「新復成」；

侯雨利的「新復興布行」最出名。

吳修齊在侯雨利的「新復興」開始他的商場生命，吳尊賢最早在侯基的「新復發」當「囝仔工」（學徒）。布店學徒要從每天做各種雜務學起，包括開店門、掃地、灑水、倒尿壺、倒痰壺、通水煙筒、收舖蓋、買醬菜、跑銀行。吳修齊和吳尊賢分別都升成「帳櫃」。一九三三年底，吳修齊兄弟分別向東家的布行辭離，老三吳俊傑也離開潘漢的新義興布行，聯合吳家親戚，包括吳修齊的岳父賴華，成立「新和興行」，開始自立門戶。

戰爭末期，新和興行被迫停業，戰爭一結束，依吳尊賢說，新和興行是「南部地區第一家重新掛起招牌的布行，所以在台南州與高雄州內所有的布商差不多都要到新和興來交易，生意確實相當興隆。」吳家累積足夠資本，等國民黨政府力圖發展工業，累積國家資本，美國卻不願見到國營產業壟斷市場，便以美援幫助私人資本投入工業。台灣幾個新興的財閥家族，新光集團、台塑集團，台南幫均因應這個時機而崛起。當時，他們手上有資金，正在物色各種投資機會，政府也在尋找民間金主「合作」。國民黨政府並透過特准設廠的方式，讓市場不致惡性競爭，資本才能累積。如此特殊時空背景下，民間業者開始大賺其錢。

台南幫三大企業中，台南紡織、環球水泥都經特准成立。民間業者爭取者眾，南紡和環泥中選，吳三連的因素占有絕大關係。如環球水泥，尹仲容唯恐生產過剩，不准再設水泥廠，之後，吳三連找上黨國元老吳忠信說項，尹仲容便答應了。

吳修齊兄弟對吳三連執禮甚恭，尚不僅只因此。吳氏兄弟向上層布建人脈關係，均賴吳三連「牽教」。比較起來，吳尊賢較哥哥吳修齊活動力強，新和興行成立之初，吳修齊是掌櫃，吳尊賢擔任外務員。一九五〇年代初，吳尊賢開始隨吳三連打高爾夫球。小白球交際術非常奏效，吳尊賢常和李國鼎等財經要員球敘，也打進第一代政商名流的小組織「慶生會」、「丙辰龍會」等。吳修齊更躋身蔣經國敬重並接見的民間十二耆宿之一。

吳氏兄弟自身也有待人處世的一套哲學，才接得下吳三連的「關係」。拿對恩人吳忠信來說，吳忠信去世後，吳尊賢仍每個月去探望吳太太一次。

對先後擔任過台南市長的辛文炳、張麗堂，台南幫也很禮遇，盡收為親台南幫的地方政治人物。辛文炳被請去擔任南台工專創校校長，張麗堂為副校長，張麗堂又為吳尊賢文教公益基金會董事長。

吳家的姻親網不小，唯獨缺乏企業聯姻，因為吳家創業的起源，就是姻親間合作，共創天下。拿統一集團總裁、工總理事長高清愿來說，高清愿的父親高權原來是做牛隻買賣，在他小學三年級時去世。十六歲時，母親郭弄瓦把他帶去台南找阿姨的女婿吳修齊，投靠在吳修齊的新復興布行當小弟。

又如木材業聞人林商號合板公司老董事長林自西，也是吳氏兄弟表姊妹蔡只的先生。吳尊賢和蔡只的關係又更親密些。吳尊賢幼年時，過嗣給親生祖父吳崑崙的三弟的兒子吳克章，蔡只的媽媽吳對正是吳克章的親妹妹。

林自西的大舅子陳武璋則是高雄政界聞人。陳武璋也出身台南學甲，經營精米廠起家，一九四五年改朝換代，他才三十歲，即勇敢投入議壇，初任高雄市參議員，而後副議長、議長，最後當選第三屆高雄市長。卸任後曾赴省府任民政廳長。陳武璋有位女婿陳怡榮曾任台北市議員，已是很後來的事。

林自西的一位連襟吳金台也屬台南幫要角。吳尊賢擔任董事長的萬通銀行，吳金台任董事。戰後初期，吳家新和興行業務鼎盛，另於台北設三興行，吳金台便加入台南幫的陣容。

到吳家第二代，政商名戚已拓展到幫外的基隆、高雄。只有吳尊賢的一位名人親家來自台南。吳尊賢次子娶知名學人潘貫的次女。潘貫早年獲日本東北帝國大學授予理學博士，戰後，一直擔任台大化學系教授，曾兼任過台大理學院院長、化學系系主任。一九五四年，政府敦聘為考試委員，潘貫力辭不就，自始至終是一位學者。一九五七年，當選為中央研究院院士。

潘貫的長女也嫁給台南名門林家。他的親家林全藻是東帝士集團總裁陳由豪太太的叔叔，林全藻又有弟弟林全興曾任台南市議長，侄子林錫山曾任台南市長。（參閱第十六章）

吳尊賢的另一位親家柯德三畢業於台北帝大醫學部，在台北市羅斯福路三段開設「德三診所」。柯德三的祖父柯秋潔是台灣近代教育史必要著墨的人物。日本統治台灣，一開始在士林招募到六名學生學習日語。二十七歲的柯秋潔當時已婚又有子，仍然當起老學生，成績最好。後來到東京的拓殖大學教授台灣語。早期豪門送子女到日本留學，常會倚賴柯秋潔照顧，於是，他不時出現在豪族名門的舊照裡。

吳尊賢還有一位親家顏德馨則把吳家帶進與台灣家族的大姻親網中。顏德馨出身基隆煤礦顏家第二代。他的父親顏雲年、叔父顏國年都曾任日治台灣總督府評議員，名享全台。他的三哥顏德修同時是高雄陳家、板橋林家、永豐餘何家的兒女親家，又是前省議會議長黃朝琴姪子黃燦堂的岳父。（參閱第二十章）

當一九六九年，顏德馨的長女嫁給吳尊賢的三子，吳家已搭上台灣大家族的關係網路。一九九三年，吳修齊的四子吳威德娶前高雄市長陳啟川的孫女，不過是為上層家族內婚傾向再添一例而已。（參閱第七章）

吳修齊的三子吳建德則娶華視知名新聞主播孫自強。

吳家的姻親裡，前司法院副院長洪壽南最具政治性。吳修齊次子吳平原娶洪壽南的女兒洪瓊惠。洪壽南當上五院副院長，與成為吳家「姻翁」有否關聯，頗值得推敲。

洪壽南為南投人，畢業於日本京都帝大，日治時代通過高等考試司法科及格，戰後歷任高雄地院、台南高分院院長，一九七九年夏，六十七歲的洪壽南時任台灣高等法院院長，有一天他正在南部視察，有人傳話說總統召見，結果卻沒被召見，中央黨部祕書長張寶樹只轉告說：「總統要你做司法院副院長。」洪壽南就此一步高登副院長。

當年正值「省籍配」的流行巔峰，台籍司法院長戴炎輝配副院長韓忠謨，因戴炎輝病辭而解體；湖南籍黃少谷晉任院長，便取洪壽南搭檔。許多人把洪壽南晉官三級跳，合理化解釋成洪壽南是台籍司法官群裡最資深者。事實上，找一位台籍適格副院長，絕非洪壽南不可。歷任正副院長多由學界選任，台籍法學教授濟濟多士。

洪壽南高升一事，令人想起戴炎輝，戴炎輝有屏東幫靠背，他是前內政部長張豐緒的姊夫。蔣經國用人，絕不留然。面對台南幫新生財團勢力，啟用吳修齊的親家洪壽南是一種懷柔，也平衡對地方勢力的恩賜。對統治者而言，封賞也是一門藝術，「不需要把雞蛋放在同一個籃子裡」的道理，不只適用於下對上的奉迎而已。

洪壽南隨院長黃少谷當副手，前後共八年。一九八一年任期中，再上層樓獲命為中常委。一九八七年四月，卸任司法院副院長，又接任總統府國安會下的國家建設研究會主任委員，又任總統府資政，儼然台籍大老之一，直到一九九七年元月病逝。

洪壽南出身南投草屯的累代望族洪家，同出洪家的政壇親戚有前司法院大法官洪遜欣及前南投縣長洪樵榕兄弟。一九八一年，洪遜欣病逝時，訃聞上的「親戚代表」，洪壽南列名其上，顯示雙方關係不疏。（參閱第二十一章）

洪壽南的岳父張東青在日本時代是台北有名的富商，本來在淡水八里老家開設漢塾，後來與兄弟多人到台北太平町營商，經營「張東隆殖產」（不動產買賣及貨賃）與「張東隆商行」（肥料、砂糖、油及雜貨買賣）株式會社，兩家會社的資本分別為一百萬圓及五十萬圓，屬於大公司。拿高雄豪族陳家的「陳中和物產」來說，其資本金為一百二十萬圓。結合板橋林家林柏壽、高雄陳家陳啟川及霧峰林家林雲龍等人創辦的「興南新聞社」，資本才三十六萬多圓。而當年一般商店會社的規模，多半資本在十萬圓上下。

張東隆商行家族在日本時代出名的不只是張東青，名人錄把大哥張東紅、四弟張東華都收入，極其罕見，規格直追五大家族。

排行最小的張東華和張東青一樣招有名婿。次女婿蘇維熊一九〇八年生，畢業於東京帝大英文科，專研英國文學，戰後返台擔任台大外文系教職，是台大最早期的台籍英文教授。四女婿劉盛烈更是台灣第一位理學博士，曾任台大化學系主任。據張家人說，張東華的女兒名字為「綿」、「碧娥」（小名「幼」）、「歐梅」（小名「雲」），都非常輕柔。但女婿名字各個強悍，除了「維熊」、「盛烈」，大女婿之名為「王強」。

現在如果走到台北市仁愛路、基隆路口，有一棟商辦大樓和台北市議會、台北市政府構成三角，別無其他建築，這棟特別的商辦樓頂的四個字「東華大樓」，正為紀念張東華而來。回想日本時代，張東隆商行曾是大稻埕最高樓，東華大樓的位置所彰顯的氣勢，也不輸多少。

吳修齊有四子四女。元配所生二子吳平治、吳平原均在美國發展，吳平治負責美國統一麵包事業，吳平原經營美國萬通銀行。二太太曾昭美所生的吳建德、吳威德年紀尚輕，都有美國碩士學位，且雙雙掛名擔任環泥監察人。

吳修齊的幾位女婿則很受重用。除三女婿陳昭雄旅日當醫生外，四女婿張信雄曾任可口企業總經理、南台工專副校長，現任南台科技大學校長。次女婿莊南田則現任太子建設公司董事長，曾任建築投資商業同業公會全聯會理事長。

吳尊賢一房，唯一的女婿林凱南是台大醫院耳鼻喉科醫生。

台南幫的興起，始於地緣關係下的同鄉同宗。後來，事業聯盟日久，部分也串結成親。

吳修齊家族是透過吳尊賢的表姊夫林自西的姻親網路，通往侯雨利家族。合板業鉅子、前林商號公司董事長林自西的一位侄女林人好，嫁給侯雨利的堂侄侯錫榮。侯錫榮的父親侯調與侯雨利是堂兄弟。侯錫榮主要事業即經營合板，是亞洲合板總經理。侯錫榮的女兒嫁給侯雨利二女婿顏岫峰的次子，侯錫榮和侯雨利家族親上加親。

透過林自西，吳修齊家族又和永豐餘集團何家連結上姻親管線。林自西的次女林人哲嫁前台大病理醫生蔡青陽。蔡青陽的父親蔡愛義是台南一位知名的留日醫生，永豐餘董事長何壽川的大哥何壽山就是蔡愛義的女婿、蔡青陽的舅子。（參閱第十三章）

侯雨利於一九〇〇年在台南縣靠海的北門鄉二重港出生，四歲喪父，只讀了一年公學校（小學），做過農場童工和布行學徒。成年前後開始自己營生，挑布疋，沿鄉村小路兜售，也賣過冥紙。由於勤儉，累積了一點資金，在台南市設立新復興布行，步上發跡之路。

當年，現任統一企業董事長吳修齊和弟弟吳尊賢都還只是侯雨利店中的職員。戰後，國民黨政府開放設立紡織廠，由於利潤優厚，申請特准者趨之若鶩。吳侯等人找上吳修齊家鄉同宗族的政界名人吳三連，打通中央機關關節，成立台南紡織。需要特准的水泥廠，也如法泡製，吳侯等人再創環球水泥公司，奠定台南幫飛黃騰達的基礎。

其中，侯雨利均扮演最大金主的角色。後來的幾十年，台南幫有什麼新創意，要跨足什麼新行業，侯雨利總是說一句話：「不夠的錢，都由我來出。」他從來不掛名當董事長或總經理，常務董事的頭銜倒很多，表示他都是大股東。

侯雨利對「名」淡泊，對「利」卻熱中追求。除了投資台南幫企業外，還在民間放款賺利息錢。關於他的財富，歷來各方的估算不一，相同的是都以「億」為單位；由五百、六百、八百，到千億以上都有。他的兒子侯永松曾說，連侯雨利都搞不清楚自己的財產總數。

英國人說：「錢是愛，也是戰爭的力量泉源。」侯家把後半句演算成一題證明為真的命題。侯雨利有三位太太。元配吳烏香生二子四女，二太太王秀雲生六女，三太太林進無所出。侯家人指出，吳烏香很懂人情世故，進退得宜，她在一九六八年去世前，二房的六位女兒均已出生，她對待她們與親生子女無異，侯家第二代尚稱和睦。

吳烏香過世，加上一九八五年「海利事件」，激發出第一道裂痕，家庭糾紛接踵而至。一九八一年前後，侯雨利曾立遺囑，把台南市第五期重劃區的數十甲土地留給長子侯永都，二房女兒反顧自己，雖然出嫁時，父親都送每人五甲多的魚塭，但魚塭地顯然不能和市區精華土地相提並論。斤斤計較家產分配不均的情緒累積到侯雨利病逝，推向最高點，糾紛也表面化。一九八九年六月二十三日，侯雨利以九十高齡去世，侯雨利的資產幾乎全已移轉給兩位兒子。舊觀念裡，女兒出嫁即是潑出去的水，不參與均分遺產，而長孫可多分一份，所以侯雨利留給長子這一房特別多。

二房部分女兒、女婿不平，竟在侯雨利告別式鬧場，懸掛白布條，嘶吼叫罵，要求重分家產。侯永都這邊早有準備，找了五十名保全人員，防止意外。中途，二房二女兒侯榮秋說要見父親最後一面，強行搶入，被六名大漢押離現場。

一個月後，侯永都患大腸癌，繼侯雨利之後病逝。二房女兒又發現，侯永都師法父親，早在生前移轉財產給三個兒子侯博義、侯博裕和侯博明。二房六女婿許東湖接著檢舉侯家三兄弟逃漏贈與稅，以洩不平之憤。

據侯家人說，侯雨利身經家族風波，生前曾鄭重告誡子女兩點，不娶「細姨」，不開工廠。侯家三兄弟繼承祖父侯雨利的大部分遺產，並未受到實質影響，只是父祖兩代的金主角色，也遺傳給侯博義兄弟。他們沒有經營和龐大財富相稱的事業，只掌握新復興、新永興兩家投資公司，管理金錢流動。台南幫的統一和南紡兩大企業，侯家三兄弟都是最大股東。到一九九三年九月底為止，侯博明持有統一企業兩千五百九十一萬餘股，是董事長吳修齊的三倍、副董事長高清愿的兩倍，占有兩席董事。在台南紡織，侯家勢力更大，占兩席常董、五席董事，總持股超過七千八百萬股。

第三代的侯氏兄弟也有不錯的企業姻親關係。老二侯博裕是永豐餘集團的女婿，娶何義之子何政廷的長女何京樺；何京樺是新光集團台証證券董事長吳東昇之妻的堂妹。侯博裕的岳母則來自基隆顏家，顏家的姻親網路四通八達。（參閱第十一、十三章）

侯門家產紛爭中，大房的四位女兒均以局外人身分自居，與她們丈夫的身分、學識、社會地位頗能相襯。侯雨利的長女侯謝榴嫁醫生黃金岱，黃金岱一九一九年生，在台南市成功路開設「聯合外科診所」。次女侯金柑嫁顏岫峰，早年就參與台南幫企業草創，現任環球水泥董事長。三女侯玉嫌的丈夫陳國振除擔任南紡董事，自己另在台中市有中型紡織廠「東美」，製造綿紗、混紡紗和人造棉紗，資本額已上億元。

次女侯金柑的長女顏薰齡嫁入金石堂書店周家，台南幫的親戚網可碰觸到前司法院長戴炎輝、前內政部長張豐緒等人。（參閱第九章）

大房最小的女兒侯金英，現任政治大學銀行系教授，和丈夫梁國樹均為李登輝總統的好友及幕僚。李登輝主持省府「小內閣」時，曾延攬侯金英為省府委員。一九九九年，李登輝夫婦慶祝金婚，請來五十對友人，侯金英即其中之一。

因與李登輝總統的親密關係，梁國樹始終被視作中央銀行總裁的不二人選，果然於一九九四年六月實現，只是不幸翌年病逝於任上。梁國樹為范德堡大學經濟學博士，曾任台大經濟系教授。直到一九七三年，初次被延聘擔任行政院研考會副主委，從此久浸官場，歷任央行副總裁、省屬第一商銀、彰化銀行董事長及交通銀行董事長。

梁國樹的胞弟梁國源也專攻經濟，原任清華大學經濟系教授，後也投身政府工作，出任行政院公平交易委員會委員，屬政務官職。

第十六章

陳由豪與台南林家

林錫山、葉廷珪、劉闊才家族

陳由豪家系

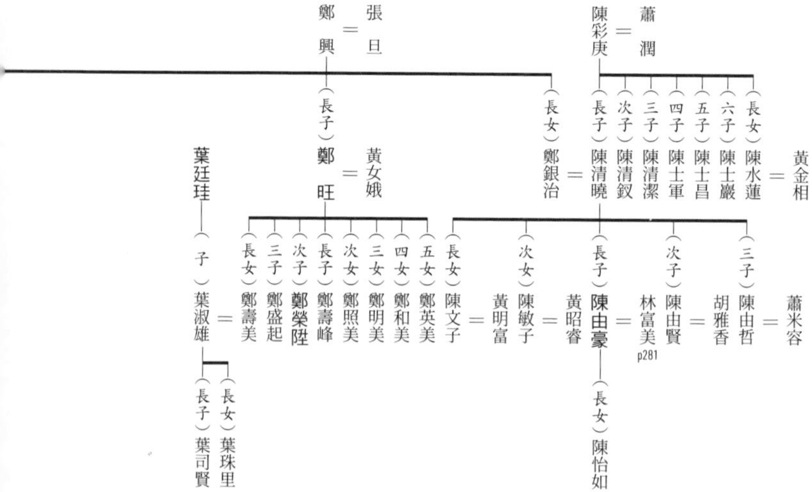
鄭興＝張旦
陳彩庚＝蕭潤
(長子)鄭旺＝黃女娥
(長女)鄭銀治＝(長子)陳清曉
(次子)陳清釵
(三子)陳清潔
(四子)陳士軍
(五子)陳士昌
(六子)陳士巖
(長女)陳水蓮＝黃金相
葉廷珪
(子)葉淑雄＝(長女)鄭壽美
(三子)鄭盛起
(次子)鄭榮陞
(長子)鄭壽峰
(次女)鄭照美
(三女)鄭明美
(四女)鄭和美
(五女)鄭英美
(長女)陳文子＝黃明富
(次女)陳敏子＝黃昭睿
(長子)陳由豪＝林富美
p281
(次子)陳由賢＝胡雅香
(三子)陳由哲＝蕭米容
(長女)陳怡如
(長女)葉珠里
(長子)葉司賢

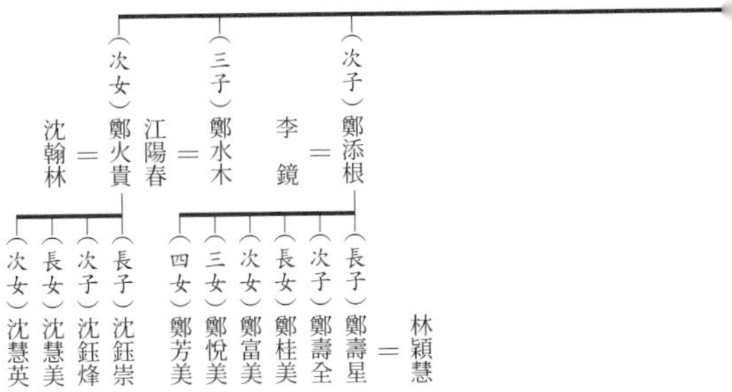
（次子）鄭添根 ＝ 李鏡
（三子）鄭水木 ＝ 江陽春
（次女）鄭火貴 ＝ 沈翰林
（長子）鄭壽星 ＝ 林穎慧
（次子）鄭壽全
（長女）鄭桂美
（次女）鄭富美
（三女）鄭悅美
（四女）鄭芳美
（長子）沈鈺崇
（次子）沈鈺烽
（長女）沈慧美
（次女）沈慧英

台南林家家系

林老火

- （長子）林全金 ＝ 陳不纏
  - （長子）林錫池 ＝ 楊英英
    - （長女）林桂朱 ＝ 劉國昭 p281
    - （子）林展川
  - （次子）林錫連
  - （四子）林宏志
  - （五子）林錫根
  - （六子）林錫榮
  - （三子）林錫山 ＝ 王秀蓮
- （長女）林香吟
- 劉麟賜 ＝ （次女）林秀
- 楊克智 ＝ （三女）林怡秀
- 林嫦娥
- 黃河
- 蘇麭 ＝ （次子）林全福
  - （九子）林錫泉
  - （八子）林八郎
  - （七子）林錫南
  - （六子）林錫珍
  - （五子）林錫東
  - （長子）林錫瑞 ＝ 高靜雅
    - （長子）林宏銘
    - （次子）林宏鍊
  - （次子）林鎰川
  - （三子）林錫俊
  - （四子）林錫湖
- 宋美 ＝ （四子）林全義
  - （長子）林錫雲
  - （次子）林錫降
- 陳瑞菊 ＝ （五子）林全成

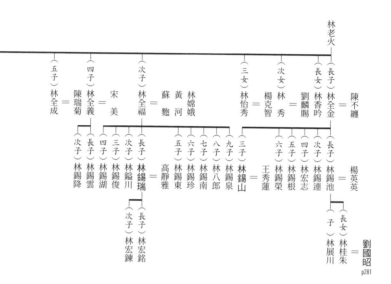

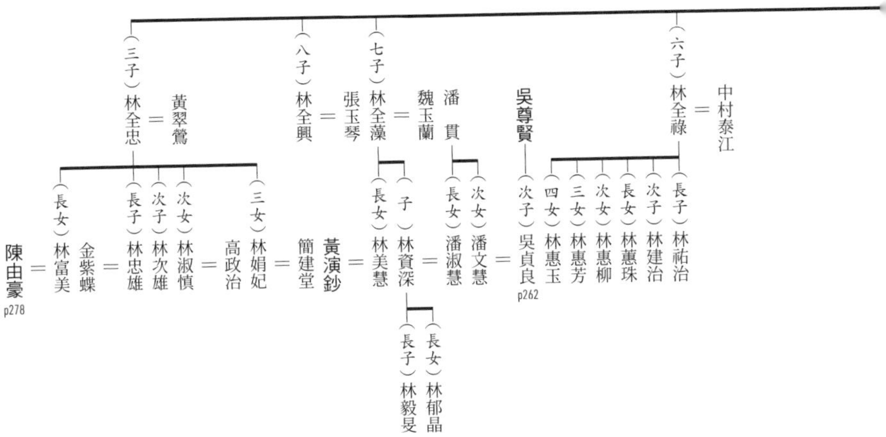
（六子）林全祿＝中村泰江
（長子）林祐治
（次子）林建治
（長女）林蕙珠
（次女）林惠柳
（三女）林惠芳
（四女）林惠玉
吳尊賢
（次子）吳貞良＝（次女）潘文慧
p262
潘貫
（長女）潘淑慧
（七子）林全藻＝魏玉蘭
（子）林資深＝潘淑慧
（長女）林郁晶
（長子）林毅旻
（長女）林美慧＝黃演鈔
（八子）林全興＝張玉琴
（三子）林全忠＝黃翠鶯
（三女）林娟妃＝簡建堂
（次女）林淑慎＝高政治
（次子）林次雄
（長子）林忠雄＝金紫蝶
（長女）林富美＝陳由豪
p278

劉闊才家系

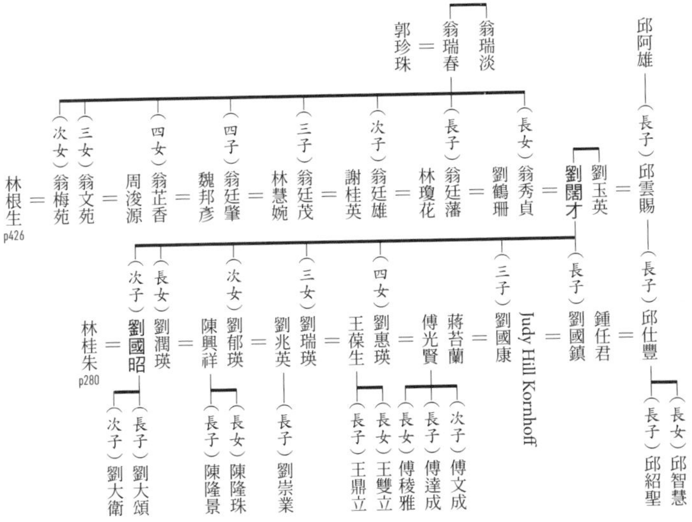
邱阿雄
（長子）邱雲賜＝劉玉英
（長子）邱仕豐＝鍾任君
（長女）邱智慧
（長子）邱紹聖
劉闊才＝（長女）翁秀貞
翁瑞淡
翁瑞春＝郭珍珠
（長子）翁廷藩＝劉鶴珊
（次子）翁廷雄＝林瓊花
（三子）翁廷茂＝謝桂英
（四子）翁廷肇＝林慧婉
（四女）翁芷香＝魏邦彥
（三女）翁文苑＝周浚源
（次女）翁梅苑＝林根生
p426
（長子）劉國鎮＝Judy Hill Kornhoff
（三子）劉國康＝蔣苔蘭
（四女）劉惠瑛＝傅光賢
（次子）傅文成
（長子）傅達成
（長女）傅稜雅
（三女）劉瑞瑛＝王葆生
（長女）王雙立
（長子）王鼎立
（次女）劉郁瑛＝劉兆英
（長子）劉崇業
（長女）劉潤瑛＝陳興祥
（長女）陳隆珠
（長子）陳隆景
（次子）劉國昭＝林桂朱
p280
（長子）劉大頌
（次子）劉大衛

東帝士集團總裁陳由豪和台灣政商權貴姻親大集團連上線，並非直接關係，而是經由太太出身的台南林家，和前立法院長劉闊才有姻親關係，也和中研院院士潘貫有姻親關係，潘貫又與台南幫企業集團的吳尊賢為兒女親家。

先從劉闊才切入，來觀察這個地屬邊陲、自成姻親圈的政商關係網。

一九六九年十二月二十日是前立法院長劉闊才一生歷史上最值得記憶的日子。那一天，立委增補選開票，劉闊才勇奪候選人冠軍，拿下五十五萬九千三百四十六票。隨後，一九七二年，他開始出任台籍第二位立法院副院長，一連十七年。十七年副院長的基礎，讓他當然接替倪文亞退職後的遺缺，當上台籍、也是客家籍的第一位立法院長。

一九六九年辦理增補選之前，台灣已超過二十年沒有再辦中央民意代表選舉，抽象點說，台灣人喪失基本的「民權」，已有二十年。民心望雲霓，反映到選票上，選舉結果自是受到國民黨當局重視。

此次選舉和先前、之後的立委選區都不同。全台只分三區：台省一區（含台中縣市以北九縣市）、台省二區（彰化以南、澎湖、花東，共十一縣市）和台北市。劉闊才的總票數會逼近五十六萬，原因就在選區超大。台省一區第二高票的李儒聰，出身瑞芳礦主李建興家族，財勢和聲望都高，卻也落後劉闊才十三萬多票。

早年國民黨對拿奇高票數的台籍政治人物都另眼看待。一九四七年，吳三連競選國大，拔得頭籌，拿全台最高票，立即震撼蔣介石，因而有請其擔任台北市長之舉。而劉闊才的時機更巧妙。一九六九年底已是蔣介石政權末期，蔣經國連續擔任國防部長、行政院副院長，接掌政權的態勢已明顯擺出來。蔣經國注重省籍生態平衡，正逐步啟用台籍人士。在兩個有利的條件下，一九七二年五月，蔣經國出任閣揆，立法院也改組，正副院長省籍配對，劉闊才就雀屏中選。

劉闊才為苗栗人，但與台省一區的台中縣市也頗有淵源，他的連襟林根生出身霧峰巨門林家。劉闊才的岳父翁瑞春是日治時期極活躍的醫政商人物。早年，當醫生，就有「知識」的專利，得任公職。醫生收入豐，跨進商場，也很順當。翁瑞春自總督府醫學校畢業後，一方面在台北市太平町開醫院，一方面擔任台灣軌道株式會社、台灣農林株式會社取締役（董事），又是東南拓殖株式會社社長。於是，政治地位隨之而來，做過家鄉新竹州協議會員，在台北發跡，又出任台北市協議會員。

劉闊才的太太翁秀貞是翁瑞春的長女，日本名「秀子」。由於父親有崇高地位，得考進日本女學生居九成以上的台北第一高女。她的大妹「梅子」翁梅苑更是第一高女畢業第一名的才媛。畢業隔年便嫁霧峰豪族的林根生。

林根生的祖父林文察為霧峰林家發跡致富的靈魂人物。林文察協助平定太平天國之亂有功，晉任福建陸路提督，因而再得樟腦專賣特權。林文察獲致的功名也是清朝時代台灣人中第二大者，僅次於太子少保王得祿。（參閱第二十四章）

一九六九年增補選立委以前的劉闊才，出生醫生之家，京都帝大法科畢業，日本時代做過律師，戰後當選首屆參議員，改制省議會後再任省議員，共十年。其間，一九五六年到一九六三年又擔任過七年省府委員，才投入立委競選。從經歷表上看起來，劉闊才一帆風順，實際上，他也差點兒栽在二二八事件。親戚關係發揮了作用，救了他一命。

二二八前後，台灣各地紛亂，劉闊才時任省參議員，和鍾建英（曾任苗栗鎮長）、苗栗建台中學師生時常聚會。警總查獲校中藏槍，劉闊才等人都被抓走。這時，劉闊才的媽媽循線找到親戚劉定國。劉定國出身陸官十一期，當時正由中國返台不久，服務於省保安司令部參謀處，是參謀長柯遠芬的手下。二二八事發，柯遠芬指派劉定國為新竹防衛指揮官，綏靖桃竹苗客家地區。劉定國的姊夫邱雲鵠和劉闊才唯一的姊夫邱雲賜是堂兄弟，邱雲賜拜託劉定國救人。劉定國說，當時「我不認識劉闊才」。由於親戚相託，劉定國在法院做證，說是「兵力不夠，叫劉闊才他們組織學生軍，協助防衛」，劉闊才才逃過一劫。

劉闊才和劉定國這個姻親結構，即組成苗栗地方派系中的「劉派」，和黃運金的「黃派」對峙。後來，黃派分裂成「老黃」、「新黃」，劉派也分裂為「大劉」、「小劉」。劉闊才年紀大，名氣發得早，日治時期就是望重地方的律師，被稱為「大劉」；劉定國被稱為「小劉」。二劉後來因地方政治恩怨而反目。

劉定國擔任過第二、三屆苗栗縣長。他曾參與了苗栗縣選舉史上最變化多端的一場選舉。一九五〇年第一屆縣市長選舉，劉定國即參選。當年選舉制度和現在的差異，不能以道里計。全台二十一縣市，不在同一天投票，分成前後六期，而且，得票數必須超過總投票數一半才能當選。後一項辦法搞得選情大亂。需要重行投票的縣市共十三個，苗栗縣也是其一。重行投票的結果，劉定國當選，並已於五月一日就職。苗栗黃派祖師爺黃運金和選民林火旺、黃玉山卻控告當選無效，因依選罷法規定：「現役軍人不得參加競選。」五月三日，高院判決劉定國確仍具軍人身分，當選無效。省主席吳國楨立即命令劉定國移交，由老縣長鄧仲演暫代。這樁判決創下台灣第一件選舉無效的案例。也開啟苗栗劉黃兩派派系惡鬥的序幕。

重行複選又告難產。原定七月八日再行投票，但投票人數不及公民數一半。只好再定七月二十二日第四度投票，才選出頭份鎮的賴順生。

到此時為止，二劉關係仍然緊密。劉定國先前離台去中國讀軍校，回台初期，又身居高層官僚，和家鄉較生疏。初次回苗栗競選縣長，劉闊才還熱心幫忙抬轎。無奈現役軍人身分，觸法無效，和縣長擦身而過。

等三年後，劉派捲土重來。一九五四年，劉定國當選縣長，大家群聚陽明山一家餐廳，擺慶功宴。席上，劉闊才有意指派自己的人馬擔任縣府主任祕書，劉定國則要接受黨部推薦的人選，雙方言語不和，拍桌、翻桌接連演出，從此，二劉分道揚鑣，連親戚關係也彌補不回政治間隙。

劉定國連任兩屆縣長，之後，在軍人小內閣、陳大慶省主席任內擔任省府委員。正當陳大慶已告知劉定國準備接任省社會處長時，陳大慶不知道自己的烏紗帽已經飛了，由謝東閔接替了他的位子。劉定國失去軍人族群的庇護，轉任省訴願會主委閒差，政治生涯漸趨清淡。不過，在苗栗「小劉」派系中，仍具發言分量。前任苗栗縣議長林火順即出身「小劉」派。

劉定國與劉闊才關係的中介站為邱家兄弟，邱雲興、邱雲鵠、邱雲賜都是堂兄弟，邱雲興居長。邱家從日治時起，即為苗栗地方的清望世家。邱雲興畢業於總督府國語學校師範部，是最早一輩學會日語的台灣人，這一身分背景的人大多得到政權興替的甜果，擔任地方官職。邱雲興先在苗栗的公學校當訓導，不久就獲日人青睞，出任銅鑼灣庄長，接著又當選新竹州會議員。

邱雲興的長子邱仕榮就讀台北帝大醫學部，獲台北帝大醫學博士學位，戰後曾任台大醫院院長八年，任內籌建台大校友會館，臨終前還是台大校友總會理事長。他的長子、長媳、三婿都當醫生。

劉闊才的姊夫邱雲賜也習醫，就讀台北醫專，擔任過苗栗街協議會員。他的長子邱仕豐是劉闊才唯一的外甥，小劉闊才二十歲，大劉闊才次子劉國昭立委十二歲，一度銜接劉氏父子的年齡間距，出馬競選，一九六六年當上省議員，一九七二年起兩度選上立法委員。

邱仕豐在政壇無特出紀錄，但政壇議員中，能像他擁有輝煌學歷者，沒有第二人。三十三歲獲日本東京帝大醫學博士，四十九歲又摘下日本大學法學博士。創辦了苗栗縣私立仁德醫校，並在台北市建國北路一段開設「建生醫院」。

劉定國的姊夫邱雲鵠不遑多讓，不僅是醫生，而且還是台北帝國大學的醫學博士。

累代醫生是台灣世家的特徵之一，劉闊才的長子劉國鎮就在美國行醫。劉闊才有三子四女，次子劉國昭繼承了他的政治及事業。

劉闊才也是腳跨商場的台籍政客。他最早的公司「遠東電器」和日本技術合作，生產電話機和小型交換機，主客戶為交通部電信總局。

劉闊才早年另創立台灣吉悌電信公司，劉國昭為現任吉悌的董事長。有吉悌電信的事業根基，劉國昭得以晉任電工器材同業公會理事長。先前還和台南統一企業的高清愿爭奪工總理事長寶座，不接受國民黨勸退。此刻劉國昭正在向上掙扎奮鬥。

權貴第二代的奮鬥與凡眾不同，他們不能僅僅維持既有局面，因為現有的局面由父執輩政經資源累積而成，一旦父輩逝去，這些資源又承接不上，便要面臨崩潰或衰微。拿劉國昭來說，劉闊才已於一九九三年五月去世，往後一切全得靠自己。他的政治地位僅局限苗栗派系，目前僅僅以派系龍頭，勉強據一席不分區立委，已不及父親。加上客觀環境愈趨開放競爭，愈不利吉悌的擴張。再者，劉家主事業的規模遠不及台泥、大同、台塑、統一等集團，根底尚未堅穩。若能搶下工總龍頭，江山就定下一大半，往後可以再圖謀擴充政經地盤。

劉國昭敢出馬競逐工總理事長，絕非僅靠已逝的國會議長父親。從妻子林桂朱觸及的親戚群，統括財團霸主、財經要員和地方勢力。林桂朱的父親是前台鳳公司董事長林錫池（一九八一年就任），她的親叔叔林錫山曾任台南市長，她的幾位叔公歷任省議員、市議員；最小的叔公林全興當選過台南市議長。前經濟部國貿局長、現任駐比利時代表黃演鈔和東帝士集團的龍頭陳由豪都是她的堂姑丈，換句話說，黃演鈔和陳由豪都娶了林家千金。

說了一大串親戚的名字，就約略知道，姓林的這戶人家，跨越政商兩界，來頭不簡單。

林桂朱的祖父林全金有八個兄弟，林全金居長，和老二林全福共創林家事業。日本時代，林全福讀台南市第二公學校畢業後，進入日商鈴木商店學習，七年後自立「福泰商行」。林全福活躍敢為，到澎湖馬公創設「澎湖製冰株式會社」，又去台東從事製藤事業，最後在家鄉台南市創立「台南冷藏製冰」、「台南州黃藤」、「台南飲料水製造」等會社，也和日本人合資「台南乘合自動車」會社。包含飲料、貨客運輸的家族本業，一直傳承到戰後。

林全金的長子林錫池便經營知名日本品牌「可果美」和「可爾必思」的台灣分公司，一度入主謝成源、黃成金兄弟的台鳳公司，擔任董事長。林錫池的兒子林展川現任可果美公司董事長。在結合眾多政商大家族資金的國賓大飯店，林展川也任一席董事。

相互交織的投資合作，是台籍財閥家族的關係模式之一，林家二房的長子林錫瑞，本業有台灣花王、國際汽車等等，但也有資金參與新海瓦斯，由妻子擔任董事。新海瓦斯主要投資財閥有台南幫、新光吳家及北企前董事陳逢源家族。林錫瑞的太太高靜雅和李登輝夫人一樣，出身台北第三高女，私誼篤善，李登輝金婚喜宴上，林錫瑞夫婦是五十對賓客之一。

老四林全義創辦興南汽車客運，又任台南客運常董、台灣省汽車聯合會理事長，是林家經營運輸業的繼承者。

林家兄弟發跡歷程和永豐餘集團的何傳三兄弟頗為神似。他們都是台南人，由手足搭檔「演出」，沒有輝煌家世、學歷，先入日本人的會社學習做生意起步。到了戰後，也都有兄弟從政，當民意代表。林家老四林全義、老六林全祿、老么林全興都有議員經驗。

林全義當選過台南市參議員、南區區長、臨時第二屆省議員。林全祿畢業於明治大學法學部，連任兩屆台南市議員。接續四哥林全義，當選臨時第三屆與第二屆省議員。那時候，台南市省議員名額只有兩席，林家政治勢力可見一斑。

林全興畢業於早稻田大學，六哥林全祿前腳選上省議員，他後腳當選台南市議員，並且在一九六一年蟬連時，當上市議會副議長。又三年，更升任議長。連戰為競選總統預做準備，以祖籍台南市為根據地，在台南市租一老宅院定居，即為林全興的舊邸。

林家第二代中，老大林全金的三子林錫山，於一九六三年其六叔林全祿不考慮再選省議員時，曾企圖接棒，不幸敗北落選。一九六八年市長選舉，獲國民黨提名，輕易擊潰市議員出身的魏東安而當選。在他之後，才有張麗堂、蘇南成等繼任台南市長。

現任立委也有一位林錫山，但此林錫山非彼林錫山，劉國昭不能叫他叔叔；立委林錫山是彰化人，和台南市長林錫山年齡相距二十歲以上。

一九七二年，台南的林錫山不競選連任，林家便從政壇退潮，恰巧蔣經國時代揭幕，不少新一輩台籍政客如春筍冒出頭，如吳伯雄、高育仁、柯文福、蘇南成、陳孟鈴，都在這年縣市長選舉中出線。

巧的是，黃演鈔和陳由豪的岳父都不是林家八兄弟中的政客。黃演鈔的岳父林全藻排行第七，陳由豪的岳父林全忠是老三。林全藻一直幫助哥哥們經商，林全忠則是京都帝大畢業的醫學博士，在台南市開設博愛醫院。算起來，黃演鈔和陳由豪是堂連襟的關係，黃演鈔又是陳由豪台大經濟系的學長。

黃演鈔擔任過經濟部商品檢驗局局長，許柯生升任經濟部常次，黃演鈔才接任國貿局長。一九九五年改任駐比利時代表（大使銜）。

黃演鈔早年考取外交官，第一次外放，派駐義大利大使館三祕，就一直「人在歐洲」，長年擔任經濟部駐瑞士辦事處主任，一九八三年改調駐紐約投資貿易服務處主任，一九八六年才回台灣出任商檢局局長。黃演鈔和前國貿局長許柯生際遇相似，過久的駐外，拖延了仕途，遲至年近六十，才熬出頭。

黃演鈔的舅子林資深，娶知名台籍學者、中研院院士潘貫的長女，潘貫的次女則嫁台南幫吳尊賢的兒子，黃演鈔因而與台南幫有滿近的姻誼。（參閱第十五章）

東帝士集團本身即是一個由姻族合作形成的財團。陳由豪的父親陳清曉結合大舅子鄭旺的資金，共創東豐紡織公司，近四十年後，蔚成名列前茅的企業財閥。

鄭旺原本家境平平，以養殖魚塭維生。十六歲時赴日本神戶打天下。經過三十年耕耘，在日本三重縣伊勢灣、廣島、九州，廣設養珠場，外銷珍珠到歐美，賺進大筆財富。一九六三年，躍升日本僑領，當選神戶華僑總會會長。台灣島內早傳「鄭旺」的盛名，封他為「珍珠大王」。

一九五〇年代初期，台灣官民資本都很貧乏，政治不穩定，外國資本望之卻步，政府轉向大力鼓吹華僑資本回台灣。一九五六年，鄭旺開風氣之先，在台南縣仁德鄉設廠，製造人造棉。後又創東和染織廠，再合併二者為東和紡織印染公司，這時，鄭旺掛名董事長，事業重心仍在日本，東和紡織的實際負責經營就委由妹夫陳清曉。

台南市首屈一指的觀光飯店「台南大飯店」，也由這對大舅子、妹夫創立。一九八一年，陳清曉輕微中風，退居第二線，一九八三年鄭旺病逝，兩家均改由第二代接手，目前已近乎分家。鄭家操控東和紡織及台南大飯店。鄭旺次子鄭榮陞與鄭旺大弟鄭添根的長子鄭壽星分任兩公司董事長。

陳清曉一支由陳由豪領軍，率兩位弟弟陳由賢、陳由哲，攜手大姊夫黃明富開創東帝士集團。陳由豪手腳很快，敢於賭注，不斷侵入各種行業，除紡織屬本行外，舉凡營建、汽車、百貨、倉儲、石化、觀光旅館、水泥、家電，東帝士無不「與役」，成敗互見。這種豪邁型的投資手法，令人想起新光集團的創辦人吳火獅。

台南縣市地方有很多個「台南人」政商姻親集團。台南幫裡的吳修齊和侯雨利家族，再加上永豐餘集團、林商號的林自西、蔡愛義醫生家族，共同組成一個關係大網。另一個集團便以前台鳳董事長林錫池為中心，結合陳由豪的家族而成，這一集團比前者的政治性強，除林家成員有出任台南市長外，還有一位台南市長姻親。

這個關係由陳由豪的舅舅鄭旺衍伸出去。鄭旺的長女鄭壽美嫁前台南市長葉廷珪的兒子葉淑雄。葉廷珪於日治時期，就是台南地方知名士紳，就讀明治大學法學部，專攻憲法。葉廷珪的興趣不像當時貴族士紳的「騎馬」或「音樂」，而是養軍犬，和他瀟灑俊美的臉龐不很搭調。日治後期，葉廷珪曾當選台南市會議員。戰後，當選第一、三、五屆台南市長。

第十七章

簡又新與台南黃家

汐止陳家、台南楊蘭洲家族、黃欣、林呈祿家族、郭廷俊、陳振能

台南黃家家系

黃江

- （長子）黃欣
  - （次女）黃阿嬌 ＝ 陳紹馨
  - （四女）黃棠華 ＝ 嚴克昌
  - （三女）黃婉華 ＝ 蔡西坤
  - （長女）黃灼華 ＝ 楊必得 p295
  - （六子）黃天驥 ＝ 楊素月
  - （五子）黃天育 ＝ 黃麗年
  - （四子）黃天益 ＝ 董梨
  - （長子）黃國仁⊗
  - （次子）黃委和⊗
  - （三子）黃天民
- （次子）黃溪泉 ＝ 蘇添愿；李金基 ＝ 黃溪泉
  - （長子）黃天縱 ＝ 林寶葉；高雅美 p313 ＝ 黃天縱
    - （長女）黃美幸 ＝ 楊次雄
    - （次子）黃博正
    - （長子）黃志鴻

江愛 ＝ 陳定國

- （次女）陳紹習
- （長女）陳紹琴
- （三子）陳紹經
- （長子）陳紹馥
- （次子）陳紹馨

楊蘭洲家系

呂阿昌 p195 ── （次子）呂天爵 ＝ 蔡啟愉

蔡法平

- （四女）蔡啟愉
- （女）蔡啟懷 ＝ 林坤鐘 p228、林濬哲
- （子）蔡啟恆
- （長女）蔡啟怡 ＝ 楊蘭洲

- （三子）楊蘭洲
  - （次女）楊明娟 ＝ 顏吉霖 p348
  - （長女）楊靜娟
  - （次子）楊時清
  - （長子）楊時光
- 黃榮泰 ＝ （五女）楊藍銀
  - （次女）黃瑞玉
  - （長女）黃滿玉
  - （長子）黃武正
- 劉燦津 ＝ （四女）楊藍菊
- 鄭瑞麟 ＝ （三女）楊藍水
  - （五子）鄭輝明
  - （四子）鄭光明
  - （三子）鄭俊明
  - （次子）鄭英明
  - （長子）鄭安生
  - （長女）鄭芳美
- 許鶴年 ＝ （次女）楊藍磐
  - （長女）許月娥
  - （長子）許文華
- 林耕陽 ＝ （長女）楊藍玉
  - （次女）林瓊櫻
  - （長女）林瓊鳶
  - （長子）林永銘

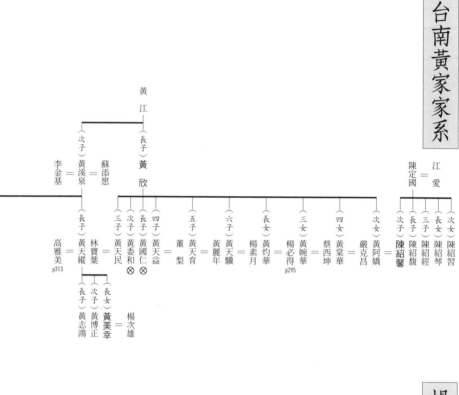

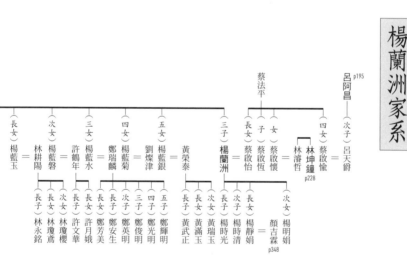

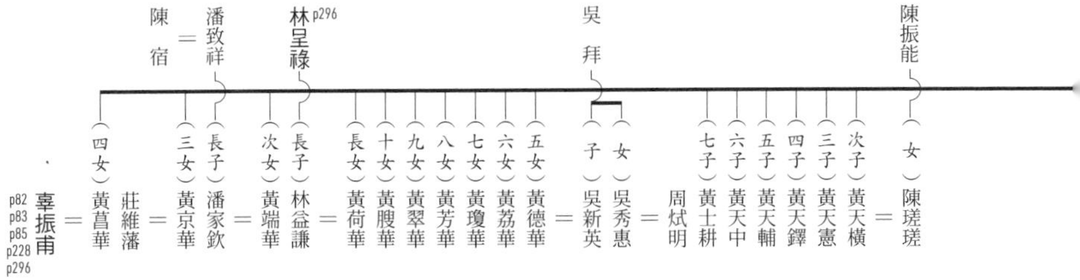
陳振能
（女）陳瑳瑳
黃天横
（次子）
（三子）黃天憲
（四子）黃天鐸
（五子）黃天輔
（六子）黃天中
（七子）黃士耕
周烒明
吳拜
（女）吳秀惠
（子）吳新英
黃德華
（五女）
（六女）黃荔華
（七女）黃瓊華
（八女）黃芳華
（九女）黃翠華
（十女）黃腴華
（長女）黃荷華
林呈祿 p296
（長子）林益謙
（次女）黃端華
陳宿
潘致祥
（長子）潘家欽
（三女）黃京華
莊維藩
（四女）黃莒華
p82 p83 p85 p228 p296 辜振甫

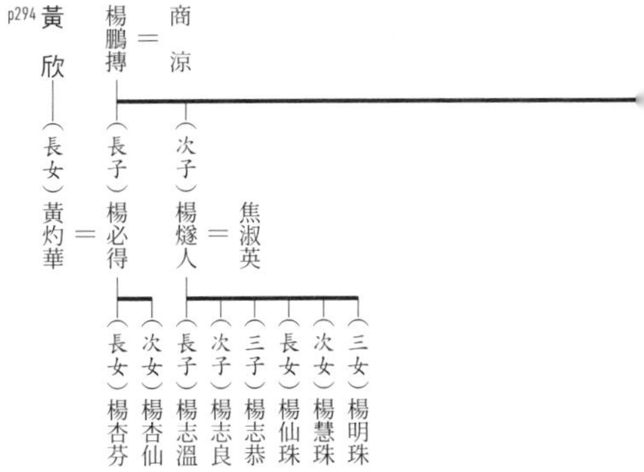
p294 黃欣
（長女）黃灼華
楊鵬摶
商涼
（長子）楊必得
（次子）楊燧人
焦淑英
（長女）楊杏芬
（次女）楊杏仙
（長子）楊志溫
（次子）楊志良
（三子）楊志恭
（長女）楊仙珠
（次女）楊慧珠
（三女）楊明珠

林呈祿家系

- 林振威
  - （次子）林呈禎 ＝ 呂唇
    - （長子）林金磚 ＝ 卓守
    - （次子）林煥清 ＝ 楊尾
    - （三子）林崇基 ＝ 劉延
    - （五子）林煥堂
  - （四子）林呈祿 ＝ 邱誠
    - （長女）林妙 ＝ 郭幼柏
    - （長子）林益謙 ＝ 黃荷華 p295
    - （三女）林秀珍
    - （四女）林素珍
    - （五女）林少薰
    - （次女）林時櫻 ＝ 簡建動
      - （次子）簡又新 ＝ 王圭容
        - （長女）簡儀
        - （次子）簡公泰
        - （長子）簡公亮

- 郭廷俊
  - （長女）郭碧玉 ＝ 黃逢春
  - （長子）郭幼柏

- 黃玉麟
  - （次子）黃逢平 p87 ＝ 辜津治
  - （三子）黃逢源
  - （長子）黃逢春

- 辜振甫 p82 p83 p85 p228 p295、辜津治

- 黃荷華 p295、黃菖華 ＝ 辜振甫

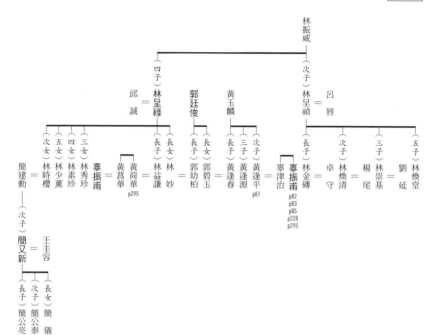

台大機械系畢業後，一九七三年，簡又新取得紐約大學航太工程博士，旋即返台，在淡江教了十年書擔任工學院院長多年，接著以第一高票當選台北市區域立委，而後陸續出任第一任環保署長、交通部長及駐英代表。目前為總統府國家安全會議諮詢委員。

一九九七年底，簡又新從倫敦返回台北，曾與外交部長一職擦身而過。現在，雖非獨當一面，但人在總統府，仍可窺知李登輝總統對簡又新的賞識。特別在他駐節英國近五年期間，多有突破，除邀得英國前首相、副首相和百餘位國會議員訪台，以及台灣對英貿易、旅遊、留學生人數大幅成長之外，更邀請到英國女王赴蘇格蘭，為台灣的中華映管公司主持開幕按鈕；國家元首親自出席並主持這類活動，在台灣與G7等大國的務實外交上，史無前例。

一九九二年轟動一時的「十八標」案，已經司法判決及監察院調查，證明不是個弊案，而且反轉成台灣公共工程全面公開招標的第一塊試金石。負責施工的公司因十八標工程品質優良而獲得ISO 9002認証，更節省公帑十七億多元，幾乎是接近原底價的一半。簡又新因斷人財路而惹來一片烏雲，但烏雲已漸散去，他在政壇的後勢仍可預期。

簡又新出身桃園大溪，但童年在南台灣長大。他的父親簡建勳畢業於日治時期最好的中學「台北高等學校」，繼而台北帝大。戰後歷任台糖各地糖廠的廠長。簡又新的外祖父林呈祿則是台灣史上鼎鼎大名的抗日派民族運動家，與台灣抗日史不可分割。台灣島上所謂「抗日」，屬於溫和的文鬥，與中國的武力抗日不同。台灣議會設置請願運動是其中犖犖大者。這項運動的名稱有日文文法的味道，換成中文，意思應該是請願設置台灣議會的民主運動。台灣當時素孚民望的領袖人物林獻堂、楊肇嘉等多人，前後共十五次前往東京，向帝國議會請願給予台灣人民選議員的權利。林呈祿留學日本，讀明治大學高等研究所，之後長年留住東京，多次與役，陪同前去日本國會遞交請願書。此舉激怒台灣總督府，林呈祿因此被捕，坐過幾個月牢。

類似今天的民進黨，曾因美麗島事件入獄的元老，黨內資望倍高。他們稱之為「受難」。林呈祿聲望崇隆尚不只此。抗日派的文宣機器，全由林呈祿掌握。反抗殖民統治、啟迪民智、爭取政治民主，抗日派一直有自辦報紙，受到總督府刁難，多次變更名字，但仍自成一個世系。它們先後為台灣青年、台灣、台灣民報、台灣新民報、興南新聞、台灣新報，一脈相延二、三十年。林呈祿不是擔任總編輯，就是總主筆。

日治末期，林呈祿受盛名之累，總督府亟思拉攏，封賞追著來。一九四五年四月一日，林呈祿獲聘為總督府評議員。皇民化運動搞得如火如荼時，林呈祿也被任命為皇民奉公會生活部長和文化部長，還改成日本名字林貞六。林貞六的發音約與林呈祿的閩南發音相同，隱約藏著苦衷。

在此更早之前，林呈祿的獨子林益謙已結婚。林益謙的太太黃荷華是總督府最資深的評議員黃欣的侄女。林益謙東京帝大法科畢業，司法、行政兩科高考及格，歷任曾文郡守、總督府財政局金融課長。有這種官階的台灣人鳳毛麟角，全台不及三十人。

同樣，在戰後，民族英雄的紀錄未使林呈祿獲利，二戰結束的當年十月，他的《台灣新報》被迫拱手讓給從中國回台的「半山」李萬居，李萬居當上社長，把報紙改名《台灣新生報》，他退居顧問。一九四六年，林呈祿接辦東方出版社，脫離絢爛，一九六八年，八十一歲，寂寂而終。

林益謙也不能適應朝代新變局，守著東方出版社一輩子。據親近的人說，他不會北京話，閩南話也不如老一輩台灣人順暢，日語則是「一級棒」。他的次子林仲光還獲准進入戰前專為日本貴族子弟而設的「學習院」就讀，林家自林益謙以下，似乎與舊帝國更接近些。

林呈祿除與抗日派有廣泛交誼之外，和日治時期的豪大世家關係也深。例如他的父親林振威原是受僱於板橋林家租館的「家長」，總管林家收取地租事宜。他的大哥林呈禎也做過林本源租館的書記。林呈祿的長女林妙嫁給郭廷俊當兒媳，郭廷俊即是板橋林家第二房的「家長」。台灣民俗權威林衡道教授曾說：「總督府視郭氏如（板橋）林家的家長許丙，為台灣的兩位大家長。每年農曆五月十三日大稻埕迎城隍，台灣總督和總督夫人都被邀請到郭家看熱鬧。」一九三〇年起，郭廷俊和許丙雙雙獲聘為總督府評議員，在台灣人中享有崇高的政治地位。

郭廷俊有一女婿黃逢春，出身桃園大溪，與簡又新及林呈祿家相同，三家之間地緣相近。黃逢春的父親黃玉麟曾任大溪街助役，即大溪鎮副鎮長。黃逢春的弟弟黃逢平正是台泥董事長辜振甫的四姊夫。黃逢平畢業於東京一橋商科大學，日治時期的商學士被公認是最優秀的，尤勝法學士。黃逢平是辜振甫父親生前非常倚重的幹臣兼家屬，關於他隨侍辜顯榮穿梭中、日、台三地，辜氏哀榮錄《辜顯榮翁傳》有很清楚的描述。他的兒子黃達夫現任和信醫院院長，仍舊在辜家旗下，占有重要地位。（參閱第三章）

簡又新和辜振甫的姻親關係，除經郭廷俊、黃逢平的路線，抵達辜家之外，簡又新的母親林時櫻是林呈祿次女，簡又新的舅舅林益謙娶黃荷華，黃荷華的親妹妹菖華，即辜振甫元配。換言之，簡又新與辜振甫有雙重的姻親關係。

辜振甫與林益謙共同的岳家台南黃家，家主黃欣、黃溪泉兄弟曾締造璀璨的家族生命。黃家發跡始於辜振甫元配的伯父黃欣。早在一九一四年，黃欣就從日本明治大學專門部畢業，回鄉投入企業界，經營農業和魚塭，很快在台南地區活躍成鉅富。

黃欣的政治地位隨之而來。一九二一年，總督府成立評議會，全台共有九位台灣人獲任為評議員，黃欣第一任即中選。九位政治新貴，只有黃欣和李延禧有留日經驗，具現代知識，其餘都是漢紳地主。評議員兩年一任，一直到一九四五年日本戰敗為止，改任數次，評議員迭有更替，但黃欣任職時間超過二十年以上，政治地位穩固。

辜振甫的岳父黃溪泉是黃欣唯一的弟弟，到日本習過牙醫，回台南並未執業，隨兄長管理家產，黃溪泉能與林呈祿、辜顯榮結成親家，因雙方早有交誼之故。拿辜顯榮來說，黃欣和辜顯榮的關係始於同任評議員。據黃欣留下的言論指出，他在第一屆評議會才認識辜顯榮。一開始他年輕氣盛，與辜顯榮常在會議上意見相左。他的直言引起別人去向辜顯榮嘀咕，辜顯榮不僅未耳根軟，反而直斥對方說，議會上本來就應公事公論，友誼是私事，黃君是為了國家才如此，公事不同意見無害於他與黃欣的情誼。自此辜黃二人感情更密。辜顯榮逝後，黃欣曾敬稱他是「嚴父慈師」。

一九二四年，辜顯榮邀請中國大儒辜鴻銘訪台講演，兩辜曾相偕到黃家的大宅園遊憩，受黃家兩兄弟款待，愈發得見兩家通好的情形。

黃溪泉的女兒各個長得脫俗優雅，有大家氣質，恐怕也必須列為原因之一。辜振甫元配黃菖華的嫂嫂高雅美曾幽默說，她第一次見到黃菖華，就被她高貴的氣質吸引，與其說她願意當黃菖華哥哥黃天縱的妻子，不如說她更想當黃菖華的嫂嫂。

辜振甫與黃菖華訂婚時，到場就有杜聰明、許丙（參閱第五、二十四章）等人，可見日本時期的上流社會非常狹窄。辜振甫結婚則在東京舉行，紀念舊照中，辜振甫右手邊一位著關東軍服的日本人，名叫兒玉友雄。他的父親兒玉源太郎是台灣第四任總督，和辜顯榮關係親善。

兒玉源太郎大將曾任內務、文部大臣，他的兒子常雄戰後曾是大日本航空公司的社長，娶原內務大臣木戶幸一的姊妹八重子，木戶幸一則又是兒玉源太郎的女婿，木戶並與前總理大臣阿部信行為兒女親家。兒玉源太郎另一子秀雄也曾位居拓務大臣、內務大臣。辜振甫與日本貴族社會交誼深，可以拿全台第一名，恐怕可以由兒玉家族管窺得知。

辜振甫曾在東京大學念過一年多，父親垂暮，奉召回台灣讀台北帝大。大二時，辜振甫已是十多家公司的董事長，但等台大畢業，他選擇到東京，當滿洲製糖公司社長的祕書，職位低，旨在見習「社長學」，時間長達四年。當時辜振甫的東京宅院被一堆日本貴族包圍，左右兩戶鄰居，一是德川侯爵，一是西鄉公爵。他這位小祕書因有貴族院議員的父親，躋身貴族住宅區。辜振甫的第一次婚姻就在富貴而充實的東京度過。

天忌紅顏，黃菖華年輕病逝，未留子女。辜振甫懷念太太，每年農曆五月六日黃菖華忌日這一天，一定在家舉行祭拜禮。不論在國外或事務多繁忙，一定趕回家，也趁此機會，邀請黃家親戚到家吃飯敘舊，數十年如一。辜振甫的太太嚴倬雲也很重禮數，對黃家人一樣熱誠接待，教子女一樣叫黃家親戚「舅舅」、「姨丈」。黃家人都說，這樣的情誼令人感動。

黃溪泉的其他女兒也多嫁入名門。二女黃端華也嫁入高雄旗後（旗津）望族潘家。黃溪泉的親家潘致祥於一九三五年擔任民選高雄州會議員，又是官選高雄市會議員。官選市會議員名額才三位，另兩位分別是葉鴻猷和高雄陳家的陳啟清。潘致祥舊名潘發，是陳啟清的哥哥、前高雄市長陳啟川元配潘繡汝的親戚。潘致祥長子潘家欽即黃家女婿。潘家欽讀日本慶應大學經濟科。慶應大學是高雄陳家不二選擇的學府，陳家親戚也不例外。

黃溪泉三女婿莊維藩則是日治時期二十九位台籍奏任官之一。日本時代，官等分敕任、奏任和判任三級，台籍敕任只有台灣第一位醫學博士杜聰明一人。全部奏任官共兩千多人，台籍只有二十九人，可見莊維藩的社政地位。

莊維藩畢業於東京帝大政治科，通過行政科高考後，一九四二年開始任官，在當上新營郡守半個月後，日本便宣布投降。戰後，在縣政府任過相當現今經建局長的位子，也曾調任農復會，不幸五十歲病逝。

前台北市長吳三連於戰後回台灣，國民黨沒什麼人知道他的母校日本一橋大學是全日本最有名的商科大學，加上吳三連的父親是鄉下人，吳三連毫不惹眼。等國大代表一選，吳三連受學甲同鄉台南縣議長陳華宗支持，勇奪全國最高票，二十三萬一千六百六十三票，嚇壞國民黨。不久，蔣介石要吳三連出任台北市長，吳三連避走關仔嶺。這時就是由莊維藩和楊蘭洲去勸他下山出馬。吳三連頗欣賞莊維藩，視莊為其在台南地區的接班人。

黃溪泉五女黃德華嫁前台大公共衛生研究所所長吳新英，她的公公吳拜是早期的「黨外」。一九五七年第三屆縣市長選舉，吳拜投入台南縣戰場，和國民黨提名的胡龍寶對壘。同時間初次出現的「黨外」還有高雄縣余登發（現任高雄縣長余政憲的祖父）和台南市的葉廷珪。余登發和吳拜一樣，慘遭敗北。

吳拜的女兒吳秀惠課業優異，畢業於台大醫科，夫婿周烒明也是台大醫科，兩人留美時結婚，雙雙成為台獨聯盟的要角，分別創設北美台灣婦女會、北美洲台灣人醫師協會。周烒明一九三〇年生於日本，父親周耀星戰前畢業於東京商科大學，在日本通過文官行政科與司法科考試，典型的菁英，戰後返台擔任律師。

黃溪泉次子黃天橫的岳父陳振能則與板橋林家關係密切。板橋林家各房的地產和事業都很龐大，各房均必須有「家長」統管財務，陳振能為林熊光一房的「家長」。日本人橋本白水所著《台灣統治の功勞者》書中，列舉二十一位台灣人為功勞者，大部分都是大家族的代表人物，中間夾有三位板橋林家家長，林熊徵一房的張園、林熊祥一房的汪明燦和林熊光一房的陳振能，稱呼他們是「賢佐」、「幕賓」。陳振能入掌林熊光房總管時，林熊光還年幼，陳振能把鉅萬財富管理完善，被人稱道。

林家家長的地位非比尋常。例如林熊徵的「家長」許丙聰明圓融過人，與日本權貴交善，最後獲任為貴族院議員。張園和陳振能也都擔任過台北市會議員。黃天橫即娶陳振能的女兒陳瑳瑳。黃天橫除經營事業外，業餘潛心蒐集和研究台灣日治時期歷史，長年為台南文獻會委員。凡是台灣史研究者多要到黃府拜拜碼頭。他的情形和林衡道相同，出身世家，對當年歷史和人物較一般人熟稔，那會是他們生活的一部分，對許多人與事如數家珍。

黃欣和弟弟一樣，也有琳瑯滿目的親家子婿。最知名的是次女黃阿嬌嫁台灣第一位社會學博士陳紹馨。這樁婚姻由黃家好友辜顯榮擔任介紹人。黃阿嬌生於一九一二年，出身富豪巨門，如此年齡的女性才能留學日本，畢業於日本實踐女子專門學校英文科。高學歷↓嫁博士丈夫↓維持上流階級地位，黃阿嬌的良性循環發展是台灣老家族子女際遇的普遍典型。

陳紹馨的父親陳定國是台北汐止的商紳，日治時曾任汐止街長（相當於現在的鎮長）和台灣商工銀行監察役（監察人）。日本投降後，一九四九年三月，商工銀行被接收改組成省營第一商銀，陳定國是第一屆民股董事。一九四六年未實施地方自治前，各縣市有參議員選舉，陳定國曾擔任台北縣參議會議長。

日本時代，能留學東瀛的台灣人十之八、九屬地主世家子弟，陳紹馨亦然。自東北帝大法文學部畢業，陳紹馨曾留校擔任研究室助手，一九三六年回台灣經營家族的農場，暫與學術分途。陳紹馨的父親陳定國和樹林巨紳黃純青在兩個朝代都曾任地方要職，戰前即有往來，常有詩篇唱酬。陳定國七十歲生日時，黃純青曾賦詩，中有「交游二世同風味，祇愛書香未厭禪，競世無心俗慮稀，趨庭人羨舞萊衣，稱觴敬頌期頤外，且為邦家萬歲祈」。

二代交情之說，指的應是陳紹馨和黃純青之子黃得時。陳黃二人即在中日戰爭打得最熾熱的一九四一年，和幾位思想開明的日本人創辦《民俗台灣》月刊，研究台灣風俗習慣。此舉與日本皇民化政策相左，警務局曾干預施壓過。等一九四五年十一月，台大首任校長羅宗洛接收台北帝大，由林茂生、陳紹馨和黃得時負責接收文政學部和預科。兩部研究室都遭轟炸，一下雨，書籍浸濕，陳紹馨和黃得時就一本一本撿回來整理。之後，兩人雙雙進入台大文學院擔任教授。

陳紹馨專研人口學，一九五七年提出的《台灣的社會變遷與人口變遷》，獲日本關西大學博士學位。也專研過台灣的姓氏、宗族和宗親會等等。一九六〇年，和外省籍社會學者龍冠海等人創立台大社會系。

黃欣的三女嫁京都帝大法學系畢業的蔡西坤。蔡西坤戰後由連襟陳紹馨引介，曾任教於台大法律系，任過檢察官，和早期司法界台籍菁英，如前大法官蔡章麟、前司法院副院長洪壽南為同時期人物，是戰後法界鮮見的台籍司法官。但因不適應國民黨的政治，轉入業界及擔任律師。

黃欣的長女也嫁京都帝大法科的畢業生。楊必得為台南前清秀才楊鵬摶的長子。楊鵬摶是台南漢紳圈的一員，和連雅堂、吳鏡秋、謝石秋、趙雲石等名士詩人過從甚密，而這些人分別是連戰祖父、前彰銀董事長吳金川的父親、少棒之父謝國城的尊翁、文建會主委林澄枝的舅舅的岳父。

楊必得返台執業律師，因岳父黃欣栽培，曾任台南市議員，但不幸在戰前，三十三歲時因傷寒英年早逝。

楊必得的弟弟楊蘭洲則是戰後台籍上流的聞人。楊蘭洲自東京商科大學畢業，即往滿洲發展，初任職於滿洲國國務院法制局，後由許丙（板橋林家家長）介紹，娶林家外孫蔡法平的長女。溥儀的老師兼滿洲國總理鄭孝胥與蔡法平是福州同鄉，蔡法平因而進滿洲國宮內廳，任過國務大臣，並成為滿洲台籍社會的靈魂人物。

蔡法平另一女婿林濬哲為醫學博士，林濬哲的兄長林坤鐘久任泰安產物保險公司董事長，和楊蘭洲既是「慶生會」會友，也與楊家世交謝國城結為兒女親家。（參閱第十二章）

戰後，楊蘭洲擔任過北市工務局長，卸任後轉入商界，曾任台泥總務部經理、啟業化工總經理、基隆煤礦董事長。後者為基隆富族顏家的事業，楊蘭洲正是顏家親家，他的女兒嫁顏家開創主顏雲年的孫子。

楊蘭洲任職東北滿洲國時，雖職銜僅「科長」，卻是主持滿洲工業行政的核心人物。當時的滿洲國產業調查局長椎名悅三郎及經濟部次長岸信介均為楊蘭洲的上司。戰後，椎名曾任副首相，岸信介曾掌首相，並與台灣高層關係友好，楊蘭洲一直與他們維持親密的關係，增添他在台籍上流圈的分量，因為不少台籍企業必須與日本企業保持技術轉移及貿易、資本合作等良好關係。

黃欣的子輩中，有一位文壇名人。六子黃天驥既是古玉專家，也是作家，筆名「黃靈芝」。台灣普遍不知道他，因為黃靈芝大部分以日文寫作。絕大多數年輕一輩台灣人不了解，從日本政府到國民政府，政權更替，文字主體一夕遽變。有一年齡層，大約在一九二〇年代出生，上溯未受漢塾教育，往下沒讀過一天白話中文，日文是他們最擅長的文字，政治變天，使他們從文學家一夜變成「文盲」。若有心於台灣文壇，就必須如小學生從頭學起。台中詩人陳千武就有一段如此辛苦的過程。

黃天驥則選擇以日文寫作，只部分被翻譯回中文，曾獲第一屆吳濁流文學獎，也有日本教授專研他的文學。

黃溪泉的長子黃天縱就是前民進黨外交部主任楊黃美幸的父親。他曾在日本執業律師，戰後返回台南，前司法院副院長洪壽南請他進法院工作。黃天縱從高雄地方法院推事做起，曾任高等法院法官。

黃天縱的太太高雅美出身台南高家，那是一個結合有宗教、醫生、音樂和反對色彩的老家族。高雅美的伯父高再得是前長老教會總幹事高俊明牧師的父親。（參閱第十八章）

楊黃美幸現任台南市政府市長室主任，輔佐市長張燦鍙。兩人都曾是海外台獨組織的重要人物。楊黃美幸畢業於紐約復旦大學社會學碩士，她的先生楊次雄是紐約的一位銀行家，楊黃美幸卻不以此自限、養尊處優，反而熱心投入海外的政治活動。曾任全美台灣同鄉會會長及FAPA（台灣人公共事務會）的常務委員，為台灣的自由、人權及救援政治犯而奔走。一九九一年出任民進黨外交部主任，開啟民進黨政黨外交的新紀元。

一九九三年十月，海基會改組董監事時，民進黨建議十人名單，結果只有兩位非民進黨籍學者被接受，民進黨員無人獲得青睞。可是，建議名單之外，海基會董事長辜振甫主動提列時任民進黨外交部主任楊黃美幸。辜振甫正是她的「四姑丈」。

楊黃美幸的先生楊次雄也來自台南古老的世家，楊次雄的父親楊元翰曾任台南市醫師公會理事長十多年、台南市五信合作社理事主席三十多年，是台南市的名紳，日本時代也曾是文化協會的一員。楊家珍藏有前台灣巡撫唐景崧的墨寶條幅，落款稱呼楊次雄的祖父楊瑞玉「五兄」。據楊家人說，唐景崧與楊瑞玉為結拜兄弟。「台灣民主國」獨立運動失敗，楊瑞玉也內渡中國，楊元翰即於一九〇〇年出生於中國。

楊黃美幸的母親系出音樂世家，這個細胞已遺傳給楊黃美幸的次子楊呈偉。楊呈偉生於紐約，四歲開始學小提琴，大學念美國常春藤名校哥倫比亞大學，讀政治與國際關係，但高中意外接觸戲劇，並由外婆教導發聲技巧，使他踏出跨足歌舞劇的第一步。目前，楊呈偉主演的音樂劇已在百老匯上演多次，一九九八年，《中國時報》還以「楊呈偉現象」為題，鈙述他是亞裔演員進軍百老匯的開路先鋒。

第十八章

彭明敏與台南高家

馬偕家族、郭婉容、劉憶如、呂泉生、蔡培火、高俊明、李春生家族

彭明敏家系

- （陳火）陳榮輝
  - （長女）陳真仁＝蕭安居
    - （長子）蕭樂善
    - （次子）蕭克昌
    - （六女）蕭美完＝呂泉生
    - （五女）蕭美妙＝沈祈彰
    - （次女）蕭美玉
    - （三女）蕭美德＝陳能通
    - （四女）蕭美懷＝陳炳郁
    - （長女）蕭美珠＝陳溪圳
  - （次子）陳清忠
  - （長子）陳清義＝偕瑪蓮
- 馬偕＝張聰明
  - （長女）偕瑪蓮
  - （長子）偕叡廉
  - （次女）偕以利＝柯維思
    - （子）柯設偕＝蕭美玉
- 陳兩故＝林來好
  - （長子）陳溪圳
  - （次女）陳金枝＝郭天恩
    - （四女）郭以德＝吳翰周
    - （三女）郭孋容＝林莊生
    - （次女）郭嬗容＝張文村
    - （長女）郭婉容＝劉慶瑞；郭婉容＝倪文亞 p492
      - （三女）劉憶如＝李鍾熙
        - （長女）李逸琪
      - （次女）劉聆真
      - （長女）劉毓玲＝張紹南
        - （長女）張可欣
    - （次子）郭晃耀＝高龍月
    - （長子）郭俊雄＝林綾孋
  - （次子）陳明皓

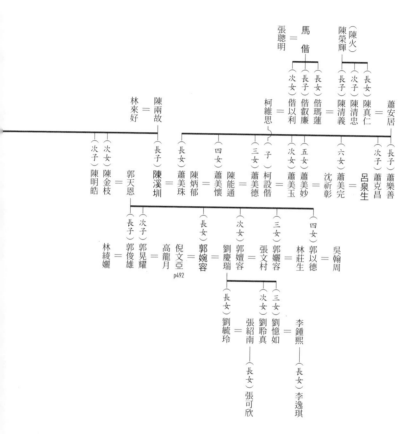

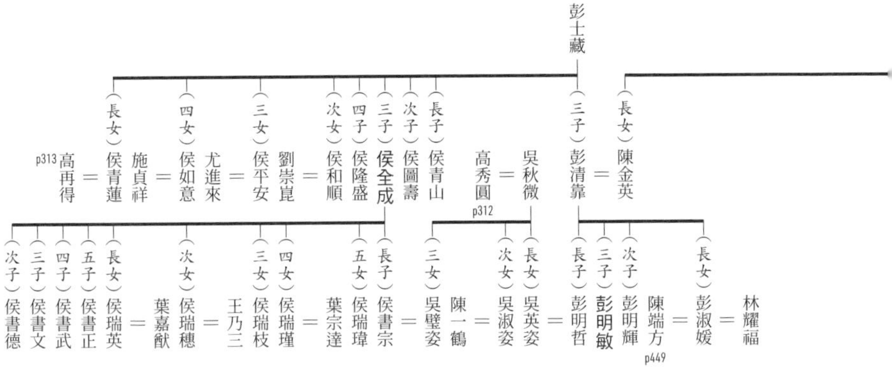
彭士藏
（長女）陳金英
（三子）彭清靠
吳秋微
高秀圓
p312
（長子）侯青山
（次子）侯圖壽
（三子）侯全成
（四子）侯隆盛
（次女）侯和順
劉崇崑
（三女）侯平安
尤進來
（四女）侯如意
施貞祥
（長女）侯青蓮
p313 高再得
林耀福
（長女）彭淑媛
陳端方
p449
（次子）彭明輝
（三子）彭明敏
（長子）彭明哲
（長女）吳英姿
（次女）吳淑姿
陳一鶴
（三女）吳璧姿
（長子）侯書宗
（五女）侯瑞璋
葉宗達
（四女）侯瑞瑾
（三女）侯瑞枝
王乃三
（次女）侯瑞穗
葉嘉猷
（長女）侯瑞英
（五子）侯書正
（四子）侯書武
（三子）侯書文
（次子）侯書德

台南高家家系

- 高長
  - （次女）高秀圓 ＝ 吳秋微 p311
  - （長子）高金聲
    - （長子）高天成 ＝ 林關關 p424（林獻堂—（長女）林關關）
    - （次子）高永寧
    - （三子）高太平
    - （四子）高上榮
    - （五子）高聰明
    - （六子）高太興
  - （八女）高興華 ＝ 蔡敬仁
  - （五子）高俊明 ＝ 李麗珍
  - （七女）高滿華
  - （六女）高叔華

- 吳足 ＝ 蔡培火 ＝ 廖溫音
  - （六女）蔡淑嫿 ＝ 賴淳彥
  - （五女）蔡淑尨 ＝ 楊陵祥
  - （四女）蔡淑理
  - （三女）蔡淑姈 ＝ 張漢裕
  - （次女）蔡淑文 ＝ 林瑞雲
  - （長女）蔡淑慧 ＝ 王登全
  - （長子）蔡敬仁 ＝ 高興華
    - （長女）蔡順雍
    - （次子）蔡紹祖
    - （長子）蔡念祖

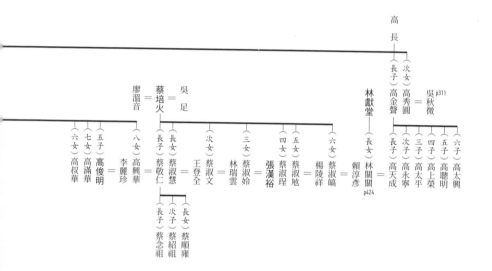

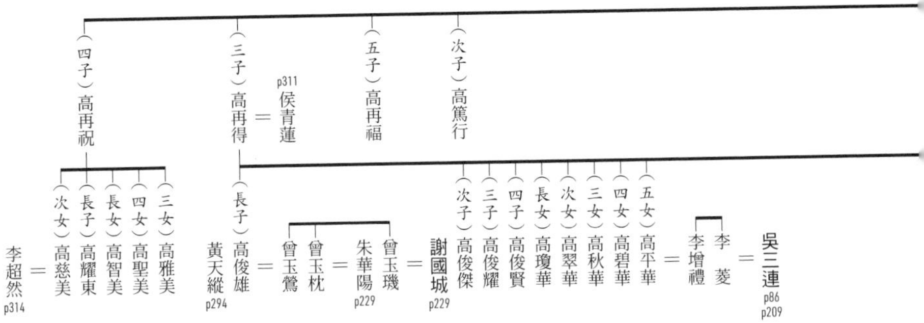
（四子）高再祝
（三子）高再得 ＝ 侯青蓮 p311
（五子）高再福
（次子）高篤行
（次女）高慈美 ＝ 李超然 p314
（長子）高耀東
（長女）高智美
（四女）高聖美
（三女）高雅美
（長子）高俊雄 ＝ 黃天縱 p294
曾玉鶯
曾玉枕 ＝ 朱華陽 p229
曾玉璣 ＝ 謝國城 p229
（次子）高俊傑
（三子）高俊耀
（四子）高俊賢
（長女）高瓊華
（次女）高翠華
（三女）高秋華
（四女）高碧華
（五女）高平華 ＝ 李增禮
李菱 ＝ 吳三連 p86 p209

李春生家系

- 李春生 ＝ 劉緞、江玉蘭、鄭預才
  - （長子）李景盛 ＝ 陳款
    - （長子）李延齡 ＝ 高美德
      - （長子）李超然 ＝ 高慈美 p313
        - （長子）李建禮 ＝ 郭月如
          - （長女）李美瑩
          - （長子）李宗霖
      - （次子）李敏然 ＝ 黃月桂
      - （長女）李姚姚 ＝ 蔡章麟 ＝ 曾麗貞
        - （長女）蔡在惠
        - （長子）蔡在洪 ＝ 吳瑠美
          - （次女）蔡仁玲
          - （長女）蔡仁英
          - （次子）蔡仁信
          - （長子）蔡仁誠
      - （三女）李穆穆
      - （次女）李翼翼 ＝ 林澄沐
    - （長女）李如玉 ＝ 謝唐山
    - 林鶴鳴 ＝ 林許朱
      - （子）林澄沐 ＝ 李翼翼
        - （次女）林瑞玉 ＝ 辜濂松 p82
        - （長女）林瑞慧
        - （次子）林永信
        - （長子）林永直
      - （子）林澄輝 ＝ 鄧璐德（Ruth Duncan）
      - （女）林盛蕊 ＝ 薛嘉祥
    - （次子）李延禧 ＝ 三好百合子
      - （長子）李泰然
      - （次子）李恭然
      - （三子）李惠然
      - （四子）李順然
      - （長女）李瑳瑳
    - （三子）李延緒
    - （四子）李延脩 ＝ 李心
      - （長子）李傳然
      - （次子）李揚然
      - （三子）李福然
      - （長女）李馨馨
      - （次女）李貞貞
      - （三女）李欣欣
    - （五子）李延彬 ＝ 白和振
      - （長子）李肅然
      - （次子）李偉然
      - （三子）李傑然
      - （長女）李恂恂
      - （次女）李亹亹
      - （三女）李詠詠
    - （六子）李延旭 ＝ 鍾慈心
      - （長子）李晃然

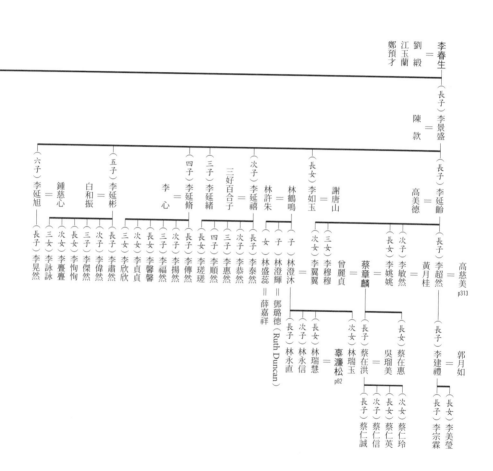

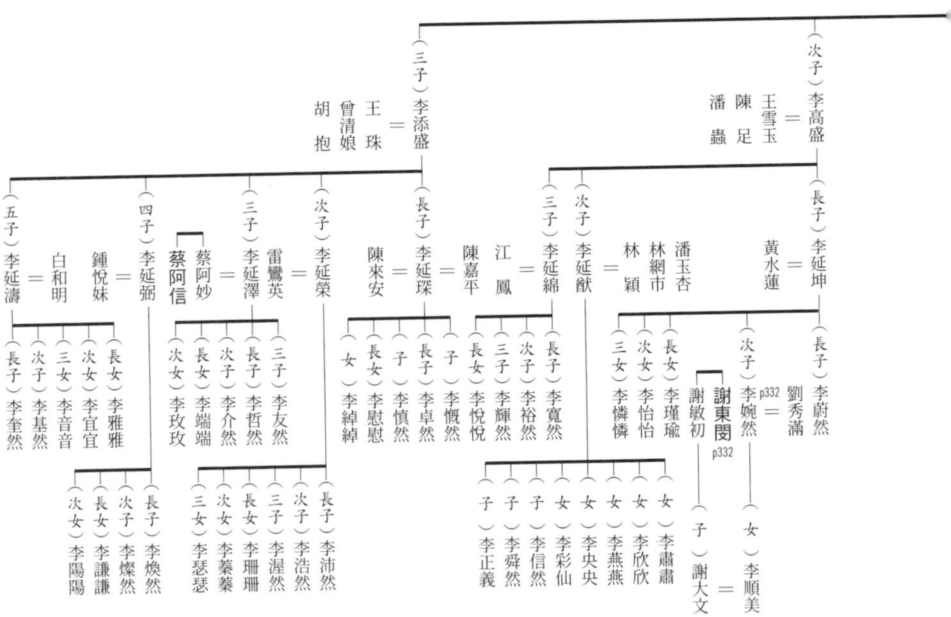
（次子）李高盛
＝
王雪玉
陳足
潘蟲
（三子）李添盛
＝
王珠
曾清娘
胡抱
（長子）李延坤
＝
黃水蓮
（次子）李延猷
＝
潘玉杏
林網市
林穎
（三子）李延綿
＝
江鳳
陳嘉平
（長子）李蔚然
劉秀滿
p332
＝
（次子）李婉然
謝東閔
p332
謝敏初
（長女）李瑾瑜
（次女）李怡怡
（三女）李憐憐
（女）李順美
＝
（子）謝大文
（女）李肅肅
（女）李欣欣
（女）李燕燕
（女）李央央
（女）李彩仙
（子）李信然
（子）李舜然
（子）李正義
（長子）李寬然
（次子）李裕然
（三子）李輝然
（長女）李悅悅
（長子）李延琛
＝
陳來安
（次子）李延榮
＝
雷鸞英
（三子）李延澤
＝
蔡阿妙
蔡阿信
（四子）李延弼
＝
鍾悅妹
（五子）李延濤
＝
白和明
（子）李慨然
（長子）李卓然
（子）李慎然
（長女）李慰慰
（女）李綽綽
（三子）李友然
（長子）李哲然
（次子）李介然
（長女）李端端
（次女）李玫玫
（長子）李沛然
（次子）李浩然
（三子）李渥然
（長女）李珊珊
（次女）李蓁蓁
（三女）李瑟瑟
（長子）李煥然
（次子）李燦然
（長女）李謙謙
（次女）李陽陽
（長女）李雅雅
（次女）李宜宜
（三女）李音音
（次子）李基然
（長子）李奎然

前長老教會總幹事高俊明牧師所屬的高家，躋身於台籍上流的大姻圈，環顧各家族，高家無疑別具一格。它不政不商，與統治階層維持一定的距離，甚至站在反對的立場。

然而從婚姻圈的角度看，高家和整個大姻圈的關連，不只一條線而已。這之間似乎意謂，台籍政商大家族的生活、歷史經驗背景相近，台灣意識強烈是他們共同的精神面貌，而從保有本土意識到轉化成行動，只是一線之隔。在歷史變幻莫測的變動中，有人成了政治犯、黑名單，有人位極一品，但無礙於他們互為親戚的事實。

福建省籍幽默大師林語堂及台灣第一位醫學博士杜聰明的童年家境不富裕，因家庭信奉基督教，父兄了解世界大勢與西洋文明，鼓勵入新學校、求新知，他們才得以蛻變為社會菁英。高家有類似的發展。

一八六五年六月，台灣尚處清廷轄地。馬雅各醫生（Dr. James L. Maxwell）初來台南，藉行醫傳教。台灣基督教史稱他是教會醫學開拓者。高俊明牧師的祖父高長率先成為馬雅各醫生的管家，幫忙掃地煮飯，閒時馬雅各醫師教他讀聖經。高長不僅領洗信奉基督教，成為台灣長老教會第一個信徒，還是第一位台灣人傳教師，遠到澎湖及埔里山地傳教，開拓長老教會在台疆土。

高俊明的父親高再得是高長的第三個兒子。高長共生五子，子孫非醫生即神職人員。長子高金聲、次子高篤行都是牧師，高金聲讀台南神學院，之後留任母校教席。當時台籍老師只高金聲和林燕臣。林燕臣的長子林茂生曾任台大文學院院長，二二八事件後失蹤。曾任長老教會總會總幹事的黃武東牧師都還是高金聲的學生，顯示高金聲輩分極高。

高金聲除五子高太興早歿外，其餘五位兒子都是醫生。其中，長子高天成十二歲就送去日本讀京都同志社中學，那是一間美國人辦的教會學校。一九三八年、高天成三十五歲，獲東京帝大醫學博士。戰後返台，主持台大醫院外科，被杜聰明博士譽為「台灣外科醫學之父」。一九五三年起擔任台大醫院院長，執醫界之牛耳。

高天成把台南高家和日治時期台灣五大家族之一的霧峰林家結成姻親。他的太太林關關是林獻堂的獨生女。林家聲譽最崇隆的耆宿屬林獻堂，他領導知識青年，推動設置台灣議會的請願運動，創設文化協會，啟發民蒙，始終被視為日本時代台灣民族運動的領袖。（參閱第二十四章）

高長的次子高篤行的女兒高錦花，則有夫婿宋景盛曾任台南神學院院長。

音樂是基督教儀式很重要的一環。當絕大多數台灣人家庭還在過農莊生活，日出而作，日落而息時，高家的女孩已開始學習音樂。前民進黨外交部主任楊黃美幸的媽媽高雅美，也就是高長四子高再祝醫師的女兒，去日本學習聲樂，後來曾任靜宜女子學院教席，嫁前總督府評議員黃欣的侄子黃天縱。（參閱第十七章）

高再祝的另一女兒高慈美習鋼琴，名聞台灣。一九三四年是台灣樂壇燦爛的一年。楊肇嘉號召一批「在日本進修成功的音樂家」，回台舉辦「鄉土訪問演奏會」，選在台北、新竹、台中、彰化、嘉義、台南、高雄巡迴演出七場。音樂家包括作曲家江文也、女高音柯明珠、男中音林澄沐等，高慈美彈奏鋼琴。高慈美的堂哥高天成擔任曲目解說。負責人楊肇嘉曾回憶說：「每一處的演出，參加的聽眾都是人山人海，其盛況雖不能說是『絕後』，但的確是『空前』了！各報章雜誌均以頭號字標題譽為成功的盛舉，咸認為對台灣社會藝術的啟發具有歷史上的價值。」高慈美戰後任教師大，名音樂家許常惠就是她的學生。一直到近幾年，都還是李登輝總統夫人曾文惠聆賞音樂演奏會的親近樂友。

高慈美的先生李超然來自台灣最早的茶商富族。他的曾祖父李春生目前正受到學界重視，一九九三年中研院有一場李春生思想的研討會。以往台灣史對李春生的定位，商人角色重於哲學家。連雅堂把李春生列入《貨殖列傳》，和陳福謙（高雄陳家的老東家）、黃南球並稱台灣三大商人。目前，李春生則被定位為台灣第一位哲學家。

李春生最早在家鄉廈門受僱於英商怡記洋行，諳英語及茶葉輸出貿易。來台落居大稻埕，衍成大富。

李春生和第一任總督樺山資紀交善。治台隔年，樺山第一次回東京履新，李春生偕行，寫成《東遊六十四日隨筆》。之後又著《天演論書後》，駁斥達爾文、赫胥黎的進化論；《東西哲衡》係評介東西方最新思想。李春生總共寫有十二本著作，日本人稱他「泰東哲學家」。

隨樺山總督前往日本的旅行，李春生把長子的兒子李延齡、李延禧等孫子帶去日本留學。台灣富族豪農的子弟留學日本蔚成潮流，李延齡等人首開風氣之先。霧峰豪族林家的子弟留日，足足晚了十年之久。

李家小留學生中，李春生的次孫李延禧最「出人頭地」，曾獲聘為總督府首任評議員。李延禧留日又留美，是有紀錄可查的第一位留美學生，一九一〇年已拿到紐約大學商科學位返台。一九一六年，李延禧聯合南洋茶商，集資五十萬圓創立新高銀行，便利台灣和南洋匯兌。三年後增資八百萬圓，發展迅速。李延禧不久取代父親李景盛，出任「頭取」（日語，總裁之意）。一九二〇年，經濟不景氣風暴襲擊台灣，新高銀行呆帳達五百萬圓，資金困難，奉命併入商工銀行，即戰後省屬第一商銀的前身。李延禧仍任合併後的商工銀行的「副頭取」，但已覺如同嚼蠟，遂移居日本。

高慈美的丈夫李超然叫李延禧「叔叔」。李家第四代以李超然較露頭角。他早年留學德國柏林工業大學，是戰後台灣扶輪社的元老。

李家第四代為「然」字輩，屬社會名士者眾，除了李超然，還有台大醫生李卓然、在歸綏街開設協和醫院的李敏然、淡水中學董事長李燦然等。與各大家族有聯姻者，則有李婉然娶台南名門劉家之女，他的連襟分別來自霧峰林家、清水蔡家及清水楊家。（參閱第十九章）

李家名婿，首推蔡章麟，他娶了李延禧大哥延齡的長女李姚姚。萬華人，一九〇八年生，自小學業優異，台北高等學校後入東京帝大法科，留在日本任法官，是第一個在日本當法官的台灣人。戰後在國民政府下，又出任第一個台籍大法官。李姚姚一九五四年過世，蔡章麟再娶曾麗貞。

李姚姚的妹妹李翼翼也嫁歷史上的名人。如前所述的一九三四年轟動全台的鄉土訪問演奏會，其中的男中音林澄沐娶了李家的李翼翼。林澄沐戰後留在日本行醫，在東京大田區下丸子町開設「林診療所 耳鼻喉科」。有一天，李翼翼第三高女一九三二年第九回畢業的同學辜嚴碧霞，堅持要留美的兒子回台灣結婚，對象也幫她選好了，就是林澄沐的女兒林瑞慧。這位奉母命返台成親的男士正是中信金創辦人辜濂松。一八九五年台灣割日消息傳來，台北城陷入混亂，清軍自亂陣腳，燒殺搶劫。李春生和外商、本地商人研議對策，請辜濂松的祖父辜顯榮前往基隆迎日軍進城。命運交會的李春生與辜顯榮兩人，大半個世紀之後，由辜濂松的婚姻而有了親戚關係的連結。（參閱第三章）

李翼翼是李春生的曾孫女，林瑞慧自然也虔誠信奉基督教。辜濂松、辜仲諒父子都被妻子、母親勸信基督。

林澄沐的親族網絡裡，弟弟林澄輝更是發揮大愛的基督信徒。他的美國籍宣教士妻子鄧璐德年輕即到台南偏鄉照顧漢生病（痲瘋）病人，創設「台南特別皮膚科診所」，一九九七年曾獲頒醫療奉獻獎。林澄輝夫妻老時另捐出所有財產，興建老人養護中心。

宣教、醫療、音樂三者圍繞著信仰基督教的家族。和高俊明牧師同一輩的高聰明，也是楊黃美幸的舅舅，執醫之餘熱愛音樂，曾在台南自費創辦兒童管弦樂團，團名叫「BBB」，簡稱「三B」，成立的時間更早於辜偉甫興辦的榮星兒童合唱團。雖然沒能延續樂團生命，但已為樂壇植根。知名的小提琴家林昭亮、胡乃元都出自「三B」。高聰明醫生的兒子高慧生，現任美國匹茲堡交響樂團第二小提琴手，也脫出自「三B」這個搖籃。

高長的三子、高俊明牧師的父親高再得，也延伸出不小的名流姻親關係。長子高俊雄醫生與前立委、少棒之父謝國城是連襟，高叫謝「姊夫」。他們的另一位連襟朱華陽讀東京帝大經濟科，戰後曾任省農林廳檢驗局副局長，白色恐怖時期曾被捕入獄六年。朱華陽的次兄朱昭陽曾任合庫常務理事二十多年，是延平中學的創辦人。延平中學在蔣家政權時代，即顯露強烈的台灣意識色彩。高俊雄、謝國城兩人的一位小舅子曾浴沂則娶辜振甫的二姊夫之女。（參閱第十二章）

在台南開業行醫的高再得有五子八女，五女高平華嫁李增禮，即前台北市長、國策顧問吳三連的太太李菱的弟弟（參閱第十章）。高再得的八女高興華則嫁前省府委員蔡培火的長子。吳三連因而小了蔡培火一輩，實則兩人一起參與以林獻堂為首的台灣議會請願運動，戰後兩人還與陳逢源、林柏壽、葉榮鐘聯名撰寫《台灣民族運動史》。吳蔡還有更私人的親近關係，吳三連娶台南米商李兆偉之女，即蔡培火在一次搭電車時提起要幫忙做媒而來。

事實上，蔡培火與高家的姻親關係不只一層。高俊明牧師的媽媽侯青蓮是蔡培火元配吳足的表妹，高俊明因此叫蔡培火「姨丈」。高俊明十歲時，曾由蔡培火帶去日本就讀青山學院夜間部。高俊明曾說：「夜間部的同學大都年長於我，大都家境貧窮，白天在郵局、工廠工作，晚上還來學校學習」，「青山學院的那幾年，我養成追求知識、喜愛真理的習慣」。蔡培火的表姨丈角色，對高俊明的生命歷程，不可謂不重要。日後，蔡培火的長子還娶了高俊明的妹妹。表親聯姻，親上加親，在台灣上層社會反覆出現。

蔡培火是非「半山」的台籍抗日派人物中，極少數戰後能在國民黨下獲任高位的人。一九五〇年，陳誠組閣，蔡培火開始出任行政院政務委員，一任十五年之久，七十八歲才卸任。這也使他長期在戰後台灣人上層社會擁有不一樣的地位。

蔡培火的女婿中，有位出身東京帝大的經濟學博士張漢裕。張漢裕曾任台大經濟系主任十年之久，教授「西洋經濟史」。張漢裕曾接受學生訪問提到，他難忘東大教授矢內原忠雄的教誨，從他那裡學到了敢於維護真理的精神。他也感嘆時下學生太自私、太愛錢、做學問不真、只聽好聽話的現象。

蔡培火是台灣省紅十字會及各捐血中心的開創元老，也在一九六五年創辦淡水工商管理專校，任過八年董事長。創校前七年的校長由彭淑媛擔任，彭淑媛即前台大政治系主任、第一屆民選總統的民進黨候選人彭明敏的大姊。從婚姻圈的角度看，彭淑媛與蔡培火亦是親近的姻戚。

蔡彭之間的姻親孔道必須談侯家，也就是前述高俊明牧師母親侯青蓮的娘家。蔡培火的元配是侯青蓮的表妹，侯青蓮的兄弟侯全成的長子娶台南名醫吳秋微的三女，吳秋微的長女則嫁彭明敏的大哥。這個姻親關係的孔道，裡部還有表親內婚，關係顯得更密切。侯全成與吳秋微除為兒女親家之外，吳秋微的太太是高俊明的二姑，換言之，侯全成的姊夫是吳秋微的舅子。

家族是有機的生命體，也有嗅覺，知道哪一個家族散發著相同氣味，不自禁相互靠近交好。政客或企業間家族聯姻無非是嗅覺下的產物。從侯家、高家、吳家到政治犯名人彭明敏的彭家，乃至於彭明敏的表妹、現任政務委員郭婉容的郭家，連結成親，都源自「醫生和教會」世家相互結合的文化現象。

先說侯家。高俊明的母親侯青蓮曾任多年長榮女中的董事長，他的舅舅侯全成畢業於總督府台北醫專，戰前曾去大連行醫。戰後之初當選台南市參議員。當年再上一級的省參議員為縣市參議員間接選舉，侯全成曾以辭職謝桑梓的決心，說服同僚，推拱韓石泉醫生當選省參議員。

隔一年，韓石泉再競選國大代表，候選人另有連震東（連戰的父親）及葉禾田（文建會主委林澄枝的舅舅），共三人競逐。據侯全成說，市參議員皆由連葉二人「捷足先登羅致助選」，韓石泉只剩他一位助選員。豈料投票前，「余枉招無名之災，拘送台北，因拘案無稽，輾轉解遞致被置留二十日」，韓石泉為他南北奔走，等侯全成突然獲釋歸來，能競選走訪的時間已不多，終告落選，兩人從此決意與政治絕緣，只以行醫濟世。

彭明敏的父親彭清靠也歷經對國民黨政治更為失望的過程。彭清靠因在高雄行醫，曾是戰後的高雄市參議會議長。二二八爆發，曾被捆綁，被士兵用刺刀指向胸部，隔天突然獲釋，彭明敏回憶錄《自由的滋味》曾描寫：「父親精疲力竭地回到了家裡。他有二天沒有吃東西，心情粉碎，徹底幻滅了。從此，他再也不參與中國的政治，或理會中國的公共事務了。」

彭明敏的祖父彭士藏是長老教會的世俗牧師，彭明敏的伯父清約、清良也都是醫生。

郭婉容這邊，父親郭天恩也是醫生，在台南舊北門郡開「行德醫院」。郭婉容的大弟郭俊雄曾任長老教會財務長。「財務長」是外界給的俗稱，正式稱法為總會的「會計」，主管長老教會預算的執行與監督。台灣長老教會共一千一百多個教會，其上合併為十八個「中會」，組成中會委員會。所謂總會，就是中會委員會。總會的主要幹部，正副議長、正副書記及會計，均選舉產生。郭俊雄被選任會計六次。

彭家和郭家結親的樞紐在陳家。彭明敏的母親陳金英是郭婉容母親陳金枝的姊姊。

彭明敏在《自由的滋味》曾說，他的母親是「淡水加拿大教會女學校的學生」，「她的家人早就定居於八堵，在今基隆和台北間的路上。她的父母認識了最初經過那條路的外國人和北部地區的傳教士。一八七二年，加拿大籍的馬偕醫生設立淡水教會，他們大概於其後成為基督徒。我的外祖父母是釀造米酒的商人」。

彭明敏和郭婉容有共通的家庭背景，又走進共同生活圈。郭婉容的第一位丈夫劉慶瑞是彭明敏最好的朋友，經常一起討論問題。他們也是台大法學院同事，劉教憲法，彭教國際公法。一九六一年，劉慶瑞因鼻癌英年早逝，彭明敏曾在《傳記文學》寫紀念文說道，早在一九四九年，醫生已經發現劉慶瑞患有癌症，但他「拒絕去思考死亡，那也是一種宗教。」郭婉容知情，依舊毅然於一九五〇年嫁給劉慶瑞。彭明敏說，認識郭婉容，使劉慶瑞「開始體驗到生命裡的春天」。劉郭度過幸福的十一年，當然，彭明敏仍是他們夫婦家中的常客，既是表兄，也是好朋友。

彭郭表兄妹的情誼於一九七〇年劃上一道鴻溝。年初一月三日，彭明敏逃亡瑞典，尋求政治庇護。在那段公認的政治黑暗時代，莫要說郭婉容，任何人家裡有政治犯親戚，無不三緘其口，不再公開提起雙方的關係。罪誅九族的封建遺毒，使得政治犯的親人從來只有倒楣。彭明敏的大姊彭淑媛一直擔任長老教會學校「淡水工商專校」校長，此時也被迫辭職。

自從郭婉容再嫁給時任立法院副院長的倪文亞，由政治的角度看，郭婉容便揮別舊有的年代。她循級而上，先中央銀行副總裁、財政部長、經建會主委、現任政務委員，成為當代女性從政的最高形象代表，躋身權力階級。和那些老愛和政府唱反調的彭家、高家親戚，已格格不入。

郭婉容的三女劉憶如近來被媒體設定為財經界的明日之星。她是台大教授，最早在連戰培植班底所設的國建班，膺選受訓，嶄見頭角。近來公開參加政府的財經會談，發言擲地有聲，架勢十足。只要她願意，政壇大概不會容許她寂寞。

生物科技產業被視為二十一世紀的明星產業，工研院自一九九九年七月一日成立「生醫工程中心」，積極投入，預計初期將有兩百位研究人員。首任籌備處主任李鍾熙即劉憶如的先生，他原為工研院化工所所長。

彭明敏與郭婉容共同的舅舅陳溪圳是長老教會的牧師，並在教會系統具有崇高地位和聲望，曾任馬偕醫院董事長及台灣北部長老教會大會議長。陳溪圳的三子陳哲宗博士則曾任台灣神學院院長。

陳溪圳有位連襟叫柯設偕，是北部台灣基督長老教會開拓者馬偕的外孫。馬偕娶台灣本地女子，其次女也嫁給他的台灣籍學生柯維思。馬偕醫生只封了兩位台灣牧師，他就把長女嫁給其中一位牧師陳榮輝的兒子陳清義。陳清義的弟弟陳清忠赴京都就讀基督教色彩濃厚的「同志社大學」，加入學校的橄欖球隊，返台熱衷推廣橄欖球運動，在台灣體育史留有一席地位。

陳榮輝的女婿蕭安居就是陳溪圳的岳父。蕭牧師的幾個女兒除了長女嫁給陳溪圳，次女嫁給柯設偕，六女婿呂泉生更加知名。

呂泉生也來自信仰基督教的家庭，童年即進教會唱詩班，與音樂開始結緣。呂泉生作曲的許多歌謠，台灣人無不朗朗上口，像是「杯底不可飼金魚」、「青海青」、「阮若打開心內的門窗」。而那首陪伴年輕台灣母親養兒歲月的「搖囝仔歌」，最早即請岳父蕭安居寫詞。後來因蕭安居的詞，本於農村舊社會，才改請盧雲生重新填詞。

呂泉生與榮星合唱團是不可分割的組合。「榮星」為辜振甫家族的標誌之一；用以記念辜父辜顯「榮」，其字「耀星」。呂泉生會指揮榮星數十年，源於他和辜偉甫（辜振甫之弟）的關係。呂泉生早年讀台中一中，曾連續曠課三十六天，每天一個人躲到豐原水源地練小提琴而遭留級。呂泉生又去投入陳信貞女士門下學彈鋼琴，這些事被學弟辜偉甫知道，兩人成了同學。其他同學清一色是女生，辜偉甫向舍監取錢繳學琴費時，舍監獲悉男女共學，期期以為不可，把呂、辜兩人訓了一頓。

呂泉生一九一六年出生，中學時代就能擁有小提琴，家境絕非普通。台中神岡呂家曾是鼎鼎有名的儒紳家族。一八五二年，呂家曾請舉人吳子光任家庭教師，結果，吳子光帳下就教出了進士一人（丘逢甲）及舉人四人。四位舉人中，呂家子弟呂汝修之外，另一位即霧峰大族的林文欽。後來，呂家與霧峰林家有聯姻，兩家關係更密。林文欽之子林獻堂投身民族運動，呂家的呂靈石律師，始終跟隨左右。

第十九章

城仲模與台南劉家

韓石泉家族、清水蔡家、蔡惠如、廖文毅、楊基銓、朱江淮

城仲模家系

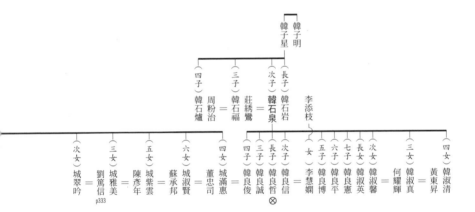

韓子明
韓子星

（長子）韓石岩
（次子）韓石泉
＝
莊綉鸞
（三子）韓石福
＝
周粉治
（四子）韓石爐

李添枝

（四女）韓淑清
黃東昇
＝
（三女）韓淑真
何耀輝
＝
（次女）韓淑馨
（長女）韓淑英
（七子）韓良憲
（六子）韓良平
（五子）韓良博
（女）李慧嫻
＝
（次子）韓良信
（長子）韓良哲 ⊗
（三子）韓良誠
（四子）韓良俊
＝
（四女）城滿惠
董忠司
＝
（六女）城淑賢
蘇承邦
＝
（五女）城紫雲
陳彥年
＝
（三女）城雅美
劉篤信 p333
＝
（次女）城翠吟

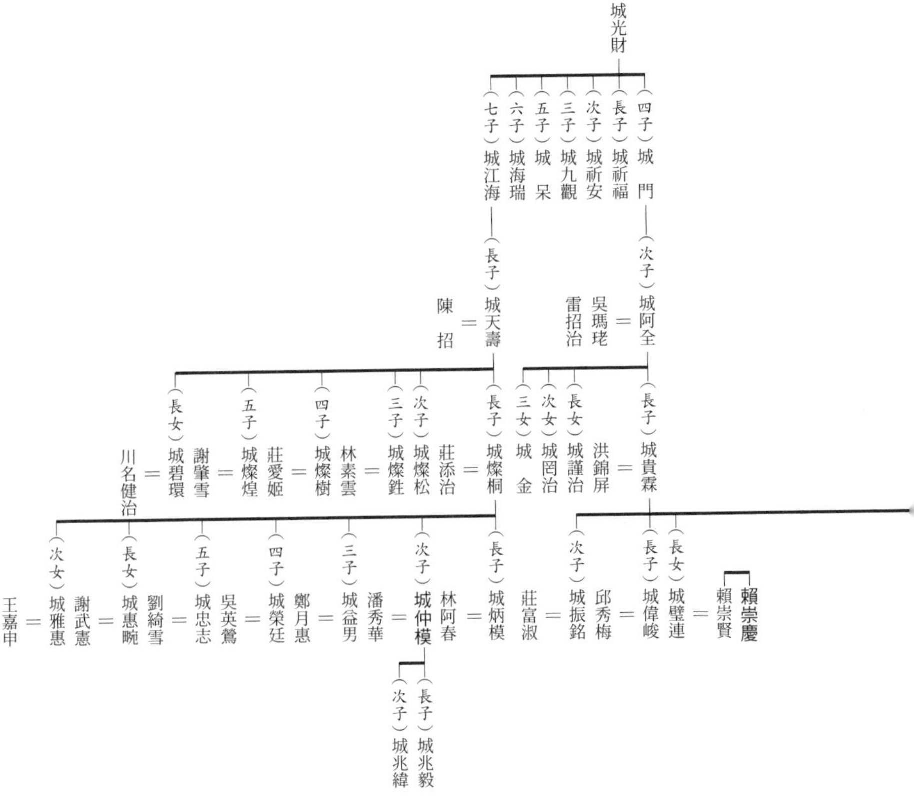
城光財
（四子）城門
（長子）城祈福
（次子）城祈安
（三子）城九觀
（五子）城呆
（六子）城海瑞
（七子）城江海
（次子）城阿全
吳瑪珯
雷招治
（長子）城天壽
陳招
（長子）城貴霖
洪錦屏
（長女）城謹治
（次女）城罔治
（三女）城金
（長子）城燦桐
莊添治
（次子）城燦松
（三子）城燦銈
林素雲
（四子）城燦樹
莊愛姬
（五子）城燦煌
謝肇雪
（長女）城碧環
川名健治
（長女）城璧連
賴崇賢
賴崇慶
（長子）城偉峻
邱秀梅
（次子）城振銘
莊富淑
（長子）城炳模
林阿春
（次子）城仲模
潘秀華
（三子）城益男
鄭月惠
（四子）城榮廷
吳英鶯
（五子）城忠志
劉綺雪
（長女）城惠畹
謝武憲
（次女）城雅惠
王嘉申
（長子）城兆毅
（次子）城兆緯

清水蔡惠如家系

蔡八來
- （長子）蔡懷芳
  - （長子）蔡敏川
    - （長子）蔡介如
      - （長子）蔡季蓀
      - （次子）蔡敦曜
        - （長子）蔡克成
        - （次子）蔡建成
        - （三子）蔡元成
        - （四子）蔡永成
        - （五子）蔡正成
    - （次子）蔡江泗
  - （次子）蔡敏南
  - （三子）蔡敏貞
    - （長子）蔡江煙
      - （長子）蔡祖耀
    - （次子）蔡江松
- （次子）蔡德晉
  - （長子）蔡敏南
    - （長子）**蔡惠如**
      - （長子）蔡炳曜
        - （長子）蔡裕誠
      - （次子）蔡敦曜（出嗣蔡介如）
      - （三子）蔡珍曜＝林雙娟
        - （長子）蔡意誠
        - （次子）蔡至誠
        - （三子）蔡義誠
        - （四子）蔡履誠
        - （五子）蔡哲誠
    - （女）蔡秋霞＝**鄭肇基** p118 p132 p424
- （三子）蔡懷斌
  - （次子）蔡清山
    - （長子）蔡介和
      - （長子）蔡孟鑫＝劉秀琴 p332
        - （長子）蔡永新
        - （次子）蔡永賜
      - （次子）蔡仲舉＝廖玉霜
        - （長子）蔡旭昇
        - （次子）蔡光輝
        - （三子）蔡班超
      - （三子）蔡季森
      - （四子）蔡美楚
        - （長子）蔡紀東
        - （次子）蔡擇民
        - （三子）蔡紀平
        - （四子）蔡紀蓮
      - （五子）蔡　龍
- （四子）蔡懷勳
  - （長子）蔡敏熙
  - （次子）蔡敏瀾
  - （三子）蔡敏庚
    - （長子）蔡江幸
      - （長子）蔡俊雄
      - （次子）蔡文雄
    - （次子）蔡江壬
    - （三子）蔡江戊
    - （四子）蔡江寅
      - （長子）蔡英郎
      - （次子）蔡芳郎
      - （三子）蔡政郎
    - （五子）蔡卯生
    - （六子）蔡篤巳
    - （七子）蔡申生

林瑞騰 p426
- （女）林雙娟

廖文毅 p334
- 廖玉霜

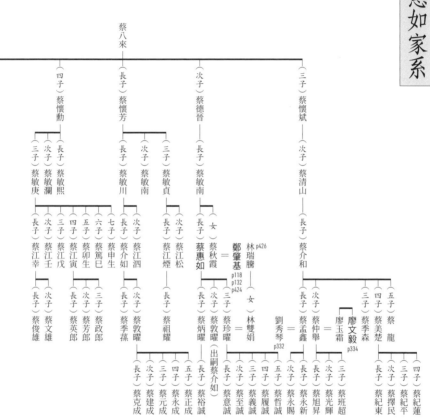

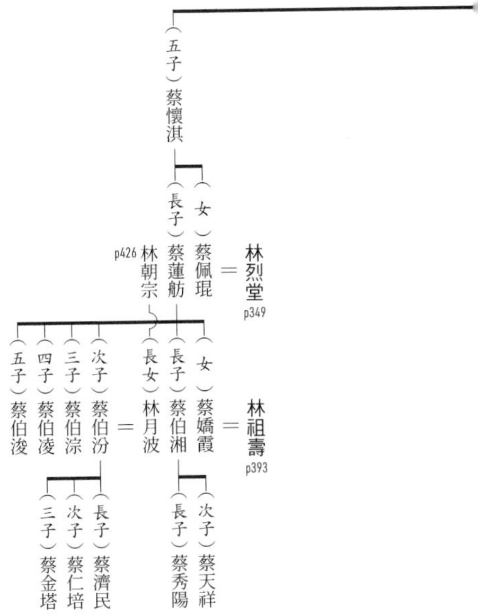
（五子）蔡懷淇
（女）蔡佩琨
林烈堂
p349
（長子）蔡蓮舫
p426 林朝宗
（女）蔡嬌霞
林祖壽
p393
（長子）蔡伯湘
（長女）林月波
（次子）蔡伯汾
（三子）蔡伯淙
（四子）蔡伯淩
（五子）蔡伯浚
（次子）蔡天祥
（長子）蔡秀陽
（長子）蔡濟民
（次子）蔡仁培
（三子）蔡金塔

台南劉家

- 林木土 p237
  - （次女）林雲華 ＝ （六子）劉青波

- 劉家
  - （五女）劉秀華 ＝ 楊基銓
    - （長子）楊天生 ＝ 施珊迪
  - （四女）劉秀滿 ＝ 李婉然 p315
    - （五女）李順美 ＝ 謝大文（謝東閔 p315 — 謝敏初 —（子）謝大文）
    - （四女）李嬌麗 ＝ 陳文華
    - （三女）李順子 ＝ 黃勇生
    - （次女）李嬌姿 ＝ 賴文禮
    - （長女）李嬌容 ＝ 陳澤旭
    - （次子）李維興 ＝ 陳靜敏
    - （長子）李維禎 ＝ 許淑敏
  - （三女）劉秀霞 ＝ 林垂芳 p425
    - （次女）林純惠 ＝ 李治學
    - （長女）林靜惠 ＝ 王守仁
    - （長子）林崇信
    - （次子）林崇仁 ＝ 黃美鳳
  - （次女）劉彩仁
  - （長女）劉秀琴 ＝ 蔡孟鑫 p330
    - （次子）蔡永賜 ＝ 蔡笑珍
    - （長子）蔡永新 ＝ 王如璧
  - （七子）劉青眼 ＝ 林淑芬
    - （長子）劉雅各
  - （六子）劉青波 ＝ （次女）林雲華
    - （三女）劉若華
    - （次女）劉渝 ＝ 周晴
    - （長女）劉湄
    - （長子）劉偉德
  - （五子）劉青和 ＝ 顏碧秋 p351
    - （長女）劉蕙君 ＝ 謝友彥
    - （次子）劉文岳 ＝ 林淑平
    - （長子）劉文嶼 ＝ 楊端儀

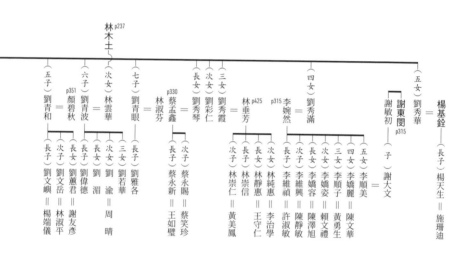

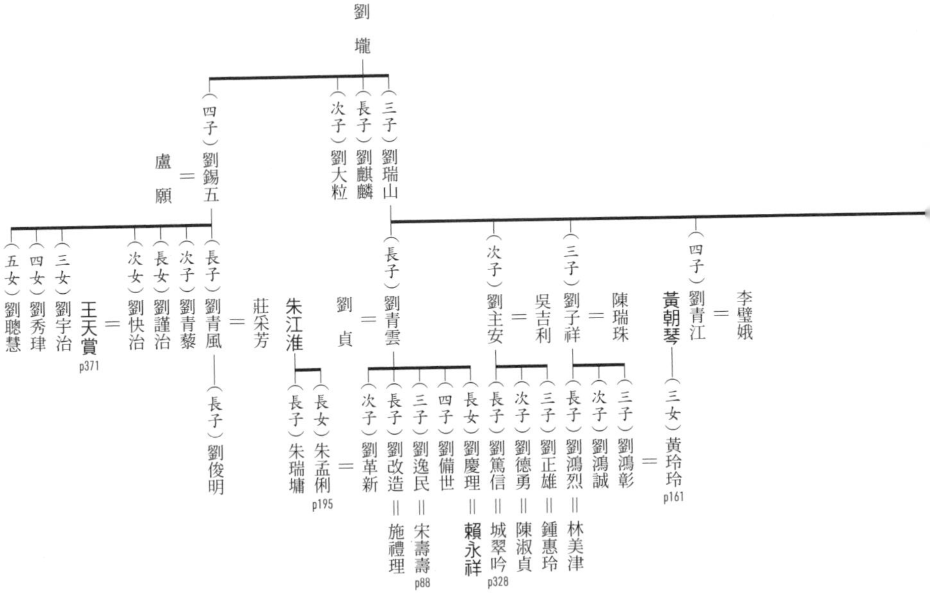
劉壠
（四子）劉錫五＝盧願
（次子）劉大粒
（長子）劉麒麟
（三子）劉瑞山
（五女）劉聰慧
（四女）劉秀肆
（三女）劉宇治＝王天賞 p371
（次女）劉快治
（長女）劉謹治
（次子）劉青藜
（長子）劉青風＝莊采芳
（長子）劉俊明
朱江淮＝劉貞
（長子）朱瑞墉
（長女）朱孟俐 p195
（長子）劉青雲
（次子）劉革新
（長子）劉改造＝施禮理
（三子）劉逸民＝宋壽壽 p88
（四子）劉備世
（長女）劉慶理＝賴永祥
（次子）劉主安＝吳吉利
（長子）劉篤信＝城翠吟 p328
（次子）劉德勇＝陳淑貞
（三子）劉正雄＝鍾惠玲
（三子）劉子祥＝陳瑞珠
（長子）劉鴻烈＝林美津
（次子）劉鴻誠
（三子）劉鴻彰＝黃玲玲
（四子）劉青江＝李璧娥
黃朝琴
（三女）黃玲玲 p161

廖文毅家系

- 廖龍院 ＝ 程英
  - （長子）廖丞丕 ＝ 陳明鏡（siblings: 陳有成、陳有信）
    - （長子）廖溫仁 ＝ 蔡綉鸞
      - （長子）廖史豪 ＝ 陳娟娟
      - （次子）廖史眼 ＝ 黃慈慧
      - （長女）廖文香 ＝ 吳錫瑢
        - （長子）吳昭訓
        - （長女）吳美鈴
        - （次女）吳郁蘭
      - （次女）廖雪香 ＝ 黃雲裳
        - （長子）黃瑞京
        - （長女）黃瑞瑋
      - （三女）廖松香 ＝ 楊永裕
        - （長女）楊淑綺
        - （長子）楊文遠
      - （五女）廖杏香 ＝ 陳長秀
        - （長女）陳由佳
      - （四女）廖菊香 ＝ 許欽璋（許加p65之三子）
        - （次女）許瑟玲
        - （長女）許瑟芬
        - （長子）許祥哲
    - （次子）廖文奎（溫魁）＝ Greta W. Westerberg（格德）
      - （長子）廖宇藩
      - （長女）廖宇蕾
    - （三子）廖文毅（溫義）＝ 李惠容（李用 ＝ 李萬瑪琍之次女）
      - （長女）廖薰瑾
      - （三子）廖公理
      - （次子）廖公瓚
      - （長子）廖公瑾
    - （四子）廖溫正
    - （五子）廖溫進 ＝ 林桑琴（林垂拱p392 ＝ 陳瓊碧之長女；陳瓊枝 ＝ 林柏壽p392）
      - （長女）廖俊美 ＝ 田中孝
      - （三子）廖侯杰
      - （次子）廖英杰
      - （長子）廖俊杰
  - 陳有成
    - （長女）陳謹慎 ＝ 趙天慈
    - （長子）陳敦德

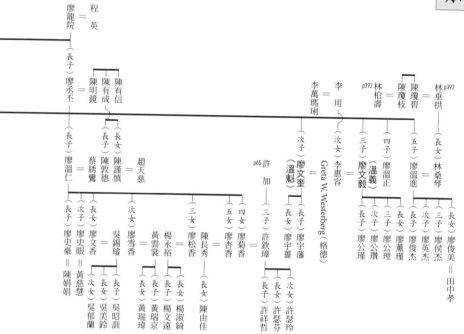

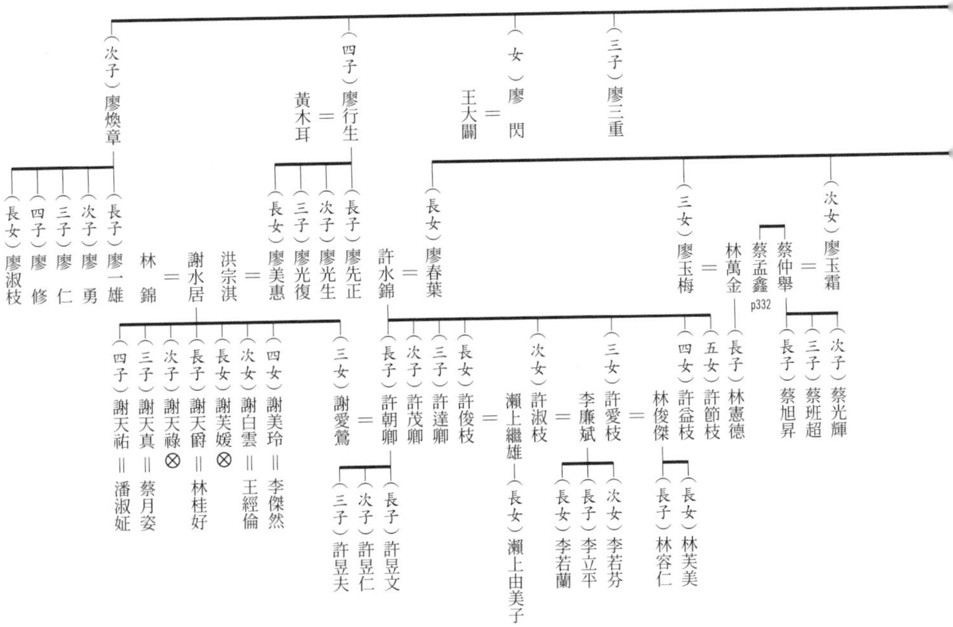
（次子）廖煥章
（四子）廖行生＝黃木耳
（女）廖閃＝王大闢
（三子）廖三重
（長子）廖一雄
（次子）廖勇
（三子）廖仁
（四子）廖修
（長女）廖淑枝＝林錦
（長子）廖先正
（次子）廖光生
（三子）廖光復
（長女）廖美惠＝洪宗淇
謝水居
（長女）廖春葉＝許水錦
（三女）廖玉梅＝林萬金
（次女）廖玉霜＝蔡仲舉
蔡孟鑫
p332
（四子）謝天祐＝潘淑姃
（三子）謝天真＝蔡月姿
（次子）謝天祿⊗
（長子）謝天爵＝林桂好
（長女）謝芙媛⊗
（次女）謝白雲＝王經倫
（四女）謝美玲＝李傑然
（三女）謝愛鶯
（長子）許朝卿
（次子）許茂卿
（三子）許達卿
（長女）許俊枝
（次女）許淑枝＝瀨上繼雄
（三女）許愛枝＝李廉斌
（四女）許益枝＝林俊傑
（五女）許節枝
（長子）林憲德
（長子）蔡旭昇
（三子）蔡班超
（次子）蔡光輝
（長子）許昱文
（次子）許昱仁
（三子）許昱夫
（長女）瀨上由美子
（次女）李若芬
（長子）李立平
（長女）李若蘭
（長女）林芙美
（長子）林容仁

城仲模終於在李登輝權力時代的末期，躍登高層，一九九八年七月獲命為法務部長，不及半年，旋即再被總統提名為司法院副院長。

在此之前，城仲模的仕途雖起步得早，但始終屬於位居權力邊緣的清望之士，社會對他的認知，也長時間界定為一名法學教授，特別是他久任中興大學法律系主任及研究所所長。

城仲模取得日本早稻田大學法學碩士及維也納大學行政法學博士及遊學美國威斯康辛大學，返國後，一九七三年元月以學者派兼行政院法規會委員開始，即與時任不管部政務委員的李登輝結緣，從此，幾項政務職異動，均隨李登輝游動。李登輝掌省府，城仲模就任省府委員。之前，李登輝出任台北市長，原有意請城仲模充任副祕書長，城仲模曾予婉拒，李登輝對著他說：「你不是瘋子，就是傻子。」當時政治結構不似今日，台籍政治人士的空間小，高層職位僧多粥少，城仲模的反應並不多見。

一直到晉任法務部長之前，城仲模擔任過省府委員、考試委員及大法官，均屬非獨當一面的實權職位，蓄勢勃發的醞釀期綿延長達十六年，可見城仲模與李登輝維持一種堅實而不斷的關係。

城仲模一直是李登輝的智囊之一，經常進出官邸。他與李登輝的投契，至少兩人在強烈的台灣意識上是一致的。城仲模辦公室的掛畫裡，有漁民收網，有農忙午休，隱隱約約透露出台灣意識。日本時期以來，台灣知識菁英對台灣本土的關懷，經常非因他們出身清貧，反而是像李登輝少年時代，因目睹佃農為保住佃權，提著雞，謙卑地來家裡求情，激發出內心一股原始的正義情感。李登輝出身小地主家庭，城仲模也來自殷富的商賈家族。

城姓在台灣僅城仲模家族一系，定居台南市以來，一直到他的宗族內伯公城阿全，城家才繁衍成一富族，聞名府城。

台南人稱城阿全「城仔全」，他出生貧困，父親是賣蔗渣的小販，城阿全繼承父業，卻日有起色。因為日本軍部意外發現城家門口的蔗渣，詢問用途，往後城阿全便長期供應蔗渣以供日軍燃料之用，累積了資金。

一九二二年，城阿全轉投資開設雜貨批發，特別是批發白糖、粗花糖、赤糖及糖粉等。真正讓城阿全暴發鉅富，城家口耳相傳有一則戲劇性的故事。日本大財閥三井株式會社採購上千包赤糖，準備運回日本再精製成白糖，但因雨受潮，赤糖溶化，糖水滲出，船運公司拒運。三井正苦惱如何處理，城阿全一位會說日語的堂弟獲悉此事，報知城阿全買下。城阿全兄弟經驗豐富，一看就知道糖沒變質，只是表面受潮，因此以低價買進，重新日曬，待價而沽。恰巧國際糖價大波動，城阿全屯積的糖，彷彿成了一隻會下金蛋的母雞。

據說，城阿全深信「有土斯有財」，每賣一包糖，便買一塊地。台南市附近，如永康、仁德、歸仁、新市，以及高雄縣的大湖、路竹等地，共買進大約四百甲的土地及魚塭，因而在戰前富甲府城，下有佃農兩千餘戶。

前述為城阿全報消息的堂弟即城仲模的祖父城天壽，城天壽為城阿全胞叔之子。早年，城家人世居帆寮街祖厝，彼此關係親密。日本人在台末期，台南市遭轟炸，城家所在的市街受創慘重，城仲模幼齡的妹妹富美命喪殘垣破壁下，他和長兄也曾被困兩、三個小時才被救出。城家於是舉族五十多人，由城阿全率隊，疏散到台南縣的佃農家。

城家的家族關係表現在經營事業上，形成多以城阿全延續下來的什貨業為主。城仲模一系，自祖父城天壽以下，父親、叔叔、長兄便都經營什貨，特別是罐頭類的食品，如奶粉。城仲模家的「城成慶行」，曾是南台灣首屈一指的中盤商，店員有五、六十人。一九七五年之後，因城父城燦桐過世，分家加上量販、超商興起，雄霸的局面才稍改觀。

城仲模有位親叔叔城燦樹，畢業於成大工學院，原任職中廣工程師，因家業大，返台南參與經營。城燦樹精於足球、橄欖球和排球，和前台南市長、現任國大議長蘇南成是親密球友。蘇南成穿著內衣，到城家吃花生的情景，仍為城家人熟悉的畫面。城燦樹熱心公益，台南市的龍舟賽、足球賽，均多所捐輸贊助。

城家和整個台籍大姻圈有聯繫，並非來自城仲模家一房，而是引領城家興盛的城阿全一系。城阿全的獨子所生兒女，敏於讀書，各個台大。城阿全的長孫女城璧連、三孫女城雅美均畢業於台大法律系，城璧連曾獲選全國十大傑出女青年。城仲模也曾是十大傑出青年，一族有兩位傑出青年，恐怕也僅城家。城璧連為司法官三期，期別高，又甲考及格，曾於呂有文法務部長任內擔當法律事務司長。

城璧連嫁律師賴崇賢，賴家為台中望族，賴崇賢曾擔任台灣國際扶輪社總監。賴弟賴崇慶為著名會計師，所主持的「眾信聯合」為台灣五大會計師事務所之一。

城壁連姊妹多人，其中排行四女的城滿惠嫁前台大醫學院牙醫系主任韓良俊。韓良俊來自一個台灣史上知名的醫生世家。韓父韓石泉醫生曾投入抗日的民族運動，留名台灣史冊。要談知識菁英抗日史，非提催生人民有選舉議員權的「台灣議會設置運動」不可。在往東京帝國議會請願行動中，抗日志士企圖組織化，不料引發「治安警察法違反事件」，日警以非法政治結社，封鎖新聞及電信，在全台各地搜索，共起訴十八人。台南市的韓石泉醫生列名其中。

戰後初次省參議會，台南市唯一一席參議員即韓石泉當選。但僅此一屆，政治仕途不再見韓石泉的身影。這種轉變的經驗並非韓石泉獨有，終戰後，不少知識菁英從熱切的盼望墜入灰暗的失望，回歸本業，不再過問政事。

城仲模另一堂姊、城壁連另一親妹妹城翠吟，是城家連上大姻圈的關鍵。城翠吟的丈夫劉篤信係台南名門劉家的後代。劉篤信夫婦興辦台南私立城光中學，兩人均先後擔任過校長。

劉家孚名望開始於劉壠。劉壠有一位同母異父的兄弟高耀，追隨馬雅各醫生學習，之後在台南市開設「仁和堂」行醫。高耀最初無子，劉之子劉瑞山過嗣為養子。高耀原要瑞山繼承衣缽，據稱，瑞山第一次親眼看見人死，心懼而作罷。後來，高耀有親生子，為免日後遺產紛爭，拿出五千圓要瑞山「退出家甲」(戶籍遷出)。劉瑞山頗有骨氣，辭不受，但請養父借他五百圓做生意。劉家即靠借來的五百圓開始自己立足，經營雜貨。瑞山之弟錫五讀日文，也讀過漢文書，負責記帳的內務工作，兄弟兩人合作經營「和源商行」，賺了錢就買地，成為大地主。

劉瑞山和劉錫五都是虔誠的長老教會信徒，透過教會及外國籍醫生，知道世界之大，兩房下的眾多子女，均留學外國。瑞山的長子劉青雲及三子劉子祥留學日本，慶應大學畢業；次子主安先留日，再赴英讀倫敦聖經學校，曾任台南長榮女子中學校長；五子、六子青和及青波則不到十歲，即被送往中國廣州讀教會辦的「嶺南學校」，遵守父親的諭令，兩年才准回鄉一次。劉青和之後更留學歐洲，在德國大學念化學工程。

戰後，陳儀掌台，起用留德派。蔣經國長媳蔣徐乃錦的父親徐學文也是留德學生，徐學文任台灣省樟腦局長時，劉青和為其副局長。劉青和之後任省立工業試驗所所長，工業所併入商檢局，劉青和出任副局長，此後未再陞遷而退休。留德派未得勢，但彼此關係友好，劉青和的太太現在還常去徐府串門子。蔣徐乃錦的德籍母親不會日語，通一點北京語及上海話，劉太太不通德語、上海話，兩人也能南腔北調，湊和著聊天。

劉錫五有兩個兒子，長子劉清風早在一九二〇年就留學美國，獲印地安那大學醫學博士學位，開業行醫外，曾任扶輪社社長。次子劉青藜為美國密蘇里大學化學博士，在戰後四大開放民營公司之一的工礦公司裡，曾任台北化學廠廠長。

劉錫五的五位女兒也都受高等教育，次女快治是密蘇里大學碩士，三女宇治讀東京齒科醫專，幼女聰慧更是東京帝國女子醫專、台北帝大的醫學博士。現在台灣博士、碩士如過江之鯽，但日治前半期，能念大學且已鳳毛麟角，何況是女子留洋，又是博士，難怪杜聰明博士形容劉家「可稱台南望族一門最開化之家庭也」。

有富裕的家庭經濟、可觀的學歷背景，衍生的婚姻圈絕大多數不會乏善可陳。劉家第三代的男子，留德的劉青和娶基隆豪族顏家之女，劉太太顏碧秋是前總督府評議員顏國年的女兒，前台大醫院院長魏火曜是她的姊夫。（參閱第二十、二十一章）

與劉青和一起去廣州念書的異母弟弟青波則娶名商林木土的女兒。林木土和李延禧一同籌辦台灣人首創的「新高銀行」，之後在廈門自創豐南信託公司，發跡甚早，日治時代活躍於廈門，是當地台灣僑民組織的會長。林木土有妻李緞為資深監委、有妹林慎為資深立委。劉青波的連襟周煥璋和永豐餘集團創辦人三兄弟中的何永是兒女親家。（參閱第十三章）

第三代的女兒所嫁更多名門富第。劉瑞山的五位女兒，次女彩仁是醫生，未嫁之外，其餘四個女兒，均留學日本，分別嫁清水蔡家、霧峰林家、台北李春生家族及清水楊家。每個家族又都是名門聯姻的匯集樞紐。

長女劉秀琴嫁台中清水蔡孟鑫醫生，所生長子蔡永新也是醫生，次子蔡永賜任教於美國史丹佛大學，曾是清華大學客座物理教授。蔡孟鑫的弟弟則娶台獨運動史名人廖文毅的姊妹。

廖文毅出身雲林縣西螺的地主家族，也是累代信仰基督教的家族，重視教育，也有能力讓子弟留學。除了廖文毅取得美國俄亥俄大學化工博士學位，他的大哥廖溫仁是京都帝大的醫學博士，他的二哥廖文奎也遠到美國留學，獲芝加哥大學哲學博士。

一九五〇年，國民黨遷台底定的同時，廖文毅在日本成立「台灣民主獨立黨」，五、六年後又成立台灣共和國臨時政府，曾以台灣共和國大統領身分參加一九五五年的印尼萬隆會議，與會有中共的周恩來、印度的尼赫魯等首領。一九六五年，經國民黨長期以家族成員的安危及財富威脅利誘，廖文毅返台宣布放棄海外台獨運動，國民黨酬以曾文水庫興建委員會副主委。

廖文毅家族與豪門的聯姻，另有弟弟廖溫進娶霧峰林家林烈堂的孫女。前述蔡孟鑫的一位連襟則是林烈堂的兒子。於此又可以發現姻親線在台籍世家名門之間團團轉圈的情形。（參閱第二十四章）

廖文毅家族的下一輩則有女兒嫁給台北前十信理事主席許加之子。許加的一位舅子即前監察院副院長周百鍊。（參閱第二章）

清水蔡家特別於日治時期知名，因蔡惠如與民族運動有著不可切割的關連。蔡惠如為蔡八來以下的二房第五代，蔡孟鑫則屬三房第六代。蔡惠如之父蔡敏南曾任牛罵頭（清水舊名）的區長（相當於鎮長），蔡惠如十六歲到台中做米穀生意，擴及製糖及輕鐵，因財經實力而被日本政府派任台中區長。任內曾公開批評日本警察是「草地皇帝」而被罰。在可選擇的拘留、勞役及罰金三種處罰中，蔡惠如特意捨罰金，而取三天的勞役。當日警押著蔡惠如拿掃把及畚斗掃街，造成民眾圍觀，「蔡區長萬歲」之聲不絕，三天勞役只好減為半天，草草收場。之後，蔡惠如變賣家產，內渡福州，並開始二十年的鼓吹民族自決運動。在台灣歷史上重要的民族運動中，多有蔡惠如入獄或捐資的影跡。最後，蔡惠如散盡家財，留給世人他的氣魄與豪情。

蔡惠如第五房的堂叔蔡蓮舫也曾任台中區長，和林獻堂等中部貴紳共創過彰化銀行。他的女兒蔡嬌霞嫁板橋林家林祖壽，林祖壽與前台泥董事長林柏壽為兄弟。（參閱第二十二章）

當今蔡家仍居清水的地方政壇要角。四房第四代的蔡卯生於戰後初期曾任過清水一到四屆鎮長。當第一屆台中縣長選戰酣熱時，陳水潭原拿最高票，林鶴年、蔡卯生依序次之。陳水潭票數未過半，依法進行第二輪投票時，林蔡結合，反而擊敗陳水潭，這一戰在台灣選舉史上非常有名，造成台中縣陳派（黑派）及林派（紅派）的仇峙對立數十年。

蔡卯生的哥哥蔡江寅為久任的縣議員，其次子蔡芳郎、三子蔡政郎，現在分別是清水鎮和台中縣農會總幹事。

劉瑞山的三女劉秀霞嫁入霧峰林家。日本時代，林家的地產之豐，緊追在板橋林家之後。在林家龐大的房支中，劉秀霞的丈夫林垂芳算是較活躍的一支。林父林烈堂曾任台中廳參事、州協議會員，商業上也投資擔任台灣商工銀行、華南銀行董事。（參閱第二十四章）

劉瑞山四女秀滿嫁李婉然，系出台北大稻埕的名門李春生家族。李春生為虔誠基督徒，今天台北市還有李春生紀念教堂。他既專研基督教思想，蔚為哲學家，本質上又是一位茶業鉅子。清廷割台之初，台北豪商紛紛棄地避走中國大陸，據說，李春生當時承購土地，一半的台北城歸他所有。（參閱第十八章）

劉瑞山五女劉秀華嫁前經濟部次長楊基銓。楊基銓畢業於東京帝大經濟學部，戰前考行政科及格，曾任宜蘭郡守及台北州商工課長，年少得志，是日本時代難得一見的台籍奏任官。戰後，台籍人才依舊未受重用，比較起來，楊基銓際遇不差。一九七二年，蔣經國內閣開張，特意起用台籍人士，交通、內政部長及行政院副院長均起用台籍，以往難得一見的台籍次長，也開始有郭為藩、楊基銓分任教育、經濟部常次。不過，楊基銓原地踏步八年，隨後即轉任土銀及一銀董事長。

楊基銓現任國際文化基金會董事長，基金會的目的在於「要以文宣或研討會方式，使國人及政府當局重新認識我們所居住、我們生活所寄託的這一塊土地——台灣。」終極目的則在建立「一個主權獨立、有民主、有自由、有尊嚴，在國際上能頂天立地昂首闊步的台灣共和國。」楊基銓從國民黨政府高層官僚，最終跳出來宣揚獨立建國的理念，令人聯想起中研院院士李鎮源，這些例子可以反映老一輩台籍上層菁英的生命情調。

劉錫五一支，則有次女劉快治嫁高雄企銀創辦人王天賞。王天賞有子王仁宏曾任連戰內閣的研考會主委，現在的高企常董王仁孚則是王仁宏之弟。（參閱第二十一章）

劉家開化早，留洋多，到第三代子弟，依舊普遍擁有高學歷。劉瑞山次子劉主安曾留學倫敦聖經學院，擔任過長榮女子中學校長，他的長子劉篤信，即娶城仲模的堂姊。劉主安的次子劉德勇則現任中研院生化所所長。

劉主安的大哥劉青雲畢業於慶應大學，他的長女婿賴永祥曾任台大圖書館館長，以專研台灣早期歷史，包括荷蘭治台史及教會史而聞名。

另一位劉家女婿李治學，娶劉瑞山女婿林垂芳的女兒，是有名的台大外科醫生。

劉家的外孫女婿則有與前副總統謝東閔家族聯姻。劉瑞山的四女嫁李春生家族的李婉然，李婉然的女兒嫁前農委會漁業處長謝大文。謝大文是謝東閔的弟弟謝敏初的兒子。（參閱第十章）

劉家第三代，除有城翠吟來自富族，另有幾位媳婦亦出身顯達世家。劉瑞山長子劉青雲，下有四子，依序命名「改造、革新、逸民、備世」。其中，劉革新娶前省府委員朱江淮之女（參閱第九章）。劉逸民娶前私立延平中學副校長宋進英之女。宋進英畢業於東京帝大法科，曾在日本通過高等文官考試，執業律師。戰後，返台要奉獻家園，但新政府不如想像，宋進英窮其一生守著延平，淡泊名利，婉拒出仕。他有位連襟高湯盤，曾任華南銀行總經理、一銀董事長。他們的太太為台北名紳洪以南之女。（參閱第三章）

劉瑞山三子劉子祥也畢業自慶應大學經濟學部，劉子祥的三子劉鴻彰則娶前省議長黃朝琴的幼女。黃朝琴的妹妹嫁入高雄陳家，是前高雄市議長陳田錨的繼母。陳田錨及其叔伯也都出身慶應大學。（參閱第七章）

第二十章

基隆顏家

羅萬陣、張昭雄、屏東藍家、黃政旺、張秀政、宜蘭陳家、林濁水

顏雲年家系

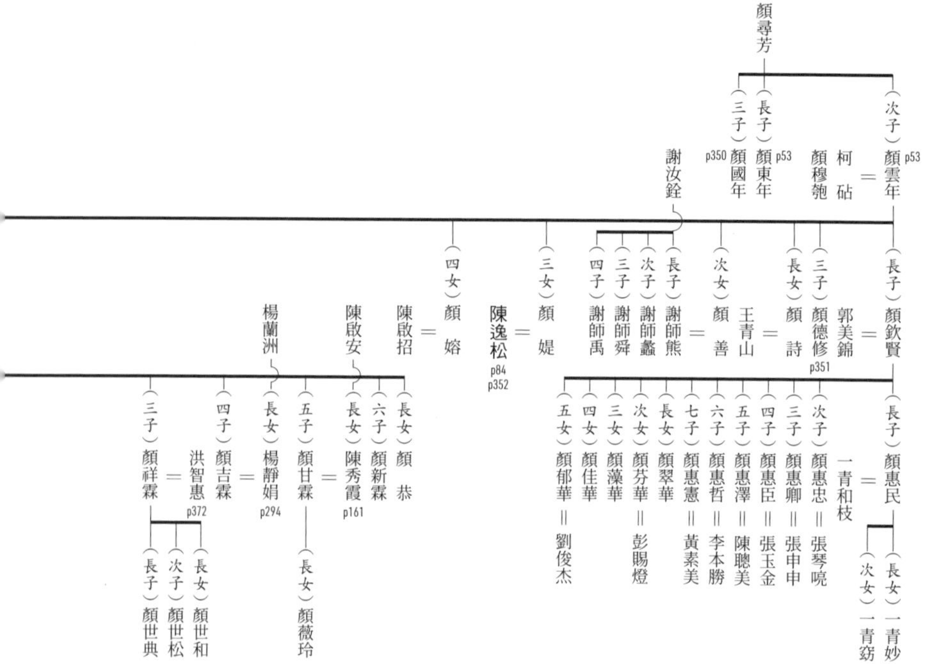

顏尋芳
（次子）顏雲年 p53
柯 砧
顏穆鞄
（長子）顏東年 p53
（三子）顏國年 p350
謝汝銓
（長子）顏欽賢
郭美錦
（三子）顏德修 p351
（長女）顏 詩
王青山
（次女）顏 善
（長子）謝師熊
（次子）謝師蠡
（三子）謝師舜
（四子）謝師禹
（三女）顏 媞
陳逸松 p84 p352
（四女）顏 嫆
陳啟招
（長子）顏惠民
一青和枝
（長女）一青妙
（次女）一青窈
（次子）顏惠忠 ＝ 張琴嗁
（三子）顏惠卿 ＝ 張申申
（四子）顏惠臣 ＝ 張玉金
（五子）顏惠澤 ＝ 陳聰美
（六子）顏惠哲 ＝ 李本勝
（七子）顏惠憲 ＝ 黃素美
（長女）顏翠華
（次女）顏芬華 ＝ 彭賜燈
（三女）顏藻華
（四女）顏佳華
（五女）顏郁華 ＝ 劉俊杰
陳啟安
楊蘭洲
（長女）顏 恭
（六子）顏新霖
（長女）陳秀霞 p161
（五子）顏甘霖
（長女）顏薇玲
（長女）楊靜娟 p294
（四子）顏吉霖
洪智惠 p372
（三子）顏祥霖
（長女）顏世和
（次子）顏世松
（長子）顏世典

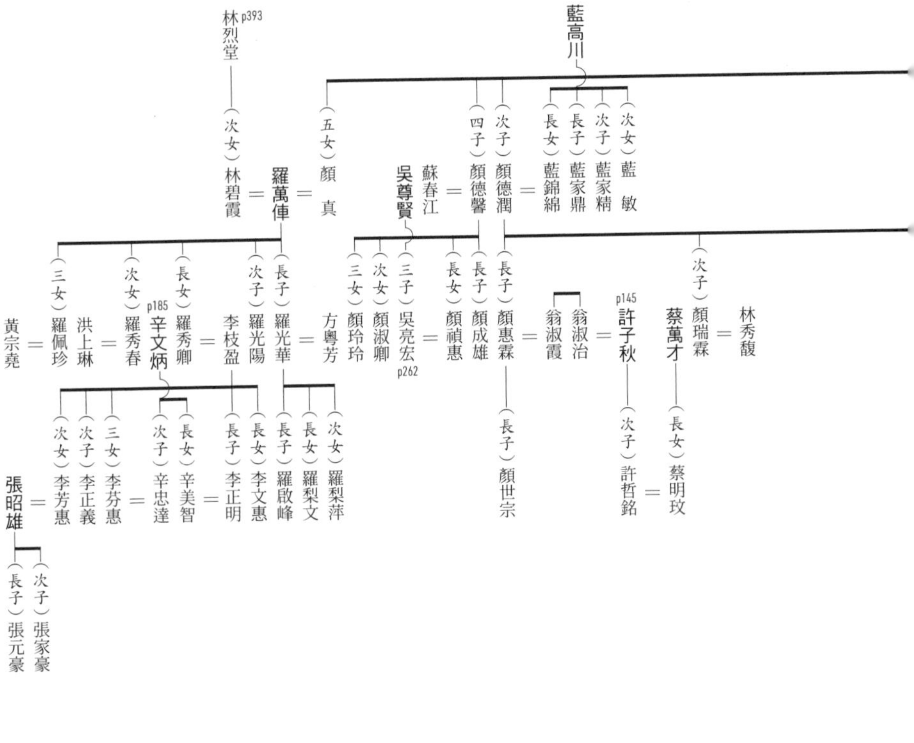
藍高川
林烈堂 p393
（次女）林碧霞
羅萬俥
（五女）顏真
吳尊賢
蘇春江
（四子）顏德馨
（次子）顏德潤
（長女）藍錦綿
（長子）藍家鼎
（次子）藍家精
（次女）藍敏
黃宗堯
（三女）羅佩珍
洪上琳
（次女）羅秀春
p185 辛文炳
（長女）羅秀卿
李枝盈
（次子）羅光陽
（長子）羅光華
方粵芳
（三女）顏玲玲
（次女）顏淑卿
（三子）吳亮宏 p262
（長女）顏禎惠
（長子）顏成雄
（長子）顏惠霖
翁淑霞
翁淑治
p145 許子秋
蔡萬才
（次子）顏瑞霖
林秀馥
張昭雄
（次女）李芳惠
（次子）李正義
（三女）李芬惠
（次子）辛忠達
（長女）辛美智
（長子）李正明
（長女）李文惠
（長子）羅啟峰
（長女）羅梨文
（次女）羅梨萍
（長子）顏世宗
（次子）許哲銘
（長女）蔡明玟
（長子）張元豪
（次子）張家豪

顏雲年三子家系

林熊徵
(六女)顏媛美 = 何宗英
(長子)何宜哲
(次子)何明哲
(長女)何婷婷
(長子)林明成 p390
(五女)顏絢美
蔡萬霖
(四子)蔡鎮球
林政雄 p144
(四女)顏華美
(次女)林佳穎
(長子)林怡呈 = 吳秋玲
(長女)林佳瑾 = 黃教漳
黃崇西
(子)黃政旺
(子)黃教漳
黃昭碧
黃朝琴
(長子)黃燦堂 p161
(三女)顏智美
(四子)張益周 張節子
(三子)張秀政
(次子)張秀青
張添根
(長子)張雨田
(長子)張榮庭
(次女)顏慈美 = 何政廷 p255
(長女)顏雅美

顏國年家系

張李德和 = 張錦燦
(長女)張女英 = 顏滄海
顏國年 = 林氏
謝滿
(長子)顏滄海
(次子)顏滄波 = 簡淡月
(三子)顏滄濤 = 施素筠
(四子)顏滄浪
(五子)顏滄溟
(六子)顏滄江

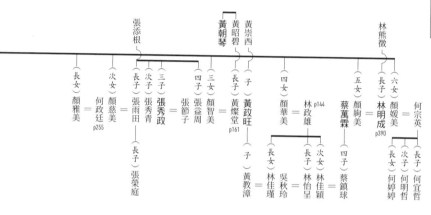

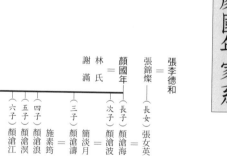

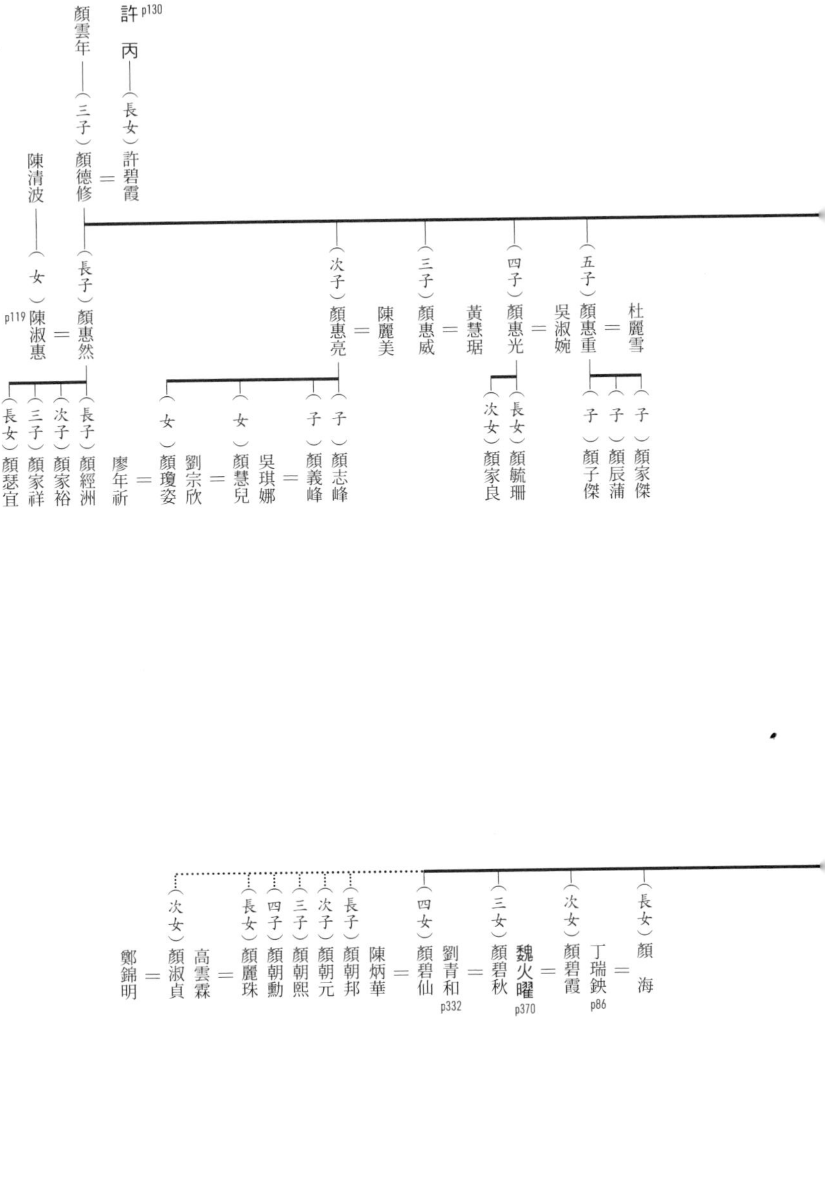
許丙 p130
（長女）許碧霞
顏雲年
（三子）顏德修
陳清波
（女）陳淑惠 p119
（長子）顏惠然
（次子）顏惠亮
陳麗美
（三子）顏惠威
黃慧琚
（四子）顏惠光
吳淑婉
（五子）顏惠重
杜麗雪
（長子）顏經洲
（次子）顏家裕
（三子）顏家祥
（長女）顏瑟宜
（子）顏志峰
（子）顏義峰
吳琪娜
（女）顏慧兒
劉宗欣
（女）顏瓊姿
廖年沂
（長女）顏毓珊
（次女）顏家良
（子）顏家傑
（子）顏辰蒲
（子）顏子傑
（長女）顏海
丁瑞鉠 p86
（次女）顏碧霞
魏火曜 p370
（三女）顏碧秋
劉青和 p332
（四女）顏碧仙
陳炳華
（長子）顏朝邦
（次子）顏朝元
（三子）顏朝熙
（四子）顏朝勳
（長女）顏麗珠
高雲霖
（次女）顏淑貞
鄭錦明

宜蘭陳家家系

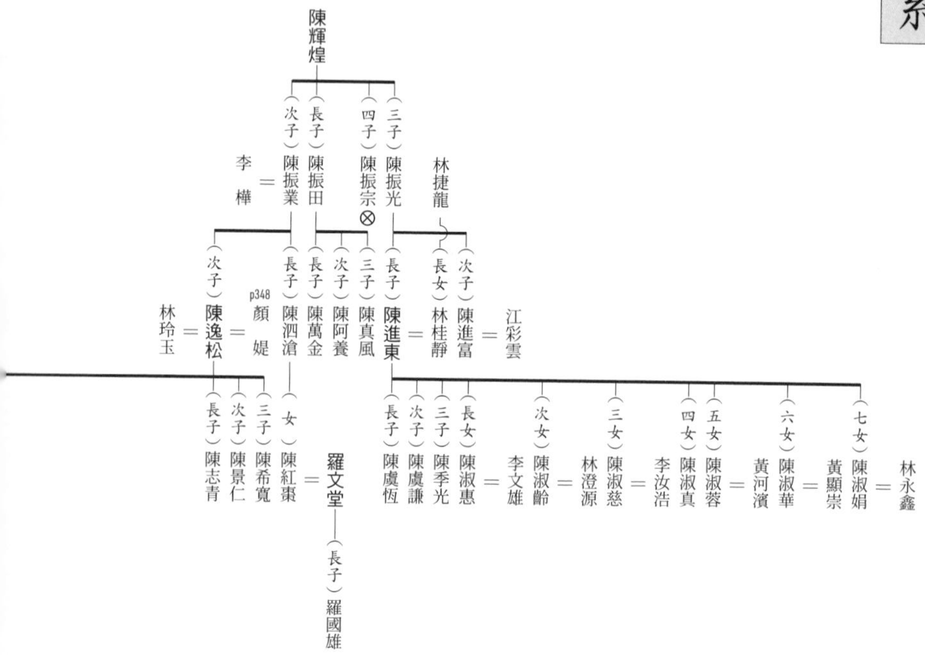
陳輝煌
(長子)陳振田
(次子)陳振業
李樺
(三子)陳振光
(四子)陳振宗⊗
林捷龍
(長子)陳泗滄
(次子)陳逸松
林玲玉
p348
顏媞
(長子)陳萬金
(次子)陳阿養
(三子)陳真風
(長子)陳進東
(長女)林桂靜
(次子)陳進富
江彩雲
(女)陳紅棗
羅文堂
(長子)羅國雄
(長子)陳志青
(次子)陳景仁
(三子)陳希寬
(長子)陳虞恆
(次子)陳虞謙
(三子)陳季光
(長女)陳淑惠
李文雄
(次女)陳淑齡
林澄源
(三女)陳淑慈
李汝浩
(四女)陳淑真
(五女)陳淑蓉
黃河濱
(六女)陳淑華
黃顯崇
(七女)陳淑娟
林永鑫

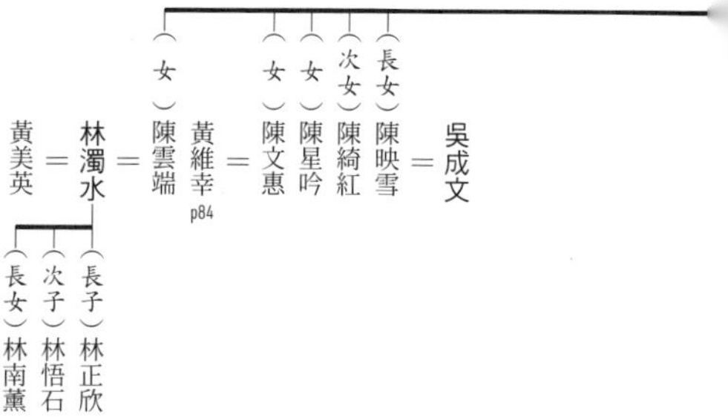
吳成文
＝
（長女）陳映雪
（次女）陳綺紅
（女）陳星吟
（女）陳文惠
＝
黃維幸
p84
（女）陳雲端
＝
林濁水
＝
黃美英
（長子）林正欣
（次子）林悟石
（長女）林南薰

一九二三年，日本老天皇裕仁以東宮殿下身分視察台灣，此事在台灣上流社會引起一陣騷動，人人以親炙皇顏為傲。裕仁在北台灣的下榻處所，一度選定基隆煤礦鉅族顏家在田寮港（今基隆市信二路）的大宅，顏家上下和公司職員都已受令驗尿、驗便，避免傳染疾病，準備迎接皇太子蒞臨。雖然事後因故改住他處，顏家的崇高地位可想而知。

約莫一甲子的光陰，政經權勢數一數二的基隆顏家，已落居千百名之後，熱鬧的政商話題裡再找不到顏家人的身影。歷史鏡頭底下，顏家的起落恍如一瞬，箇中道理值得思索。

姑且把顏家發跡興盛的一代視為第一代，那麼第一代的靈魂人物是顏雲年和顏國年兄弟。兩兄弟另有長兄顏東年，但與顏家事業無多關係。

顏家兄弟的父親原本於清朝治台末期，即開始在四腳亭採煤礦。割讓日本後，採礦必須先取得採礦權，日本總督府把採礦優先權授予日本人或日本財團，台灣人只能向日本人分租採礦權。

金礦部分，台灣三大金山分別由三位日本商人掌有採礦權：木村久太郎的牡丹坑金山、田中長兵衛的金瓜石金山、藤田傳三郎的瑞芳金山。顏雲年早期因學會日語，充當藤田及礦工之間的通譯，近水樓台，等藤田經營不善，準備釋出採礦權時，顏雲年便搶得先機，邁開建構礦業王國的第一步。這種際遇似有一番定理，例如台北中山北路上的大礦商張聰明，也是因為比一般人先學會日語，為日本律師服務，而探得商機。擁有新語言優勢，便能夠比一般人迅速接上一個新政權、新社會的秩序與遊戲規則，往往也就能獲致巨利。政客亦復如是。國民政府接收台灣以後，「半山」紅極半邊天，其道理相同。

顏雲年於一八九八年開始向藤田承租瑞芳金山小粗坑，陸續分租大粗坑、大竿林、菜刀崙等礦區採金。這些礦區都被藤田視為廢坑，但顏雲年化腐朽為神奇，單單基隆河砂金礦區，每天領牌淘金的工人，就有兩千多人。一九〇四年，顏雲年把觸角伸向煤業，先後拿到台北縣三瓜子、瑞芳猴硐、石底、五堵、三峽的礦區權。一九一四年九月，瑞芳金礦礦石含金品位忽然下降，產量銳減，「藤田合名會社」認為沒有開採價值，顏雲年以三十萬日圓租價，取得瑞芳金山全部管理權，租期七年。說也奇怪，到了顏雲年手上的礦區又活回來，獲利超過藤田，連藤田遺留的廢石，顏雲年拿來敲一敲，也得到「意外價值之黃金」。

一九二〇年，顏雲年和板橋林家的林熊徵、日商賀田金三郎、木村久太郎成立「臺陽礦業株式會社」，旗下購有瑞芳金礦。顏家另一資本系統則成立「基隆炭礦株式會社」，與日本三井礦山株式會社合組而成，顏家占股百分之四十五。

顏家一金一煤兩大公司鼎立，顏雲年已是台灣「實業家」（日本時代所稱的企業家）的龍頭之一。一九二〇年，總督府遴選九位台灣人為評議員，評議員之位是日治時代台灣人受酬享最崇高的職位，雀屏中選的台籍評議員不是地主豪農，就是富商鉅賈，顏雲年和林熊徵、辜顯榮、林獻堂等同列第一批台籍評議員。

頂峰之後三年，顏雲年傷寒病逝，兄終弟及，弟弟顏國年接替評議員之位，金煤礦事業也一併接手。顏國年早與二哥雲年合作經營，此時並無匆促接掌事業的慌亂。曾任總督府總務局長的木村匡曾說，依他認識，艋舺大茶商李春生是「學者肌」、辜顯榮是「政事家肌」、顏國年是「商人肌」。日文「肌」即「氣質、性格」之意。李、辜、顏三人都是商人，木村匡再剖析顏國年是「商人肌」，毋寧他是商人中的商人。

顏國年確也能媲美顏雲年，除顏雲年生前，兩兄弟執意私設平溪線鐵路（即今平溪支線，後來被日本政府收購），魄力驚人之外，顏雲年去世後，顏國年併購海山炭礦株式會社，成立「海山礦業所」，還首度輸出台灣煤礦到香港和廣東，繼續維持顏家龐大家業於不墜。

一九三七年四月，中日未開戰前，五十二歲的顏國年病逝，只比顏雲年多活十三歲而已。兩人病逝之間相隔的十四年，正值顏家鼎盛時期，兩人的子女多於這段時間到達適婚之齡。婚配對象不是出自巨門富豪，就是一時碩彥。

顏雲年有顏欽賢、顏德潤、顏德修、顏德馨四子，顏德潤和顏德修都娶總督府評議員的女兒。顏德潤娶屏東里港名門藍高川的女兒藍錦綿。藍家為清代名儒藍鼎元的後代，藍鼎元在台灣史上有不可抹滅的地位。他原漳州漳浦縣人，號「鹿洲」。康熙六十年，台灣發生朱一貴之亂，藍鼎元自幼好學，曾帶白鹽一罐，進山中苦讀，因有文底，隨堂兄「南澳鎮總兵」藍廷珍討伐朱一貴，負責文牘的差事。歷經七天平定，羈留台灣一年多。事後，藍鼎元寫成《平臺紀略》一書，記述平朱亂的歷史，又曾就台灣民情上奏清廷，編成《鹿洲奏疏》，奏中詳細說明台灣諸種情況，例如，他說「台民素無土著，皆內地作奸逋逃之輩，群聚閭處，半閩半粵，粵民全無妻室，佃耕行傭，謂之客子，每村落聚居千人百人，謂之客庄，客庄居民，結黨尚爭，好訟樂鬥，或毆殺人」，藍鼎元把原因歸諸無眷致心性不定，所以奏請准許來台耕種的人必須帶眷。諸如此類，都是研究清代台灣史的寶貴資料。

藍鼎元一生寫下《女學》、《棉陽學準》、《修史試筆》、《東征集》、《鹿洲公案》等書，是清史學儒檔案中必提的一位。

藍家後來移居台灣屏東里港，在南台灣衍成巨室望族。藍高川時已是雄霸一方的大地主。日本治台之初，大量起用地方首富為各廳「參事」，藉官銜榮譽籠絡台灣人。藍高川自在授官懷柔之列，被任為阿緱廳（今屏東）參事。一九二〇年，第一屆總督府評議員也選上藍高川。

藍高川有二子二女，長子藍家鼎一九〇二年生，畢業於京都帝大法科。高學歷的望族二代並非每人能自創事業，往往家中地大業大，已顧家不暇，藍家鼎便是學成返回里港管理家產。戰後初期擔任里港鄉長和屏東縣參議員。

到一九九〇年代，藍家在屏東縣尚有政治勢力。「家」字輩中的藍家安曾任屏東縣議會主任祕書。屏東最大的政治豪族張豐緒家族，也是藍家姻戚。張豐緒的媽媽藍奎即藍高川的堂妹。

藍高川的次子藍家精自京都帝大經濟科畢業後，留校跟隨山本美越乃教授專攻殖民地政策。回台灣曾在高雄州教育課供過職，之後，轉去中國，當了日本第一方面陸軍中將。戰後初期，被抓去盤問一番後斥回。在鄉下擔任兩屆六年的屏東水利會會長。一九五八年開始，擔任省屬華南銀行董事，一直到一九七五年辭職，其時藍家精已年逾七旬，政治地位不復日治時代的大族權勢。

夾著北台灣頂尖豪族的氣勢，顏雲年的三子顏德修再娶總督府評議員許丙的長女許碧霞。許丙即現今藝術界聞人許博允的祖父、力晶電腦集團董事長黃崇仁的外祖父。（參閱第五章）

綜合來看，顏家第一代迅速崛起，第二代的婚姻，就造成三位評議員的「高第聯姻」，凸顯出強烈的階級性。

顏雲年這一房的第二代婚姻，娶媳重門第，配婿則兼重才能與家世。女婿的家世不及媳婦，才能則極盡一時之選。顏雲年有五個女兒，女婿中以羅萬俥知名度最高。據羅家女兒指出，羅萬俥一八九八年生，娶顏家女兒顏真時已經三十二歲，顏真才十八歲，這是羅萬俥的第二次婚姻。他的元配來自霧峰林氏人家，雖非霧峰豪門林家，但家勢也不小。羅萬俥的長女、次女都是元配所生，她們的親外公與前國大代表林隆士的祖父是親兄弟，她們要叫林隆士的爸爸「阿舅」。林隆士也正是新光集團創辦人吳火獅的女婿。（參閱第十一章）

羅萬俥和太太顏真未能白首偕老，他一生事業也看不出與顏家有關係的痕跡，反而始終追隨霧峰林家林獻堂左右。

羅萬俥是少見留日又留美的台灣人。父親羅金水原是鹿港人，賣鹿港、彰化的商品到埔里，賺了錢，就在埔里大買土地，成為埔里大地主。羅萬俥自總督府國語學校畢業，即往日本讀明治大學法科，一九二〇年，二十三歲的羅萬俥轉進美國賓州大學攻讀國際政治學。這位富家子弟在美住洋房，出門有汽車代步，英文名字以閩南語發音，人稱呼他B. K. RO。據羅萬俥的家人說，他在日本時代也環遊過世界，去英國找過板橋林家的林柏壽，「他的行李箱還有到過西伯利亞和朝鮮的貼標」。一九二八年返台，開始出任《台灣民報》專務取締役（常董兼總經理），少年英發。《台灣民報》為抗日派的言論機關報，雖一再遭扣禁、遷徙、更名，羅萬俥卻一直未脫離報紙，以林獻堂為馬首是瞻。

一九四五年八月戰終後，羅萬俥同林獻堂、蔡培火、林呈祿等抗日主將，應邀去南京參加日本投降典禮。一九四六年當選台中參議會議長及國民參政員，也當過省營「台灣人壽」公司董事長。一九五五年，彰化銀行董事長林猶龍病逝，林父林獻堂早先已避居日本，未能回台重掌事業，此時，羅萬俥受命出任董事長，一直到一九六五年病逝為止。

羅萬俥後來即再娶霧峰林家的林烈堂之女。林烈堂與林獻堂為堂兄弟，均有名於日本時代。林烈堂除有名婿羅萬俥外，長女婿張煥珪戰後也曾當選台中市長。林烈堂的長子林垂拱則與台泥前董事長林柏壽為連襟，兩人均娶前清進士陳望曾的女兒。（參閱第二十四章）

羅萬俥的長子羅光華為前妻顏真所生，備受父蔭，一生事業都在公營銀行界高層。羅萬俥死後，羅光華由美返台，出任中國銀行（現「中國國際商業銀行」前身）國外部副理，一九七四年，出任彰銀副總，兩年後升總經理，一九八二年平調華南銀行總經理，一九八八年再升董事長。一九九一年，六十歲的羅光華因心臟病死在任內。

羅光華的異母二姊羅秀春嫁小兒科醫生洪上淋，羅家大姐羅秀卿也嫁給知名婦產科醫生李枝盈。李枝盈出身台北帝大醫學博士，在台北市東門附近開立的醫院一直是上流貴婦生產的最愛。李枝盈為名人快婿，其快婿亦是名人；不久前才卸任長庚醫院院長，接任長庚大學校長的張昭雄，即娶李枝盈的女兒李芳惠。李芳惠現任YWCA（基督教女青年會）台北分會會長。李芳惠的妹妹芬惠也嫁醫生辛忠達，辛父辛文炳曾任台南市長，辛文炳的長婿吳運東亦是醫界龍頭，現任全國醫師聯合會理事長。前國民黨祕書長吳伯雄則是吳運東的叔叔的兒子。（參閱第八章）

顏雲年另一位名女婿陳逸松後來也和元配顏媞貌合神離。陳逸松先後在東京、台北執業過律師。日本時代曾任顏家臺陽拓植株式會社監察人及臺陽礦業監察人。再娶後，和顏家關係漸漸淡去。

陳逸松出身宜蘭羅東望族。他和前宜蘭縣議長、縣長陳進東醫生為堂兄弟。他們共同的祖父陳輝煌率漳浦族人開墾蘭陽溪溪南一帶。陳輝煌比宜蘭開墾之父吳沙晚四十年進蘭陽，但成果輝煌，擁地阡陌，有一千多甲，和吳沙同被尊為開蘭功臣。陳輝煌初任「協臺」，清法戰爭於一八八四年戰場擴大，打到台灣，法國軍艦進逼蘇澳外海，陳輝煌率兵發砲，擊退法艦，清廷欽賜二品頂戴。

陳逸松還記得陳家自有團勇，這些保護田園的士兵穿著前後寫有「陳」字的背心式制服。有富裕的家世背景，加上努力，陳逸松讀東京帝大法科，陳進東畢業自長崎醫科大學。

陳進東娶當時羅東街名醫林捷龍之女。他的下一代，分別有二子二婿當醫生。三女婿李汝浩為麻醉科專家，拿美國醫學博士，返台即任高雄長庚副院長。

陳進東的親弟弟陳進富曾任宜蘭縣議會議長，李登輝總統掌權的年代，還是國民黨的不分區國大代表。從陳進富和太太公布的財產來看，上百筆土地，集中溪南的三星一帶，顯示陳家自陳輝煌以來，仍是溪南地區的大地主。

陳逸松的大哥陳泗滄曾是前國大代表羅文堂的岳父。羅文堂的「博愛醫院」向來有「宜蘭地下黨部」之稱，意謂若國民黨不與博愛醫院合作，地方的縣長大選幾乎要嘗敗績。羅文堂的兒子羅國雄曾任兩屆縣議會議長。

陳逸松曾有和國民黨關係親密的階段，獲選任為第一屆考試委員，也擔任過中央銀行常務理事。到一九六四年，無黨無派的高玉樹擊敗國民黨的周百鍊，當選台北市長。那場激戰中，陳逸松也出馬競逐，顯示雙方關係已不復從前。

一九七一年，台北館前路發生美國銀行爆炸案，陳逸松一度被國民黨情治單位懷疑涉案，抓去疲勞訊問三天，獲釋遣回，但從此家中常遭「突襲檢查」，陳逸松本人也限制出境。一九八三年，股市聞人邱永漢以陳逸松是他的東大學長，向調查局長沈之岳說項，陳逸松藉參加女兒婚禮，抵達美國後從此未再回台灣，知其名的民眾便愈來愈少了。

一九八四年，中共總理周恩來請他去中國參觀訪問，並出任人大常委。陳逸松要求定居美國，周恩來同意他來去自由。隨行進入中國的還有女兒陳文惠和女婿黃維幸。黃維幸是哈佛大學法學博士，在紐約執業律師，也是銀行家，他的爸爸黃聯登在戰後初期曾任省參議員，畢業於北京大學，大概這樣的中國經驗，黃維幸的媽媽嚴璸是清末大儒、北大校長嚴復的女兒；他要叫辜振甫太太嚴倬雲「表姊」，但黃維幸早年列入黑名單，兩家親戚並沒有親密往來。（參閱

第三章）

陳逸松另一位名人女婿是民進黨立委林濁水，陳逸松的幼女陳雲端是林濁水的前妻。黃維幸和陳文惠也已離婚。

陳家裡有統有獨，頗具特色。除上述人物之外，陳逸松的兒子陳希寬也曾在黑名單內，但理由和父親、妹夫不同，陳希寬主張台獨，一九七一到七二年擔任台獨聯盟副主席。中美斷交時，陳希寬等十一個人把自己鎖在聯合國大門前，並且將鑰匙扔掉，這種驚人的抗議方式，引起國際注意。

陳逸松元配顏娓生三子三女，繼室生四女。元配長女陳映雪與丈夫吳成文目前都在中研院生物醫學研究所擔任研究員。前院長吳大猷以高薪聘請他們回台灣時，一度引起異議。立法委員抨擊待遇超高、不公平，中研院認為是尊重學術及高級人才。吳成文於一九九六年起，出任國家衛生研究院院長。

顏家第三代，只顏雲年的孫輩有政商婚姻圈。其中，又幾乎全部集中四個兒子裡的顏德潤和顏德修兩房子女，其他兩房，僅僅顏德馨的長女嫁統一企業董事長吳修齊的侄子。而德潤、德修兄弟均娶豪門千金，另兩位兄弟的太太家世則比較平凡，這個差異，似乎暗示，夫妻雙方愈都是出身貴族，愈傾向把子女和權貴家族聯姻，維持「貴族血統」精純。

顏家第三代的政商婚姻圈主要集中顏德潤和顏德修的子女。顏德潤有六子一女，長子顏惠霖之妻翁淑霞和前行政院衛生署長許子秋的太太翁淑治是姊妹，顏許為連襟。許子秋的次子娶

富邦集團蔡萬才的長女，顏家於此與國泰蔡家搭上親戚的聯絡橋梁。（參閱第六章）

顏德潤三子顏祥霖娶南投大家洪遜欣的次女洪智惠。洪遜欣家族自祖父輩即活躍於鄉里，父親洪火煉曾參選擔任省議員，弟弟洪樵榕曾任南投縣長，他自己於日治時代曾任法官，一九七六年開始就任大法官，在司法界享譽甚隆。（參閱第二十一章）

顏德潤四子娶前台北市工務局長楊蘭洲的長女，楊家是台南的舊世族。五子顏甘霖娶高雄陳家陳啟安之女陳秀霞。（參閱第七、十七章）

顏德修部分，女兒多嫁入名望家族，兒子岳家只長子顏惠然娶大稻埕茶商陳清波之女陳淑惠，比較醒目。因為前台籍警總司令陳守山即出自陳清波所屬的「錦記」陳家，陳守山是陳清波的堂侄。（參閱第四章）

顏德修有五子六女，女兒個個嫁入政商名門，她們的下一代在這幾年達適婚年齡，已陸續再在台籍姻親大圈內部，進行婚配。若以棉線球來比擬，這團線球因內裡絲綿交織愈繁而愈緊密。

顏德修長女雅美嫁何政廷。何政廷的父親何義，與兄長何傳、何永共創永豐餘紙業集團。何政廷除已有長女嫁台南大金主侯雨利的孫子，他的次子又娶了三重幫林堉璘的幼女。林堉璘為自由時報老闆林榮三的二哥，擁有宏泰建設集團及安泰企業機構。（參閱第十三、十四章）

顏德修的次女嫁張雨田。提起張雨田的兄弟張秀政，知道的人就多了。張秀政因建築鴻禧山莊，李登輝、連戰、吳伯雄等名流進駐，而名氣噪起。張家自國泰蔡家接手經營來來大飯店，又有鴻禧美術館。張氏四兄弟承襲父親的雅好，各有各的藝術蒐藏，卓然有成。

張家原是台中縣大雅鄉的地主，張秀政的父親張添根不及弱冠，即被推選為大雅鄉農會理事長，三十歲當選鄉代會主席，繼而中縣議員。張添根去世時所發出的「行誼」寫道：「從政的一段經歷，促使先生由農轉而從商。」一九五八年，張添根推介日本日產與裕隆技術合作，生產客用汽車，成立國產汽車公司。最後，以「鴻禧」建立屬於張家自己的企業王國。

顏家三女智美嫁前省議長黃朝琴的侄子黃燦堂。（參閱第七章）

顏德修的四女華美嫁林政雄。林政雄現任士林紙業常務董事，另外自有弘益紙業公司，任董事長。士林紙業為股市所稱資產股，擁有大筆土地，股價維持在百元以上。士紙主要為陳朝傳、朝亨、清治兄弟所有，並負責實際經營。林政雄為大股東。

和連襟何政廷一樣，林政雄的兩個女兒也與豪門結親。林家長女嫁台籍企業家黃崇西的孫子黃教漳，小女兒嫁進台灣首富蔡萬霖家族，對象為蔡萬霖最小的四子蔡鎮球。（參閱第六章）

黃崇西的家族在艋舺為一大姓，直到一九九〇年代，黃崇西仍掛名龍山寺的董事長。他創辦台隆貿易行，進口石橋輪胎，再辦台隆工業公司，生產石橋機車。黃崇西從商而政，曾任兩屆台北市議員，和老輩台籍企業家交善，是「慶生會」的一員。慶生會成員包括前述的楊蘭洲、以及陳啟清父子、連震東、吳三連、吳尊賢、陳重光等人。黃崇西的兒子黃政旺現任台隆工業公司董事長。

永琦百貨董事長林明成亦是慶生會的一員，他即娶顏德修的五女。林明成是累世豪族板橋林家最鼎盛一支林熊徵的獨子。五歲那一年，父親就突然去世，父子相差五十四歲。林熊徵原與顏雲年同輩，此時發生兒子娶故人孫女的情形。兩家聯姻，似乎成了顏林兩家數十年親密關係的必然結論。

日治時代，顏家主企業「臺陽礦業」為台日合資，台灣人股東只有林熊徵。林熊徵創辦的華南銀行也是顏家有關係的銀行，顏家第二代顏德潤擔任過常董，顏德修當過董事。戰後，各大家族中，也只有林熊徵之弟林熊祥擔任過臺陽礦業的監察人。（參閱第二十二章）

顏德修一房最小的女兒媛美則嫁齒科醫生何宗英，是姊妹當中唯一未與業界富商結親的。顏德修的女兒能如此均嫁得富商第二代，她們的美貌是不容否認的優勢條件。名門高第擇媳，家世、人品道德及財富，固然為基本考慮，但外表相貌若也皎好，相得益彰，條件更好。顏德修與妻子許碧霞原本就是俊男美女的名門二代婚。美貌不似財富，財富無法複製，但美麗的容顏有生物遺傳的必然性。這一點在討論上流階層聯姻現象時，不能忽略。顏家女兒自然外表出眾，對顏家姻圈的影響，尤其明顯。

顏雲年的弟弟顏國年一支，政商姻親網也多由女婿拓植而來。

顏國年的長女婿丁瑞鉠出自鹿港名門，他的祖父丁壽泉為前清進士。丁瑞鉠的哥哥丁瑞彬娶同鄉辜振甫的大姊。丁瑞鉠自己的次女丁玲兒則是嫁前自立晚報發行人吳三連的兒子吳凱民，吳三連另一子吳俊民又娶前副總統謝東閔的侄女。從進士到副總統，似乎可以佐證，台灣上層社會有其階級性。（參閱第十章）

顏國年三女婿劉青和是留德工程博士，曾任經濟部商檢局副局長。劉青和的一位妹妹劉秀華是前經濟部常務次長、一銀董事長楊基銓的太太。楊基銓也出於名門，他的堂叔楊肇嘉是富邦銀行董事長蔡萬才的岳父。這裡又可以見到「重疊親戚」；顏雲年的孫子顏惠霖的親家——前衛生署長許子秋，就是蔡萬才的親家。

沿著顏國年的次女婿魏火曜的關係，另有一個龐大的姻網。（參閱第二十一章）

基隆顏家貴親如雲，但最「偉大」的親戚卻出自最不為人談道的大房。顏雲年、顏國年兄弟之名必見於日本治台歷史，他們三兄弟只有大哥顏東年名不見經傳，李登輝總統和基隆顏家的姻誼，卻由顏東年這一房而來。

顏東年無子，長女顏扁嫁周碧。周碧為蘆洲人，曾任教員，年輕時和顏雲年結識，共創臺陽礦業天下。戰後，曾當選台北縣參議員，並高居臺陽首席常務董事。董事長顏欽賢（顏雲年長子）叫他「姊夫」。周碧的次子周琨庭（舊名周英才）娶淡水名望家汪明燦之女汪懿範，汪明燦正是李登輝太太的親舅舅。（參閱第一章）

顏家姻親圈如此琳瑯滿目，顏家卻已衰微如此，其中原因值得仔細推敲。

家族發展與房屋結構原理類似。若梁柱堅挺不朽，打倒一面牆或挖出一扇窗，無損房屋的健康，生命可維續下去。梁柱型人物安全接棒關乎家族存續，但顏家從顏雲年傳遞到顏國年，已遭遇一次風險，所幸日本政府仍屹然存在，套句現代語言：「政治安定」，顏國年完整接續兄長的總督府評議員職位，企業也無大變動。

等一九三七年，顏雲年長子顏欽賢從過世的叔叔手中接掌臺陽礦業社長時，中日開打，末期戰情吃緊，日本軍搜括全台可用的金屬，投入戰爭，顏家瑞芳礦業所的設備全被拆除徵用，石底礦業所也損失慘重，按臺陽的書面紀錄：「本公司事業全部陷於癱瘓。」日本投降，臺陽企業又因係台日合資，中有「日產」，而被國民政府沒收。之後，究應官民合辦臺陽，或臺陽向政府買斷股份，維持純民營企業，有過一番周旋，終採後者。但對臺陽而言，已傷耗不少元氣。

顏欽賢顯然也不擅與新政府打造關係。二二八事件期間，顏家老小曾被逮捕。一九五五年一月七日，顏欽賢才在中央日報刊登啟事，聲明脫離民社黨，顯示顏家與新政權主流勢力未接上頭。

顏欽賢除長年擔任國大代表外，他本人及顏家下一代均不熱中政治權力，沒有其他家族成員出馬角逐過民意代表。雖然政治權力不是企業家或企業發展必要的工具，但絕對是一劑補帖。

一九七〇年代起，顏家的主企業也受挫了。石油、瓦斯、電氣等能源取代煤，採煤利潤不敷成本。雖然關係企業數十家，但規模均不大。在主企業沒落的過程中，顏家也未能銜接上新興事業，浴火重生。舉凡新銀行、保險、證券，顏家都沒能邁開大步介入。

缺乏棟梁型的企業「教父」，無法在政經兩界長袖善舞，企業又不能隨勢蠶變，往上攀升，企業及依恃企業的家族只得走下坡了。大勢底定，婚姻關係能起幾分正面作用，便加倍困難。何況，仔細研究顏家婚姻圈的特色，盡是「關係輸出」及「地位輸出」。

拿第二代的女婿來說，羅萬俥和陳逸松曾與當局關係均好，但卻和顏家情同斷絕。丁瑞鉠則另謀自己的天空。魏火曜活躍於醫界，和商場有段距離。

第三代的富貴姻親又盡是婿家。女兒是潑出去的水，家族若不夠財大勢大，往往吸納不到婿家的政商資源，反被吸收而已。顏家明顯有這種不利家族興旺的現象。

第二十一章

魏火曜家族與高雄王家

新竹魏家、草屯洪遜欣家族、高雄王家、王仁宏、董建華、劉明家族、甘得中家族、張超英

魏火曜家系

- （長子）魏清福
- （次子）魏清德
  - （長子）**魏火曜** ＝ 顏碧霞 p351
    - （長子）魏達成
    - （次子）魏康成 ＝ 洪朋 p372
      - （次子）魏志立
      - （長子）魏恆立
    - （三子）魏拙夫
    - （次女）魏如琳
    - （長女）魏如圭 ＝ 洪慶章
  - （長女）魏淑昭 ＝ 曹欽源
    - （三子）曹永祥
    - （次子）曹亮吉
    - （長子）曹恆平
    - （三女）曹慧玲
    - （次女）曹理英
    - （長女）曹郁芬
  - （次女）魏淑順 ＝ 歐楊培銓
    - （四女）歐楊莞婷
    - （三女）歐楊芷汀
    - （次女）歐楊玲修
    - （長女）歐楊雅宜
    - （長子）歐楊永淳
- （三子）魏清壬

曹丁波
- （長子）曹欽源 ＝ 魏淑昭

洪水龍 ＝ 林亂
- （三子）洪慶章 ＝ 魏如圭
- （長子）洪慶耀
- （次子）**洪慶麟** ＝ 王貞淑 p371
  - （三子）洪家勳
  - （次子）洪銘勳
  - （長子）洪樹勳
  - （長女）洪慧瑜
- （長女）洪雪蓉 ＝ （次子）吳天授

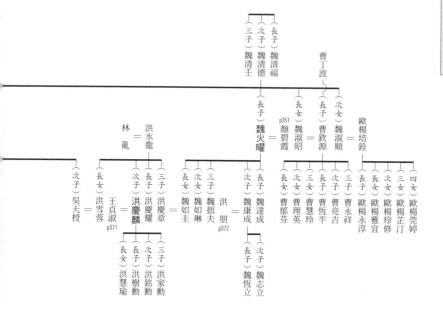

高雄企銀王家家系

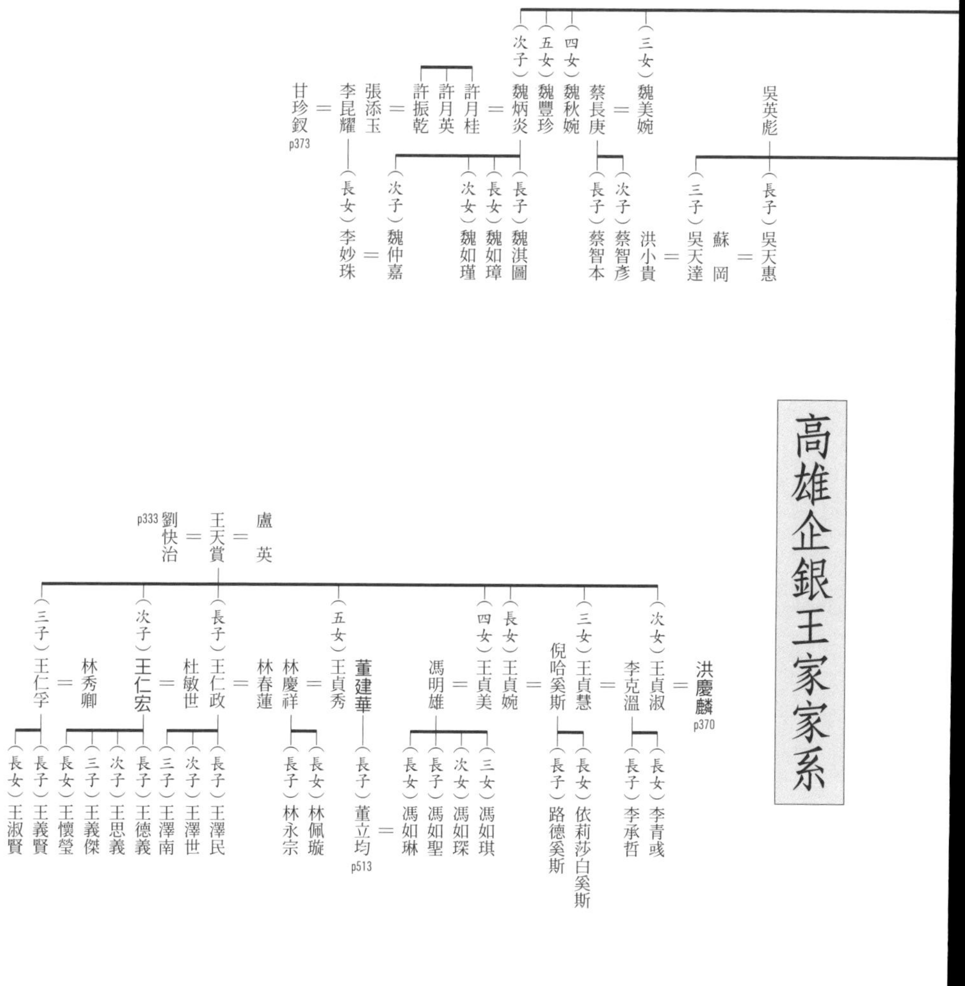
吳英彪
（長子）吳天惠 = 蘇岡
（三子）吳天達 = 洪小貴
（三女）魏美婉 = 蔡長庚
（次子）蔡智彥
（長子）蔡智本
（四女）魏秋婉
（五女）魏豐珍
（次子）魏炳炎 = 許月桂
許月英
許振乾 = 張添玉
（長子）魏淇圖
（長女）魏如璋
（次女）魏如瑾
（次子）魏仲嘉 = （長女）李妙珠
李昆耀 = 甘珍釵
p373
盧英 = 王天賞 = 劉快治
p333
（次女）王貞淑 = 洪慶麟
p370
李克溫
（長女）李青彧
（長子）李承哲
（三女）王貞慧
倪哈奚斯
（長女）依莉莎白奚斯
（長子）路德奚斯
（長女）王貞婉
（四女）王貞美 = 馮明雄
（三女）馮如琪
（次女）馮如琛
（長子）馮如聖
（長女）馮如琳 = 董立均
p513
（五女）王貞秀
董建華
（長子）董立均
林慶祥
（長女）林佩璇
（長子）林永宗
林春蓮 = （長子）王仁政 = 杜敏世
（長子）王澤民
（次子）王澤世
（三子）王澤南
（次子）王仁宏 = 林秀卿
（長子）王德義
（次子）王思義
（三子）王義傑
（長女）王懷瑩
（三子）王仁孚
（長子）王義賢
（長女）王淑賢

洪遜欣家系

- 洪聯魁
  - （長子）洪得中
  - （次子）洪火煉 ＝ 陳月
    - （長子）洪遜欣 ＝ 林翠鳳
      - （四女）洪朋 ＝ 魏康成（魏火曜 p370 之（次子））
      - （次女）洪智惠 ＝ 顏祥霖 p348
      - （長女）洪美惠 ＝ 文錫圭
        - （次子）文衍正
        - （長子）文衍誠
        - （長女）文心怡
      - （次子）洪慶陽 ＝ 蘇貴姿
      - （長子）洪慶徹 ＝ 蘇厲珠
      - （三女）洪悠紀 ＝ 吳德朗
        - （長子）吳成楷
      - （五女）洪滿惠 ＝ 陳以明
    - （次子）洪樵榕 ＝ 林富子
    - （三子）洪柳昇
    - （四子）洪攀舟
    - （五子）洪昭嵩

- 林翠鳳、林翠鑾
  - 林翠鑾 ＝ （四子）劉明
    - （長子）劉榮寬
    - （次子）劉榮基
    - （三子）劉榮凱
    - （四子）劉旺基
    - （長女）劉心心 ＝ 葉英堃
      - （長女）葉錦如 ＝ 李雅彥
      - （次女）葉郁如
      - （次子）葉脩平
      - （長子）葉治平
  - 劉明之兄弟：（五子）劉傳況、（次子）劉傳能

- 劉闊
  - （長子）劉再生
    - （次女）劉招英＝許通章
      - （長女）許瓊如
      - （長子）許宗陽
    - （三女）劉昭惠＝郭東星
      - （長子）郭子憫
      - （長女）郭慈安
    - （四女）劉招華＝溫洋一
      - （長子）溫宗翰
      - （長女）溫瑞瑜
      - （次女）溫瑞婷
  - （長女）劉錢＝林天壽
  - （次女）劉銀＝張榮喜
  - （三女）劉金＝林燈煙
  - （四女）劉翠煥＝郭鬱松
  - （三子）**劉傳來**＝蔡珠璣
    - 林瑞貞＝（次女）劉惠津
    - 林山青＝（長女）劉惠妍
    - （長子）劉榮顯
    - （次子）劉榮精
    - （三子）劉榮超
    - （四子）劉榮宏
    - 李昭仁＝（三女）劉惠麗
    - 陳欽明＝（四女）劉惠昭

甘得中家系

- 李仲義
  - （長子）李瑞雲
  - （子）李昆玉
  - （子）李昆耀＝甘珍釵
    - （長女）李妙珠＝魏仲嘉 p371
- **甘得中**
  - （四女）甘珍釵
  - （長子）甘仲昌
  - （次子）甘拜昌
  - （三子）甘競昌
  - （四子）甘以昌
  - （長女）甘寶釵＝張月澄（秀哲）
  - （次女）甘翠釵＝盧慶雲
- 張聰明
  - （長子）張月澄（秀哲）
    - （長女）張超雄＝凌建民
    - （長子）張超英＝顏千鶴
- 盧安
  - （次子）盧慶雲
    - （女）盧千惠＝**許世楷** p375
    - （女）盧千壽＝陳隆志
  - （長子）盧茂川
- 陳金澤
  - （次子）陳隆志
  - （四子）陳隆豐＝郭玥娟
- **郭榮桔**＝孫雪娥
  - （長女）郭玥娟
  - （長子）郭太乙

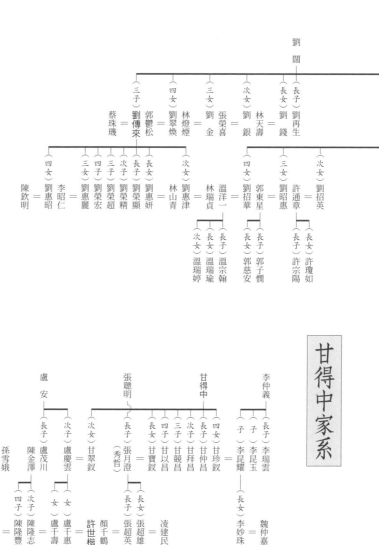

許世楷家系

吳德功
吳汝俊 ＝ 劉枝
（長子）吳蘅秋
（女）吳沛 ＝ 巫俊

（長子）巫永昌
（次子）巫永勝
（四子）巫永煌
林英梓 ＝ （五子）巫永德
（六子）巫重興
（七子）巫重隆
（八子）巫重發
（九子）巫重榮
（三子）巫永福 ＝ （四女）許免
（長女）巫宜蕙 ＝ 張承基
林庶煌 ＝ （三女）許秀容
洪耀堂 ＝ （次女）許端

屏東李家家系

李仲義
李仲清

（長子）李崢嶸 ＝ 彭鶴蓮
（次子）李瑞雲 ＝ 劉香谷

黃東茂——（子）黃在榮
＝ （次女）李美蓉
（長女）李美玉
高安義 ＝ （五子）李崑模
（四子）李崑芳
林秀傳 ＝ （三子）李崑源
甘珍釵 ＝ （次子）李昆耀
（長子）李昆玉 ＝ 王蓮錦

（長子）李文蔚
（次子）李文雄
（次女）李淑和
（長女）李美貞 ＝ 林宗義

林茂生——（次子）林宗義

（長子）李明道 ＝ 劉富
（長女）李初雪 ＝ 李信福

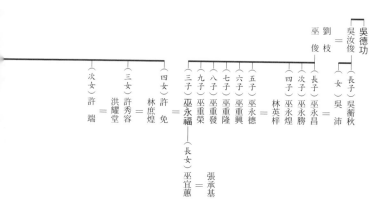

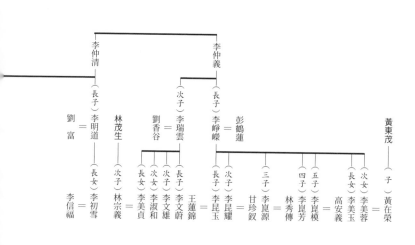

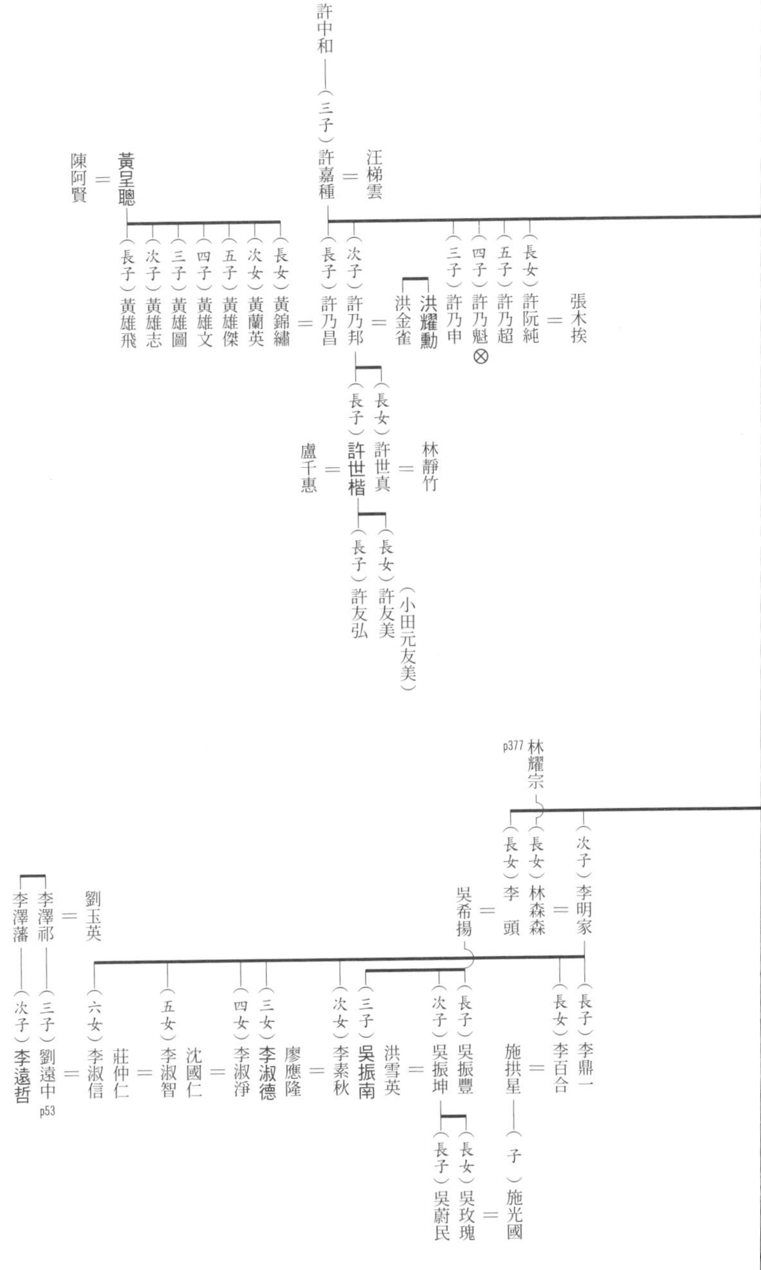

許中和
（三子）許嘉種
汪梯雲
陳阿賢
黃呈聰
（長子）黃雄飛
（次子）黃雄志
（三子）黃雄圖
（四子）黃雄文
（五子）黃雄傑
（次女）黃蘭英
（長女）黃錦繡
（長子）許乃昌
（次子）許乃邦
洪金雀
洪耀勳
（三子）許乃申
（四子）許乃魁⊗
（五子）許乃超
（長女）許阮純
張木挨
盧千惠
（長子）許世楷
（長女）許世真
林靜竹
（長子）許友弘
（長女）許友美
（小田元友美）
p377 林耀宗
（長女）李　頭
（長女）林森森
（次子）李明家
吳希揚
李澤藩
李澤祁
劉玉英
（次子）李遠哲
（三子）劉遠中
p53
（六女）李淑信
莊仲仁
（五女）李淑智
沈國仁
（四女）李淑淨
（三女）李淑德
廖應隆
（次女）李素秋
（三子）吳振南
洪雪英
（次子）吳振坤
（長子）吳振豐
施拱星
（長女）李百合
（長子）李鼎一
（子）施光國
（長子）吳蔚民
（長女）吳玫瑰

安平張家家系

- 蔡銀 ＝ 周步霞（耀彩）
  - （次女）周慈愛 ＝ 吳良文
    - （長子）吳主惠
    - （次子）吳義勇
    - （三子）吳義育
    - （長女）吳枝花 ＝ 郭秋漢
  - （次子）周福全
  - （子）周錫英
  - （三子）周再賜 ＝ 勝見千代
  - （四女）周慈好 ＝ 陳振純
  - （三女）周慈玉 ＝ 張鴻圖

- 黃罔市 ＝ 張金聲
  - （長子）張鴻圖 ＝ 周慈玉
    - （長女）張錦繡 ＝ 石錫純
    - （五子）張文豐
    - （四子）張文吉
    - （長子）張文成 ＝ 呂直賢
    - （三子）張文得
    - （次子）張文連
  - （次子）藍家精（藍高川 p349）
    - （女）藍幸珠
  - （三女）張阿好 ＝ 楊能
  - （長女）張阿和 ＝ 黃天補
  - （次女）張阿奎 ＝ 何皆亨
  - （四女）張阿足
  - （五女）張玉
  - （六女）張阿喜
  - （次子）張水樹
  - （三子）張長庚 ＝ 高美榮
    - （四女）張錦芳 ＝ 許嘉章
    - （三女）張錦霜
    - （次女）張錦月
    - （長女）張錦雲
    - （三子）張文澤
    - （次子）張文榮
    - （長子）張文山

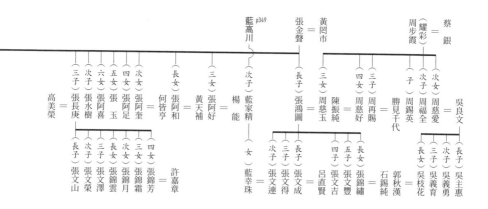

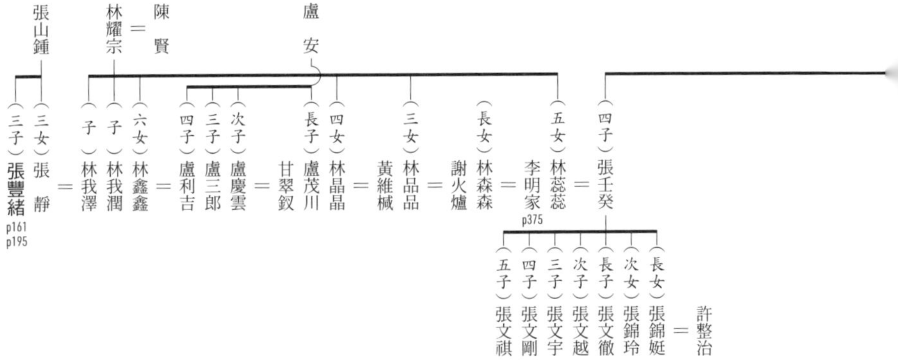
張山鍾
林耀宗＝陳賢
盧安
（三子）張豐緒
p161
p195
（三女）張靜＝
（子）林我澤
（子）林我潤
（六女）林鑫鑫＝
（四子）盧利吉
（三子）盧三郎
（次子）盧慶雲＝甘翠釵
（長子）盧茂川
（四女）林晶晶＝黃維械
（三女）林品品＝謝火爐
（長女）林森森＝李明家
p375
（五女）林蕊蕊＝
（四子）張壬癸
（五子）張文祺
（四子）張文剛
（三子）張文宇
（次子）張文越
（長子）張文徹
（次女）張錦玲
（長女）張錦娗＝許整治

醫生在台灣社會的階層地位，因歷史的淵源，始終享有崇高的社會地位。上流圈裡，醫生的身影，舉目盡是。

前台大醫院、醫學院院長魏火曜縱橫台灣杏壇數十年，和杜聰明同樣屬醫界教父型的人物。一九四二年，魏火曜取得東京帝大醫學博士學位，專攻小兒科。一九四七年起任台大醫院院長，一九五三年起任台大醫學院院長，任期近二十年。中間一度出掌高雄醫學院院長兩年。

一九三四年，魏火曜娶時任總督府評議員的顏國年之女。魏父魏清德曾主持《台灣日日新報》漢文部，屬文化名流。和顏國年的兄長顏雲年是彼此以漢詩相吟酬的文友。據魏太太說，雙方家長同是扶輪社會員，兩人私交很好，親事一下子就說定了。

魏清德於日治、國府兩代均擁有良好人際關係。一九三五年，四十八歲的魏清德獲官選為台北州州會議員。戰後曾任台灣合會儲蓄公司（台灣中小企銀前身）總經理。董事長是台籍第一位立法院長黃國書。

一九六三年春，國際桂冠詩人協會函請新聞局抄送國內桂冠詩人名單。新聞局找前監察院長于右任，于右任推給詩人曾今可。曾今可建議台灣和大陸籍各半，並建議了四位人選：于右任、魏清德、林熊祥、梁寒操（曾任國民黨中央宣傳部部長，戰後任過中廣董事長）。戰後，台灣文化人普遍有被壓矮一截的感覺，魏清德難得被認可，且與外省的政壇大老過從甚密。

魏火曜有弟妹多人。其中兩位妹夫在醫界、學界均為清望之士。大妹嫁曹欽源，畢業於東京帝大，出身桃園龜山的望族，曾任教於台大外文系，二妹夫歐陽培銓一九七五年起曾任台大婦產科主任，依莊永明所著《臺灣醫療史》，歐陽培銓曾「訂定一套台灣人特有的危險因子計分標準，以做為台灣婦產科醫師治療此類疾病的重要依據」。

魏火曜的大弟魏炳炎也是醫生，攻婦科，也擔任過台大醫院院長，一九四三年取得東京帝大醫學博士學位。魏炳炎的太太許月桂為新竹市政商名人許振乾的幼妹。魏家本籍即在新竹，魏清德因工作關係，才遷居台北。

新竹早年地方派系分「東許」、「西許」。「東許」即指住在新竹火車站東邊的許振乾，經營「新竹客運」；「西許」指南港輪胎、國賓飯店老闆、前省議員、台視董事長許金德；他經營「新竹貨運」，因住竹市西門而被稱「西許」。許振乾年輕時辯才無礙，曾參加全島雄辯大會，綻露頭角。一九三五年冬膺選為新竹市議會議員。戰後，曾任首任新竹市東區區長、第一屆省議員，在商業領域，曾被推舉為新竹青果運銷合作社理事主席及新竹扶輪社社長。不幸一九六三年出車禍，隨後因腦溢血病逝。

魏炳炎姻網特殊，並非因為大舅子許振乾，而是緣於下一代婚姻。魏炳炎的次子娶醫生李昆耀的長女，帶來兩位重量級的海外台獨異議分子的姻親；包括前日本台獨聯盟主席、一九九九年五月卸任建國黨主席的許世楷博士，以及許世楷的連襟、台獨聯盟副主席陳隆志博士。許世楷是現任副總統連戰在台大政治系的同學，陳隆志則和前司法院長施啟揚是台大法律系同窗。

李昆耀畢生服務於彰化基督教醫院，出身自屏東萬丹鄉的富族李仲義之後。現今的屏東耆老仍能記誦日本時代流行的一句諺語「萬丹李仲義，阿猴林慶記」，意思是屏東地區，就推李仲義最有錢。

算起來，魏炳炎大許、陳二人一輩；李昆耀醫生的太太甘珍釵是許陳兩人岳母的親妹妹。甘家姊妹來自彰化望族甘得中家族。甘得中有名於日治時代，曾任台中州會議員，和民族運動領袖林獻堂過從甚密，是林獻堂的日語翻譯。甘得中的長女甘寶釵還拜林獻堂為義父。

許世楷、陳隆志的岳父盧慶雲則是台中聞人。盧父盧安在台中市創立中藥舖「全安堂」，台中工商圈很有知名度，曾獲選入日治時期的名人錄。盧安的長子，也是盧慶雲的大哥盧茂川做過日本時代的台中市會議員。

甘家姊妹的大姊甘寶釵也嫁入富商之家。她的丈夫張月澄（一名張秀哲）是台北煤業巨商張聰明的獨子。在台灣抗日民族運動史中，不論在中國大陸的台灣人抗日活動，或談學生的抗日行動，都會觸及張月澄之名。是文學家、也是當時在中國的台籍留學生張深切，一九六〇年出版的《里程碑》，曾這樣描寫張月澄：「我們的同志中最活躍的，可以說是張月澄，他多才多藝，而且比我們有錢，所以富有活動力……，能說一口流利的廣東話和英語，面容有點似托洛斯基，如果除掉了少爺脾氣，便是一個好革命家。」

張月澄的獨子張超英繼承父親廣交的能力，前後擔任過新聞局駐紐約及駐東京的主管。張超英同擅英、日語。在美任職期間，透過自己的人脈管道，把中美斷交消息傳回台灣，比美國大使告知蔣經國總統早了八個鐘頭，這個時間也讓外交部有綽綽時間應變。在日本期間，則祕密安排新聞局長宋楚瑜會見時任總理大臣的中曾根康弘，也完全運用張超英個人及家族與日本上流的關係辦成。在此前後，還沒有任何政府官員見得到日本在位的首相。

張超英一度辭去官職，沒幾年再獲聘為公共電視籌委會的顧問，一九九四年六月，又回鍋當駐日代表處的新聞廣報部部長（即新聞組組長）。

以魏火曜第二代為核心的姻親網，有不少政治人物，如台籍大法官洪遜欣，前行政院勞委會副主委洪慶麟和前行政院研考會主委王仁宏。數年前，名震一時的「吳蘇案」主角，前司法院第四廳廳長吳天惠和蘇岡夫婦也是魏火曜晚一輩的姻親。

魏火曜和洪遜欣更是親上加親。洪遜欣四女洪朋是魏家兒媳，另外次女洪智惠嫁顏雲年次子顏德潤的三子顏祥霖。洪遜欣的親家顏德潤則是魏火曜太太顏碧霞的堂兄。這類「重疊親戚」在台籍世家間多不勝數。

洪遜欣能悠遊高門大族間，與之締結姻親，他本身家世也非寒素。南投草屯的洪家已累代旺盛，霧峰豪族林家曾和洪家械鬥，有林洪誓不通婚的世仇。前司法院副院長洪壽南也出身洪家，他是台南幫吳修齊的親家。（參閱第十五章）

洪遜欣的祖父洪聯魁出身清廷治台末期的「廩生」，曾設塾授徒。「廩生」是科考層級中低於舉人的科名，看似不高，但放回百年前的台灣社會，已屬地方縉紳名士。能讀書求科名者百分之九十九．九屬地主階級；有土斯有財，有財斯有閒，有閒才得讀書，當時社會的規律就是如此。

洪遜欣的父親洪火煉是洪聯魁次子，經營碾米業，富裕一方。日治初期，日本總督府籠絡在地士紳富商，多延攬為地方廳參事或區長，洪火煉之父因獻策鎮亂有功，擢為南投辦務署參事及新庄區長。洪火煉也繼續父親和日本政府的親善關係，先後擔任台中州（南投隸屬台中州）州協議會員、台中州會議員。在商業方面，擔任過草屯信用組合長（類似今天的信用合作社理事長）。日治末期，洪火煉出任皇民奉公會中央本部奉公委員。日本政府力行皇民化運動，要求台籍地方商紳、社會領袖率先改為日本名字，洪火煉也易名「芳澤煉平」。

一九四五年改朝換代之初，日治時期的舊貴家族大多數均能維持上階層的地位。洪火煉當選第一屆國大代表，又是省參議會議員及台中縣農會理事長。一九五三年病故。

此時洪遜欣也從日本返臺。放棄日本岡山地方裁判所判事（法官），面對新政府、新社會，但階層秩序並不新。東大法科畢業的洪遜欣從一九四七年起專任台大法律系教授。高層曾多次勸進出仕，洪遜欣均予婉拒，專心研究著述和教學。環顧目前司法界，如前大法官楊日然，萬國法律事務所范光陵、陳傳岳、賴浩敏等名律師，以及做官的施啟揚、蕭天讚，全是他的學生。「桃李滿天下」這句話很俗，但也只能用它來形容洪遜欣三十餘年台大法學教席的成果。

一九七六年九月，六十二歲的洪遜欣才勉為其難出任第四屆大法官，一直到一九八一年底病逝。

回到草屯洪家本體。洪遜欣的弟弟洪樵榕比他更早活躍於政壇。他先入日本東京二松學舍本科，再進東京高等師範研究科，日本投降前，曾於台中一中教過書。戰後，歷任省立屏東女中和省立員林中學校長。之後投入蔣經國嫡系「救國團」，出任彰化縣支隊副支隊長，南投縣支隊支隊長，相當黨部系統的南投縣黨部主委。洪樵榕循此線發跡，一九五七年，當選南投縣長，連任兩屆。

一九六五年，洪樵榕才四十四歲，便被徵調參加「國防研究院」第七期。國防研究院一共辦了十二期，是蔣介石掌權末期培養行政幹部的最高層級訓練班。國防研究院學員出路多王公貴胄，因此很被注視。但蔣介石時代仍偏重培養外省官僚，十二期共七百三十三位學員中，台灣省籍只占二十八位，知名人物如謝東閔、連戰和父親連震東、劉闊才、徐慶鐘、林金生、邱創煥、張建邦、陳守山、辜振甫等。洪樵榕的官運在台籍學員裡不算上上，只是中中。歷任過省議會祕書長、省文獻會主委。

洪遜欣的一位連襟劉明是嘉義的豪族之後，且與顏家淵源很早。一九一九年，他負笈日本就讀戰前著名的藏前高等工業學校（今東京工業大學前身）應用化學科。回台投入採礦事業，在九份後山「大粗坑」設立「振山實業社」，冶金成功致富。隨後在三貂嶺、暖暖、新店、鶯歌採煤，戰後初期，劉明已然是煤業鉅子，一九四七年，被推舉為第一屆台灣區煤礦公會理事長。一九四八年底，陳誠來台接任省主席，特請劉明擔任台灣省石炭調整委員會主委。陳誠為示尊重，送一張特別通行證給劉明，讓他可以隨時進出行政長官官邸找陳誠講話。顏家為基隆、台北地區煤業龍頭，所有煤商均與顏家有關，劉明自不例外。

其次，劉明曾出資創辦延平學院，魏火曜的妹夫曹欽源及洪遜欣均兼教過。延平學院因二二八波及，遭勒令停辦，蛻變成今天的北市私立延平中學，魏火曜、曹欽源都是初期的校務委員。可見，由這些人脈關係轉化成後來的親戚關係，並不唐突。

劉明於一九九三年九月初去世，九十二歲的生命有著許許多多傳奇故事。二二八發生當天，劉明在好友也是顏家女婿陳逸松律師家閒坐，聽到外頭一兩百公尺處群眾喧鬧，連忙趕去看個究竟。這一看，劉明便走進歷史核心。現在一般人都已知道，二二八源起一樁緝私菸的行動，專賣局查緝人員沒收一位賣菸婦人林江邁的菸，連帶錢也搜刮走，這名婦人頗悍，上前追搶，緝菸員把她給打傷。這時候，劉明目睹全部過程，當緝菸員再舉短槍要打下去時，他伸出右手去擋，結果右手食指指頭被削掉一塊。

劉明一直關心在野黨發展，慷慨捐輸，一九八六年國代選舉，還以八十五歲高齡，登記為民進黨蕭裕珍的助選員。隔年，參加聲援蔡有全、許曹德台獨案遊行，不慎跌倒，齒顎斷裂，流血不止，從此身體日壞。跌倒對老人生命威脅其大無比，但到一九九二年受訪為止，已經又過了五年，劉明說，他「不甘願」死，他要等著看國民政府倒。

劉明的長女婿葉英堃是台灣知名的精神科醫生，日本北海道大學醫學博士。自一九六八年起即任台北市立療養院院長十餘年。

劉明的父親劉闊出生於嘉義縣番路鄉，為清廷派任的最後一位嘉義縣通事，掌理山區行政，聞名於阿里山一帶。劉家的發展以劉闊的三子劉傳來為主軸。劉傳來早年考進台北醫學校，東渡日本入日本醫學專門學校，一九二六年起在嘉義市開振山眼科醫院，聲名遠播，每天求醫者多達四百位。一九四〇年，提出「高山族近視之研究」論文，獲台北帝大醫學博士。

醫生一職在台灣政經社文發展均有特殊意義，他們滲透各行業，在社會上帶領風騷；「醫生」不只於一項專門職業，它是政經菁英的代名詞。像劉傳來於日治後期便以三十四歲之齡當選嘉義市會議員。戰後，先任市參議員，繼而連任三屆省議員，一九四七年再當選第一屆國大代表，一直到一九八五年病故才卸職。在商界，他也有重要角色。劉傳來自一九五四年當選台灣省合作社聯合社第三屆理事主席起，連任九屆，到生命最後一刻仍任斯職。也坐過嘉義市二信理事主席的寶座。劉傳來也「插足」教育界，奉命擔當首任嘉義農校（國立嘉義農專前身）校長。

劉傳來有四子四女，長子劉榮顯承襲父叔的「振山」字號，取得醫學博士學位，在台北市中華路開設振山眼科診所。四子劉榮宏也專攻眼科，曾任榮總眼科部主任兼陽明醫學院眼科系主任。其餘次子劉榮精、次婿林瑞貞、四婿陳欽明也均是美國醫學教授或在台醫生，堪稱醫生世家。三女婿李昭仁教授則曾任清華大學工學院院長。劉家的菁英性未有稍減。

魏火曜和吳天惠、前勞委會副主委洪慶麟、前行政院研考會主委王仁宏的姻親關係，都因他的女婿洪慶章醫生。洪慶麟是洪慶章的二哥。洪家兄弟的父親洪水龍只是屏東縣一個小學校長，洪慶章早露頭角，一九五〇年屏東中學畢業，以榜首狀元考入台大醫學院。當年，台大校長傅斯年特別禮遇，到台北火車站歡迎。傅斯年讚嘆其才，勸他轉念理學院攻讀物理學。洪慶章和父親有些為難，找上台大醫學院院長杜聰明問意見。最後，洪慶章仍讀醫學院，日後也一直在台大醫院外科服務。

洪慶章娶魏火曜長女魏如圭。魏如圭婚後第五年、一九六五年時，生第二胎因羊水倒灌血管，血液無法凝固，遺有二女。

洪氏兄弟的妹妹洪雪蓉也嫁給醫生吳天授。吳天授在高雄市林森一路開設「天授外科診所」。吳天授的哥哥吳天惠即一九八九年初名噪一時的「吳蘇案」主角。「蘇」指吳妻蘇岡。吳天惠時任司法院第四廳廳長，專管司法風紀；蘇岡執業律師。兩人涉嫌送賄關說，被新竹地檢處檢察官高新武越區拘提。但很快案件又被移轉給另一位檢察官偵辦，輿論譁然。最後吳天惠安然無事，現任司法院公懲會委員。

洪慶章的哥哥洪慶麟不遑多讓，台大政治系畢業，高考也榮登榜首。先在省府民政廳當股長。學歷上為更上層樓，讀至京都大學法學博士，儼然台籍不多見的人才。一九六八年，國民黨開始起本土菁英，洪慶麟奉派出任澎湖縣黨部主委。一九七二年蔣經國掌舵，開始辦增額立委選舉，洪慶麟連任第五選區（高雄縣市、屏東縣、澎湖縣）兩屆立法委員。一九八〇年起連續擔任建設廳副廳長、內政部職訓局局長，主管勞工事務。一九八七年勞工運動頻繁，行政院把勞工局升格設勞委會，洪慶麟一度被視為當然人選，但「放榜」後只拿到第一副主委。

王仁宏處在關係線之末。他叫洪慶麟「姊夫」，洪慶麟娶他的二姊王貞淑。王仁宏家族是高雄市顯貴，高雄市中小企銀為其家族事業，前任董事長王仁政是他的大哥，現任常董王仁孚則是弟弟。王仁宏曾任台大法律系系主任，一九九〇年調任省府委員，開始學人從政，一九九四年入連戰內閣，擔任研考會主委，目前為高雄大學籌備處主任，即準校長。

王家自王仁宏的父親王天賞一代發跡。王天賞的父親只是高雄旗後的漁民，王天賞在日治時期只受公學校教育，並不特別。但曾從漢儒學詩文，有中文根基，年輕時當過《臺灣新民報》記者，與前台北企銀董事長陳逢源、前台北市長吳三連是同事。

王天賞善辯敢言，日治末期當選高雄市議員，公開反對皇民化運動，被捕繫獄一年。戰後曾辦《國聲報》（《臺灣新聞報》的前身），但以報紙言論見忌當道，二二八事件時，被監禁過幾個月，從此改往金融界發展。創辦高雄區合會儲蓄公司，後來改制成高雄企銀，王天賞任董事長二十七年。王家並且興學，在屏東創立永達工商專校。

王天賞在元配病逝後，一九六〇年繼娶臺南名門劉家的劉快治。劉快治的父親經營雜貨致富，信仰基督，重視子女教育，劉快治留學美國，獲密蘇里大學碩士學位。這在日治時期是極少見的學經歷，何況還是女性。戰後，劉快治曾任省立屏東女中校長；台籍婦人任校長，劉快治為第一人。劉家婚姻圈極為可觀，劉快治的堂兄弟有娶基隆顏家之女，她的下一輩，也有侄輩娶前省議長黃朝琴的女兒。（參閱第十九章）

戰後到一九七〇年以前，留學仍不普遍，屬於平凡家庭子弟「奢望」的美夢。而大家族第二代已魚貫留洋。王家就有王仁宏獲得西德海德堡大學博士，他的姊姊中，有留德、留美碩士共三人。等到第三代，更是從小就讀美國學校，再早早去美國念中學、大學。

因為這樣的經歷，王家與現任香港行政特區長官董建華有了姻誼。王仁宏的四姊夫馮明雄是名律師，台大法律系畢業，和前省議長簡明景、前大法官楊日然同一屆。馮明雄且為京都大學碩士，娶低他一年的學妹王貞美，也就是他們的長女馮如琳嫁給董建華的長子董立均。據王家人說，兩人是在美國念書時認識結緣的。（參閱第二十九章）

第二十二章

板橋林家

華南銀行、林明成、盛宣懷、顏春輝、林柏壽、林懷民

林維讓家系

林平侯
- （長子）林國棟
- （次子）林國仁
- （四子）林國英
- （五子）林國芳
  - （長子）林維源 p392
  - （次子）林維德 p394
- （三子）林國華
  - （長子）林維讓
    - （長子）林爾昌
    - （次子）林爾康 ＝ 陳芷芳
      - （長子）林熊徵 ＝ 盛關頤（盛宣懷—（五女）盛關頤）＝ 高賀千智子
        - （長子）林明成 ＝ 顏絢美 p350
          - （長女）林宛嫻
          - （長子）林知延
          - （次子）林知佑
          - （三子）林知蔚
      - （三子）林熊光 ＝ 石原光子
        - （長女）林曜子
        - （長子）林　晃
          - （長女）林正子
        - （次子）林　昂
        - （三子）林　易
          - （長子）林　晉
          - （次子）林　曉
      - （次女）林慕蘭 ＝ 嚴　琥 p85
      - （長女）林慕安 ＝ 沈成棟 p415
      - （次女）林希仁 ＝ 顏春和

顏振聲
- （長子）顏春芳
- （次子）顏春安
- （四子）顏春輝
- （三子）顏春和
  - （次女）顏慧美
  - （長女）顏舜美
  - （長子）顏明宏
  - （次子）顏明誠

- （長女）林　苾
- （三女）林　莟 ＝ 朱明陽 p229
- （四女）林　蓂　彭植功
- （六女）林衡儀 ＝
- （五女）林　蒨 ＝
- （長子）嚴　僑　吳朝惠
- （七女）林衡敬 ＝ 潘允中
- （八女）林衡靜 ＝

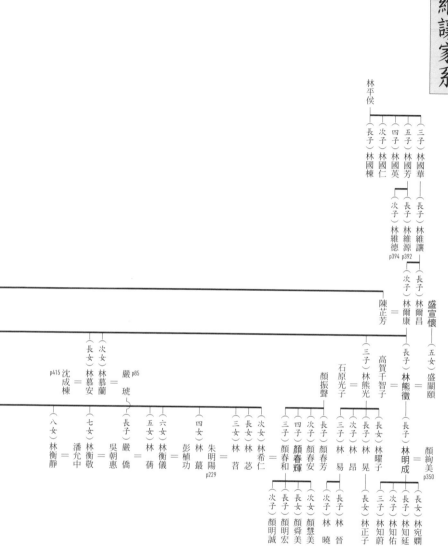

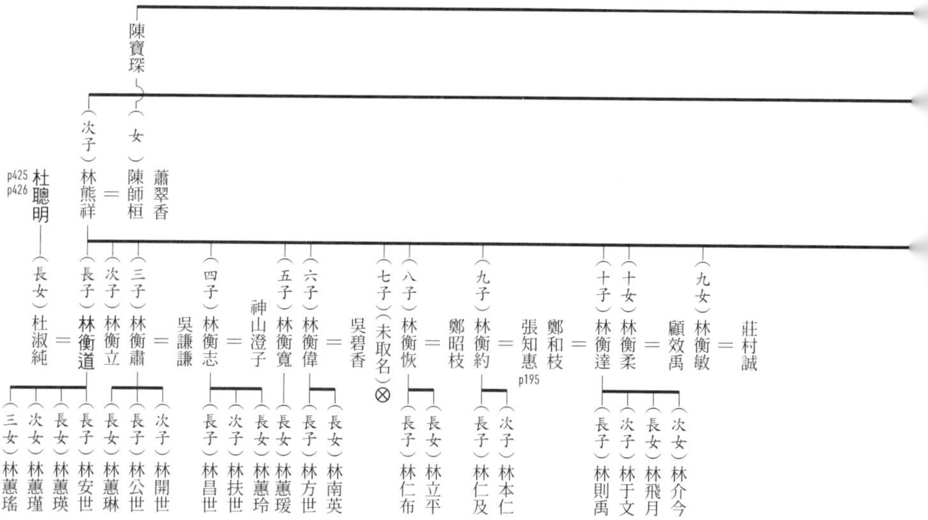
陳寶琛
（次子）林熊祥
陳師桓
（女）
蕭翠香
p425
p426
杜聰明
（長女）杜淑純
（長子）林衡道
（次子）林衡立
（三子）林衡肅
吳謙謙
（四子）林衡志
神山澄子
（五子）林衡寬
（六子）林衡偉
吳碧香
（七子）（未取名）⊗
（八子）林衡恢
鄭昭枝
（九子）林衡約
張知惠
p195
鄭和枝
（十子）林衡達
（十女）林衡柔
顧效禹
（九女）林衡敏
莊村誠
（三女）林蕙瑤
（次女）林蕙瑾
（長女）林蕙瑛
（長子）林安世
（長女）林蕙琳
（長子）林公世
（次子）林開世
（長子）林昌世
（次子）林扶世
（長女）林蕙玲
（長女）林蕙瑗
（長子）林方世
（長女）林南英
（長子）林仁布
（長女）林立平
（長子）林仁及
（次子）林本仁
（長子）林則禹
（次子）林于文
（長女）林飛月
（次女）林介今

林維源家系

- 林平侯
  - （五子）林國芳
    - （次子）林維德 p394
    - （長子）**林維源**
      - （長子）林訓壽⊗
      - （次子）林爾嘉＝龔雲環
        - （長子）林景仁＝張福英
          - （次女）林若璣
          - （次子）林梅
          - （長子）林桐
            - （長女）林南溟
            - （四子）林德玄
              - （長子）林威吉
              - （長女）林芸杏
            - （三子）林金銓
            - （次子）林南璧
            - （長子）林南星
        - （次子）林剛義＝王臻英
          - （長子）林檪
            - （長子）林道溱
            - （次子）林道一
            - （三子）林道國
          - （長女）林若瑢
          - （次女）林若璜
          - （三女）林若瑜
        - （三子）林鼎禮＝孫慧英
          - （長子）林楨
            - （長子）林東谷
          - （次子）林梓
            - （長子）林裕宏
            - （次子）林邁可
            - （長女）林安琪
          - （三子）林枚
          - （長女）林若琬
        - （四子）林崇智＝周竹英
          - （長子）林櫻
            - （次子）林達德
            - （長子）林行健
            - （長女）林蕙南
            - （次女）林蘭東
          - （長女）林若玿
          - （次女）林若玶
          - （次子）林樸
            - （長子）林用康
            - （次子）林述道
            - （長女）林英華
          - （三女）林若珊
          - （四女）林若琇
          - （三子）林槎
            - （長女）林蘭馥
        - （五女）林小畹
        - （四女）林紅芙
        - （三女）林紅薌
        - （次女）林紅菱
        - （長女）林紅蕖
        - （五子）林履信＝王寶英
          - （長女）林若瑾
          - （次子）林楠
          - （長子）林楷
        - （六子）林克恭＝高瑞英
          - （長子）林杉
            - （長子）林昇
            - （次子）林暾
          - （長女）林若珪
          - （次女）林若琛
        - （七子）林志寬＝李麗英
          - （長女）林珂
          - （長子）林權
      - （四子）**林柏壽**＝陳瓊枝
        - （次女）林紅芸
        - （長女）林紅蘅
        - （長子）林瀚東
        - （次子）林致能
        - （八女）林嫻宜
        - （七女）林芳宜
        - （六女）林幸宜
        - （五女）林惠宜
  - （四子）林國英
  - （三子）林國華
    - （長子）林維讓 p390
  - （次子）林國仁
  - （長子）林國棟

- 陳望曾
  - （女）陳瓊碧＝林垂拱 p425
  - （女）陳瓊枝＝林柏壽

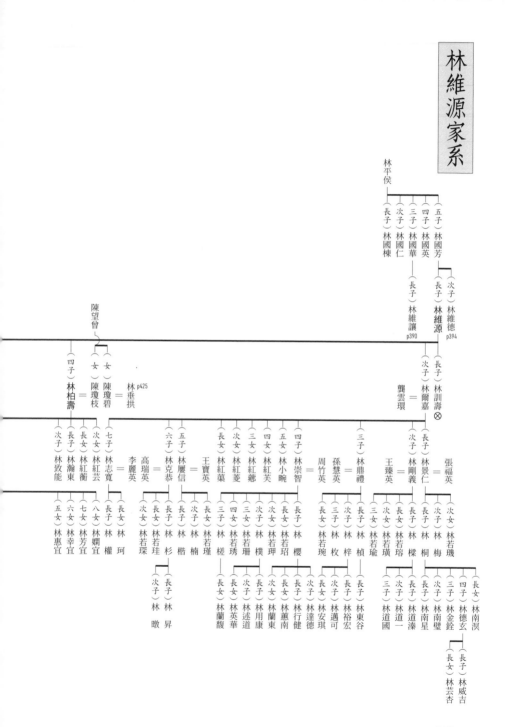

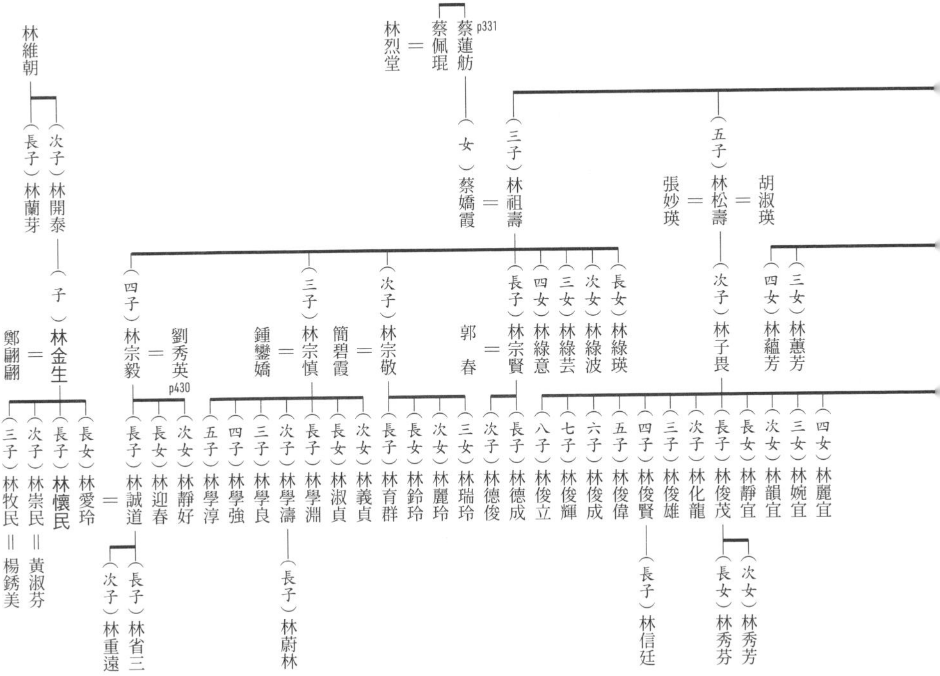
林維朝
（長子）林蘭芽
（次子）林開泰
（子）林金生
鄭翩翩
（長女）林愛玲
（長子）林懷民
（次子）林崇民
黃淑芬
（三子）林牧民
楊銹美
林烈堂
蔡佩琨
蔡蓮舫
p331
（女）蔡嬌霞
（三子）林祖壽
（五子）林松壽
張妙瑛
胡淑瑛
（長女）林綠瑛
（次女）林綠波
（三女）林綠芸
（四女）林綠意
（長子）林宗賢
郭春
（次子）林宗敬
簡碧霞
（三子）林宗慎
鍾鑾嬌
（四子）林宗毅
劉秀英
p430
（長子）林誠道
（長女）林迎春
（次女）林靜好
（長子）林省三
（次子）林重遠
（次女）林義貞
（長女）林淑貞
（長子）林學淵
（次子）林學濤
（三子）林學良
（四子）林學強
（五子）林學淳
（長子）林蔚林
（三女）林瑞玲
（次女）林麗玲
（長女）林鈴玲
（長子）林育群
（長子）林德成
（次子）林德俊
（次子）林子畏
（三女）林蕙芳
（四女）林蘊芳
（四女）林麗宜
（三女）林婉宜
（次女）林韻宜
（長女）林靜宜
（長子）林俊茂
（次子）林化龍
（三子）林俊雄
（四子）林俊賢
（五子）林俊偉
（六子）林俊成
（七子）林俊輝
（八子）林俊立
（長子）林信廷
（長女）林秀芬
（次女）林秀芳

林維德家系

- 林國芳
  - （長子）林維源 p392
  - （次子）林維德
    - （長子）林彭壽
      - （長子）林忠
    - （次子）林鶴壽
      - （長子）林勤
        - （次女）林佩娜
        - （長女）林佩莉
        - （長子）林雍
          - （長女）林慧
          - （長子）林恩
      - （次子）林勣
        - （長子）林方
          - （長子）林曦明
          - （次子）林浩明
        - （次子）林文
          - （長女）林慧明
        - （長女）林襄
      - （三子）林勱
        - （長子）林亨
      - （四子）林勃
        - （長子）林亮
      - （五子）林勔
      - （六子）林勳
        - （長子）林豪俊
    - （三子）林嵩壽
      - （長子）林金波
        - （長子）林少鵬
        - （次子）林少鴻
      - （次子）林玉波
        - （長子）林琨
      - （三子）林海達
        - （長子）林悏
        - （次子）林悰
        - （長女）林恂
        - （次女）林悃
        - （三女）林愫
        - （四女）林愷
      - （四子）林揚波
      - （五子）林龍飛
      - （六子）林龍季

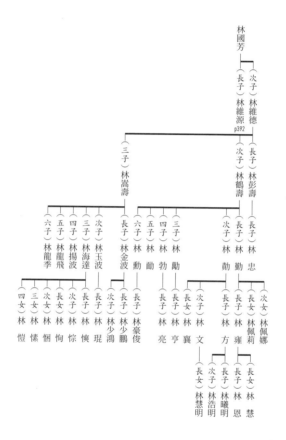

板橋林家於清代和日治時期，都是台灣第一大世家。今天，雖然已轉趨式微，「第一世家」的封號必須拱手讓人，但相累六代，現在仍維持相當的財富和社會地位，林家維繫生命的奧妙令人好奇。

林家發跡的第一代主軸人物林平侯，為來台第二代。本來只是米店裡的小職員，之後銷米到中國閩浙沿海致富。富而購置地產，招募丁勇墾地；耕地再租給佃農，收取租金，小富變大富，就西渡回中國捐官，當上廣西柳州府知府。

林平侯此時的林家定居大嵙崁，即今天的桃園縣大溪鎮。蔣介石去世，林家第六代林明成便捐出大溪祖產的土地，供做大溪「慈湖」。

林平侯有五子，依次為國棟、國仁、國華、國英、國芳。又取各房代號，依「飲水本思源」，分為飲記、水記、本記、思記和源記。《台灣通史》記載：老三林國華和老五林國芳遷居板橋，「兄弟友愛，共產同居，號曰本源」。一般稱「林本源家族」，常遭誤為有「林本源」其人。開啟林家輝煌家族史，實指林國華和林國芳兩房子孫。而林國芳無出，林國華有兩子，長子林維讓、次子林維源，林維源便出嗣給林國芳。所以所謂「板橋林家」，是指林維讓兄弟兩房繁衍出來的龐大族系。他們開始攀登上家族發達的高原，集權位、財富於一時，台灣歷史也開始與板橋林家密不可分。

連雅堂在《台灣通史》中，描述林維讓兄弟，「維讓性倜儻、好士，租穀出入悉任管事。而維源檢樸，鉅細必經，唯結交官府」。可見，林維源必然較活躍於上層。林家鉅富，遇亂都捨得捐輸銀兩。林氏兄弟正值劉銘傳派駐來台建台北城、設海防，林家都捐了巨款。劉銘傳開墾北台灣，鋪建新竹到台北的鐵道，更任命林維源為幫辦撫墾大臣及台灣鐵路協辦大臣。這是林家追逐官場最盛的一刻，可算是「台灣人」中第一人。

中日戰後，清廷官僚結合在台富商紳士，成立「台灣民主國」，林維源循舊有名望，被推為民主國議院議長。林維源以年老力衰婉辭，避走廈門，丟下一百萬兩，捐做軍款，保住性命，又盡了道義。

台灣遭清廷割讓日本後的前一兩年，台灣各地武裝抗日不斷，日本疲於奔命對付，一度傳出有意讓售台灣的消息。避居福建晉江的舉人施菼馬上趕去廈門，遊說林維源。林維源答應拿出四百萬兩，另外再向台灣的富豪募捐，湊足一千多萬兩，請英國斡旋，由清廷出面買回台灣。當初和日本首相伊藤博文議和的清廷大臣李鴻章卻說：「台灣得之不能守，形勢緊要不比遼東」，計畫才夭折。

林維源內渡廈門，便未再返台。日本台灣總督府民政長官後藤新平曾前往廈門遊說林維源回台灣，共同開發台灣的經濟。初期總督府已定下懷柔政策，善待既有士紳階級，像板橋林家這種大富，總督府幾乎是「必須」取得合作，才有資本投入生產事業。林維源不就，林家在台灣的主軸又回到哥哥林維讓一房。林維讓早逝，遺下兩子爾昌、爾康。林爾昌二十九歲而亡，林爾康更是卒年二十八。林爾康的長子林熊徵接下林家棟梁的棒子。總督府銳力在台發展殖民經濟，致力糖、鹽生產，林熊徵出資設立「林本源製糖株式會社」，成了林家與總督府的對口代表人物。

俗話「貴易交」，真是鐵律。台灣大家族和總督府打造良好關係，都不脫捐資獻禮。高雄陳家陳中和曾從義大利進口大理石，雕塑兒玉源太郎總督像，置於高雄公園。辜顯榮則「寄附」四千圓建造民政局長水野遵的銅像，放置在台北圓山公園。林家猶勝一籌，在南昌街總督府旁建造別墅給兒玉總督，命名為「南菜園」。兒玉常在此邀宴漢儒士紳，飲酒作詩，向台灣人示好。

日治時期，林家已有五千三百甲田產，舉台冠軍。霧峰林家排名第二，才有一千五百甲。面對第一大地主，總督府也樂於交好。

一九二一年，總督府有一政治創舉，設評議會，遴選民間日本人、台灣人各九位，及總督以下九位高官合組而成，顯示總督府「廣納民意」的胸懷，抵制抗日派老是去東京帝國議會請願設置議會。評議員每一任兩年，第一任九位台籍評議員，林熊徵便列名第一位。

日治時期的台灣資產地主階級大約可分為「抗日」和「親日」兩派。林熊徵與辜顯榮、許丙等歸為親日派。另一派以霧峰林獻堂為首，糾集知識青年組成「台灣文化協會」，到處講演，教育民眾，「以助長台灣文化之發達為目的」。日本統治者正把「台灣」拉進日本天皇的國度，有人卻倡議「台灣」本土，這種反向操作，令總督府深以為戒，於是辜顯榮、林熊徵善體上意，發起成立「台灣公益會」。用現代話來說，其意在「反制」。

林熊徵和辜顯榮還召集各地有力人士，如淡水洪以南、高雄陳中和（四子陳啟峰代理）、桃園簡朗山，召開「全島有力者大會」，譴討抗日派「非議台灣之制度文物，以惑人心」。抗日派這邊馬上因應，召開「無力者大會」。宣言書中說，「在二十世紀之紳士階級，此種腐敗分子，料應絕滅……。」雙方你來我往，台灣人的一場內鬥，史書上均有篇章。

林熊徵和日本政府間關係親善，蔭及兄弟。他有兩個弟弟，小弟林熊光和大弟林熊祥先後接任總督府評議員。林熊祥、林熊光並得以進入日本皇族的專門學校「學習院」就讀。林熊祥的長子、民俗專家林衡道教授在口述歷史上說：「據父親說乃木院長（學習院長乃木希典大將曾是第三任台灣總督）訓示他和其他林本源的子弟，謂學習院為帝國皇家學校，不易對外開放，要他們有所覺悟，以林家為皇家藩屏。」林衡道本人，則當台灣小孩讀「公學校」時，他是第一位獲准入學「樺山小學校」，和日本小孩共學的台北人。樺山校址即今警政署，學生家庭多為日本高級官僚子女，充滿貴族色彩。

一九四五年，政權易主，國民黨倚重林家財富，派任林熊徵為省黨部經濟事業委員會主委，名義上負責籌劃黨費；光復之初，民生困難，哪來捐資充作黨費，國民黨實則看上林熊徵的財力。很明顯，林家已安全銜接上新來政權的木筏。

不幸，一年過後，一九四六年十一月廿七日林熊徵過世，得年五十九歲。林熊徵身材肥胖，據林衡道說，他的伯父是長孫，得祖母疼愛，一、兩歲就吃高麗蔘，吃太多，人很胖，七、八歲開始念書時還不會走路，因為祖母怕他跌倒，都叫佣人攙扶著走路。

林熊徵一些朋友背後叫他「阿肥仔」。平常有錢人往來坐的三輪車，都是一個車伕拉。林熊徵也曾給一位車伕拉過。但是有一次三輪車不堪沉重翻倒了，從此，台北街頭出現兩人拉車的情景。林熊徵的座車特別在車後焊接一塊鐵手把，一人在前面拉，另一人從後面控制鐵把，避免再度翻車。

林熊徵遽逝，只留下三歲的獨子林明成。弟弟林熊祥和管家許丙等人又被控陰謀台獨，關進監獄。幼弟林熊光又娶日本太太，羈留日本。林維讓一房瀕臨瞬間沒落的危機。

所幸，林家家大業大，和他有關係的人太多，受他捐資助學的人也不少。另外，林家株連甚廣，姻親圈龐大。是故，林家走過一九四六年疲軟期，又安然度過二二八以後，國民政府搬遷來台，財政困難，力圖發展工業，累積資本，像板橋林家這種巨室，又被討好。林家衰頹之勢便止跌回穩。

清、日時代，大地主輸財助學的風氣普遍，大稻埕茶商李春生之後李延禧，以及鉅富辜顯榮在日本時，遇有台灣留學生上門求助，都不叫人失望；霧峰林獻堂也幫助過蔡培火、吳三連等人。林熊徵延請連雅堂當過文稿祕書，連雅堂的兒子連震東留學日本，女婿林伯奏留學上海，都受過林家捐助之惠，吳三連也是其中顯要者。這些人中，特別是連震東於光復初期當紅，「半山」一人物裡，受國民黨倚信程度僅次於省議長黃朝琴。

板橋林家的婚姻網絡因家族成員多，更顯得龐大。先談林維讓這一支。林維讓的子孫幾乎把清末福建省福州籍的名儒重臣都結為親戚。林熊徵之父林爾康娶宣統皇帝溥儀的老師陳寶琛的妹妹，陳寶琛官銜「太傅」，人家冠上祖籍地，稱呼他「螺洲太傅」。林熊徵的岳父盛宣懷也是清末名臣，林熊徵娶其五女盛關頤。蔣宋美齡的大姊宋藹齡曾是盛五小姐的英文家庭教師。

陳寶琛又把女兒陳師桓嫁給外甥林熊祥，如此既是林熊祥的舅舅又是岳父大人，親上加親。表親結婚也在林熊祥的下一代重演。林熊祥把女兒林倩嫁給姊姊林慕蘭的長子嚴僑。板橋林家和嚴家有雙重的姻親關係。這個嚴氏也是福州名家，系出前北京大學校長嚴復。嚴琥、林慕蘭是他的三子與三媳，現任婦聯會總幹事辜嚴倬雲是孫女。（參閱第三章）

林慕蘭、林熊祥姊弟的大姊林慕安則嫁給前清福建船政大臣、兩江總督沈葆禎的孫子沈成棟。沈葆禎在台灣的歷史非常豐富，最顯著的事功是叫日本退兵。清同治十三年，牡丹社番殺害琉球移民，日本藉此犯台。沈葆禎受命為欽差大臣來台止戰善後，結果教日軍西鄉從道答應退兵，並且無償送清廷日軍在南部的屋舍和醫院。

沈葆禎為了強化台灣海防，在台南安平港建「億載金城」和砲台。高雄市的打狗港砲台，屏東東港的砲台，也都由沈葆禎聘請英國人建造。沈葆禎的太太林普晴為清末在廣東燒鴉片菸的名臣林則徐的女兒，沈葆禎又是林則徐的外甥。林則徐和陳寶琛、林熊祥一樣，是「舅舅兼岳父」。

嚴復、沈葆禎、林則徐、陳寶琛都出身福州，而且，據林衡道說：「福州城鼓樓之南，南大街兩旁，有三坊七巷，……三坊七巷住的大多是書香門第，門當戶對，累代通婚，所以家家戶戶都是親上加親……。」像林則徐、沈葆禎住「宮巷」，陳寶琛住「文儒坊」，嚴復住「郎官巷」，林熊徵兄弟父喪後，隨母親返回娘家福州，住「楊橋巷」，彼此地緣比台北城內還近。林則徐的玄孫一輩，以林崇墉最頭角崢嶸，擁有巴黎大學法學博士的頭銜，國民黨在中國時，做過上海金融管理局長。蔣經國在莫斯科的同學嚴靈峰國大代表曾在《中外雜誌》發表文章說，一九四九年一月，蔣介石引退，在奉化溪口，蔣經國曾告訴他：「林崇墉將要出任福建省政府主席。」雖未成事實，但顯示林崇墉有一定的分量，來台後，一九六四年起，林崇墉出任經濟部證管會主任委員。

從林崇墉的上一代，看得出來從滿清到民國政權交替中的貴族菁英，社會階級並沒有天旋地轉的重組或波動。林崇墉的父親林炳章是光緒甲午年進士，林炳章同輩的堂弟林翔則留日讀明治大學，回中國當過新政府的最高法院院長、銓敘部部長。林炳章、林翔共同的祖父林聰彝，和林拱樞都是林則徐之子。林拱樞的一位孫子林步隨則當過民初國務院祕書長。

和林崇墉同一輩的林紀東，曾祖亦是林聰彝。林紀東畢業於中國著名的朝陽大學法律系，來台後，任教於各大學法律系，他所著的《中華民國憲法逐條釋義》四冊，在法界有公認的權威地位。一九五八年起，林紀東也同時出任大法官，至一九八五年才任滿三屆退休。

林家和前朝王公侯爵的「姻親結」不止於林則徐等人，還牽連到曾國藩在台灣的家族。林慕安、沈成棟的女兒沈佩申嫁給前財政部長、行政院祕書長費驊的弟弟費騄。費驊之妻張心漪的外婆是晚清名臣曾國藩的女兒。曾國藩家族在台顯耀的後代有：

①前國防部長俞大維，他的媽媽是曾國藩的孫女；

②前光復大陸設計委員會副主委曾寶蓀是曾國藩孫子曾廣鈞的女兒；

③前東海大學校長曾約農是曾寶蓀的堂弟；

④前副總統陳誠的小舅子譚季甫娶曾寶蓀的堂妹曾昭楣。這些親戚流落異鄉，感情更篤，常相往來，張心漪是俞大維、曾寶蓀等人的「表妹」。（參閱第二十七章）

林維讓系下的第六代，便全然與台灣本地的名門新貴通婚。林熊徵三兄弟系下，以林熊祥的十子十女的姻圈最耀眼。長子林衡道娶台灣第一位醫學博士杜聰明獨生女杜淑純。結婚那一年，一九四四年，還在日本統治下。杜聰明是最早晉任最高級「勅任官」的台灣人。這個官階，睥睨日治時期所有台灣人，是台灣人中官位最大者。杜聰明的太太還出身霧峰世族林家。

一九六七年，林熊祥的九子林衡約結婚，太太張知惠的父親張豐胤是位醫學博士，在屏東開業，他也正是前內政部長、前中華奧會主席張豐緒的大哥。他們的父親張山鐘曾任屏東縣長、省府委員。這樁婚姻令人聯想起一張歷史照片，林熊祥、張山鐘和霧峰林家的林烈堂曾三人一起列隊，代表台灣人，獻機給日本海軍。兩家一北一南，並不阻礙世家間互通友好。（參閱第九章）

林熊祥的女兒，除五女林蒨嫁辜嚴倬雲的哥哥，屬表兄妹結親之外，三女林苕嫁同為板橋富第之後的朱明陽，朱明陽畢業於日本工業大學，事業以進入岳父林熊祥的公司任總經理為主。朱家本身也是上流婚姻圈的交集地。（參閱第十二章）

林熊祥次女婿是明治大學法科畢業的律師顏春和，出身一個基督教家庭，祖母先信基督，父親顏振聲便入神學院，後從彰化基督教醫院的英國籍蘭大衛醫生習醫，在台南開業發跡。顏春和的二哥春安得美國伊利諾大學化學碩士，一九二七年曾在中國任教於東吳、交通兩大學。顏春和的弟弟顏春輝則是醫療行政界龍頭。二二八事件後，行政長官陳儀改職離台，魏道明接任第一任省主席，燕京大學畢業的台南人顏春輝出線，擔任省衛生處處長，任期達十五年。一九七一年三月十七日，行政院設衛生署，顏春輝又獲任第一任署長，一直到一九七四年調職。

長房的林熊徵膝下僅一子，元配盛關頤無出，獨子林明成係繼室高賀千智子所生。這一房獨子的婚姻，箭無虛發，又娶了日治時代五大家族之一顏家的小姐。林明成的太太顏絢美為基隆煤礦鉅富顏雲年三子顏德修之女。這樁婚姻完完整整反映出林顏兩大家族深厚的淵源。兩家諸種關係可由下列事情看得出來：

①基隆顏家巔峰時期，創立臺陽礦業株式會社。顏雲年主要合作對象多為日人，台灣大富只林熊徵為台陽股東。

②臺陽礦業歷任董監事，多是顏家人或姻親，如前董事長顏欽賢的姊夫周碧，餘者也只有板橋林家人屬台灣世家。林熊徵的弟弟林熊祥光復後擔任過臺陽的常務監察人。

③一九一二年，日本人谷信敬創辦台灣第一家信託公司「台灣興業信託株式會社」。隨之受一次世界大戰後景氣變動，東京又發生大地震，日資受影響，改由顏雲年之弟顏國年出任社長。取締役（董事）只兩人，謝汝銓是顏雲年的親家，另一位就是林熊徵。

④林熊徵的主事業無疑是他一手創辦的華南銀行。林明成從一九七三年初任華銀董事，一九八五年，四十二歲時升任常務董事，現在則為副董事長。

顏雲年之子顏德潤自一九四七年六月即任華銀常董。後來由顏德潤的舅子藍家精接任董事。一九八二年起，林明成的岳父、顏德潤的弟弟顏德修續任董事，顏德潤的兒子顏甘霖擔任監察人。目前，華南銀行的人事結構中，民股仍以林明成居大，林的舅子、顏德修的長子顏惠然占一席董事，顏甘霖的太太為監察人。

⑤顏家現有較大企業「中國電器」，由顏甘霖擔任董事長；林熊祥的三子林衡肅出任董事。林熊徵兄弟一支，目前林明成挑起傳承的大梁。林家龐大財富依舊在。耕者有其田政策實施，林家被徵收一百二十六公頃土地。被徵土地均屬農地，還有大片大片的山林地產倖存，以林熊徵之名成立的學田基金會仍有一千三百餘公頃山林。

財富根基在之外，林明成也知道應該與國民黨親善關係。最早於一九五五年時，蔣介石總統發現桃園復興鄉山川秀麗，像極家鄉溪口；有人來表示，林家很知趣，林明成的媽媽馬上同意捐出。省政府派人來洽辦時卻說是「無償借用」，每十年換約一次。「無償借用」的土地又充作蔣介石大溪慈湖的「陵寢」。一九八四年，林明成順水人情，乾脆捐獻給政府。換來蔣經國召見，當面嘉許，以及一塊紀念碑文，豎立在慈湖之畔。

對於父親的追述，也隨形勢轉移，盡說和國民黨深遠的淵源。一九八七年出版的《林熊徵先生百年冥誕紀念集》，不斷強調林熊徵是中國同盟會會員，「在中國同盟會的旗幟下，同為革命而努力。」「偉大」的事蹟是林熊徵捐了三仟日圓給林覺民等十九位革命黨人，從日本回廣東參加黃花岡起義。關於林熊徵三兄弟當了總督府評議員，組織「台灣公益會」，支持日本治台政策，反對抗日派請願設置議會的事蹟，倒是絕口不談。

富翁左右都逢源，不怕政治變天。例如辜顯榮，他受封日本帝國貴族院議員，又到中國廣送禮物，他捐獻給陳炯明壹萬日圓，拿回蔣介石親筆玉照。結果，中日兩邊人都認為他在為己方效力。現在類似的情況發生在企業家對兩黨都捐款，看似矛盾，卻是投機的聰明辦法。

林明成的事業重心為經營永琦百貨公司，華銀則持所有權，不參與經營。北投的薇閣小學也是很重要的資產。「薇閣」為林熊徵的「字」，薇閣小學辦學聲譽優良，前幾年併購「珠海高商」，擴辦成薇閣中學。

林明成有三子一女，足堪維續板橋林家的生命。以林家的財富，「沒落」二字並不適用。

林維讓之胞弟林維源先前被推為「台灣民主國」議長，婉辭不就，逃避廈門，這一房子孫就比較不以台灣為重心，日治台灣時的主軸移去林熊徵兄弟一支。但等光復，林熊徵遽逝，林熊祥繫獄、林熊光落籍日本，林熊徵之子尚幼，板橋林家頓失中心，和國民黨權力稍有脫節。林家孫婿辜振甫、國民黨大老黃少谷、袁守謙把「四爺」從香港給勸回來操持龐大家務，林家主線又移回林維源系。「四爺」林柏壽是林維源四子，為人風流倜儻，好遊廣交，是台灣世族「公子」的典型。年輕時，憑恃家財萬貫，先後遊學諸國，先到東京學經濟；渡海去中國習漢學、英語；再帶太太遠赴英國倫敦大學專攻經濟學；轉去巴黎念法律；利用閒暇，遍訪瑞士、義大利、德國名勝，最後繞經美國回台，經營「林本源柏記產業株式會社」。總督府曾商請他出任台北州會議員，林柏壽婉拒，推薦帳房楊海盛替代，據林衡道說法，日本人不悅，故意派遣林柏壽去戰地當翻譯，林柏壽「平日養尊處優，接到命令如被判死刑」，費貲不少，才疏通管道，註銷派令。

財富也是建造人際關係的利器。黃埔一期出身的國民黨大老袁守謙和林柏壽交善。袁守謙一位後輩譚國珍曾有回憶記錄友好的片段。袁守謙清廉自持，婉謝中央配給公舍，正在覓屋。「事有湊巧，不數日即找到林柏壽先生所有臨沂街二十七巷二號四、五樓，聽說是袁企止（袁守謙，字「企止」）先生要租房子，柏壽歡迎之不暇，談什麼租金多寡？來住就是。企公肯定回答林壽老，不收房租，只有另找房子。壽老唯恐失去德鄰，即改口照市價收，好嗎？云乎市價，的確取不傷廉」。

台灣舊家族邁進國民政府紀元以後，和外省籍官僚有語言隔閡，瞧不起這群政治新貴的心理也很普遍，部分家族因此和權力圈愈離愈遠，但部分很識時務，依舊活躍。但能被外省上流要員稱呼「爺」者，只有林柏壽一人，似乎很能融進「中國」官場。

當四大公司開放民營，大地主轉化為台泥等公司的大股東，但並非人人都有能耐與「中國官」打交道。這個當口，林柏壽獲公推為台泥董事長。一九六四年台灣第一家電視台「台視」開播，林柏壽又被拱為董事長。

林維源系下子孫和林維讓相比，較有「中國味」，在台灣屬日本國時，林維源有不少子孫選擇留在中國發展。林柏壽的弟弟林松壽早年到北京，拜唐紹儀為乾爹，唐紹儀把他推薦給袁世凱，林松壽因此做過北京政府交通署署長，在北京還參加過台灣同鄉的反日集會。

林柏壽的大哥林訓壽早夭，二哥林爾嘉的長子林景仁於日本扶植滿洲國之初，擔任過滿洲國外交部歐美科長。樹立林家子弟發展的另一類型——「不中不台」。林景仁最後飄零異地，死在東北長春。

林維源四個兒子中的老三林祖壽在台灣割日時，被留在台灣護產。後來的事實結果顯示，林祖壽一房植根最深，婚姻圈也與台灣關係最大。林祖壽本人娶台中清水望族蔡蓮舫的女兒蔡嬌霞。（參閱第十九章）

板橋林家早幾代的結親行為，頗有重中國、輕台灣的姿態。早期台灣人東渡荒島墾殖，意識上仍認同中國為祖國，一直到日治結束，這種與母體不可分離的國家意識沒有稍減。早年台灣移民仍以赴福建省參加地方「生員」、「舉人」科考為榮耀之途，就是證明。對於板橋林家而言，立足台灣，它便屬第一，台灣家族有的只是豪農，若有科名，也只是秀才等微不足道的功名。不過，慢慢的，繼林祖壽娶清水蔡家之女，林柏壽也娶進士陳望曾之女，陳望曾另一女則嫁入另一豪族霧峰林家。

林祖壽的長子林宗賢畢業於京都帝大法學部，光復初期當選國民參政員及立法委員。後期一直擔任台泥常務監察人。台泥高層巨頭前些年以董事長辜振甫、常董林燈、陳啟清和林宗賢為代表。林宗賢目前已退出台泥要職，現由長子林德成接替為台泥監察人。

林祖壽行四的幼子林宗慎也往政壇發展過。一九五一年第一屆鄉鎮市長民選，林宗慎當選板橋鎮長，並連任三屆，不幸死在任上。

林宗賢、林宗慎兄弟未在政壇闖出一片天空，兄弟排行第二的林宗毅倒結了一位大官親家。林宗毅長年擔任台泥董事，未聞政事，長子林誠道娶了前內政部長、交通部長、考試院副院長林金生的獨生女林愛玲。林宗毅前去林府提親，林金生時任交通部長，是台籍政客裡的佼佼者，見來者是「台灣第一名門」，堪稱門戶相當，就把愛女嫁去林家。林誠道夫婦定居美國西岸，沒有富豪門第的闊氣，林愛玲還得自己帶小孩、擦地板、做家務，讓林金生有些心疼。

林金生的崛起獨樹一格。身分上，他不像連震東、謝東閔是「半山」，他也不純粹是技術官僚，像徐慶鐘、邱創煥、李登輝。林金生早期當選過第一屆嘉義縣長、第三、四屆雲林縣長，獲得老蔣總統賞識，出任大貝湖（高雄澄清湖）自來水廠長，再升任台北市黨部主委、中央黨部副祕書長，進而攀上閣員之列。他的升官模式和吳伯雄相仿，均以地方選舉的勝果奠基。

林金生家鄉嘉義新港，是台灣較早開放的港埠之一，荷蘭占台時，就有傳教士在新港登陸，設立教會、開化很早。林金生的伯父林蘭芽曾任庄長，光復初期，當時的嘉義縣長也留日，聽說林金生是東京帝大法科的畢業生，延用為縣府一級單位主管，當社會課長，開始他的仕途。

林金生當選過嘉義縣長，後來又在朝中任高官，在嘉義縣派系間有「長老」的地位。嘉義黃派出身的現任縣長李雅景叫他「舅公」，李雅景是林金生母親那邊的親戚。林金生的長子林懷民一九七三年創辦「雲門舞集」，現已名滿全台。雲門初創，限於經費，困難重重。前外交部長葉公超愛其才，特別宴請企業家，席開六桌，解決不少財務問題。台塑董事長王永慶事後見到林金生，不忘提醒說：「我幫了您少爺十萬元。」

林宗毅的兒子有一位「官泰山」，林宗毅自己的岳父劉明朝也非同小可。日治五十年，能任「奏任」級以上官員的台灣人僅二十人上下，劉明朝是其中一位，曾任總督府高雄稅關長，戰後一直是第一屆資深立委。劉明朝的太太林雙彎出身霧峰林家，板橋林家林衡道的岳母林雙隨正是林雙彎的親姊姊，兩大世家有兩重姻親關係，不啻是台灣大家族線球般親戚關係的縮影。（參閱第二十四章）

第二十三章

張建邦家族

淡江大學、居正、賴名湯、張孝威、費驊、沈葆楨家族

（四子）居定賢 —（次子）居伯均 ＝ 周方初
- （長女）居桂平 ＝ 王建庭
- （三子）居　簡 ＝ 楊芝珊
- （次子）居　禮 ＝ 白曉霞
- （長子）居　龍

王愛月 ＝ 姜紹謨
- （四子）姜文鉞
- （三子）姜文釗
- （次子）姜文銘
- （長子）姜文錦 ＝ 宗之珍
- （三女）姜文銖
- （長女）姜文鈞 ＝ 李心培
- （次女）姜文錙 ＝ 張建邦

（次女）居瀛玖 ＝ 張驚聲
- （長子）張建邦 ＝ 姜文錙
  - （長女）張家宜 ＝ 陳永誠
  - （次女）張室宜
- （次子）張建國 ＝ 林麗卿

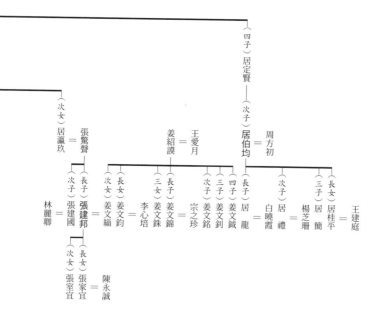

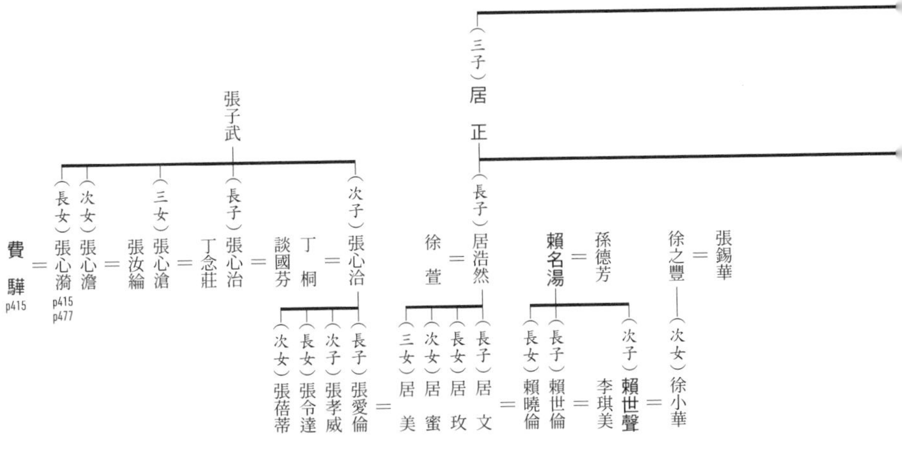

（三子）居正
（長子）居浩然
徐萱
張子武
（長女）張心漪
費驊
p415
（次女）張心澹
p415
p477
張汝綸
（三女）張心滄
丁念莊
（長子）張心治
談國芬
丁桐
（次子）張心治
（長子）張愛倫
（次子）張孝威
（長女）張令達
（次女）張蓓蒂
（長子）居文
（長女）居玫
（次女）居蜜
（三女）居美
孫德芳
賴名湯
（長女）賴曉倫
（長子）賴世倫
李琪美
（次子）賴世聲
張錫華
徐之豐
（次女）徐小華

吉章簡

- （九子）吉承之
- （八子）吉承國
- （七子）吉承邦
- （六子）吉承斌
- （五子）吉承勳
- （四子）吉承凱
- （三子）吉承鏡
- （次子）吉承進
- （長子）吉承俠
- （長女）吉承蘭
- （次女）吉承曼
- （四女）吉承麗
- （五女）吉承慶
- （三女）吉承飛＝藍光熙

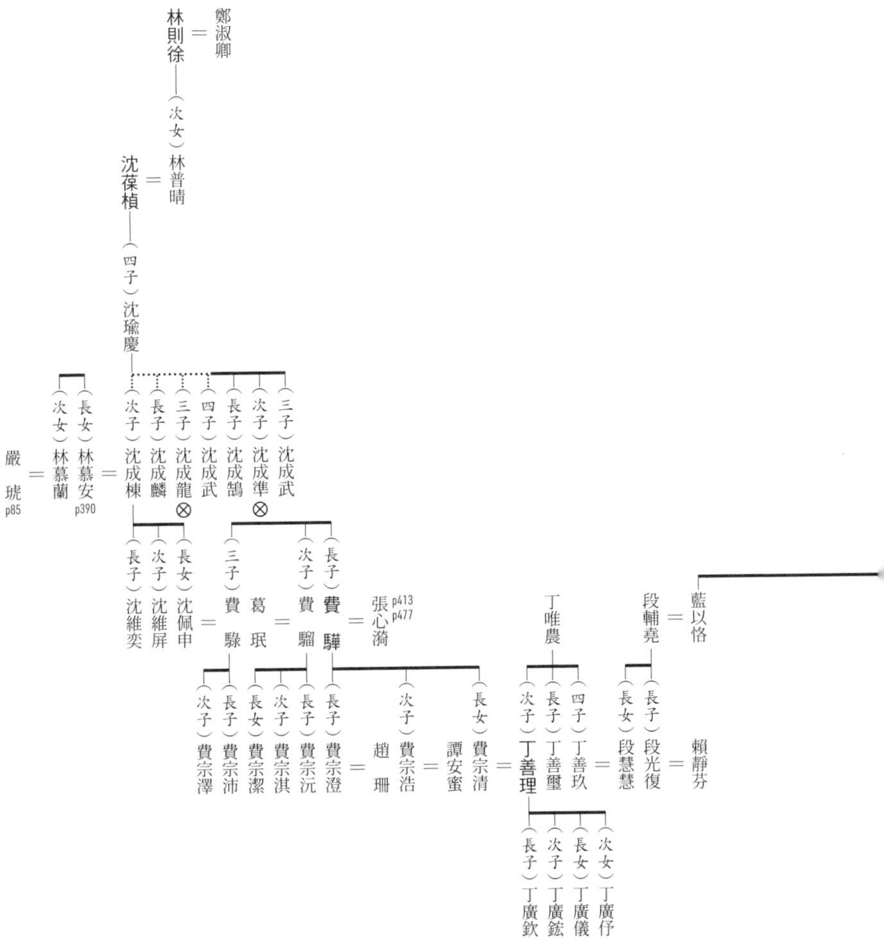
林則徐
鄭淑卿
（次女）林普晴
沈葆楨
（四子）沈瑜慶
（次子）沈成棟
（長子）沈成麟
（三子）沈成龍
（四子）沈成武
（長子）沈成鵠
（次子）沈成準
（三子）沈成武
（長女）林慕安 p390
（次女）林慕蘭
嚴 琥 p85
（長子）沈維奕
（次子）沈維屏
（長女）沈佩申
（三子）費 駸
葛 珉
（次子）費 騮
（長子）費 驊
張心漪 p413 p477
（次子）費宗澤
（長子）費宗沛
（長女）費宗潔
（次子）費宗淇
（長子）費宗沅
（長子）費宗澄
趙 珊
（次子）費宗浩
譚安蜜
（長女）費宗清
丁唯農
（次子）丁善理
（長子）丁善璽
（四子）丁善玖
段輔堯
藍以恪
（長女）段慧慧
（長子）段光復
賴靜芬
（長子）丁廣欽
（次子）丁廣鉉
（長女）丁廣儀
（次女）丁廣伃

前台北市議長、交通部長、現任世盟總會會長張建邦，是台籍政商人物中，最奇特的一位。他的背後也形成一張政商姻親大網，但是，除了他之外，竟沒有半位台籍知名政商親戚，出現在他的關係網裡。

張建邦若撤除籍貫「台灣宜蘭」，他的家世背景幾乎與外省上層的後代無異。他娶外省太太，他的父親張鷩聲是「半山」；張建邦童年時被父親帶去中國，成了「小半山」；他的繼母居瀛玖是湖北籍國民黨元老居正的女兒。

張建邦中、近距離的姻親，包括前參謀總長賴名湯及前台北市捷運局長賴世聲父子；張建邦的表弟是賴世聲的姊夫。另外，前財政部長、行政院祕書長費驊也是他的姻親；費驊的外甥娶張建邦的表妹。

解析張、賴、費三人的親戚關係，中間銜接的橋梁，即前國民政府司法院長居正的家族。居正為追隨孫文的一派國民黨元老，常在東京、橫濱、上海之間奔波，搞革命，先推翻滿清，後又對抗袁世凱、曹錕等軍閥。像一九一四年，孫文準備重組中華革命黨，住日本人頭山滿的家，居正、邵元沖、蘇曼殊等人也隨同食住一起，由居正的太太充當伙伕婦，很有革命的味道。

奔走革命的時代，兒女是莫大牽絆。居正的長女居瀛初和次女居瀛玖均過繼給別人。居瀛玖即張建邦的繼母。居瀛玖四歲時，被送給孫文等人的日籍革命伙伴萱野長知做女兒。居瀛玖就一直在日本長大、受教育。最後嫁給台灣宜蘭羅東人張鷩聲，才返回中國大陸歸宗省親。她的母親記述說：「十多年不見，瀛玖已完全成為一個日本人。」

張鶩聲為羅東大地主之子，淡水中學未畢業，就去廈門進集美學校，又未畢業，最後去北平讀外國語專門學校，也沒拿到畢業證書，便轉往東京帝大讀書。據居浩然描述，張鶩聲「生平志趣則在革命，讀書為革命、吃飯睡覺也為革命」。張鶩聲活動力旺盛，既是居正在上海家的常客；同時他在東京娶了居瀛玖時，居正夫婦並不知情。對於早是萱野家千金的親生女兒，居正夫婦已喪失過問的權力。一九三五年、張、居兩人於東京結婚，返抵中國後，居家的人才恍然大悟。

張鶩聲和居瀛玖並未生育子女，結婚當時，張建邦已六歲，張建邦十歲時，才由台灣去上海依親。張建邦的弟弟張建國實為居瀛玖的妹妹居瀛棣所生，過繼到張家。透過非血統關係組成的家庭，預埋一場朱門恩怨的伏筆。

一九四九年，居正因名位崇高，既是革命元老，又曾任司法院長達十六年之久，奉蔣介石命隨軍撤退台灣，以壯聲勢，鞏固蔣氏流亡政權的法統。居正時已垂垂老矣，政府未安排官差。女婿張鶩聲接掌淡江中學做校長，以中學的英語補習班做根底，創辦淡江英語專科學校，張仍任校長，居正則任董事長之職。

張居兩家似要落地生根、安居樂業時，好景不常，張鶩聲於一九五一年初病逝，年尾居正也撒手人寰，居浩然接辦學校，擔任校長五年多。五年後，一場家族內鬨展開了。居瀛玖自行主持校務，改請居正革命好友黃興的女婿陳維綸當校長，居浩然被掃地出門。

這樁家族糾紛，事後只有居浩然寫過文章觸及一二。一九六九年居瀛玖懸梁自盡，居浩然在《傳記文學》發表「哭玖姊」一文，說道：「我從一九五一年二月到一九五六年九月交卸校長職務止，五年又七個月，每天工作十二小時，每星期七天，無所謂寒假暑假春假年假，我這樣夙夜匪懈，完全是為了玖姊，因此張家一直傳說舅舅霸占校產，我從不替自己辯護。就是玖姊為了她那不孝不悌的姜姓媳婦，寧可得罪居家，姊弟失和，我也以求仁得仁的心情泰然處之。」把問題癥結歸於張建邦夫婦。及至事過十三年，居瀛玖自殺了生，居浩然憤憤寫著：「張姜有虧、愚昧無知，欺凌弱息，上天殛諸！」似乎點出淡江英專爭奪戰，正是姓張的和姓居的戰爭。

居浩然敗憤出走，先在師大任教，繼而留學英國。曾因主張全盤西化，和徐復觀、胡秋原等文化人士打筆仗。一九六四年應聘前往澳洲墨爾本大學講學，仍以學校終其一生。

就是這位公開把張建邦夫婦罵得體無完膚的舅舅，膝下有一子一女，分別和賴名湯與費驊連上親戚。

中國的權力貴族，走到哪裡，都能找到另一位貴族。居浩然的獨子、也是張建邦的表弟居文，不愧居正之名，娶前空軍總司令、參謀總長賴名湯的獨女賴曉倫，成了賴世聲的姊夫。

居文為居正的長孫，他的名字被取作「居文」，是紀念國父孫文。隨便一位百姓也可以取名「文」，但若對人說，係為紀念國父，必招嗤鼻。這就是貴族和寒門不同之處。據居浩然的說法，居正和孫文關係匪淺，民國元年，孫文就任臨時大總統，居正是他的內務部部長。一九一七年，居正追隨孫文南下廣州護法，聞報居浩然誕生，居正請孫文賜名，孫文說，居正名正，是天地正氣的「正」，小孩可取名「浩然」。二十九年過後，居浩然回報孫文賜名，長子出生，便取名「居文」，以紀念孫文之意。

賴世聲一九九〇年十二月升台北市捷運局副局長，一九九二年六月再升局長，不論前任交通部長張建邦，或後任部長簡又新，由於簡又新系出「淡江大學」幫，屬張建邦系統的人馬，兩者與賴世聲都有關係。賴世聲的直屬行政長官黃大洲市長又與張建邦同屬於李登輝總統親信的大將。莫怪賴世聲升局長前，捷運局內部反彈，暗潮洶湧，都構不成他的障礙。

依官場邏輯，張建邦和舅舅宿怨，或許可能打壓相關親戚，不幫助賴世聲。但反其道而行，也誠然可能；搞政治必須廣結善緣，張建邦沒必要和「賴名湯的兒子」過意不去。

當然，歷來外界只知賴世聲有位偉大的上將爸爸，一直歸因於軍系淵源，賴世聲才官運亨通。這個說法也對。賴世聲升正副局長，都在郝柏村當行政院長任內。有一次，郝柏村巡視捷運局，賴世聲公開且親暱地向郝柏村問候說：「郝伯伯好」，赤裸裸地展現他的關係。任何一位台北市長、交通部長，都必須「掛懷」這一句話。官場的規律就是，提拔、討好了賴世聲，也就等於潤滑了和郝柏村的關係。

賴世聲的政治生涯起步比別人早，這位幸運的年輕人尚且不止於此，他的太太徐小華還是萬企百貨老闆徐之豐的千金。只不過，捷運局在他手上，問題頻傳，又遭監察院彈劾，只得離開官場。

張建邦和費驊的姻親關係，則是居浩然的女兒居美嫁前中華開發信託公司總經理張心治的長子張愛倫。張心洽是費驊的太太張心漪的弟弟，因此居美應叫費驊「姑丈」。

關係網觸及費驊，等於和一個龐大的官僚群綁上親戚的絲結。張心漪姊弟是前國防部長俞大維的表弟妹，他們有共同的外曾祖父曾國藩；張心漪的外婆是曾氏的幼女，俞大維的母親是曾氏的長孫女。另外，幾年前曾經是國民黨黨營事業機構紅紫的要員張孝威，是張愛倫的弟弟，他曾任國民黨營大華證券總經理、中華證券信託投資公司董事長，現已轉往台積電做財務主管。

張建邦的居家親戚，只有前內政部常次居伯均在政壇稍有發展。依輩分，張建邦矮居伯均一輩，要叫居伯均「堂舅」。

居正在兄弟間排行第三，居伯均是四弟居定賢的兒子。居伯均久任內政部民政司長及中央選委會祕書長，和記者接觸的機會多，但居伯均個性耿直，從不吐露他是張建邦的舅輩。所以，歷來大家從他罕見的姓氏，推敲他和居正及張建邦的關係，均錯誤百出。

居伯均中學時由居正帶往四川就讀國立第十二中學，繼而考取中央政校（政治大學前身）地政系，畢業後分發到內政部。自此至一九九二年退休，歷任民政司科員、科長、專門委員、副司長和司長，離任司長時已是一九八七年，在同一單位工作達四十年，是可堪記上一筆的紀錄，卻也頗為辛酸。

居伯均公認是台灣數一數二的選舉法規權威，與他浸淫民政司幾十年有關。擔任民政司長更長達十七年，完全掌握台灣選舉史。歷任內政部長以辦妥選舉為第一保官要務，居伯均成為不可替代的專才。中國官場有一經驗法則：「做官不能做得太好。」絕對沒有人願意做得很差，那樣一點好處也沒有。但卻也不能過分神勇；神勇到了極點，一來，無人能取代，只好原地踏步。二來，沒有多歷練別的職務，會讓長官誤認為真的只有「一技之長」。居伯均一輩子的仕途即栽在這項法則上。

一九八七年夏天，好不容易脫離民政司長，調任中央選委會祕書長，卻還是搞選舉這檔事。最後終於升上常務次長，只當一年多，一九九二年八月便屆齡退休了。

張建邦的太太姜文縕，出身情報家庭。姜文縕的父親為資深立委姜紹謨。姜紹謨和蔣介石的情報首席戴笠同為浙江江山人，又同年齡，交情友好。抗日期間，姜詔謨曾任軍事委員會參議，負責上海情報工作。就在上海的時候，張建邦的父母和姜紹謨成為相識好友，奠定張姜兩人成婚的基礎。

第二十四章

霧峰林家

林獻堂、杜聰明、柳營劉家、翁俊明、翁倩玉、梁丹丰

林獻堂家系

- （次子）林澄堂 ＝ 吳映雪（吳鸞旂之（女））
  - （長子）林垂明
    - （長子）林存中
  - （次子）林垂訓 ＝ 鄭順娘（鄭肇基 p118 p132 p330 之（女））
- （次子）林文典
  - （長子）林紀堂
    - （長子）林魁梧 ＝ 楊碧霞 p146
    - （次子）林津梁
      - （長子）林榮宗
    - （三子）林松齡
      - （長子）林慎一
      - （次子）林英仁
    - （四子）林鶴年 ＝ 林伶惠
    - （五子）林蘭生⊗
- （三子）林文欽（允卿）
  - （長子）林獻堂 ＝ 楊水心（楊晏然之（長女）；楊晏然之（子）p427 楊吉臣）
    - （長女）林關關 ＝ 高天成 p312
    - （長子）林攀龍 ＝ 曾珠如
    - （次子）林猶龍 ＝ 藤井愛子
      - （五子）林政忠
      - （四子）林昭汎
      - （三子）林政光
      - （次子）林政吉
      - （長子）林博正 ＝ 林理美
        - （長子）林明弘
        - （次子）林明元
        - （三子）林明聆
        - （四子）林明洋
      - （長女）林惠美
      - （三女）林公子
      - （四女）林玉美
      - （次女）林晴美 ＝ 陳曉堂 p448
    - （三子）林雲龍 ＝ 楊雪霞（p132 楊子培之（長女））
  - （次子）林階堂
    - （長子）林陸龍 ＝ 楊素英
      - （長子）林光正
      - （次子）林鍾正
    - （次子）林夔龍 ＝ 潮田樂子
      - （長子）林崇正

楊子培之（次女）楊繡霞 ＝ 鄭鴻源（p118 p132 p330 鄭肇基之（長子））

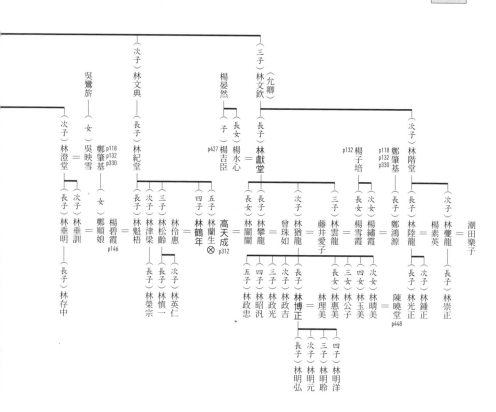

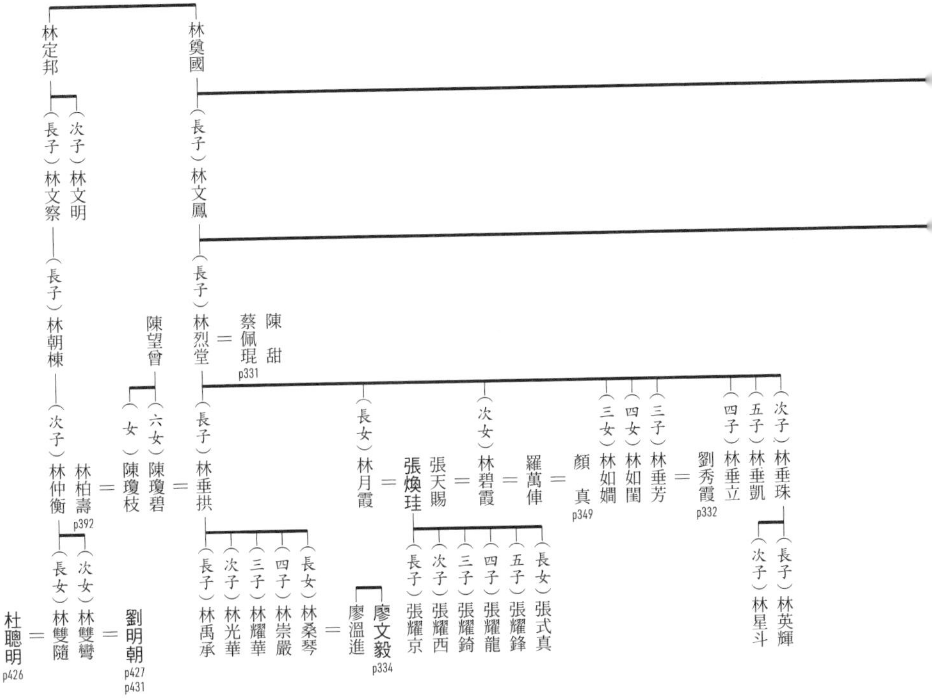
林定邦
林奠國
（長子）林文察
（次子）林文明
（長子）林文鳳
（長子）林朝棟
（次子）林仲衡
林柏壽
p392
（長女）林雙隨
（次女）林雙彎
杜聰明
p426
劉明朝
p427
p431
陳望曾
（六女）陳瓊碧
（女）陳瓊枝
（長子）林烈堂
陳甜
蔡佩琨
p331
（長子）林垂拱
（長子）林禹承
（次子）林光華
（三子）林耀華
（四子）林崇嚴
（長女）林桑琴
廖溫進
廖文毅
p334
（長女）林月霞
張煥珪
張天賜
（次女）林碧霞
羅萬俥
顏真
p349
（長子）張耀京
（次子）張耀西
（三子）張耀錡
（四子）張耀龍
（五子）張耀鋒
（長女）張式真
（三女）林如嫺
（四女）林如閨
（三子）林垂芳
劉秀霞
p332
（四子）林垂立
（五子）林垂凱
（次子）林垂珠
（長子）林英輝
（次子）林星斗

林文察家系

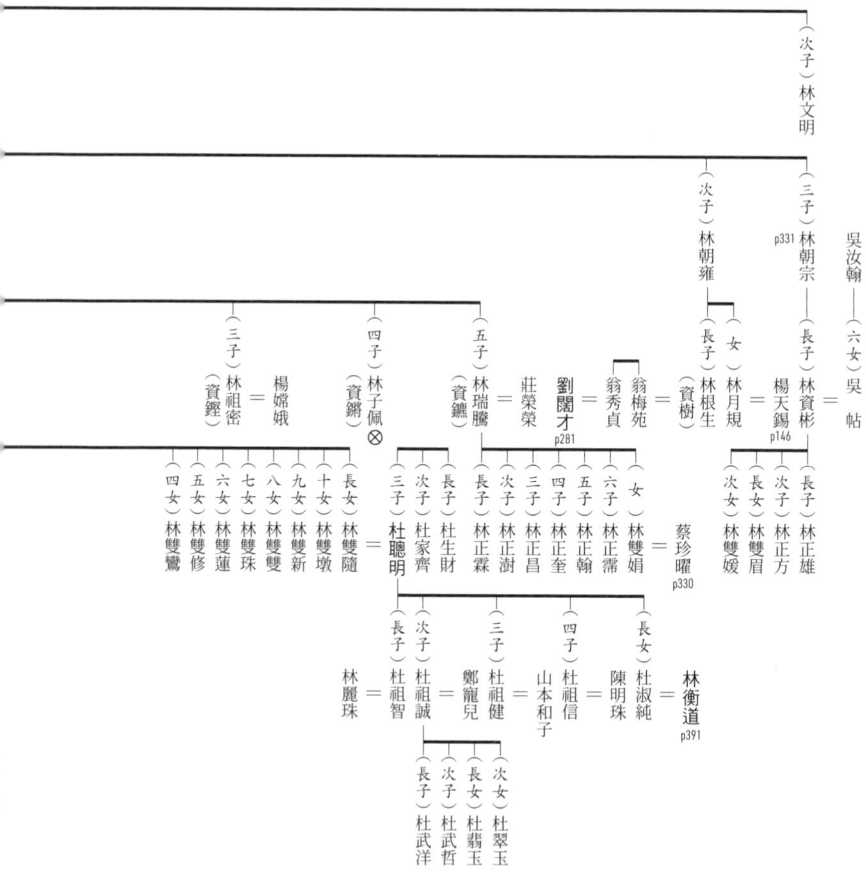
吳汝翰
（六女）吳帖
（次子）林文明
（三子）林朝宗 p331
（次子）林朝雍
（長子）林資彬
楊天錫 p146
（女）林月規
（長子）林根生（資樹）
翁梅苑
翁秀貞
劉闊才 p281
莊榮榮
（五子）林瑞騰（資鑣）
（四子）林子佩（資鏘）⊗
（三子）林祖密（資鏗）
楊嫦娥
（長子）林正雄
（次子）林正方
（長女）林雙眉
（次女）林雙媛
蔡珍曜 p330
（女）林雙娟
（六子）林正霈
（五子）林正翰
（四子）林正奎
（三子）林正昌
（次子）林正澍
（長子）林正霖
（長子）杜生財
（次子）杜家齊
（三子）杜聰明
（長女）林雙隨
（十女）林雙墩
（九女）林雙新
（八女）林雙雙
（七女）林雙珠
（六女）林雙蓮
（五女）林雙修
（四女）林雙鸞
林衡道 p391
（長女）杜淑純
陳明珠
（四子）杜祖信
山本和子
（三子）杜祖健
鄭寵兒
（次子）杜祖誠
（長子）杜祖智
林麗珠
（次女）杜翠玉
（長女）杜翡玉
（次子）杜武哲
（長子）杜武洋

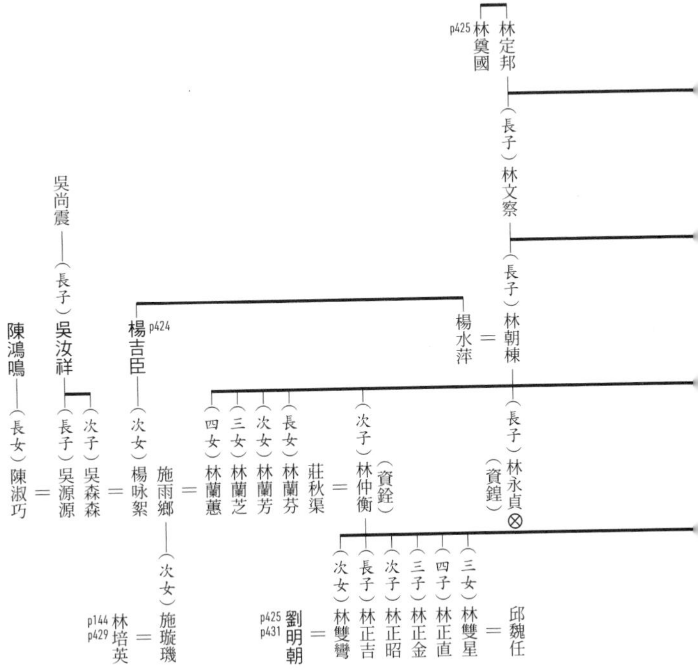
林定邦
p425 林奠國
（長子）林文察
（長子）林朝棟
楊水萍
楊吉臣 p424
吳尚震
（長子）吳汝祥
陳鴻鳴
（長女）陳淑巧
（長子）吳源源
（次子）吳森森
（次女）楊咏絮
施雨鄉
（次女）施璇璣
p144 p429 林培英
（四女）林蘭蕙
（三女）林蘭芝
（次女）林蘭芳
（長女）林蘭芬
莊秋渠
（次子）林仲衡（資銓）
（長子）林永貞（資鍠）⊗
（次女）林雙彎
p425 p431 劉明朝
（長子）林正吉
（次子）林正昭
（三子）林正金
（四子）林正直
（三女）林雙星
邱魏任

林文明家系

- 林奠國
- 林定邦
  - （長子）林文察 p426
  - （三子）林文彩
    - （次子）林波堂
      - （長子）林東星
        - （長子）林正義
    - （長子）林秋北
      - （子）林朝崧
        - （長子）林陳琅
      - （子）林朝鑑
        - （長子）林資基
          - （長子）林查某⊗
          - （次子）林漢鍍
          - （三子）林漢忠
          - （四子）林漢章
          - （五子）林漢瀛
      - （子）林朝斌
        - （長子）林資堃
          - （長子）林金生
          - （次子）林金昆
      - （子）林朝成
        - （子）林資瑞
          - （長子）林宏亮⊗
          - （次子）林宏毅
          - （三子）林宏祥
        - （子）林資烱
          - （長子）林繼聲
        - （次子）林少波
          - （長子）林正凱
          - （次子）林正勝
          - （三子）林物華
          - （四子）林金闊
          - （五子）林鎮山
          - （六子）林正賢

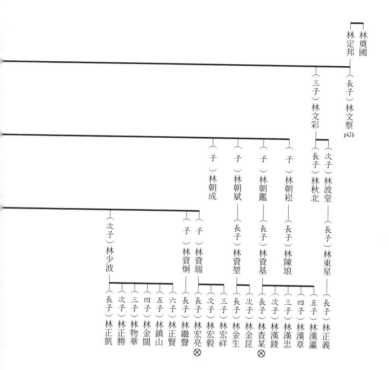

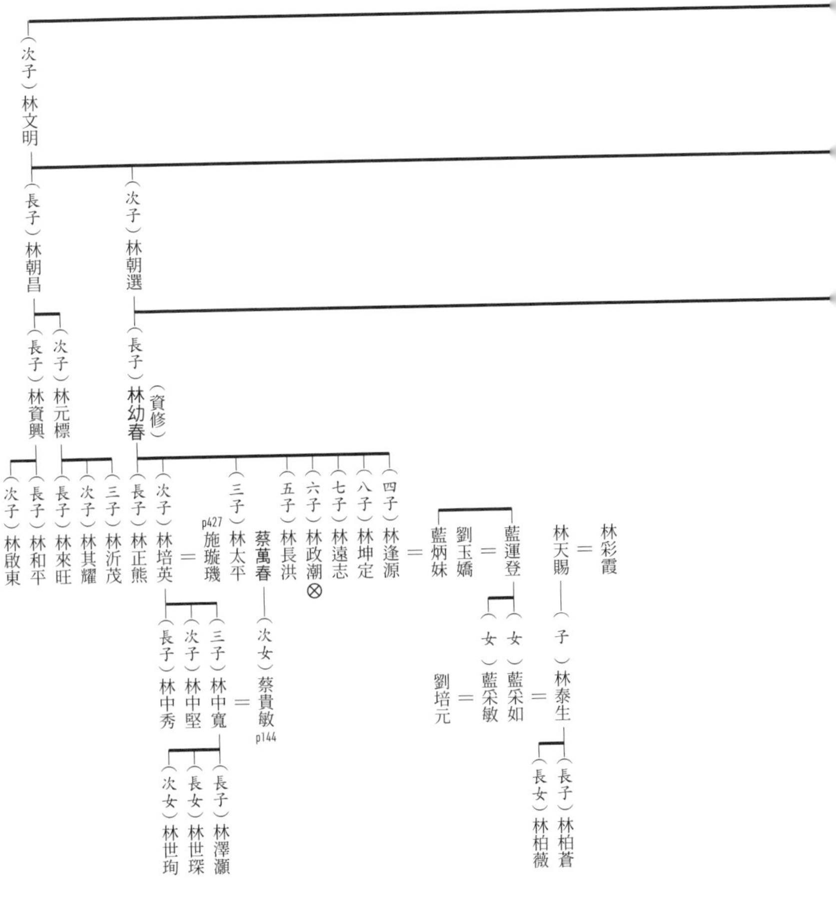
（次子）林文明
（長子）林朝昌
（次子）林朝選
（長子）林資興
（次子）林元標
（長子）林幼春（資修）
（次子）林啟東
（長子）林和平
（長子）林來旺
（次子）林其耀
（三子）林沂茂
（長子）林正熊
（次子）林培英
施璇璣
p427
（三子）林太平
蔡萬春
（五子）林長洪
（六子）林政潮⊗
（七子）林遠志
（八子）林坤定
（四子）林逢源
藍炳妹
劉玉嬌
藍運登
林天賜
林彩霞
（長子）林中秀
（次子）林中堅
（三子）林中寬
（次女）蔡貴敏
p144
劉培元
（女）藍采敏
（女）藍采如
（子）林泰生
（次女）林世珣
（長女）林世琛
（長子）林澤灝
（長女）林柏薇
（長子）林柏蒼

劉明朝家系

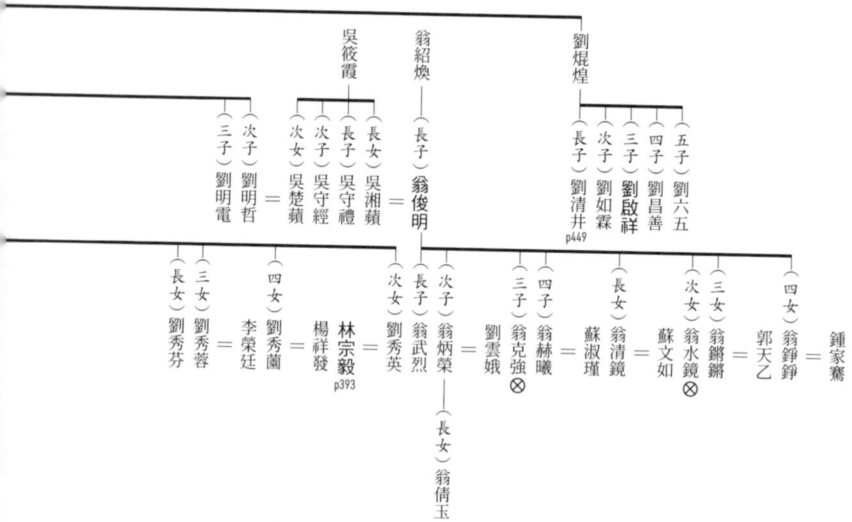
劉焜煌
（長子）劉清井
p449
（次子）劉如霖
（三子）劉啟祥
（四子）劉昌善
（五子）劉六五
翁紹煥
（長子）翁俊明
吳筱霞
（長女）吳湘蘋
（長子）吳守禮
（次子）吳守經
（次女）吳楚蘋
（次子）劉明哲
（三子）劉明電
（四女）翁錚錚
鍾家騫
（三女）翁鏘鏘
郭天乙
（次女）翁水鏡⊗
蘇文如
（長女）翁清鏡
蘇淑瑾
（四子）翁赫曦
（三子）翁克強⊗
劉雲娥
（次子）翁炳榮
（長女）翁倩玉
（長子）翁武烈
（次女）劉秀英
林宗毅
p393
楊祥發
（四女）劉秀蘭
李榮廷
（三女）劉秀蓉
（長女）劉秀芬

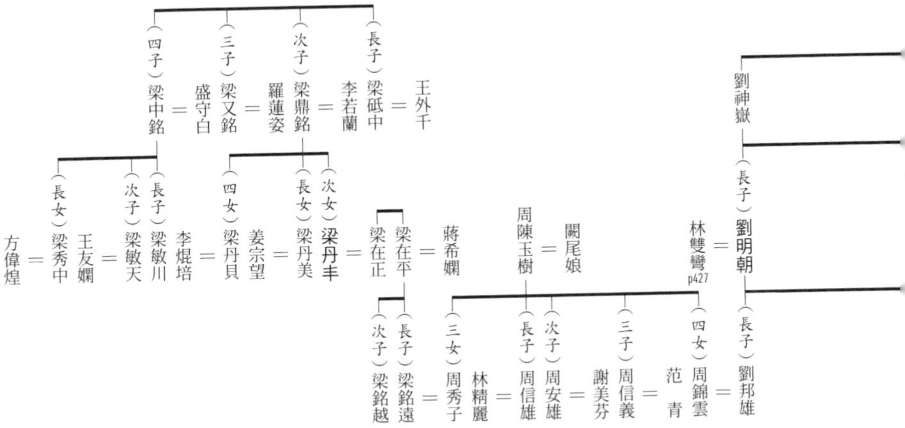
（長子）梁砥中＝王外千
（次子）梁鼎銘＝李若蘭
（三子）梁又銘＝羅蓮姿
（四子）梁中銘＝盛守白
（次女）梁丹丰
（長女）梁丹美＝姜宗望
（四女）梁丹貝＝李焜培
（長子）梁敏川
（次子）梁敏天＝王友嫻
（長女）梁秀中＝方偉煌
梁在平＝蔣希嫻
梁在正
（長子）梁銘遠
（次子）梁銘越
劉神嶽
（長子）劉明朝＝林雙彎
p427
（長子）劉邦雄
（四女）周錦雲＝范　青
（三子）周信義＝謝美芬
（次子）周安雄
周陳玉樹＝闞尾娘
（長子）周信雄＝林精麗
（三女）周秀子

談台灣史或台灣世族，素有所謂「五大家族」或「五大族系」。但更精確的說法應是「日治時代的台灣五大家族」。五大家族走過時代洪流，經驗歷史無情的焠煉，有的依舊屹立不搖，有的卻已埋首沉默。霧峰林家的命運正屬於後者。

約兩百年前，由於一場家變，一位林太太帶著兩個兒子走進土番據地「阿罩霧」，搭草屋而居，相依為命。「阿罩霧」即「霧峰」舊稱，「霧峰林家」就從這樣素樸可憐的故事開始它的歷史起步。

林家富裕的起源，和世界許多種族的起源說一樣，是一則神話；更令人費解，竟出自林家最負盛名的林獻堂之口。據林獻堂寫的家傳指出，上述那位孤苦的林太太的小兒子林甲寅，也就是林獻堂的曾祖父，「一夕，夢社公告之曰：『吾嘉汝孝行而性純樸，吾座下有金十二，將以賜汝，汝其勉力為之』！旦日，赴大里莊，途次有社公祠；入而謁之，果得金，拜受而歸。遂以此營商，往無不利。當是時，阿罩霧尚為土番之地，土厚而腴；然番愚且惰，不能耕，原田膴膴（按，厚肥而大之意）委於草萊。乃購其地而墾之，歲入稍多。」此時，林甲寅的哥哥林瓊瑤已遷往鄰莊「柳樹湳」，所謂「霧峰林家」即指林甲寅子孫繁衍興盛而成。

林甲寅已堪稱阿罩霧的豪農。由於霧峰地處山番與閩南聚落之間，除了恐懼山番出草，也怕泉漳人的分類械鬥，當時的大地主無不自擁武力鄉勇，林家子孫多習武，以統領莊人。林甲寅有定邦、奠國、振祥三子，其中定邦長子林文察開始享有功名。有一天，一位叫林和尚的人擄人勒贖，林定邦為救被擄族人，帶次子林文明去理論，理論不成，反遭圍殺，林定邦父子一死一重傷。林文察為報父仇，拿綁林和尚，剖心肝祭拜亡父，完了便自己去官府自首入獄。不久台灣北部有小刀會黨作亂，林文察戴罪立功，逐步升至福建陸路提督。接著太平天國之亂，閩浙總督左宗棠調派林文察助戰，不幸陣亡。清代台灣人中，除嘉義的王得祿做到太子少保外，就屬林文察的官位最大。

林文察的大兒子林朝棟也做大官。除世襲林文察功勳而得封「騎都尉」，也循例納貲，敘用「兵部郎中」。林朝棟承襲武人家風，練武極勤，傷了一眼，獨眼的臉龐益增勇武氣質。法國人一度攻擊基隆，被林朝棟率領鄉勇擊退，獲得來台灣負責防務的劉銘傳大加讚賞。隔年，劉銘傳巡撫台灣，擢任林朝棟為撫墾局局長，而且得到霧峰林家賴以鉅富的賞賜。林朝棟的五子林瑞騰曾寫家傳說：「劉公喜先考屢著勞績而又急公忘私，嘗謂之曰：『蔭堂！汝知有國，而不知有家；其將何以遺子孫乎！』乃給與『林合』墾契，許其在中部沿山之野及近海浮復地招佃力耕，並許其專賣全臺樟腦以獲利。」樟腦專賣的巨利使霧峰林家財富直追首富板橋林家。

林定邦的弟弟林奠國這一支也出了一位武舉人林文欽，他是林奠國三子，也是林獻堂的父親。林文欽和堂兄林朝棟共同開發「林合」墾契，「北沿大甲溪，南及集集大山，延袤數十里」，也奠定霧峰林家殷富的基礎。

霧峰林家的宅院分「頂厝」和「下厝」，頂下之分係依地勢高低，事實上，「下厝」反為長房，「頂厝」為二房。霧峰林家人多婚姻關係綿密，為清楚說明，姑照「頂厝」、「下厝」拆分敘述。「下厝」即林定邦、林文察父子以下一支。「頂厝」即林奠國以下一支，林獻堂即屬此支。

霧峰林家頂厝以林獻堂為生命重心；整個林家家族成員也以他為馬首是瞻；林獻堂在日治台灣史上又是屬一屬二的重要人物。

縱橫歷史的風雲人物也有他的弱癖。依追隨林獻堂四十年的祕書葉榮鐘描述，他從小有口吃習慣，自我苦練改正，中年時講話一急仍會口吃。這一點性格描繪非常有意思，前彰化銀行董事長羅萬俥曾說：「他老人家經常是聽取人家的意見，而不大發表自己的意見的，這一點說他是虛心，毋寧說他的內剛外柔的性格所使然。所以他的外表，並不是硬蹦蹦的革命家型，而是溫柔敦厚的紳士型。」性格加上家世、地位、財富，林獻堂「成其大」；一群知識青年圍繞著他，奉他為精神領袖，展開一連串溫和的抗日運動。

林獻堂原本是一位舊社會受舊教育的富家子弟，一變而為社會運動領袖，源於一九〇七年，二十六歲那年和梁啟超在日本奈良邂逅。梁啟超告訴林獻堂，中國自顧不暇，三十年內無法幫助台灣同胞爭取平等自由；應效法愛爾蘭對付英國之手段，厚結日本中央政界顯要，牽制台灣總督府。四年後，梁啟超訪問台灣，又對林獻堂說：「不可以文化人終身」，並開一張書單給林，內含一百六十餘冊西洋名著。自此，林獻堂確立走溫和、非暴力的民族運動。

一九一三年，林獻堂和堂兄林紀堂、林烈堂、中部商紳辜顯榮、蔡蓮舫，北部的豪富林熊徵向總督府申請設立「台中中學」，供台灣子弟就讀。總督府同意，但為控制，改為公立。這就是現在台中一中的誕生過程。也是台灣士紳團結一致向日本請願唯一的一次。

一九一四年，林獻堂結交日本明治維新的元老板垣退助，板垣來台演講，希望以台灣人為媒介促進中國和日本親善，日台人應和睦相處。林獻堂乃成立「同化會」，目的在使日本人平等對待台灣人。雖然一個月後，總督府發出「妨害公安」的指控，解散同化會，但林獻堂已為台灣社會的抗日領袖。

一九二〇年，留日菁英林呈祿、蔡惠如成立「新民會」，請林獻堂任會長。和另一留日學生團體「台灣青年會」共同決議，展開請願設置台灣議會的行動。這項行動持續達十四年，共前往東京的日本帝國議會請願十五次，林獻堂也一直是領袖。

一九二一年，蔣渭水成立台灣文化協會，藉講習會啟發民眾的民族精神。文協推舉林獻堂擔任總理。

留美哥倫比亞大學畢業的陳炘歸台，主張糾集台灣人資金，供台灣人用，籌組「大東信託」。一九二六年成立，陳炘任總經理，林獻堂任社長。大東信託於日治後期被迫併入台灣信託，光復後，台灣信託又併入華南銀行。

一九三六年發生「祖國事件」。林獻堂三月遊歷華南，在上海對《申報》記者說到，歸來祖國甚感愉快的話，七月參加台中公園的始政紀念日園遊會時，被日本浪人（流氓）摑了一巴掌。一巴掌深深打中台灣人的民族自尊，林獻堂的「台灣人代表」形象益為明顯。

一九四五年八月十五日日本投降，台灣一度陷入政治真空狀態，十月二十四日，台灣省行政長官公署長官陳儀才到台灣履任。數個月之間，台灣上層士紳富豪紛紛聚首商談因應新局，其中往訪尚滯台未遣回日本的安藤利吉總督及參謀長諫山春樹，討論是否先成立組織維持治安，諫山並有鼓吹台獨的文字。陳儀到任後，隔年春天，即「擬宣布戒嚴令，捕治臺者漢奸」。台籍聞人許丙、林熊祥、辜振甫、簡朗山被捕，前三人並被判刑入獄。長官公署還準備續捕數百人，林獻堂見過安藤、許丙等人，也進了黑名單。

此時，「親戚」發生作用。前清進士、「台灣民主國」副總統丘逢甲之子丘念台是戰後地位崇高的「半山」，他曾在中國擔任中山大學教授，受命擔任抗日第四戰區司令長官張發奎的少將參議，日本投降，被派任監察委員。陳儀續捕林獻堂等商紳一事，丘念台說：「余抵台後，力阻乃罷。」

丘林關係來自丘念台三叔邱樹甲的元配林金盞是林獻堂的堂姊，丘念台隨堂弟叫林獻堂「舅舅」。丘逢甲在兄弟間行二，丘樹甲排行第三，老大丘先甲的孫女丘秀芷是知名作家。

一九四六年八月，為溝通和國民政府中央的感情，表達台灣人心向祖國的情懷，冀求改善對台施政，丘念台籌組「光復致敬團」。陳儀不欲林獻堂參加，因林當過日本貴族院議員，林獻堂執意前往。在此之前五月，丘念台又勸止林獻堂不要競選省議會議長，推讓給黃朝琴。

接二連三與當權派扞格不快，一九四七年又發生二二八，同年九月二十三日林獻堂以治頭眩理由赴日，終其生未再踏上台灣一步。於是林獻堂離台動機備受揣測，他的舊友蔡培火說：「政治上不無寂寞之感。」也有人認為林獻堂是有良知的知識分子，他是懷抱著深沉的失望，選擇了自我放逐。

上自總統，下至當時的財政廳長嚴家淦，都一再敦請林獻堂「共濟國事」，他後來也曾想回台灣，但台灣內部揚起一堆流言流語，說他和在日本搞台獨的人見面，指控他有台獨思想，林獻堂便在異地滯留到一九五六年病逝，結束波瀾壯闊的一生。

戰後初期，林家政治勢力仍有。除林獻堂本人當選參議員，長媳婦曾珠如及林文察孫子林資彬的太太林吳帖還當選第一屆國大代表。一九五一年，林獻堂二伯父林文典一支的孫子林鶴年，出馬競選台中縣長而當選，成了台中紅派始祖。紅派當今人物以前立法院長劉松藩為代表。由於和黑派激烈惡鬥，林鶴年分任一、三、五屆台中縣長。

霧峰林家在政壇迅速退潮，與壽命不無關係。主系的林獻堂這一房中，三位兒子沒有人參與政治。而承接林家主要事業「彰化商銀」的次子林猶龍於一九五五年病逝，甚至比老父還早走一步。三子林雲龍一九五八年接任彰銀常董，又不幸於隔年去世。

獨留長子林攀龍。林攀龍原是書生根底。一九二五年自東京帝大法科畢業，醉心西洋哲學，懇求父母允許資助他前往歐洲留學，林獻堂恐怕獨善林攀龍對其他子女不公平，林攀龍很有決意，願意放棄財產繼承權，才得前往倫敦，進牛津大學攻讀文學、哲學與宗教。家族到此關頭，林攀龍為延續香火，為林家子孫留一點事業，毅然拋棄文化人身分，投入企業界。一九六一年，政府開放保險業，林攀龍獲准成立「明台產物保險公司」。

早年設紡織廠、水泥廠、開辦保險公司，都得經過政府同意。搶搭保險列車的人所在多有，霧峰林家能獲准成立「明台」，咸信與林獻堂救過前總統嚴家淦一命有關。一九四七年二月二十八日下午三點鐘，台中市彰化銀行總行會議廳召開創立股東大會，財政處長嚴家淦蒞臨監督，主席林獻堂宣布彰銀正式成立。隔天三月一日上午九點鐘，舉行成立典禮，嚴家淦到場致祝辭，儀式匆匆結束。因為二二八事件已快速蔓延台灣西岸各城市。彰銀旁的台中戲院正有市民集會，集會結束，亢奮激怒的民眾三五成群跑到市街上。林獻堂保護嚴家淦回霧峰大宅。此時，民眾聞風追來，包圍林宅叫囂：「把人交出來！」林獻堂一個人走出來，站在門口說：「沒有。」民眾群情激昂，嚷著要火燒林宅，林獻堂說：「你們燒好了！」民眾才悻悻離去。嚴家淦如此躲過二二八之劫。

林獻堂對嚴家淦另有美言之恩。二二八發生後，國防部長白崇禧奉派來台宣撫，召見林獻堂請教改組省府人事。白崇禧問陳儀可否續任省主席，林獻堂避答，只說報載可能由朱紹良或李良榮接任，此等人，台民必歡迎。白崇禧又問，長官公署內有賢能首長？林獻堂答財政、交通兩處長，但交通處長到任不久，人格不明。林獻堂言下之意，全公署只賞識嚴家淦一人。

不論林獻堂的美言對嚴家淦仕途有無影響，嚴家淦必然點滴於心，一九五六年林獻堂告別式，嚴家淦從頭坐到結束。一九六一年明台產物保險獲准成立，當時的財政部長正是嚴家淦，主管保險業務。

戰後初期，林獻堂第二代多有受到關注。像長子林攀龍曾有機會出任建國中學及台中一中校長，只是予以婉拒，一心想辦私立中學，讓私校發達，他說：「私立學校是民主精神的尺度。」

林獻堂獨生女林關關嫁前台大醫院院長高天成，一來高天成的醫生事業與林家主流事業相距太遠，二來高天成也於一九六四年死於肺心症，膝下無子女，能助益林家事業繁榮之處有限。

（參閱第十八章）

林家頂厝發展至今，林獻堂創立的彰化銀行，只剩一席董事，由堂侄孫林存中（林澄堂的長孫）擔任。依一九九八年的資料，原省三商銀之一的第一商銀，前十名大股東，林存中是唯一的個人股東，且排名第八。他的親叔叔林垂訓則排名第十一大股東。林獻堂的長孫林博正另有明台產物保險，其餘族內後人也有經營飯店、畫廊，富貴仍勝平凡人家，只是與半世紀以前的林家，其地位、其財富、其權勢，均已不能同日而語。

霧峰林家幾乎與中部地區的望族多有結親。頂厝裡，「堂」字輩最富裕的林烈堂，長子林垂拱和台泥前董事長林柏壽是連襟，都娶進士陳望曾的女兒。林垂拱的長女又嫁雲林閩人廖文毅的兄弟。廖文毅從事海外台獨運動，曾自命為「台灣共和國臨時政府」大統領，後來被國民黨策反返台。（參閱第十九章）

林烈堂的三子垂芳娶台南基督教名門劉家之女，而與台籍前經濟部次長楊基銓為連襟。（參閱第十九章）

林烈堂的長女嫁張煥珪，張在戰後曾任台中市長。他的兒子張耀錡曾著《平埔族社名對照表》，是研究平埔族基礎的參考書，現任私立台中新民工商董事長、台泥董事。

林烈堂次女則嫁前彰銀董事長、立委羅萬俥，在此之前，羅萬俥已娶過基隆豪族顏家之女。（參閱第二十章）

林烈堂的弟弟林澄堂則娶生員（秀才）吳鸞旂之女。吳鸞旂在日治初期，日本政府對富豪仕紳饗以縣廳「參事」時，曾獲用為台中縣參事，他也是中部數一數二的大富豪。

台灣上層的富貴聯姻，自清代即很明顯。吳鸞旂和林家之外，林家也和新竹進士第鄭家有多重聯姻關係。林澄堂次子林垂訓即娶鄭肇基之女，鄭肇基之子、前新竹市長鄭鴻源又娶彰化梧棲街長楊子培之女，如此一來，鄭鴻源和林獻堂的三子林雲龍成了連襟。（參閱第五章）

以上婚姻均完成於戰前日治時期，戰後則有林獻堂的孫女嫁第二屆台中縣長陳水潭的長子陳曉堂。陳曉堂現任明台產物保險公司總經理，董事長即其大舅子林博正。（參閱第二十五章）

霧峰林家下厝的主軸人物在林朝棟。當馬關條約一簽，台灣割日，「台灣民主國」一哄而散時，全台各地有「義勇軍」誓死保衛鄉土；但又不敵日軍，林朝棟眼見大勢難轉，舉家內渡逃到中國，最後死於客地。他的三子林祖密隨母親回台，又遇一九一五年台南玉井的西來庵事件。林祖密被日本政府懷疑資助領頭的余清芳，於是傾售土地，再去福建。林祖密不夠謹慎，大言支持國民革命軍，不幸遭軍閥孫傳芳的部眾暗殺。

林朝棟娶彰化街長楊吉臣的姊妹。楊吉臣曾任總督府評議員，及另一位雲林斗六地方出身的府評議員陳鴻鳴，兩人的女兒都嫁做吳汝祥的兒媳。吳汝祥生於福建泉州，父親吳尚震是前清進士，吳汝祥渡台定居彰化市，曾任台中廳參事，由於殷富，曾設立彰化銀行，任「頭取」（董事長）。

林朝棟長子和四子早逝，留居霧峰只剩次子林仲衡和五子林瑞騰。和基隆顏家頗為相似，林仲衡也有兩位出類拔萃的女婿，長女婿杜聰明是台灣第一位醫學博士，次女婿劉明朝是日治時期任台灣總督府行政職位最高者。國民政府來台以後，杜聰明又擔任過省府委員、台大醫學院院長、高雄醫學院院長等職。劉明朝則一直當立委。

杜聰明出身滬尾（淡水）農家子弟，以學科考試第一名考進台灣總督府醫學校。在醫學校時正值中國清末革命頻傳，杜聰明曾說，台灣青年漢民族的意識很濃烈，「每朝起床就閱讀報紙，看中國革命如何進展，歡喜革命成功。」民國初年，袁世凱稱帝，杜聰明和同學蔣渭水、翁俊明等人憤慨至極。報紙剛好報導中國每年有霍亂病流行，由食物媒介傳染。幾個人談得起勁，就決定把霍亂菌投進北京蓄水池，毒死袁世凱。

杜聰明被推舉為行動的「殺手」。為此，他開始讀細菌學，還特地去總督府細菌研究室學做培養器。杜聰明和翁俊明兩人終於啟程，途經日本神戶，到了北京，赫然發現當地狀況與台北想像的完全不同。台北的新店溪水源地採開放式，北京水源地不開放，而且警備森嚴，無法投進細菌。停留北京數天之間，他發現有人跟蹤，就乘火車南下上海，再搭大阪商船回台灣。

雖然有濃厚的祖國情懷，但是杜聰明也在台北帝大擔任醫學部藥理學講座，接受日本「高等官」官銜和勳章；每年六月十七日日本治台「始政紀念日」及十一月三日大正天皇生日的「天長節」，杜聰明也都受邀出席總督官邸的園遊會。這是殖民地菁英難為之處；他們的邏輯無法單純成「有祖國意識→抗日意識→與日本政府誓不兩立→不出仕或武力對抗」。

杜聰明為娶霧峰豪族名媛林雙隨，有一段四年長跑。林雙隨是早期小留學生。霧峰林家開風氣之先，送家中子女赴日，一九〇七年，林雙隨七歲，在東京富士見小學校幼稚園入學。每隔幾年的某一個暑假，林家子弟才歸台省親。依當年「小留學生省親團」帶隊隊長蔡培火說，返回基隆，在船上必須生活三天，同船台灣留學生「每次總在百名以上，甚至有數百人之多。年輕人不堪寂寞，每次在航海中都有懇親同樂會」。一九一八年，懇親會正在瀨戶內海上的亞米利加丸上舉行，林雙隨出來唱歌，杜聰明「看見很活潑的一位林家小姐，嗣後託親友蔡培火求婚」。

好事多磨，林雙隨之父林仲衡，始終不點頭，一來杜聰明和林雙隨相差八歲，二來杜聰明家世與林家不能平比。蔡培火說：「這個親事雖經杜先生千方百計，請了很多名人代為求准，林老太爺總是搖頭不准，一直拖延到四年多之久」，最後請出林獻堂苦勸了林仲衡才成功。古人說「富易妻」，自有道理，杜聰明家無恆產，所憑只是學問和學位。等一九二二年，眾人已知杜聰明即將獲京都帝大醫學博士時，他的身價已較四年前好很多，於是，拿到博士的前半年，他終於和林雙隨結婚了。杜聰明能娶霧峰林家千金，證明中國社會唯有「學位」具有瞬間的階層穿透力。否則即使精誠所至，金石也難開。

杜林聯姻另一催促因素是林雙隨的妹妹林雙彎已許配給台南柳營望族劉神嶽之子劉明朝。古早的時代，不容弟先兄、妹先姊而娶嫁。

劉明朝是跨日治和國民政府兩代的政治名人。前立委、現在監察委員康寧祥曾說，他從小就耳聞劉明朝的大名，知道他是日治時期台灣人行政官做最大的一位，一直到一九七二年當立委，劉明朝經常去立法院圖書館看外文報紙，他才得見這位台籍聞人。

劉明朝的家世和數十年前絕大部分台灣知識菁英一樣，家為豪農地主，父親是讀漢書、有科名的「生員」，本身受日本現代高等教育。劉明朝畢業自東京帝大政治科，一九二四年開始任公職，歷任總督府專賣局翻譯官、新竹州勸業課長、總督府殖產局水產課長、山林課長和高雄稅關長，一九四二年辭職轉任台灣產業組合聯合會理事。戰後，參與過參議員、國大代表、立法委員的選戰，無役不勝。另擔任過台灣省合作金庫總經理。

霧峰林家下厝一支，子弟的姻圈並不特出，倒是兩位女婿同時和板橋林家結秦晉之好。其中有杜聰明的長女杜淑純嫁林熊祥長子林衡道。父母追在風氣之先，子女往往也能走在潮流的浪頭，杜淑純小時讀的樺山小學校、台北第一高女，都是日本人子弟才能就讀，但因父母身分特殊得受禮遇。杜淑純最後自台北帝大文政學部英文科畢業，是台北帝大第一位女性畢業生。之後再留美取得猶他州立大學文學士。林衡道生前不諱言，他與太太分居二十餘年，最後仍選擇離婚。他們的長女林蕙瑛則是婚姻諮詢的專家，長時間於《自由時報》開闢專欄，解答婚姻與愛情的種種疑難雜症。

劉明朝的姻親網則「株連甚廣」。劉明朝次女劉秀英嫁板橋林家林祖壽之子林宗毅，林宗毅的長子林誠道又娶前內政部長、考試院副院長林金生的獨生女林愛玲。（參閱第二十二章）

劉明朝的獨子劉邦雄為周陳玉樹的女婿，娶周陳玉樹四女周錦雲。從周陳玉樹這位親家延伸到一個藝術家族。周陳玉樹的三女周秀子嫁給古箏名家梁在平的兒子梁銘遠。梁在平是古箏的作曲家和演奏家，演奏的唱片數十張，足跡遍布世界，曾任中華國樂會理事長。梁在平另一兒子梁銘越克紹箕裘，是美國加州大學作曲博士，曾和父親合開古琴演奏會。

梁在平的弟媳婦梁丹丰知名度更普遍，專攻水彩畫。梁丹丰的特色是一位女畫家隻身環遊世界各地，在最寒冷的北極圈、最酷熱的約旦沙漠，都留下寫生的身影。「同行相親」，梁丹丰的妹夫李焜培也在台灣水彩畫界享有盛名。梁丹丰從事繪畫純然家學。她的父親梁鼎銘習國畫，再傳授給兩位弟弟梁又銘和梁中銘。一九二四年，梁氏兄弟組織天化藝術會，有名於時。隨後中國大陸軍閥內戰及抗日戰爭，梁氏兄弟自此與國民黨軍中宣傳脫不了關係。

梁又銘一九二六年便擔任黃埔軍校《革命畫報》主編，到台灣以後，又兼任過政工幹校藝術系系主任。梁中銘在抗戰期間，主持唯一一份軍中藝術宣傳刊物《陣中畫報》，擔任軍事委員會政訓處宣傳委員。又銘、中銘兄弟畫過許許多多巨幅戰史油畫、蔣介石畫像，藏於三軍各史館。人說藝術服務政治，梁家兄弟可為箇中代表。

梁鼎銘的長女婿姜宗望承襲梁家的地盤，在心戰部負責設計傳單，之後在政戰學校擔任教授。

回到劉明朝本身的親戚，也出了一位「台灣前輩畫家」劉啟祥，劉啟祥是劉明朝的伯父劉焜煌之子，卻足足小劉明朝十五歲。劉啟祥畢業自日本文化學院美術科，為了研究西畫到歐洲各國訪遊美術館，研究大師級現代畫家的作品。後來美術史並不歸納他為「留日派」畫家，均稱他留學法國習美術。證諸終戰前後，留日派第一代畫家的陳澄波、楊三郎、李石樵、廖繼春、李梅樹，他們組織的台陽美協，劉啟祥都未參與。不過，劉啟祥的舊作仍歸類為「前輩畫家」，在藝術市場售價不低。

劉啟祥的哥哥劉清井是少數日治時期的醫學博士，而且出身東京帝大醫學部，只晚第一位醫學博士杜聰明七年。歸台後在台南市開設清井內科醫院，歷任台南市協議會員及市會議員。戰後初期在台灣省行政長官公署民政處衛生局當副局長兼省立台南醫院院長。

劉清井與陳彩龍醫學博士有雙重親。兩人既是連襟，劉女又嫁陳子陳端堂。陳端堂曾任台中市長，即現任台中市長張溫鷹的公公。陳彩龍弟弟的兒子又娶林獻堂的孫女，關係線又繞回霧峰林家。（參閱第二十五章）

由劉明朝的親兄弟，也延伸姻親線到達戰前的國民黨台灣省黨部主委翁俊明；劉明朝的弟弟和翁俊明是連襟。翁俊明為台南醫生，學生時代曾與同學杜聰明有毒死袁世凱之舉，已如前述。翁俊明一九一五年元旦結婚，娶台南詩人吳筱霞之女，開台灣人採新式婚禮風氣之先，那個婚禮的「司禮員」為連戰的祖父連雅堂，以台語傳唱。

若非翁俊明早逝，以他在戰前一九四二年即任國民黨台灣省黨部主委，日治時期又多在大陸行醫，國民政府來台後，應有相當的政治地位及職位。

前副總統謝東閔與翁俊明的弟弟均安為中學好友，謝東閔又曾投在其省黨部旗下，謝東閔曾說：「他不是領袖型人物，而是平民型工作夥伴。平易近人。可是他的愛國精神十分突出。」

翁俊明的三女婿郭天乙，一九四八年第一屆立法委員選舉時，台籍立委共選出八位，郭天乙為其中一位。郭天乙即俗稱的「半山」，原籍新竹縣，竹中畢業後，先入日本早稻田大學，再赴南京就讀中央大學政治系，一度任職於中國外交部。翁俊明於福建漳州掌台灣省黨部時，郭天乙曾為黨部執行委員。

翁俊明的孫女翁倩玉為旅日知名歌星，一九八四年，中視為她辦過「翁倩玉演唱會」，那時的中視董事長楚崧秋與她的父親翁炳榮是「知友」。

下厝中，還有一位政壇姻親——前立法院長劉闊才。林朝棟的弟弟林朝雍的獨子林根生和劉闊才是連襟，兩人的太太是翁瑞春醫生的女兒。（參閱第十六章）和林根生同輩的堂兄林幼春則是國泰人壽集團創辦人蔡萬春的親家尊翁；林幼春次子林培英的三子林中寬是蔡萬春的二女婿，林中寬娶了蔡貴敏。林家這一支的經濟地位已依附蔡家，從林中寬夫婦早先設立「競泰」公司，就嗅得出味道。蔡家則是從中提升了它的家格。（參閱第六章）

第二十五章

張溫鷹、詹啟賢與台中陳家

台中黑派、陳水潭、林之助、林芳郁、林靜芸、林恆生

台中陳家家系

林維修——（六子）林全福

林獻堂——（次子）林猶龍

林全福——（三子）林之助、（女）林雪霞

林猶龍——（長子）林博正、（次女）林晴美 p424

（次子）陳水潭＝林雪霞

陳水潭——（長子）陳曉堂、（次子）陳曉庭、（三子）陳曉松、（長女）陳淑惠

陳曉堂＝林晴美

陳淑惠＝林秋江

林秋江——（長女）林靜芸、（長子）林愷碩、（次子）林于昉

林靜芸＝林芳郁

林芳郁——（長女）林之均、（長子）林之晨

陳守山——（三女）陳安琪 p118

陳安琪＝林于昉

林于昉——（次女）林堇、（長女）林芝

（長子）詹國、（次子）詹位

詹位＝陳愛珠

詹位——（四子）詹啟源、（五子）詹啟造、（七子）詹啟賢

（長女）陳愛珠、（次女）陳雙珠、（三女）陳綠珠、（六子）陳端祥、（五子）陳端五、（三子）陳端正

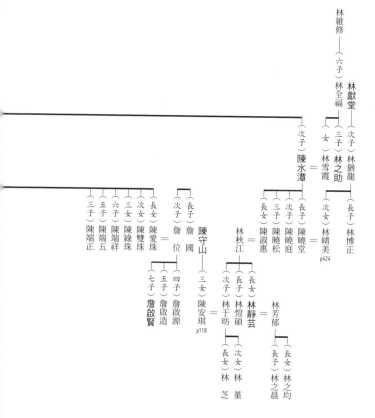

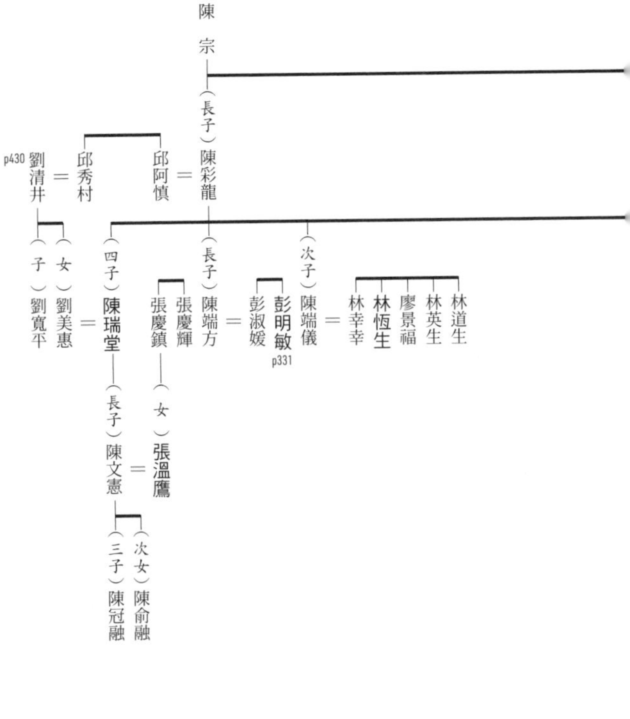
陳宗
（長子）陳彩龍
邱阿慎
邱秀村
p430 劉清井
（女）劉美惠
（子）劉寬平
（四子）陳瑞堂
張慶輝
張慶鎮
（長子）陳端方
彭明敏
p331
彭淑媛
（次子）陳端儀
林道生
林英生
廖景福
林恆生
林幸幸
（長子）陳文憲
（女）張溫鷹
（次女）陳俞融
（三子）陳冠融

現任行政院衛生署長詹啟賢和台中市長張溫鷹有親戚關係，兩人在地緣上的牽連，並沒有脫出中部地區，關係的軸心繫於台中陳家。

陳家是陳彩龍及陳水潭兩兄弟，在日治時期以醫學博士的知識菁英背景立足崛起。陳家後代現在落籍台中，但實際上，陳彩龍兄弟原出生於今天南投縣名間鄉一個叫「赤水」的窮鄉僻壤。在那裡，年輕的寡母幫人做工，守著兩個兒子。

那個年代，日本政府鼓勵台灣人送子弟入公學校讀書，但鄉下人口耳相傳，認為日本人不懷善意，念日本書以後，會被捉去當兵。南投鄉下有錢的豪農士紳，趕緊把小孩送去念漢塾，窮人家子弟，如陳彩龍兄弟，就只得認命，乖乖去上公學校，滿足日本政府的「幼童就學率」。

守寡的陳母很難過，卻也莫可奈何。小孩不能去幫人放牛賺錢，母親只好更拚命做工。兩兄弟自己撿乾樹葉當柴火，在學校煮飯，就只是蘿蔔乾及一小把米和著煮。有時，上課鈴響，飯還沒煮好，午餐就有被公雞「捷足先登」的危險。

陳家母子三人住破陋的土角厝，床底下養的母豬是全家最大的資產。有一天，母豬偷吃別人家的蕃薯葉，竟被活活打死，母子三人圍著母豬痛哭流涕，那一幕，陳家兄弟畢生難忘。貧苦相依的童年，是陳家兄弟向上奮鬥的力量泉源，也是日後兄弟扶持互助的感情基礎。

哥哥陳彩龍考上總督府台北醫專，畢業後返回南投，在竹山開「方來」診所，懸壺十八年。為求深造，曾遠渡日本入東京帝大及三井泉橋病院做臨床研究，再進慶應大學醫學部，四十七歲得博士學位。這個期間，弟弟陳水潭已從師範學校畢業，從事教職，並給予哥哥經濟上的支援。陳彩龍返國後，在台中開立「穎川醫院」之後，反過來資助弟弟考讀台北醫專，進而赴日本再深造。陳家第一代手足情深，由此可見。

醫生自日治到終戰後初期，都是進階上流社會的最佳職業。陳家兄弟取得社經的優勢，戰後開始向政治權力的領域拓植。在台中縣豐原開業的陳水潭先當選臨時省議員，一九五一年再競選首屆台中縣長。當第一輪投票時，陳水潭在五位候選人裡，以七萬多票遙遙領先，居次位的霧峰林鶴年只有四萬多票。因沒人得票過半，依法必須舉行第二輪投票。林鶴年連橫其他人而反敗為勝。林鶴年曾回憶說，雙方人馬，「戰得天昏地暗」，仇深導致兩人不相往來、不通商、也不通婚。

由於當年，陳水潭的宣傳海報以黑色、藍色印製，林鶴年的則一律紅色，因而有數十年來所謂「黑派」及「紅派」在中縣的派系對壘。紅派的知名要角有前省議長蔡鴻文、前立法院長劉松藩及現任監察院副院長陳孟鈴。黑派則有現任省黨部主委陳庚金。陳水潭則被奉為黑派始祖。因兩派有輪流執政的默契約定，陳水潭當選第二屆縣長，不幸於一九五六年積勞致疾，死於任上。但陳家的政治生命未因此中挫。一九五四年，陳彩龍以省立台中醫院院長身分當選第三屆臨時省議員；陳水潭的太太陳林雪霞接棒，連任過第一到四屆省議員，一九七二年卸任；陳林雪霞的夫侄、陳彩龍的四子陳端堂於同年底打敗何春木，當選台中市長。同年選出的縣市長有吳伯雄、高育仁、陳孟鈴、張麗堂、陳正雄等，全不到四十歲，陳端堂能以五十二歲入主台中市府，更見陳家內藏的韌勁實力。

一九七七年底，陳端堂面對無黨籍曾文坡的挑戰，選戰激烈，雖同為十一萬票，陳端堂以一千零四十二票之差飲恨，陳家至此，在政壇嘎然沉默。近二十年之後，陳端堂的媳婦張溫鷹，雖然黨派旗幟已換舉民進黨，但再度掌市政大印，仍意謂著延續了陳家政治生命，再掀另一波高潮。

陳家構築的親戚網，陳水潭的堂弟陳慶華，娶清水名門楊肇嘉的妹妹。楊家是富族貴戶聯姻的交織重地，單楊肇嘉，就有女婿蔡萬才為富邦集團創辦人，又有弟妹娶嫁霧峰林家的子孫。（參閱第六章）

陳慶華原畢業於台北師範學校，赴日讀早稻田大學法科，即受到陳彩龍兄弟的資助。國民政府遷台前，一九四七年底有一場監委選舉，由各省市參議會參議員投票產生。台灣省選出五名，陳慶華名列第一。資深監委沒有任期問題，陳慶華一直久任至一九六八年病逝為止。楊肇嘉在戰後初期，德高望重，在省垣間權傾一時，外省高層凡遇台籍人事，對他多有徵詢；再加上陳水潭家族的助勢，陳慶華的出線，變得頗為理所當然。

陳家第一代除陳慶華之外，知名姻親還有出身南縣柳營豪族劉家的劉清井醫學博士，他娶陳彩龍太太的妹妹。後來，親上加親，陳彩龍之子陳端堂又娶姨丈劉清井之女。（參閱第二十四章）

劉清井出身的柳營劉家，於日治時期繁盛一時，主因其堂兄劉明朝在具種族歧視的日本官場，晉升至高等官員，以行政官銜最高的台灣人聞名全省。劉清井本人也熱心公眾事務，曾當選台南州會議員（台南州範圍包括今天的嘉義、雲林各地）。戰後初期，行政長官公署的時代，劉清井任過民政處衛生局副局長兼省立台南醫院院長；在最高醫療衛生行政的體系中升格到省衛生處的時代，劉清井曾任副處長，其職責猶如現今的衛生署副署長。

陳彩龍及劉清井兩人的太太姓邱，曾有媒體報導衛生署長詹啟賢的外婆，即陳彩龍之妻，系出丘逢甲家族，事實上，台中的丘及邱姓雖同源同宗，但陳劉兩位連襟的太太，並非丘逢甲本系子孫。

不過，邱家仍屬望族。陳彩龍之妻邱阿慎畢業於台北第三高女，曾任第一、二屆台中市議員。她的堂弟邱欽洲於一九六〇年當選過一屆台中市長。換言之，陳彩龍的姻圈底下，先後有邱欽洲、兒子陳端堂及孫媳張溫鷹三人，出掌過台中市長。

陳家第一代姻圈內，還出兩位鼎鼎有名的臺灣前輩畫家，一位是劉清井的弟弟劉啟祥，一位是陳水潭的妻弟林之助。凡藝術專業的出版社，出版台灣前輩畫家系列，都會有專冊介紹劉啟祥。林之助則與陳進、林玉山等名畫家一樣，擅長膠彩畫。膠彩畫在戰後被外省籍人士指為「日本畫」，東洋味太重，而遭貶抑，林之助無法在學校正式教授膠彩畫。林之助雖受聘於台中師範，主要卻是教色彩學等一般課程。近年來，膠彩畫才得到該有的尊重，林之助也才以八十一歲高齡，在省美館舉辦生平第一次個展。

藝術是溫飽而後知的範疇，過去台灣普遍赤貧，台籍前輩畫家大多數來自望族、富紳之家。林之助就有這樣的家庭背景。祖父林維修讀漢書，是前清秀才，有田產百甲。父親林全福曾任台中神岡庄長，遷居大雅，買下雕樑畫棟的閩南式三合院，桃園小人國園區中即有以林家宅院按比例縮小的模型。

陳家第二代衍生的姻圈，則有陳水潭老縣長膝下的獨生女嫁知名外科醫生林秋江。看七十八歲的開業老醫生，利用看診閒暇，敲電腦，寫日文文章，令人第一印象深刻。教人嘖嘖稱奇的，不只是林秋江的文章還有英文、法文版，他的第一本文集《拿聽診器的哲學家》，文筆清暢優美，兼具理性與感性，渾然不似受日本教育的老輩台籍紳士。不過，他聽古典音樂，每天畫畫，收藏畫作，研究植物學和天文學，全身散發人文氣息，則又是那一代台灣知識菁英的典型。

林秋江的獨生女林靜芸更是當今炙熱的整型外科名醫，名字人影時常躍登媒體報章。她還有一項歷史身分，是台灣第一位外科女醫生。父親及外祖父均以外科見長，這項身分其來有自。林靜芸的先生林芳郁，現任台大醫院急診室主任，是國內心臟外科的權威。

林秋江的兩個兒子也都是醫生。幼子林于昉原讀工科，最後仍步入杏林，是日本的齒科博士。林于昉的太太是政壇知名的漂亮姊妹花之一，幾位姊妹都嫁入豪門。林太太的父親是鼎鼎大名的台籍首位將領、前警總司令陳守山。陳守山的長女陳安瀾則嫁前華南銀行董事長許敏惠之子，陳安瀾現掛名許家事業「永昌證券」的董事長。

陳守山的次女嫁曹昌祺，曹母為國泰人壽創辦人蔡萬春的妹妹。五女嫁台塑王永在之子。林于昉的太太排行第三。（參閱第四章）

陳水潭的長子陳曉堂現任明台產物保險公司總經理。明台產險屬中部的老世家霧峰林家所有，抗日運動的領袖林獻堂的長孫林博正為現任董事長。陳曉堂即娶林博正的姊妹。陳家擁有明台產險的股份，與林家已不相上下。（參閱第二十四章）

陳家與霧峰林家的關係還有陳彩龍的五子、六子都娶了霧峰林家的小姐。陳彩龍的三子陳端儀也娶林家小姐，但此林非彼林，陳端儀太太林幸幸是前雲林縣長林恒生的姊姊。林恒生最初為省籍大老林金生任雲林縣長時的機要祕書，後來成為雲林兩大派系之一的林派首腦。另一派系「許派」掌門人為現任國策顧問許文志，前縣長廖泉裕的「廖派」由許派分裂出來。

林恒生出身雲林西螺的望族，三位哥哥道生、英生及廖景福（其姑丈收養），都是醫生。

陳彩龍的六個兒子，前四子均為醫生，長子陳端方尤其頭角崢嶸。戰後初期，台大醫院、省立台中醫院及省立台南醫院，素稱三大醫院，陳端方曾任台南醫院副院長，是一位醫學博士。陳端方娶反對運動名人彭明敏的姊姊彭淑媛，這樁婚姻都是兩人的二度婚姻。陳家的親戚說，陳父及彭父彭清靠本來就是好友，兩人曾被父親指腹為婚，而且青梅竹馬，但成人留學日本後，各自婚嫁。沒想到，兩人經喪偶之痛後，仍然走回指腹為婚的路，至今也已十餘年。

陳彩龍有三個女兒，長女陳愛珠是齒科醫生，活躍政壇裡的婦女界，當選過彰化縣議員，任過省婦女會理事二、三十年。陳愛珠即詹啟賢的媽媽。

詹啟賢的祖父是彰化員林的地主，他的大伯父詹國於一九四八年當選過員林鎮代表會主席，當時彰化縣仍隸屬台中縣。父親詹位則是醫生，在彰化員林開設「保壽醫院」。詹啟賢的哥哥詹啟造，師大畢業，返鄉任教，當選過十大傑出青年。一九七二年起當過兩任員林鎮長，隸屬「紅派」，一度被拱出來參選省議員，但太太不允，遷居美國。

另一位哥哥詹啟源在舅舅陳端堂的台中市長任內，被派為工務局長，之後進內政部當參事到退休。

詹啟賢由民間的奇美醫院院長，跳躍過官僚體系的層層爬升，被連戰內閣拔擢當上衛生署署長，誠然是一個地方政治家族的異數，也是一種家族地位的陡升。

詹啟賢和張溫鷹之間的關係，雖然幾年前，才因張溫鷹嫁給他的表哥而有姻誼。實際上，張家與陳家老早是遠親，所以，張溫鷹和先生、以及詹啟賢，從小就玩在一起。

張溫鷹的父親張慶鎮一直是台中張啟仲「張派」的支持者。張派兩大事業，台中七信和台中客運，張溫鷹的大伯父張慶輝還是董事長。有家族事業支撐，加上有跨黨的張派淵源，所以，當張溫鷹出馬競選台中市長時，國民黨雖仍推出洪昭男，但似乎已注定要敗給民進黨的張溫鷹。

第二十六章

蔣介石家族

孫文、孫科、宋慶齡、孔祥熙、宋美齡、蔣經國、蔣孝嚴、蔣萬安

宋美齡家系

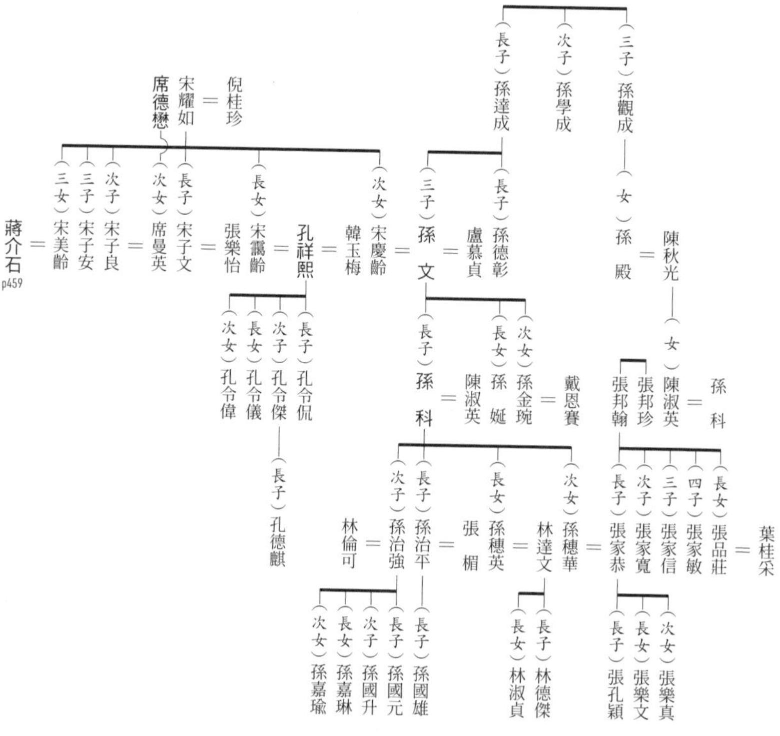

（長子）孫達成
（次子）孫學成
（三子）孫觀成
（長子）孫德彰
盧慕貞
（三子）孫文
（女）孫殿
陳秋光
（女）陳淑英
孫科
倪桂珍
宋耀如
席德懋
（次女）宋慶齡
韓玉梅
（長女）宋靄齡
孔祥熙
張樂怡
（長子）宋子文
（次女）席曼英
（次子）宋子良
（三子）宋子安
（三女）宋美齡
蔣介石
p459
（長子）孔令侃
（次子）孔令傑
（長女）孔令儀
（次女）孔令偉
（長子）孔德麒
（次女）孫金琬
戴恩賽
（長女）孫娫
（長子）孫科
陳淑英
張邦翰
張邦珍
（次女）孫穗華
林達文
（長女）孫穗英
張楣
（長子）孫治平
（次子）孫治強
林倫可
（長女）張品莊
葉桂栥
（四子）張家敏
（三子）張家信
（次子）張家寬
（長子）張家恭
（長子）孫國雄
（長子）孫國元
（次子）孫國升
（長女）孫嘉琳
（次女）孫嘉瑜
（長子）林德傑
（長女）林淑貞
（次女）張樂真
（長女）張樂文
（長子）張孔穎

蔣介石家系

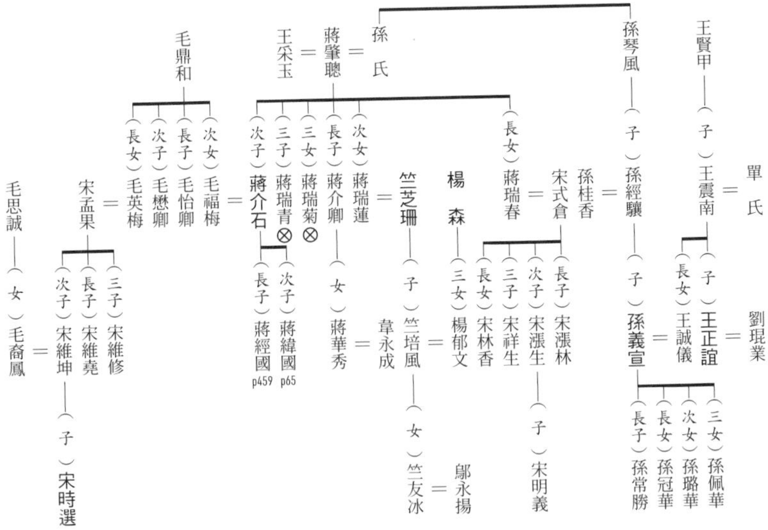
孫氏
蔣肇聰
王采玉
孫琴風
王賢甲
毛鼎和
（長女）毛英梅
（次子）毛懋卿
（長子）毛怡卿
（次女）毛福梅
（次子）蔣介石
（三子）蔣瑞青⊗
（三女）蔣瑞菊⊗
（長子）蔣介卿
（次女）蔣瑞蓮
竺芝珊
楊森
（長女）蔣瑞春
宋式倉
孫桂香
（子）孫經驥
（子）王震南
單氏
宋孟果
毛思誠
（三子）宋維修
（長子）宋維堯
（次子）宋維坤
（子）宋時選
（女）毛畜鳳
（長子）蔣經國 p459
（次子）蔣緯國 p65
（女）蔣華秀
韋永成
（子）竺培風
（女）竺友冰
鄔永揚
（三女）楊郁文
（長女）宋林香
（三子）宋祥生
（次子）宋漲生
（子）宋明義
（長子）宋漲林
（子）孫義宣
（長女）王誠儀
（子）王正誼
劉琨業
（長子）孫常勝
（長女）孫冠華
（次女）孫璐華
（三女）孫佩華

蔣經國家系

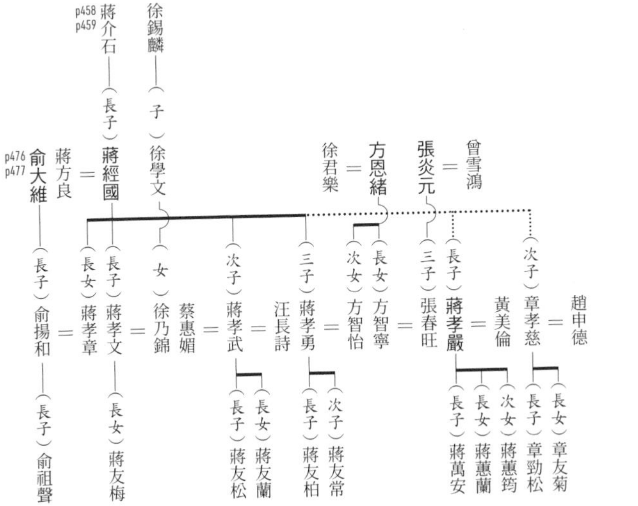
p458 p459 蔣介石
徐錫麟
（長子）蔣經國
（子）徐學文
蔣方良
p476 p477 俞大維
徐君樂
方恩緒
張炎元
曾雪鴻
（長子）俞揚和
（長子）俞祖聲
（長女）蔣孝章
（長子）蔣孝文
（長女）蔣友梅
（女）徐乃錦
蔡惠媚
（次子）蔣孝武
（長子）蔣友松
（長女）蔣友蘭
汪長詩
（三子）蔣孝勇
（長子）蔣友柏
（次子）蔣友常
（次女）方智怡
（長女）方智寧
（三子）張春旺
（長子）蔣孝嚴
黃美倫
（長子）蔣萬安
（長女）蔣蕙蘭
（次女）蔣蕙筠
（次子）章孝慈
趙申德
（長子）章勁松
（長女）章友菊

現任國民黨中央委員會祕書長蔣孝嚴是蔣經國的兒子，人盡皆知。但是，蔣孝嚴從未在公開場合，說過一句「家父」或「父親大人」，他一直用「經國先生」來稱呼父親。

教人為難、苦於啟齒的微妙身世，也對蔣孝嚴的仕途產生微妙的牽動。他的存在，讓李登輝的知恩圖報，有愉快的對象，但那些拿蔣家父子為圖騰，以對抗台獨及國民黨主流的人，卻給蔣孝嚴戴上一頂「數典忘祖」的帽子。這種往兩極端拉鋸的看待方法，使得一九九九年中之後，國民黨提名副總統人選，選他或捨他，都與他的身世脫不了干係。

蔣介石以下兩代間的姻親圈，在台灣的權力上層曾占有最大的分量。不過，消退之快，如潮來潮往，現在，回頭看，只是飄落地的一頁泛黃歷史。蔣家家族與蔣孝嚴的關係，沒有實質互動，甚至有鴻溝，雙方關係只剩一句很抽象的話——「他是蔣經國的兒子」而已。

蔣介石共有三任妻子一位小妾。第一任太太毛福梅同為浙江奉化人，是蔣經國的親生母親。結婚時，他十五，她二十，蔣介石連日本士官學校都還未去，又是媒妁之婚，似已注定不得美滿偕老。等蔣從日本學成歸來，他在日記中曾寫道，毛福梅「又與我對打，實屬不成體統，決計離婚，以蠲痛苦。」雙方一直拖到一九二七年蔣和宋美齡結婚時，才正式登報離婚。

這其間又有兩位女人進入蔣介石的世界。前有姚怡誠（或作姚冶誠），和蔣在上海認識，兩人同居，沒有子女。後有陳潔如，正式結婚後幾年，蔣介石當上黃埔軍校校長，他靠著這支黨軍逐漸取得勢力，和孫文的準接班人胡漢民、汪精衛、廖仲愷等人比肩齊觀。馬上也陷入一陣又一陣的政治分合鬥爭中。

不久，寧漢分裂發生，漢口政府削減蔣介石北伐總司令的權力，據一九九二年三月出版的《陳潔如回憶錄》記載，在這樣的背景下，蔣介石要拉攏漢口政府的財政部長宋子文，取得財金來源，錢也是各方軍閥維持力量的根本。於是蔣介石和宋美齡的大姊宋藹齡完成交易，蔣介石拿到打仗所需的錢餉，和宋美齡結婚，在南京政府重用宋藹齡的丈夫孔祥熙和弟弟宋子文。陳潔如說，蔣介石勸她體認大局，並說：「退讓五年，讓我和宋美齡結婚。俾能獲得必須的協助以繼續北伐，脫離漢口而獨立！這只是一場政治婚姻！」之後，陳潔如拿著船票，到美國念書。

除了直接獲取軍需糧餉的錢脈，蔣宋聯姻並使蔣介石成為孫文的妹夫。當時孫文病逝，群雄爭逐繼承人的地位，聯姻隱喻著蔣介石才是正統的繼承人。蔣宋婚禮台的布置把這種政治寓意曝露無遺。台上掛著孫文的遺像，兩旁懸著國民革命軍旗和青天白日滿地紅國旗。今天的人看來，蔣宋婚禮弄得有點「神經」，但換回當年時空，就是需要鋪排一下，才能達到這樁政治婚姻真正企求的效果。

一九九〇年代末的現在，台灣任何一個正式而公開的會議場所，四面牆分別掛著「國父」、「總統蔣公」、「蔣總統經國先生」和現任總統李登輝的肖像。懸掛李登輝相片的地方，隨著總統直選，必須不斷替換不同人的「玉照」，但是前三位卻「永垂不朽」，無可替代。

進一步分析，「國父」和「蔣公」是連襟，「蔣公」稱「國父」姊夫，「蔣公」又是「蔣總統經國先生」的爸爸，叫「國父」姨丈。若用這個角度來觀察「中華民國在台灣」，這個國家簡直有點荒唐可笑，不像國民所得超過一萬美元、博士碩士如雲的民主國家，反倒像中古世紀的王朝。

三位「成功」男人的關係，其實是由宋家姊妹組串而成。大姊宋藹齡有穿針引線之功。宋家三姊妹的父親宋嘉樹（耀如）是一位牧師，有國際視野，姊妹三人得以在美國念衛斯理學院，不僅學歷比當時中國女人高出很多，而且她們的英文造詣亦佳。

宋嘉樹回到中國定居上海，熱心反清革命，結識孫文。民國開元，孫文擔任臨時大總統，宋家均獲邀觀禮，宋藹齡也開始擔任孫文祕書，宋家姊妹從此和近代中國歷史息息相關，叱吒風雲。

一九一三年，二次革命失敗，孫文亡命日本，宋氏父女隨行。當時孔祥熙正幫孫文的中華革命黨籌募經費，任職基督教青年會總幹事，孔祥熙的元配韓玉梅已於前一年病逝，三年後便和宋藹齡結婚。

另一方面，宋慶齡從美國去日本省親，順理成章接任孫文的英文祕書。一九一五年十月二十五日兩人步入禮堂。這樁婚姻遭宋慶齡的父母和大姊反對。他們都是虔誠的基督徒，不贊成離婚，何況孫文和元配盧慕貞的婚約仍在。宋慶齡不顧家人反對，毅然下嫁孫文。十二年之後，宋美齡嫁蔣介石，情況和孫宋聯姻時差不多，孫蔣都有妻妾。這一次，宋慶齡反對，宋藹齡卻贊成。

三姊妹在這樁婚姻上互持異見，埋下他日相隔台灣海峽兩岸的伏筆，也可以說，當初她們的政治傾向早已經不一致。蔣宋聯姻前，寧漢分裂，漢口政府反蔣，宋慶齡為漢口政府委員。蔣介石和宋藹齡這邊另組南京國民政府，孔祥熙出任行政院長。另外，宋慶齡繼承孫文理念，幾次在國民黨全會中指責不實行孫總理「聯俄、容共、扶助農工」三大政策。宋慶齡親共，早和毛澤東、周恩來的太太鄧穎超合作發表過文章，堅持三大政策。

等日本入侵中國，國共兩黨形式上宣布合作抗日，宋家姊妹短暫貌合，一同向美國爭取支持抗日。等國民黨退居台灣，三人又分道揚鑣。宋慶齡向共產黨發電致敬，隨後擔任新政府的中央人民政府委員會副主席（主席毛澤東）。宋美齡避居台灣，局面雖小，仍是「皇后」。宋藹齡和孔祥熙則落居美國養老。

宋家除三姊妹之外，還有三兄弟。宋子文排行第三，是宋美齡的哥哥，依次還有宋子良、宋子安。他們與來台灣的國民黨無關，分散香港、美國各地。當年宋子文和孔祥熙被罵得狗血噴頭，前參政員傅斯年寫過一篇「這個樣子的宋子文非走開不可」，討伐孔宋家族。連黨報中央日報都無法坐視，揭發孔宋弊案。但是，不要以為蔣介石因此忌諱再起用孔宋家人。蔣介石曾催請宋子文來台灣，也曾有意安排孔令侃要職，只是他們都婉拒罷了。

三兄弟的姻親，只有宋子良的岳父是政壇聞人。宋子良的太太席曼英為前中國銀行總經理席德懋之女。席德懋家本是江蘇吳縣望族。年輕時自費留學英國，獲伯明罕大學商科碩士，一九一六年回上海，活躍於上海金融界。

一九二七年一月，宋子文出任南京國民政府財政部長，並在上海設中央銀行。席德懋從民間被延攬擔任央行發行局副局長，繼而外滙局長和業務局長，成為江浙財閥的要角。一九四八年，以官股董事被選任為總經理。在這段日趨緊密的同事關係中，宋子文和席德懋結為姻親。

席德懋一九五二年初病逝時，正在中國銀行總經理任上。席德懋病逝得早，否則以他和蔣宋家族的關係，與台灣四十年來的發展將更為密切。

蔣介石喜歡「照顧」親族，兩位連襟孫文和孔祥熙的下一代只有孫科來台灣做官。不過蔣介石「利用」孫科的成分遠高於「照顧」。

孫科只比蔣介石小四歲，一九一七年，孫文在廣州成立革命政權，任大元帥時，元帥之子孫科就擔任祕書。日後，國民黨內部鬥來鬥去，孫科頂著國父哲嗣的身分，任何一邊人都想拉攏，做為統戰工具，彰示它承繼正祚，所以，孫科之名早列官錄。

寧漢分裂前氣氛異常，國民黨內一部分人想把首都遷往漢口，時北京和南京均未取得，他們認為從廣州往北到武漢可號召天下。蔣介石不願意，搞得先赴武漢的幾位部長光火，交通部長孫科就曾私下罵道：「蔣介石這樣把持著黨，終有一天要做皇帝了。」孫科當初反蔣反得厲害。

和宋子文一樣，孫科對蔣介石後來改變態度，忠誠服侍蔣介石。一九四八年國民大會選舉總統副總統，蔣介石有抗日戰功，聲勢無人可敵，是當然的總統人選。副總統人選則多頭競出，有李宗仁、程潛、于右任、莫德惠等，都是國民黨自家人，蔣介石不好內定競選伙伴。但桂系李宗仁氣勢懾人，為蔣介石的假想政敵，惟恐李宗仁當上副總統，危及他的權位。此時，孫科這枚「孫故總理之子」的棋子又閃過腦際，蔣宋美齡出馬說服孫科宣布參選，企圖以高聲望抵抗李宗仁。最後，經四次投票，敗給李宗仁，種下李宗仁、白崇禧逼使蔣介石下野的因子。

孫科和蔣介石神貌分合多次。蔣介石退守台灣，孫科卻待在美國頤養天年。一直到一九六六年，又抵擋不住宋美齡勸誘，來台定居，並出任考試院長。孫科此時已七十六歲，對國民黨在台灣承續正統仍有「招牌」作用。

孫科和太太陳淑英屬近親結婚。孫中山先生有兩位叔叔，小叔叔孫觀成的女兒孫殿嫁檀香山華僑陳秋光，陳秋光就是孫科的岳父，孫殿女士既是孫科的堂姑，也是岳母。

孫科夫婦育有二子二女，兩個女兒均嫁居美國。兒子也頗受國民黨政府照顧。長子孫治平安插擔任台視副董事長多年，同時是總統府國策顧問及國民黨候補中央委員。次子孫治強則任中央信託局顧問和故宮顧問，月入一、二十萬元，仍住在孫科位於陽明山的官舍，那是日本時代招待貴賓用的別墅。孫文這兩位男孫目前都屬八旬老翁。

正式文書中，均無記載孫科另有妻室，但實際是有個二太太。二太太藍妮生有二女孫穗芬和孫穗芳。其中孫穗芳頗為活躍，拜達賴喇嘛為師，中國前國家主席楊尚昆曾請她當中間人，傳話給達賴。

孫科於一九六六年六月二十日接任考試院長，八月十五日開始任期的第四屆考試委員中，有一位新任的女委員張邦珍就是他的姻親。

孫科的二女兒孫穗華嫁張家恭，張家恭的父親張邦翰為雲南人，曾參加推翻滿清的雲南起義，後曾任滇省建設廳長。張邦珍即張家恭的姑姑。張邦珍擔任兩任十二年的考試委員，孫科一九七三年任內病逝，張邦珍受任期保護，至一九七八年才退職。新一屆開始，人亡政亡，張邦珍也未續任。

攤開蔣介石夫婦的親戚關係表，宋美齡的兄弟姊妹及配偶和他們的第二代，不是留洋就是華僑，像孫科的太太陳淑英即出身檀島商人家庭。蔣介石的親戚則絕大多數是浙江奉化來的「土親戚」。

奉化鄉親在台灣政壇占有一席地位者，如過江之鯽。可分成幾支路線來說。蔣介石的母親王采玉的堂兄王賢甲義助過蔣介石。一九一三年，二次革命失敗，孫文亡命日本，蔣介石被袁世凱的部眾追捕，逃到母親的家鄉溪口鎮西的「葛竹」，王賢甲把他帶到一個岩洞躲起來。

蔣介石謹記堂舅的恩情，提拔過王賢甲的兒子王震南，讓他當過南京政府軍法處長和上海特刑庭庭長。王震南一家後來全部跟隨到台灣，王震南的兒子王正誼曾掀起政壇一陣漣漪。

算來，王正誼是蔣介石的表侄。一九六〇年代擔任過蔣介石總統的祕書。一九六七年七月行政院成立人事行政局，王正誼兼任局長，權傾一時。王正誼也很快因一樁營造賄賂案，消失於政壇。一九七一年，人事局興建內雙溪中央社區，王正誼被控收受賄金十三萬七千五百元美金。案發時王正誼已調任行政院研考會副主委，也正是蔣經國就任行政院長的第一年，高喊檢肅貪瀆，整飭政風的當口。王正誼案首當其衝，最後被判無期徒刑，褫奪公權終身。

王震南的長女王誠儀嫁前台灣銀行董事長孫義宣，換言之，孫義宣是王正誼的妹夫。孫義宣的婚姻可說是奉化幫的一樁「內婚」。蔣介石的父親蔣肇聰娶王采玉之前，還有位姓孫的繼室，孫義宣喊她姑婆，是孫義宣祖父孫琴風的妹妹。孫琴風在蔣介石未發跡得勢時，經營木材行，資助過蔣介石。孫義宣得到祖蔭，在台灣四、五十年一直平步青雲，深獲蔣氏父子的信賴與重用。

孫義宣是蔣家官親中少見的博士，畢業於上海聖約翰大學，赴美取得威斯康辛大學經濟學博士，歷任職務均屬親信型機關裡的親信職位。重要官職有侍從室祕書、中央銀行副總裁、中央信託局局長、交通銀行總經理、中信局理事主席，一九八六年十一月接掌台灣銀行的董事長一職。中途遇蔣經國去世，李登輝也未敢率爾搬動士林官邸的親戚，一直到一九九〇年，才由李登輝的好友許遠東接任。

蔣介石的元配毛福梅是溪口鎮南「岩頭」村人，村內多毛姓。目前台灣知名的「浙江奉化」毛姓官員，如前教育部長毛高文、現任交通部常次毛治國、前空軍副總司令毛邦初、前聯勤副總司令、民航局長毛瀛初，一般都說是蔣家親戚，比較準確的說法應是「族親」。中國地大村落多，常有一村一姓的情形。若細溯源頭，都能尋出親戚關係。類似毛高文等人和蔣家的關係較遠，不在本書討論之列。

毛福梅僅有一姊，名叫毛英梅，她就是前組工會主任宋時選的祖母。毛英梅和丈夫宋孟果有三個兒子，宋時選的父親宋維坤行二。宋時選的母親也姓毛，叫毛裔鳳，是毛思誠的女兒。注意過蔣介石早年歷史的人都知道，毛思誠是蔣介石少年時的老師。蔣介石年譜上記載，十六歲時，「從毛思誠先生溫讀左傳」。

蔣介石極信賴毛思誠，在他當黃埔軍校校長和北伐總司令時，都請毛思誠當祕書。毛思誠後來還擔任過監察委員，全拜「蔣學生」之賜。

毛福梅因宋美齡而失去正室之位，被迫和蔣介石離婚。幸虧夫兄蔣介卿居間協調，換得「離婚但不離家」的待遇。毛福梅命運悲慘，她的獨子蔣經國似愛烏及屋，對毛家親戚更有一份親情。宋時選終身跟隨他是其中典例。

宋時選最早在家鄉武嶺學校教書，蔣經國奉派去贛南時，許多鄉親跟去當班底，宋時選跟著去當贛州專署科長。到了台灣以後，蔣經國成立政治根據地「救國團」，宋時選前階段就在救國團發展，擔任過主任祕書，執行長和副主任。宋時選個性溫和，總是與人為善，在基層擁有廣大支持的勢力，後來接連擔任省黨部主委和組工會主任。

宋時選卸去組工會主任，轉任黨營事業裕台公司董事長之後，在政壇似乎沉寂下去。一九九三年國民黨十四全票選中常委，宋時選以非內定人選上榜，頗為亮眼。十四全會內主流與非主流之爭，兩極激化後，具有政治象徵作用的人物，像蔣家人蔣孝嚴和宋時選兩邊都很討好，他們被認為是「正統」的化身。

蔣介石膝下無女，蔣家第二代來台的女性只有蔣介石之兄蔣介卿的女兒蔣華秀。

蔣華秀在抗戰紛亂的年代，遷往贛南蔣經國轄區居住。她小蔣緯國一歲，兩人是童年玩伴，感情較親近。蔣緯國元配石靜宜興辦靜心托兒所、幼稚園，石靜宜病逝後，由蔣華秀接辦，並擴大為靜心小學、中學，成為台北地區有名的私校。

蔣華秀的先生韋永成來台灣只擔任立法委員，而且長期在外交委員會，光芒收斂。此與他是李宗仁的「桂系」大將有關。

韋永成和蔣華秀於一九四一年結婚，正是各路軍力團結，和「日本鬼子」打得昏天暗地的當口。兩人婚姻既是蔣李合作所衍生的成果，也象徵兩軍聯盟關係密切。但是等到李宗仁代行總統權時，韋永成的地位就顯得尷尬。他和太太必須叫「叔叔」的蔣介石當時正被李宗仁逼迫下野。

等到了台灣，桂系分散，白崇禧來台北，韋永成夫婦於一九五一年初也投奔來台，李宗仁則到紐約做寓公。蔣氏父子對白崇禧一直心存戒心，白崇禧長年遭跟監，韋永成這位總統的侄女婿也好不到哪裡，一直不得踏出國門一步。

韋永成雖然是蔣經國在莫斯科晚一期的學弟，還留學過德國，在台灣卻沒沒無聞。當立委之外，只擔任過宜寧中學校長。

蔣介石一位同父異母的姊姊蔣瑞春嫁給同鄉人宋式倉，沒有特別的際遇，只做過溪口蔣宅豐鎬房的管家。宋式倉的次子宋漲生也幫豐鎬房管帳。一九三九年，日本轟炸機丟炸彈在溪口，蔣經國生母毛福梅被傾倒的屋牆壓死，蔣經國寫下「以血洗血」的紀念石碑，放在母親炸死現場。宋漲生也同一天去世。宋漲生的兒子宋明義到台灣念書，自台大經濟系畢業。一九八六年，六十四歲時調任台灣省行庫台灣中小企銀董事長。算起來，宋明義要叫蔣介石「舅公」，蔣經國是他的表叔。

蔣介石的一弟一妹瑞青、瑞菊早夭，另一位同父異母的妹妹蔣瑞蓮嫁竺芝珊。竺芝珊初來台時擔任過農民銀行董事長。

竺芝珊的兒子竺培風是留英的碩士，娶四川軍閥楊森上將的女兒楊郁文。和蔣華秀嫁桂系韋永成一樣，這樁婚姻完成於抗日戰中，代表各軍系當時一致抗外，關係融洽密切。

楊森出身四川陸軍速成學堂的「土」軍人，從辛亥革命打到抗日、抗共。除軍銜外，曾擔任過貴州省主席。

蔣介石和蔣經國父子一生愛恨交織，但最終蔣介石仍把台灣江山傳給蔣經國。

蔣經國十六歲前往莫斯科中山大學讀書。在蘇俄待了十三年。回中國前兩年，寫了一封給母親的公開信，痛斥蔣介石。信中說：「他（蔣介石）正是中國人民的敵人，也是您的兒子的敵人，我因有這樣野蠻的父親，所以不得不向中國人民道歉，我對我的父親不但不感到敬愛，反而感到羞恥，還覺得應該把他殺死才對。據聞，蔣介石現在正宣傳孔子學說的孝悌和禮義廉恥，這無非是他用來迷惑別人以便愚弄和瞞騙人民的慣用手段。母親！您應該想得出打您的是誰，把您的頭髮抓起來從樓上拉到樓下的是誰，可不是蔣介石嗎?!您得向誰屈膝哀求不要把您趕出去，不是蔣介石嗎？誰毆打老祖母致死的，不是蔣介石嗎?!這就是他的真面目。」信中充斥對父親的負面之詞，如「走狗」、「劊子手」、「那個愚蠢的傢伙」。事後的發展證明，親情真的很偉大。一九三七年，蔣介石思念兒子，透過駐俄大使蔣廷黻找人。合理的推論，蔣宋結婚到那時已經第十個年頭，蔣介石僅此一子已成定局。中國傳統思想以無後為罪，更且，有偉大事功的政治人物或商業鉅子會更盼望有子孫承繼光榮與財富，那原本是人追求人生圓滿的本能。抗日開始這一年，蔣經國回到中國。到台灣以後，更安排蔣經國一步一步升到行政院長，延續蔣家對台灣的統治權。

蔣經國本人和子女的婚姻也都充滿戲劇性，但以政治為考慮的婚姻已降低很多。蔣介石和蔣經國所處的政治環境截然不同。蔣經國屆適婚年齡時，人在寒冷的西伯利亞，沒有權力的功課，自然沒有需要借重通婚來合縱連橫。蔣經國的子女論及婚嫁時，蔣介石百分之百控制台灣，他是島上國王，「皇族」的婚姻只求門戶高尚清白，不需藉結親討好哪一方勢力，反倒需要避免親家沾光濫權。

蔣經國的三子蔣孝勇一九七三年娶省公路局副局長方恩緒的女兒方智怡。婚後第七年，方恩緒升任交通部高速公路管理局長，一直做到一九八七年三月一日退休為止。

方恩緒的「官親」並不只有蔣家，更早之前，一九六七年時，他的長女方智寧就嫁給前國防部情報局、國家安全局局長張炎元之子張春旺。張炎元出身黃埔二期，隨後加入軍統。來台灣以後，逐漸受到重用。歷任中央黨部第六組主任、情報局長、中央黨部第二組主任、海外對匪鬥爭工作指導委員會祕書長。

張炎元的孫子在一九九五年迎娶演藝界大哥王羽的三女，婚禮即由新郎的姨丈蔣孝勇福證。祝賀嘉賓從連戰、成龍到吳敦、柯俊雄，這種跨越影劇及政治人馬的婚禮，前所未見。

蔣經國正出的三子一女，有兩樁婚姻為官僚聯姻，除蔣孝勇和方恩緒之女外，獨生女蔣孝章嫁前國防部長俞大維之子俞揚和。和俞府結姻，看似門戶相當，但蔣經國卻大發雷霆（參閱第二十七章），原因可能是俞揚和是離過婚的人，而蔣孝章才二十初頭。

「家世」仍是皇族擇偶最基本的條件。俞揚和的家世過關，只是個人條件難教蔣經國接受。兩年後，蔣孝文傳出喜訊，將和徐乃錦結婚，蔣經國就很高興。他脫口告訴救國團的部下李煥這項消息時，對徐乃錦的描述就是「家世」。蔣經國說：「你知道嗎？孝文要結婚了。你知道跟誰嗎？革命先烈之後，徐錫麟的孫女！」徐乃錦的父親徐學文，戰後初期就來到台灣，擔任過台灣省樟腦局局長。

蔣介石次子蔣緯國的婚姻延伸出去的親族關係，在台灣政治婚姻關係上居於關鍵位置，像一座橋，把本省、外省族群的最頂尖家庭連結起來。

蔣緯國元配石靜宜的叔叔石鵠翔，其長子石爾鐸娶了黃大洲太太的姊姊林文花；林文花也就是連戰的姑表妹。（參閱第二章）

蔣緯國於元配去世幾年後，再娶丘秉敏之女丘如雪（愛倫）。丘秉敏為德國漢諾威大學工學博士，早年曾任教廣東中山大學，在大陸曾任東北運輸總局副總局長，在台灣曾任中信局儲運部經理。

丘愛倫生有一子，取名蔣孝剛。蔣孝剛已和大堂兄蔣孝文相差二十歲，蔣家第三代深染權貴習氣的缺點，長一輩的家人都有體會。於是一九七三、七四年間，蔣介石進入垂暮之年，臥病中告訴蔣緯國說：「我們蔣家的孩子很可憐，不管家裡管得怎麼嚴，社會會把他們寵壞掉。

當孝剛念完小學，就把他送出去，讓他有自立的能力，何況外文必須從小學。」年少的蔣孝剛奉祖父之命移居美國，由母親伴讀。

果然蔣孝剛在蔣家第三代中令人感覺清新。他先在紐約大學法學院就讀，再到英國得劍橋碩士，擁有美國律師執照。一九九〇年代初期回台灣發展，加入丁懋松律師的聯鼎事務所，蔣孝剛是三位合夥人之一。這一項合作與人脈相關。丁懋松的大哥、前考試委員丁中江是蔣緯國的至交好友。蔣緯國組織中華戰略學會時，丁中江就是旗下大將。

第二十七章

俞大維與曾國藩家族

李鴻章、傅斯年、毛澤東、陳寅恪

俞大維家系

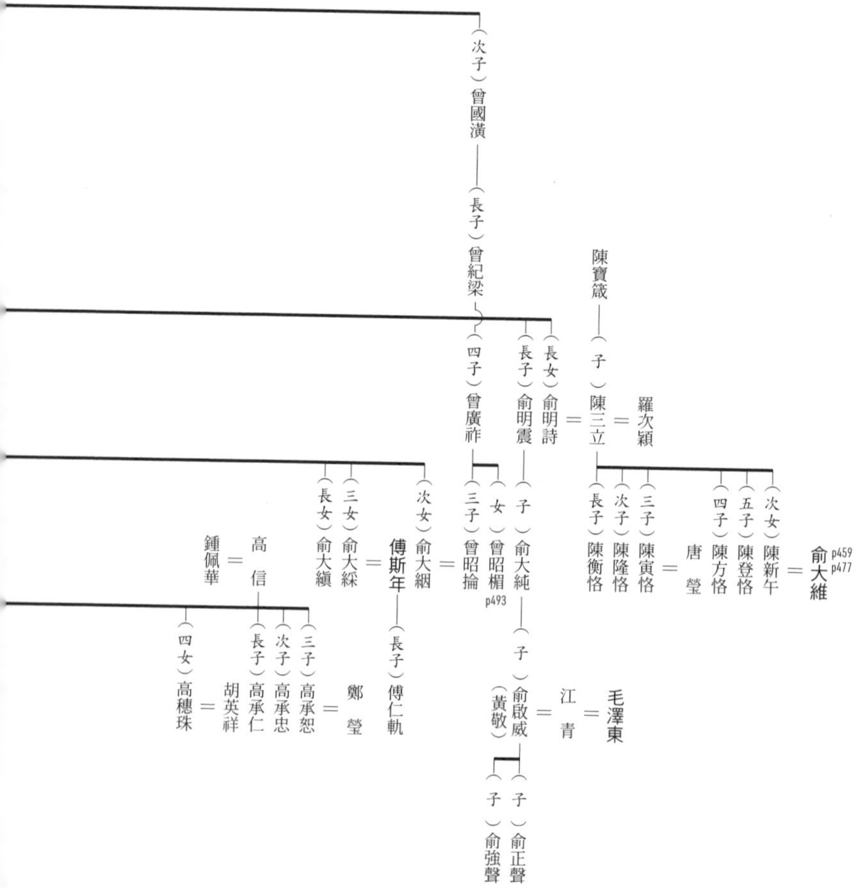
俞大維 p459 p477
（次女）陳新午
（五子）陳登恪
（四子）陳方恪
唐瑩
（三子）陳寅恪
（次子）陳隆恪
（長子）陳衡恪
羅次穎
陳寶箴
（子）陳三立
（長女）俞明詩
（長子）俞明震
（子）俞大純
（子）俞啟威（黃敬）
江青
毛澤東
（子）俞正聲
（子）俞強聲
（次子）曾國潢
（長子）曾紀梁
（四子）曾廣祚
（女）曾昭楣 p493
（三子）曾昭掄
（次女）俞大絪
傅斯年
（長子）傅仁軌
（三女）俞大綵
（長女）俞大縝
鄭瑩
（三子）高承恕
（次子）高承忠
（長子）高承仁
高信
鍾佩華
胡英祥
（四女）高穗珠

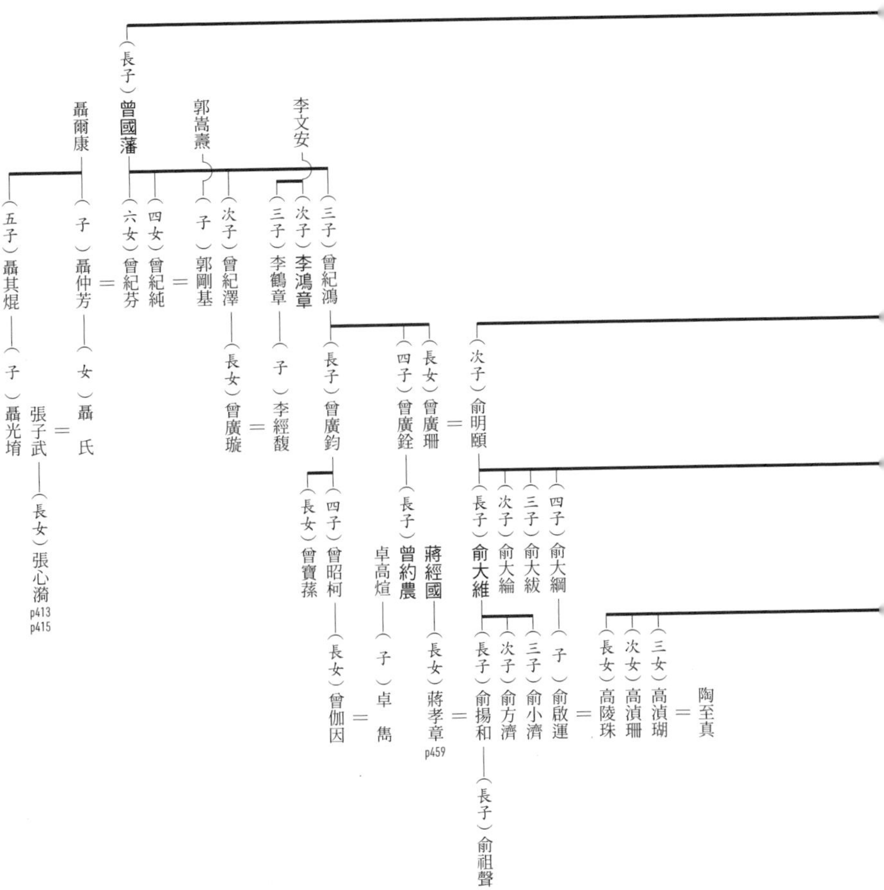
（長子）曾國藩
聶爾康
郭嵩燾
李文安
（五子）聶其焜
（子）聶光堉
（子）聶仲芳
（女）聶　氏
張子武
（長女）張心漪
p413
p415
（六女）曾紀芬
（四女）曾紀純
（子）郭剛基
（次子）曾紀澤
（長女）曾廣璇
（三子）李鶴章
（子）李經馥
（次子）李鴻章
（三子）曾紀鴻
（長子）曾廣鈞
（長女）曾寶蓀
（四子）曾昭柯
（長女）曾伽因
（四子）曾廣銓
（長子）曾約農
卓高煊
（子）卓　雋
（長女）曾廣珊
蔣經國
（長女）蔣孝章
p459
（次子）俞明頤
（長子）俞大維
（長子）俞揚和
（長子）俞祖聲
（次子）俞方濟
（三子）俞小濟
（次子）俞大綸
（三子）俞大絨
（四子）俞大綱
（子）俞啟運
（長女）高陵珠
（次女）高湞珊
（三女）高湞瑚
陶至真

不論王公貴胄或財閥巨室的姻親建築，沒有人能和前國防部長俞大維併比。蔣經國、陳誠都是他的姻親，他好像開「姻親總統」、「姻親副總統」專門店。連中共領導人毛澤東跟他，都有那麼一點姻親關係上的牽連。

先說陳誠。

俞大維和陳誠，有雙重姻親關係，因為俞大維和陳誠的小舅子譚季甫的太太有雙重親戚關係。譚妻曾昭楣系出曾國藩大弟曾國潢一房，從這邊關係，曾昭楣叫俞大維「表哥」。另一方面，曾昭楣的親哥哥曾昭掄娶了俞大維的二妹俞大絪；俞大絪原本是曾昭楣的表姊，如此一來，表姊變成大嫂。（參閱第二十八章）

曾昭掄是近代中國知名的科學家。台灣人泰半未聞其名，主因是他反蔣，投向中共。

曾昭掄於一九二六年獲得美國麻省理工學院科學博士，曾當選中國化學會會長，抗戰末期，加入無黨派人士組織的中國民主同盟，發表反蔣言論，並曾和左派文人舒慶春（名作家老舍）等一百多人聯名電賀蘇聯科學院院長柯馬洛夫七十五歲生日，便與國民黨分途。一九四六年，同為民盟的新詩詩人聞一多等被殺，乍時，曾昭掄像是下一個對象，於是，趁西南聯大送學人出國研究原子能，曾昭掄夫婦便前往美國。

這一趟美國行，在台灣科學界非常知名，每每談起諾貝爾獎得主李政道和楊振寧或前中研院院長吳大猷，此行是他們科學生命另一新起點。西南聯大考選六位助教公費留學，六人分三組，分別由吳大猷、曾昭掄和華羅庚三位教授帶領。楊振寧與李政道即由吳大猷帶領，中研院院士王瑞駪當年即為曾昭掄一組的助教。

一九四九年中國變天，曾昭掄返回北京，在北大任教務長，又出席中共第一屆政協會議，中共政權成立後的第五天，該年十月六日，國民黨就宣布永遠開除他的黨籍，陪榜被除名的大人物還有「國母」宋慶齡。後來，曾昭掄一度出任中共高教部副部長。

俞大維和陳誠，除了有姻誼，還有上一輩留下的世誼。陳誠的父親只是鄉下的小學校長，一般來說，不太可能和俞家有交誼。這裡所指的是陳誠的岳父、前清翰林、國民政府主席譚延闓。

俞大維的父親俞明頤於清末曾主持湖南陸軍小學堂，擔任過清軍協統，和譚延闓交情頗深。譚延闓薄薄的年譜中，提起俞大維父親多達四次。一九一四年三月，譚延闓「返滬與山陰俞恪士（明震）、俞壽丞（明頤）昆仲及呂蘧生游西湖，寓別莊。」年譜中特別記載此事，主因譚延闓生在杭州，之後隨父親譚文勤走任陝甘總督、閩浙總督和兩廣總督，各地為家。重遊杭州，匆匆已經過了三十年。

隔年中秋，譚延闓又與俞氏兄弟、呂蘧生一起到海寧觀潮，重遊西湖。年譜說，譚延闓「在滬居，過從最密為山陰俞恪士壽丞兄弟，李梅厂、張子武諸公，文酒流連，評書談藝，不及政治……」。

最重要的一段記載則是譚延闓救了俞大維的爸爸俞明頤。黃興在清末光緒三十年秋，祕設華興公司，其實是搞組織，糾結同志，祕謀革命。牽連到俞明頤等人，清廷密令追捕莞提學使張筱浦和在總督練處任官的俞明頤。當時譚延闓已是翰林，位高權重，「二公與公（指譚延闓）雅故，而俞交尤篤，均以公故，故少緩之，遂得脫」。

一九三二年元旦，陳誠和譚延闓之女譚祥結婚，世誼發生作用。當年六月，俞大維從德國學成回來，便由陳誠引薦，第一次晉見蔣介石。二次大戰中，俞大維就在軍政部兵工署當署長。等到了台灣，譚延闓次子譚季甫已娶了俞大維的表妹曾昭楣，俞陳已是親戚。陳誠一九五〇年第一次組閣，國防部長挑選了俞大維。俞大維因病在美國醫療，將近一年部長名義仍在，實際懸空。俞大維於一九五四年夏天再任國防部長，長達十一年任期中，有五年是在陳誠第二次內閣。

回頭再看一九四七年五月底，俞大維接任交通部長，六月十二日，選譚延闓的長子譚伯羽擔任他的政務次長，頗有投李報桃、報答故人之恩的味道。

所以，一九九三年，俞大維之子俞揚和依遺囑，駕機攜帶俞大維夫婦骨灰到桃園大溪和台北縣泰山，蔣介石和陳誠夫婦墓園上空，致上最後敬禮，再將其灑放台灣海峽，卻捨棄掉近在咫尺的蔣經國墓園，箇中原因便在於俞大維和陳誠夫婦有積累兩代的恩義。

從此處剖解人脈關係，以乎能更明瞭傅斯年出掌台大校長的因緣。俞大維有三弟三妹，最小的妹妹俞大綵嫁傅斯年，傅斯年夫婦與陳誠的關係和俞大維無異。傅斯年於一九四九年一月二十日接掌台大，同年同月五日，陳誠接任台灣省主席。當時中央政府尚未疏遷來台，整個台灣局面統由陳誠控制，台大也不例外。台大雖然名義上是國立大學，但預算歸省府支出。

其他，像俞大維親舅舅曾廣鈞的長女曾寶蓀，於一九五四年出任首任總統府光復大陸設計委員會副主委，主委即由行政院長陳誠兼任。以今天的眼光，那也是一樁任用親戚的「典範」；陳誠之妻的弟妹曾昭楣是曾寶蓀的「堂妹」。

曾寶蓀拜出身簪纓世家之賜，民初即留學英國。來台灣後，一直同住的堂弟、前東海大學校長曾約農，因父親曾廣銓是清廷派駐英國的參贊，中學、大學也都在英國完成。曾氏姊弟因擅英語，是蔣宋美齡聊天的常客。

俞大維和蔣經國結成兒女親家，和俞大維、曾約農等親戚，與層峰家庭太過親密有關。蔣經國的獨生女蔣孝章原就讀靜宜女子學院，俞大維的表兄曾約農正擔任私立東海大學開校的首任校長，以優待元首的理由，特准蔣孝章轉入東海大學外文系。

蔣孝章於一九五七年赴美留學，就讀舊金山的密爾斯學院。隔年和弟弟蔣孝武要到東岸紐約探望祖母宋美齡，在華盛頓特區俞大維的家住了兩天。俞大維的長子俞揚和負責接待他們，播下婚姻的種子。

據蔣經國的親信透露，蔣經國原本希望心愛的獨生女嫁給學者或醫生，未料蔣孝章和俞揚和情定華府，俞揚和不僅不是學者或醫生，還是離過婚的中年男人，蔣經國氣極敗壞。時任行政院政務委員的蔣經國把國防部長俞大維「叫」來家裡，劈頭就罵說：「你兒子勾引我女兒。」還掀翻一張桌子，要求俞大維告訴兒子放棄娶二十二歲的蔣孝章。

鞭長莫及，俞揚和與蔣孝章仍於一九六〇年八月結婚，兩邊家長都不在場。俞大維生前，朋友若問起他和親家蔣經國的關係，他有一段標準答案：「他喜歡送我黃魚，我又不吃，我送他書，他也沒看。」然後就是一陣五味雜陳的笑聲。（參閱第二十六章）

俞大維與毛澤東的「那麼一點兒親戚牽連」，則純粹因俞家本身的姻親圈而來，與曾國藩家族無涉。這一支關係起自俞大維伯父俞明震，俞明震有一子俞大純，為俞大維堂兄。俞大純的一女一子俞珊和俞啟威與中共領導人毛澤東、江青夫婦之間，有梳理不清的感情關係。俞啟威（後改名黃敬）還與江青有過婚姻關係。

江青還未叫「江青」以前，已和費雲生其人有過婚姻關係，和藝專同學魏鶴齡正準備同奔上海，共創演藝事業。這時江青人在濟南，恰巧，山東省屬實驗藝術專科學校舊校長趙太侔偕同太太俞珊從青島回濟南，江青跑去拜訪。俞珊夫婦留江青午飯，就把弟弟俞啟威介紹給江青認識，並讚賞江青有演戲天分。俞啟威和江青於是有一段濟南之戀。

俞珊夫婦和俞啟威不久回到青島。趙太侔既是教授又兼教務長，俞啟威則還是生物系學生，一邊也從事青島大學共產黨的宣傳部長。江青尾隨追來，經趙氏夫婦安排在青大圖書館當管理員，同時抓住機會，以職員身分旁聽一些課程。俞啟威和江青又熱戀了一陣。

許多書上描述這一段經過時，尚提及，江青年齡早熟的丰姿與火辣敢愛的行徑，一度和趙太侔接近，害俞珊很生緊張，轉而渴切希望弟弟和江青愈黏膩愈好。俞啟威果然和江青結婚。

等多年過去，俞江兩人早已離婚。一九四八年中共人民解放軍迫臨北京，駐紮在京外三百公里處時，江青已是隨毛澤東在延安打拚過的太太，俞珊則和趙太侔已離婚，住在北京之北的張家口，俞啟威正是張家口的市長。但是，等到凱旋之日，毛澤東一行得意洋洋開進北京時，陪毛澤東進城的女人卻換成俞珊。隔年秋天，毛澤東藉口江青過度疲勞，把她送往蘇聯保養所。

俞啟威後來在中國大陸任過天津市長等高官，他的一個兒子俞強聲曾叛逃西方，一九八六年九月經由媒體曝光。另一兒子俞正聲則自一九九八年三月起，出任中共國務院建設部部長。

俞大維的伯父俞明震為前清翰林，曾隨台灣巡撫唐景崧到台灣任事。台灣割給日本，唐景崧棄逃，事後，俞明震曾寫《台灣八日記》，記錄「台灣民主國」的歷史變局，是台灣史上很重要的參考資料。

唐景崧被推為民主國大總統時，俞明震為內務大臣，這段主從關係，也反映成姻親關係。俞明震的妹妹嫁進士陳三立，他們的兒子陳寅恪（名歷史家）則娶唐景崧的孫女唐瑩。陳寅恪既是俞大維的表兄，也是大舅子；俞大維之妻陳新午和陳寅恪是兄妹。陳寅恪的祖父陳寶箴，曾任湖南巡撫，因搞新政最力，保薦戊戌變法的主要人物楊銳和劉光第，被清廷下令「濫保匪人」、「永不敘用」。

俞家的這些親戚多未來台灣，俞大維的兄弟姊妹，也只有妹妹俞大綵（傅斯年的太太）、弟弟俞大綱來台。俞大綱為早期台灣平劇界的導師型人物。他編劇本，寫劇評，提攜林懷民的「雲門舞集」不遺餘力。

俞大綱有位親家也屬部長級人物。俞大綱的兒子俞啟運於一九六二年娶前僑務委員會委員長高信的女兒高陵珠。

高信在大陸時期任過廣東省祕書長和內政部次長。到台灣以後，一九五〇年教育部長程天放新任，找高信擔任常務次長。這和人脈網絡產生一種和諧一致的互動關係。程天放之女程琪嫁錢思亮之子錢純，程錢為親家。錢思亮則是傅斯年任北大校長時的北大教授，傅斯年來台接掌台大，錢思亮擔任教務長，傅斯年死後，錢思亮繼任台大校長。錢思亮幼子錢復念台大時，英文教授正是傅太太俞大綵，錢俞兩家熟稔，俞大綵視錢復為子侄。高信和俞大綱結為親家便不意外。何況雙方子女還是在美國華府結婚，異地陌生人因認識而結婚的機率實在不高。

高信連任教育部常次八年，沉寂幾年，一九六二年六月中旬和俞家結親，八月新任逢甲工商學院院長，十一月二十二日就晉升僑委會委員長，而且一任十年。

俞大維的母系，亦即曾國藩家族，不少後代子孫在台灣政壇位居要津。

清末重臣左宗棠是曾國藩的部下，曾寫信給朋友聊到：「文正公（曾國藩）嘗自笑坦運不佳，於諸（按，女婿）中少所許可。即栗誠（按，次子曾紀鴻）亦不甚得其歡心。其所許可者，只劼剛（按，長子曾紀澤）一人，而又頗憂其聰明太露。」有趣的是，與台灣政壇較有關係的曾氏子孫，正多出自曾國藩不太欣賞的曾紀鴻和女婿們。

俞大維的外祖父及曾寶蓀、曾約農的祖父，就是曾紀鴻。曾紀鴻因屢試不中進士，所以不得老父歡心。但曾紀鴻對「天文」、「算學」等新學問，很有研究，著有《圜率考真圖解》，求圓周和直徑比率到小數兩百餘位。

曾紀鴻一支的孫子曾昭柯，結有兒女親家卓高煊；卓高煊曾任福建省政府祕書長。另一孫子曾昭桓的兒女親家則是前湖南省主席王東原。

最受曾國藩喜愛的曾紀澤，沒有後代在台。只有親家李鶴章的哥哥李鴻章的孫女李佑蓀嫁田炯錦；田炯錦曾任僑委會委員長、大法官和司法院院長。曾紀澤和李鴻章結有姻親，係長女曾廣璇嫁李鴻章的侄子李經馥。

曾李兩府結親之前，早有世誼。李鴻章的父親李文安於道光十六年考取進士，和曾國藩同年入榜。李鴻章於道光二十四年中舉，第二年，即奉父命拜曾國藩為師。曾國藩曾經品評李鴻章與俞樾兩大弟子說：「俞樾拚命著書，李少荃拚命做官。」識者聞之，無不拂掌稱笑。

另外，影響台灣現代文學甚劇的小說家張愛玲，她的祖母是李鴻章的女兒。

李鴻章也是決定台灣脫離中國的執行者。清廷派他與日本首相伊藤博文簽訂馬關條約，割讓台灣以為甲午敗戰之賠償。當時，台灣居民咬牙切齒，民間流傳一篇檄文：「我台民與李鴻章、孫毓汶、徐用儀誓不共戴天。無論其本身、其子孫、其叔伯兄弟子姪，遇之船車街道中，客棧衙署之內，我台民族出一丁，各懷手槍一桿，快刀一柄，登時悉數殲除，以謝天地祖宗太后皇上。」

曾國藩不甚欣賞的諸婿中，居最幼的聶緝椝，有一位後代姻戚在台灣位高權重。前財政部長、行政院祕書長費驊的太太張心漪，就是聶緝椝的外孫女。

清末社會仍呈封建狀態，上層通婚尤重門第相當。拿張心漪的上幾代婚姻來說，聶緝椝的父親聶爾康是翰林庶吉士，娶曾國藩的六女曾紀芬；聶緝椝曾任浙江巡撫，聶曾兩人的女兒則嫁進士張其鍠（子武），張其鍠也就是張心漪的父親，官拜過廣西省長。

張其鍠早逝，張心漪和弟妹幼年隨母親住在外婆曾家。俞大維和張心漪同輩，叫張心漪「表妹」。俞大維雖為浙江人，但童年也住湖南曾家，和表姊表兄曾寶蓀、曾約農共學。不管姓曾不姓曾，他們有共同的祖先曾國藩，流居台灣一隅，感情更密。像某兄姊去世，家祭文由所有堂表兄弟姊妹共提，家族認同感強烈。

一九六〇年俞大維和蔣經國結為親家，這一年也正是費驊開始由省擠進中央，先任交通部常次，而後政次。蔣經國升任行政院院長，接班之勢已顯，另一邊雖兼任經合會（經建會前身），實則副主委兼祕書長費驊攬大權。蔣經國就任閣揆，費驊受賞識，晉升為院祕書長。現在看來，蔣費原是關係頗近的姻親，費是蔣的親家的表妹夫，此舉也算「內舉不避親」。

費驊在姻親關係上自成一個小網路，頗有看頭。他娶曾國藩的外曾孫女，他的弟弟費騄也不多讓，娶兩江總督沈葆禎的曾孫女沈佩申。沈佩申的媽媽林慕安和婦聯會總幹事辜嚴倬雲的媽媽林慕蘭是姐妹，費驊的姻親圈一下子就連上辜振甫，進入台籍大家族的聯姻體系。（參閱第三章）

費驊的子女輩中，女婿丁善理在政壇最具知名度；丁善理年輕時入陸軍官校，三十四歲離開軍隊，轉業後的第一個工作是華夏海灣塑膠公司的經理，之後升任執行副總經理。華夏海灣的董事長趙廷箴後來和辜振甫結成親家。在這裡，姻親關係和事業已糾結成一團。

有費家、俞大維、辜家、板橋林家等等關係當靠背，無怪乎一九七五年，年僅三十六歲的丁善理能夠兼任中華奧會副主席。這個位子，前教育部長、行政院長李煥的兒子李慶華後來也坐過。

丁善理另衍伸一組小型的姻親圈。弟弟丁善玖娶國大代表段輔堯的長女段慧慧。段輔堯自抗日起追隨一級上將薛岳，戰後，薛岳主政廣東省，段輔堯為省政府主任祕書，薛岳掌海南防衛司令部時，段是中將級的辦公廳主任。來台後，曾任財政部國營事業台灣製鹽總廠總經理。段輔堯並遞補為國大代表。妻弟藍光熙娶同為國大代表的吉章簡的女兒吉承飛。吉章簡在國大的地位則非段輔堯能比。吉章簡為主流的軍系國代，出身胡宗南部隊。戰後晉升首任交通警察總局總局長，來台灣初期當過國防部中將參議，幾次國大會議擔任過主席團主席。國大幾百幾千人之多，多以是否為主席團主席來論列地位。

吉章簡一直投身軍中情報系統，戴笠曾經多次向胡宗南商調他整編軍統局前後方各部隊。來台灣以後，國防部大陸工作處成立，吉章簡奉派祕任海南反共救國軍總指揮，曾去香港做滲透工作。吉章簡的長子吉承俠雖出身中央軍校十五期砲科，最後也進入情治系統，出任警總中將副總司令。

俞大維另一位張家表弟張心洽，一度曾是財金界不可限量的明日之星。國民黨營中華開發信託公司一九五九年創立時，張心洽是副總經理，不久升任總經理，不幸一九七二年突發心肌梗塞，結束五十三歲的生命。

張心洽的兒子張孝威台大畢業後，到美國改念賓州大學華頓學院企管碩士，頗為巧合，姻親關係不遠的台泥董事長辜振甫對華頓學院每年捐助大筆資金，辜家男孩也都於該學院畢業。一九八四年，張孝威三十三歲，年紀輕輕就當上國營交通銀行國外部經理。後來也受徐立德賞識，進黨營事業系統的大華證券，當總經理。又坐了他的父親張心洽曾經坐過的位子——中華開發信託公司總經理。其後又任過中華證券投資信託董事長，均在黨營事業的圈子。目前已由張忠謀網羅，改至台積電任職。

丁善理念軍校和電機工程，張孝威最早念地質，和金融、證券、貿易都不直接相關。他們順利進入的這一行業，恰與父執輩擅長的範圍吻合。他們的父執輩在財金政界耕耘留下的人脈關係，正是平常人家的青年渴求而難得的晉升階梯。

總的來看曾國藩親族網，第一代的曾國藩和他的親家李文安（李鴻章之父）、郭嵩燾、聶爾康，不是進士、翰林，就是總督、大臣，郭嵩燾還出使過英法。

第二代的曾紀澤、李鴻章都是清末辦洋務的重臣。

第三代只存曾廣銓，也中進士，出使過英國、朝鮮。曾氏一族在這一代中挫。滿清消滅，曾廣銓和一般清官遺老沒有兩樣，隱居終老。

但因為累代有外國經驗，曾家對西方文明的衝擊感受，無疑像是中國睡獅的鼻鬚；在全中國昏睡之際，他們已經很自覺地把子女送往西方學新知識。第四代長房孫女曾寶蓀於一九一七年修得英國理學士學位返回湘鄉，是一個明顯標竿。曾寶蓀的堂弟曾昭權更搭上第一班清華官費留學的列車，曾國藩弟弟曾國潢一支的第四代曾昭承也是清華官費留美，研習經濟，戰後之初，來台出任台糖接管委員會副主委。曾昭承的弟弟曾昭掄和俞大維等都獲博士，約於一九二一年返回中國。

在清末民初的大動亂裡，軍閥你爭我奪，唯有新知識無法橫刀強取，曾家子孫因此再回升權力的上流。

遷台以後，大體依附在陳誠的勢力之下，維續上層階級的地位。簡要整理曾氏子孫的姻親關係，共有：

①第四代曾昭楣嫁陳誠小舅子譚季甫，此線關係可通往故總統嚴家淦。（參閱第二十八章）

②俞大維的長子娶蔣經國的長女。此線通往行政院長連戰和台籍大家族。（參閱第二章）

③曾國藩幼女曾紀芬的外孫女張心漪是前財政部長費驊的太太。此線可通往前交通部長張建邦和台籍大家族。（參閱第二十三章）

④在海外的第四代曾昭柯，女兒曾伽因嫁前福建省祕書長卓高的兒子卓雋，曾昭桓的女兒「曜曜」（小名）嫁前湖南省主席王東原的兒子王定明。

⑤曾家能把蔣介石和毛澤東連成一線，堪稱政閥關係裡的第一奇族。

第二十八章

陳誠家族

譚延闓家族、嚴家淦家族、陳履安、倪文亞家族、吳鐵城、呂有文

陳誠家系

- （三子）陳勉修 ＝ 秦順英 p459
  - （次女）陳愉 ＝ 應禮賢
    - （長子）應家偉
  - （長女）陳怡⊗
  - （次子）陳履恆
  - （長子）陳履凱 ＝ 蘇莉
- （次子）陳正修 ＝ 莊素貞
  - （三女）陳履遵 ＝ 許餘定
    - （三女）許文蓉
    - （次女）許文心
    - （長女）許文飛
  - （次女）陳履寧 ＝ 馬振榮
    - （次女）馬麗君
    - （長女）馬麗文
  - （長女）陳綏華 ＝ 江濤
    - （次女）江化瑞
    - （長女）江化瑋
    - （長子）江化理
  - （三子）陳履定 ＝ 葛玫（Rose Cartmill）
  - （次子）陳履義 ＝ 粘龍音
  - （長子）陳履平 ＝ 季光明

譚延闓家系

- 雷法章 ＝ 文萍枝
  - （四女）雷愛珠 ＝ 何光國
  - （三女）雷愛璉 ＝ 李錫福
  - （次女）雷愛珞 ＝ 曾憲揆
    - （次子）雷慶恩
    - （長子）雷慶威
    - （次女）雷文瑾
    - （長女）雷文瑜 ＝ 范育德
  - （長女）雷愛玲 ＝ 吳英布
  - （次子）雷文生 ＝ 孫美珍
  - （長子）雷彬生 ＝ 倪美安
- 李韻秋 ＝ 倪文亞 ＝ 郭婉容 p310
  - （三女）倪美安 ＝ 雷彬生
  - （長子）倪公炤 ＝ 曹文娟
  - （次子）倪公北
  - （長女）倪美怡 ＝ 吳昌明
- 吳芝生 ＝ 陶素珍
  - （長女）吳韻宜 ＝ 呂有文
    - （長子）呂忠楠
    - （長女）呂忠萍
    - （次女）呂忠薇
    - （三女）呂忠苓
  - （長子）吳昌明 ＝ 倪美怡

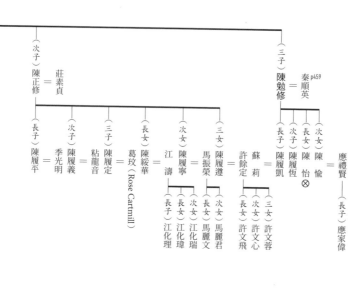

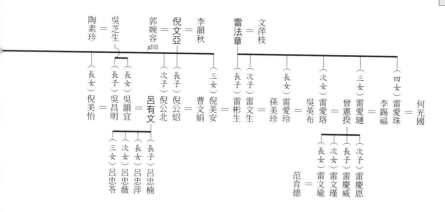

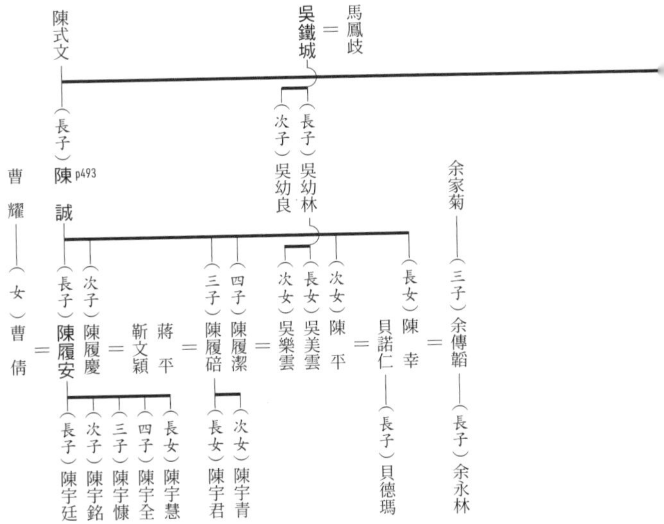
陳式文
吳鐵城 = 馬鳳歧
（長子）陳誠 p493
（長子）吳幼林
（次子）吳幼良
曹耀
（女）曹倩 = （長子）陳履安
（次子）陳履慶 = 靳文穎
蔣平 = （三子）陳履碚
（四子）陳履潔 = （次女）吳樂雲
（長女）吳美雲
（次女）陳平 = 貝諾仁
（長女）陳幸 = （三子）余傳韜
余家菊
（長子）陳宇廷
（次子）陳宇銘
（三子）陳宇慷
（四子）陳宇全
（長女）陳宇慧
（長女）陳宇君
（次女）陳宇青
（長子）貝德瑪
（長子）余永林

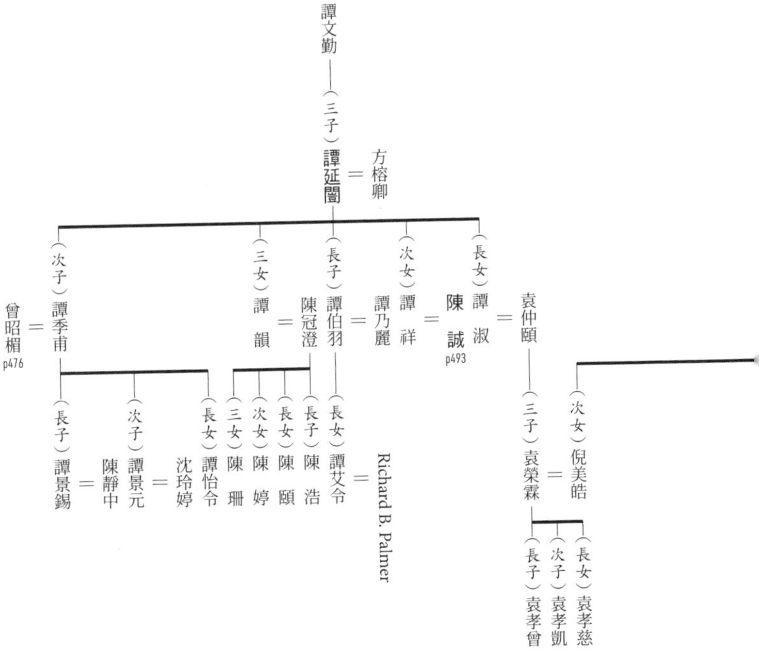
譚文勤
（三子）譚延闓 = 方榕卿
（次子）譚季甫 = 曾昭楣 p476
（三女）譚韻 = 陳冠澄
（長子）譚伯羽 = 譚乃麗
（次女）譚祥 = 陳誠 p493
（長女）譚淑 = 袁仲頤
（長子）譚景錫 = 陳靜中
（次子）譚景元 = 沈玲婷
（長女）譚怡令
（三女）陳珊
（次女）陳婷
（長女）陳頤
（長子）陳浩
（長女）譚艾令 = Richard B. Palmer
（三子）袁榮霖 = （次女）倪美皓
（長子）袁孝曾
（次子）袁孝凱
（長女）袁孝慈

嚴家淦家系

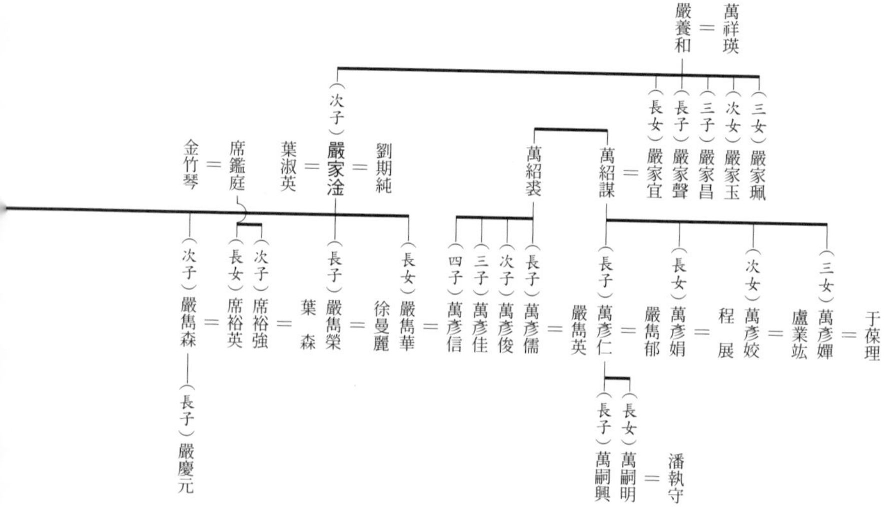

萬祥瑛 ＝ 嚴養和
（三女）嚴家珮
（次女）嚴家玉
（三子）嚴家昌
（長子）嚴家聲
（長女）嚴家宜 ＝ 萬紹謀
萬紹裘
劉期純 ＝（次子）嚴家淦 ＝ 葉淑英
席鑑庭 ＝ 金竹琴
（三女）萬彥嬋 ＝ 于葆理
盧業竑 ＝（次女）萬彥姣
程展 ＝（長女）萬彥娟
嚴雋郁 ＝（長子）萬彥仁 ＝ 嚴雋英
（長子）萬彥儒
（次子）萬彥俊
（三子）萬彥佳
（四子）萬彥信
（長女）嚴雋華 ＝ 徐曼麗
（長子）嚴雋榮 ＝ 葉森
（次子）席裕強
（長女）席裕英 ＝（次子）嚴雋森
潘執守 ＝（長女）萬嗣明
（長子）萬嗣興
（長子）嚴慶元

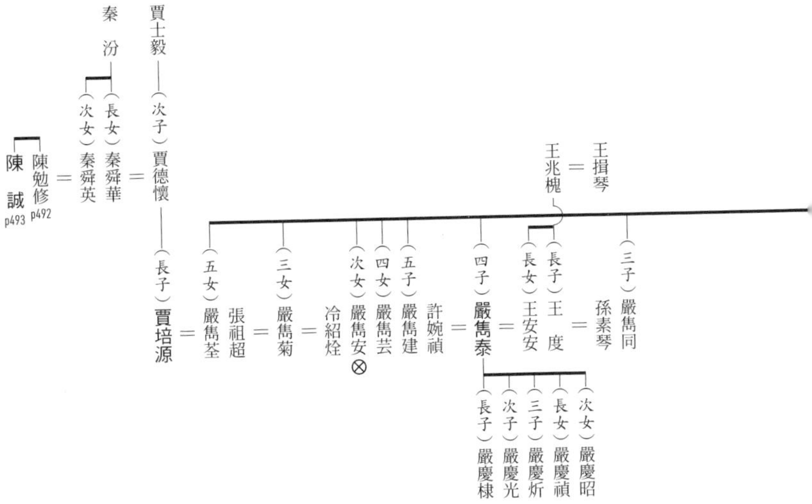
秦汾
賈士毅
（次女）秦舜英
（長女）秦舜華
（次子）賈德懷
陳誠 p493
陳勉修 p492
王兆槐
王揖琴
（長子）賈培源
（五女）嚴雋荃
張祖超
（三女）嚴雋菊
冷紹烇
（次女）嚴雋安⊗
（四女）嚴雋芸
（五子）嚴雋建
許婉禎
（四子）嚴雋泰
（長女）王安安
（長子）王度
孫素琴
（三子）嚴雋同
（長子）嚴慶棣
（次子）嚴慶光
（三子）嚴慶炘
（長女）嚴慶禎
（次女）嚴慶昭

角逐過前一次民選總統的前任監察院長陳履安出身王公世家，其外祖父譚延闓曾是國民政府主席，父親陳誠高居副總統。這些人脈關係是認識台灣政壇最基本的ＡＢＣ。

陳履安有不平凡的直系尊親屬，已不驚奇，其姻系親戚才值得一觀。環繞陳履安的富貴姻親，堪稱蔣家以外的台灣最大政壇閨閥。

陳履安的母系姻親中，陳履安要叫前立法院長倪文亞的女兒「表嫂」，更令人驚訝的還有一九九九年才卸任司法院副院長的呂有文也要喊倪文亞的女兒「嫂嫂」。台灣才五院，九〇年代中期在任的十位正副院長，就有兩人是近距離內的姻親，而且關係的中介站還是最久任的前立法院長。

倪文亞和呂有文是陳履安的大姨媽譚淑的關係網裡的姻親。譚淑是陳母的大姊，嫁湖南同鄉袁仲頤。譚淑的父親譚延闓、祖父譚文勤均為前清進士，她自幼習書作畫，來台後任教於師範大學。她的三子袁榮霖於一九六〇年娶倪文亞次女倪美皓。袁榮霖是陳履安的表兄。

呂有文與陳履安的姻親關係並不直接，而是以倪文亞為橋梁。呂有文的元配吳韻宜是倪文亞長女婿吳昌明的親妹妹。

呂有文一九二六年生，中國著名的朝陽大學畢業。一結婚，他就進入倪文亞的親戚關係圈。婚後，三十歲擔任金門地方法院院長，年紀如此之輕在法界少見。陸續調任台東法院院長、高院花蓮分院院長、高院台中分院檢察署首席檢察官、司法院廳長、副祕書長。施啟揚、蕭天讚兩位法務部長時，呂有文為兩朝政次，受施啟揚推薦接任部長。呂有文從最低層的檢察官做起，逐步榮升到法務部部長，不曾一日脫離司法系統，是歷任法務部部長僅見的一位。施啟揚、馬英九、廖正豪及城仲模都不曾當過一天的法官、檢察官；蕭天讚繞彎，以台籍立法委員、政務委員降臨法務部；李元簇從軍法處處長搭上蔣經國的關係；鄭彥棻的黨政經歷更輝煌，都不是由純粹司法官晉升。那些因此而認為呂有文就是「很乖乖牌」、「很福將」或「很努力、踏實」，不靠任何人際背景，千辛萬苦，終於成為司法行政系統龍頭的年輕人，可不能再拍胸脯或咬緊牙自勉「有為者亦若是」。

呂有文的大舅子吳昌明，也就是倪文亞的大女婿，原任職於中信局。中信局在政府各部門裡角色特殊，人事不經銓敘，局長下條子就可以用人。前中信局理事主席劉安祺將軍曾說，「中信局的組成分子也不單純，什麼要人的太太、子女都有，這些人也一天到晚囉嗦，不是升級就是要錢，問題多得很。」吳昌明最後以副理一職提早退休。一九八九年，和他的「繼丈母娘」郭婉容同時抵達北京，郭婉容開亞銀年會，他則尋找事業的另一花季，創立「北京圓山飯店」。目前還是台商的領袖之一，北京當局請他出任「台資企業協會」的會長。

倪文亞是台灣政壇的長青樹，當立法院長長達十八年。能如此，不能率爾斷論與陳誠是姻親有關，但絕對和奉陳誠為精神領袖的「團派」有必然關係。

所謂「團派」，係指一九三七年在武昌成立的「三民主義青年團」。三青團原意在因應中日戰爭一觸即發的局勢，後來卻在中國各省設幹事長，和各省黨部主委分庭抗禮。陳果夫、立夫兄弟掌握黨部系統，人稱「CC」，從此「團派」和「CC」宛如油水，永不相容。

三青團成立之初，蔣介石為團長，陳誠雖擔任書記長，名為二號人物，卻始終被團派奉為領導人。倪文亞早年就擔任過三青團中央訓練處處長和組織處處長，在三青團內的輩分相當崇高。

等一九四九年到台灣，隨著陳誠掌軍政實權，陳果夫早逝，陳立夫自我流放美國，團派全面得勢。特別在立法院，CC系幾乎從未翻身。等CC的梁肅戎當立法院長時，立法院對抗的主軸早從「團派↕CC」，轉變成「國民黨↕民進黨」，不具有派系獲勝的意義。

如是情勢大好的局面下，倪文亞以台灣省黨部主委、革命實踐研究院副主任和中央黨部第一組（現為組工會）主任的資歷，一九六一年當上立法院副院長，一九七二年配合蔣經國入主行政院，升任院長，一連十八年。

倪文亞的元配李韻秋一九六七年去世，之後，再娶喪夫近十年的郭婉容。

郭婉容為台南醫生之女，和知名政治犯、前台大政治系主任彭明敏是姨表兄妹。彭家與台籍大家族有多線的姻戚關係。（參閱第十八章）

倪文亞的親家陳容，頗能襯托他輝煌的政治生涯。除陳誠的大姨子外，前銓敘部長雷法章也是親家，雷的兒子娶倪文亞的三女。雷法章仕途發展的主要依靠是湖北同鄉沈鴻烈。在中國時，沈鴻烈當青島市長，他當教育局長；沈鴻烈升任山東省主席，他做沈的祕書長；沈鴻烈調任農林部長，不久，雷法章就當上農林部政次；一九四六年沈鴻烈再調浙江省主席，雷法章也跟著當了兩年多的省府祕書長。來台前後，雷法章為考試院祕書長，一九五二年起當了十一年之久的銓敘部部長。

雷法章有一女一婿是大使、外交官，但他們不是夫婦。雷法章次女雷愛珞嫁曾憲揆，曾憲揆曾任駐玻利維亞共和國大使和駐巴拿馬大使。曾憲揆駐巴拿馬長達十二年，一九八七年離任，才由卸任的國防部長宋長志接替。

雷法章的長女雷愛玲則是早期知名的中國女外交官，畢業於知名的金陵女子文理學院，考取外交官資格後，曾任駐檀香山領事館總領事。

一山比一山高，陳履安還有比倪文亞、呂有文、雷法章更高位的姻親——總統嚴家淦。關係線由陳履安的小叔叔陳勉修連上。陳勉修的連襟賈德懷是嚴家淦的兒女親家。

二〇〇〇年以前，中華民國政府在台灣只有過四位總統和六位副總統，兩位總統父死子繼，顯示政治生態的封建性。另外的一位總統和其中一位副總統也是關係很近的姻親，再度強化印證台灣高層權力關係的封閉性格。

一九六五年二月二十日，行政院長嚴家淦的小女兒嚴雋荃在紐約出閣，嫁給復興航業公司總經理賈德懷的兒子賈培源。賈培源媽媽的妹妹，正是陳誠弟弟陳勉修的太太。當這條關係鏈組串完成之後，不到半個月，三月五日，陳誠即病逝，而嚴家淦如陳誠的影子，既接替陳誠的行政院長寶座，又坐上遺留的副總統大位。還像陳誠一樣，一度雙頭兼職，位極人臣。

嚴家淦享盡榮華，相關子侄輩均受庇蔭，姻親又多在金融界得意，致使嚴家一度成為財金圈的最大家閥。

嚴家淦有五子五女，除次女早夭外，長子嚴雋榮曾是上海商銀總經理。四子嚴雋泰自一九八二年起擔任省營事業唐榮公司總經理。長女婿萬彥信曾任第一信託總經理。侄子嚴雋寶曾任台銀總經理、財政部常次、中信局理事主席及農民銀行董事長。

姻親部分，嚴家淦的小女婿賈培源家族已三代在銀行界縱橫。賈培源的祖父賈士毅為民國財金元老，早年負笈日本讀明治大學法政科。民國肇造，進財政部任基層官僚，歷任財政部常次、湖北省政府財政廳長、代理省主席、江蘇農民銀行董事長。日本投降，派為湖北、湖南和江西三省區的財政金融特派員，負責接收三省財金機構。來台後，吟詩作書之餘，前省議長黃朝琴創辦第一商銀時聘為董事，也擔任過交通銀行監察人。

嚴家淦的親家賈德懷戰前在中國也是交通銀行信託部副理，兼管復興航業公司（董事長杜月笙）財務。等國民黨敗逃到台灣，復興航業一度改為官營，一九五五年恢復民營時，由賈德懷出任總經理。

賈德懷的長子賈培源早在美國定居發展，前些年曾任美國花旗銀行總行的副總裁及副董事長，躋身花旗最高決策的核心。

賈培源父母親的婚姻本身就是中國財金官僚世家聯姻。他的外祖父秦汾和祖父賈士毅係同一官僚輩分，一九三一年，秦汾當財政部會計司司長，賈士毅是賦稅司長，兩人前後都升任常次，秦汾從一九三八到一九四四年間，還擔任七年的經濟部政務次長。

秦汾的長女秦舜華嫁入賈府，次女秦舜英則嫁陳履安的小叔叔陳勉修。陳勉修也屬財金界大角。陳誠兄弟三人，陳誠居長，資深立委陳正修次之，勉修最幼，和陳誠相差十四歲，陳勉修一九三二年交通大學畢業時，陳誠已在北伐戰役中拔萃，晉升上將軍長，陳勉修之後再赴英國倫敦政經學院專攻貨幣銀行碩士學位，奠定日後在財金界發展的基礎。主要事業仍追隨陳誠才得開展。

一九四九年一月陳誠先就任台灣省主席，二月，國民政府來台，四月，陳勉修出任台灣土地銀行副總，再升總經理，一做十五年。其間，陳誠推動土地改革，不論是徵收地主土地，政府賠償債券，或者佃農承購新地，分年繳納地款，這些真正落實土改政策的步驟，均委由公營的土銀承作，陳勉修為主其事的靈魂人物。

一九六四年陳勉修調升台銀董事長，一做又是十二年。任上不如以前光彩，曾遭監察院彈劾。一九六六年，蔣介石的親家、蔣緯國的岳父石鳳翔經營大秦紡織在台銀的呆帳高築，台銀以違約為由強制管理大秦。大秦董事會仍在掙扎自救，台銀卻向法院申請拍賣。新組成的復興紡織公司竟能以一億五千萬元低價拍得大秦，與大秦資產兩億六千萬元有相當距離。加上復興紡織公司那邊的股東，有時任財政部長陳慶瑜的外甥趙廷箴、立委劉秋芳的丈夫苗育秀等人。監委吳大宇於是提案彈劾，彈劾書中有「欺矇勾串、圖利他人」字句。

不過，彈劾素來無損中國官的顏面，更不害仕途。像同案被彈劾的台銀總經理毛松年後來升任僑委會委員長，又出使日本當代表。陳勉修情況也不差，安坐台銀董事長位子到一九七六年，再調任交通銀行董事長，一九七九年又轉任華僑和國內銀行投資各半的世華商銀董事長。

另外，嚴家淦的財金姻親還有次子嚴雋森的岳父席鑑庭，他在一九六八年去世時正任台灣銀行台中分行經理，等於是台銀在中部的龍頭。

四子嚴雋泰的岳父王兆槐原本出身軍統，到事業後半期，也被磁鐵般的嚴家吸進銀行體系；公營交通銀行自一九六〇年在台復業，王兆槐隔年起即任董事，一直到一九八五年病重辭職為止。

王兆槐，浙江人，考取黃埔軍校四期步科，一九二七年畢業就派任北伐總司令部上尉參謀，從此成為蔣介石近身心腹。一九三五年任淞滬（上海地區）警備司令部偵緝隊隊長，深受戴笠賞識，往後一直擔任情報系統要職。抗日開始，蔣介石下令除去第三集團軍總司令韓復榘，即由戴笠率領毛人鳳、王兆槐設計誘捕。來台後，王兆槐專任國大代表。

陳履安自己的姊弟嫁娶對象也多名門世族之後。

陳誠有六位子女，先女後男。陳履安在四個男生中排行最大。他的幼弟陳履潔娶國民黨黨國大老吳鐵城的孫女吳樂雲。吳鐵城和孫文同鄉，早年加入同盟會，曾任上海市長、廣東省主席。抗日期中，任海外部長，到南洋轉過一大圈回國，即任中央黨部祕書長，戰後出任過行政院副院長兼外交部長。

吳鐵城來台北幾年後便病逝。長子吳幼林畢業於上海聖約翰大學和美國賓州大學碩士班，循著父親的「外交」足跡，擔任過領事級外交官。因應中美斷交，外交部成立北美事務協調會，設主委一人和兩位委員。主委易手多人，委員一直只有兩位，一是高雄政商首腦、前高市議長陳田錨之父陳啟清，另一位即吳幼林。吳幼林政商兩棲，曾任中信局副局長，之後轉任民營太平產物保險公司董事長，儼然有商界耆宿的架勢。吳幼林的女婿陳履潔是美國精算師，曾是美商保德信保險公司台灣分公司總經理。

吳幼林的長女吳美雲享譽文化界，現任《漢聲雜誌》總經理。《漢聲》近年把雜誌書籍化，每一單期有單一主題，宛如一本書，嶄新的作法，很受注目。圈內熟悉者說：「琳達‧吳」自小受西式教育，英文很棒，人很「smart」。

陳履安的大姊陳幸嫁青年黨主席余家菊之子余傳韜。余家菊這個「黨主席」是好多位中的一位。青年黨來台以後，領袖曾慕韓病逝，就開始陷入無止境的分裂。先是余家菊和陳啟天在台北太平町天馬茶室開會，以青年黨正統自居，和青年黨籍行政院政務委員王師曾等人對立。大老左舜生從香港來台北調和，成立統一的中央黨部，起創一個五人主席團。不在主席團名單內的余家菊反對，和立委冷彭、董微另立黨務整理委員會。到一九六一年，五人主席團之一的李不韙等人召開臨時全國代表大會，選出左舜生、李璜、陳啟天、李不韙、余家菊、何魯之、胡國偉、張子柱、于復先九人為主席。可是，陳啟天和余家菊又聲明臨代會不合法，拒絕接任主席。國民黨不能坐視友黨內亂，曾經由阮毅成、于斌等人出面斡旋。總之，分分合合後，到一九七六年余家菊去世前，他的主席排名居首，在李璜、陳啟天等人之前。

余家菊在中國時曾連任四屆參政員，一九四八年當選國大代表，來台灣就一直以國大代表為專職。

余傳韜所受父蔭遜於泰山大人陳誠的餘蔭，副總統和國民黨副總裁當然比青年黨主席強。余傳韜有加州生化博士頭銜，曾任哈佛大學研究員，他和陳幸即是一九六二年在哈佛教堂結婚。官職生涯前半段走和小舅子陳履安相仿的路。一九七二年先派任省立嘉義農專校長。陳履安一九七九年二月離任教育部政次，前腳剛走，四月，姊夫余傳韜後腳就任技職司司長，一年後並升任常次，明顯刻意拔擢。一九八二年又火速外派中央大學校長，似乎在補強教育部長必備的經歷。

結果，和陳履安不同，余傳韜在中央大學時風波不斷，學生在校園張貼大字報反對他。余傳韜從政生涯不順，最後仍得任考試委員。

陳履安直系親屬已在國民政府繁榮三代，這也是支撐偌大閨閥的棟梁。第一代的外祖父譚延闓，跨越清末和民初時期，一九二四年曾任北伐聯軍總司令，一九二八年又任國民政府主席，在國民黨的崇高地位，少人能堪比擬。譚延闓卻和革命黨人在清末時期的地位迥然不同。民國初年領導新政府的革命人物，多是遠泊海外，求取現代知識的留學生，一部分則是奔馳沙場，馬上立功的軍頭，兩個新貴階級全然隨民國開張而興起。譚延闓不同，他是舊貴、前朝遺臣。

譚延闓在一九〇四年（光緒三十年）得進士，朝考一等第一名，以「翰林院庶吉士」晉用。父親譚文勤更是清末重臣，光緒帝時，歷任陝甘總督、閩浙總督、四川總督（未上任）和兩廣總督。譚延闓在時代變動中並未遭潮流淘汰，反而成功過渡到新紀元。他對革命黨人多有幫助，其中還因與清廷官員交篤，救過前國防部長、總統府資政俞大維的父親俞明頤。武昌起義，被請出任湖南督軍，抗退清兵；又與稱帝的袁世凱對峙；陳炯明之變時，接孫文到上海朝夕相處。

汪精衛的大將陳公博曾在回憶集《苦笑錄》中描寫譚延闓，其處世、性格清楚跳凸出來。寧漢分裂前，氣氛很緊張，陳公博去找國民政府主席譚延闓，尋找解救之道。陳公博說：「譚先生，我們所慮的危機已到了！這樣怎麼得了呢？」譚延闓幽幽答說：「你說怎麼得了，又怎麼才算得了呢？」陳公博一聽更氣急：「不是這樣說，不得了，應該想出些辦法。」譚延闓於是講了一段禪師才會的禪語：「得了也就這樣了，不得了也就這樣了，難道得了真這樣了嗎？不得了真就不能了嗎？……中國的事往往到了不得了的時候，終歸會了的，若勉強想去了，反而不能了。」舊王公就是舊王公，場面看多了，凡事心波不驚，自有一套肆應變局的工夫。

譚延闓一九二八年獲推任國民政府主席，同年訓政開始，行五院制，又任行政院長，一九三〇年中風去世。

隔兩年，譚延闓的三女譚祥正在「蔣夫人系」的國民革命軍遺族子弟學校教英文。蔣介石夫婦媒妁，撮合兩位麾下部屬，陳誠娶了譚延闓之女。陳誠的婚姻也屬政治家庭聯姻。沒有政治上的陳誠，就沒有政治上的陳履安，但是，即使沒有政治上的譚延闓，陳誠依舊能夠闖出一片天地。

陳誠三十六歲娶譚祥，浙江青田家鄉已有元配。他從保定軍校畢業後，曾任孫文大元帥的警衛連長，結婚當時，陳誠官拜第十八軍上將軍長，「湖北省主席」也成經歷欄裡的一項頭銜。

陳誠一九四九年離開中國，來台擔任台灣省主席時，聲望跌到谷底。之前，他高居參謀總長兼東北行轅主任，國民黨與共產黨在二次世界大戰戰後的內戰，國民黨最先敗掉東北，許多人莫不把責任歸咎給陳誠。

當初因養病兼有避風頭意味，陳誠來到邊疆之島的台灣，萬萬沒想到，國民政府退避來台，反而把他帶上歷史的另一浪頭。土地改革和三七五減租政策挽回陳誠的地位，使陳誠兩進行政院長辦公室，並為副總統。一九五七年十月國民黨八全大會，蔣介石總裁又提拔為國民黨副總裁，穩居黨內第二號人物。

一九六〇年初，蔣介石總統連任兩次，大家都知道蔣介石「不好」再連任，陳誠有意幹一任總統，再還給蔣介石。據說，陳誠先尋求胡適支持，再由胡適找梅貽琦和蔣夢麟造勢。沒想到蔣介石這邊也動員海外華僑猛拍電報回台灣，「恭請蔣總統連任」之聲不絕，胡適等人的行動被迫取消。

陳誠功高震主，鋒芒又未稍斂，和蔣介石常鬧意見，官場人盡皆知。駐美大使蔣廷黻每次返國述職，補充了解國內政情，總要探聽一句「兩位先生之間是否和諧」。一九六五年，陳誠因肝癌病逝副總統任上，喪禮採少見的國葬儀式。他和蔣介石的神經戰隨之灰滅。從後來的發展看，蔣家是厚植了陳誠後代，刻意彰顯蔣家的胸襟，當然也是蔣氏父子家族式統治術予以體現的結果。

譚延闓的子女都有來台。長子譚伯羽為陳誠妻子的哥哥，也曾活躍於官場。譚伯羽留學德國，習電機工程，但他的官職經歷多半與財金有關，先任過歐洲數國商務參事，一九四二年起陸續擔任過經濟部常次和政次、交通部政次。一九四九年二月跟妹夫陳誠飛來台北，出任台灣生產管理委員會委員的閒差，一九五二年派任國際貨幣基金執行董事，往後就一直羈留在美。

舊世家以讀書求取功名，累代之後，多出精書通畫的文人雅士。譚伯羽對詩書畫藝術均有涉獵。三十七歲時，充任蔣宋美齡之弟宋子良的副手，赴歐考察，就在柏林拍賣場買下歷史名畫——德國畫家克拉那赫的「李鴻章半身像」。譚家幾代仕宦，名家字畫也藏很多，一百餘件真跡字畫，一九八一年時，均移送故宮博物院保存。

譚延闓的次子、陳履安的二舅譚季甫較鮮為人知。譚季甫二十三歲留學英國，得冶金學士學位，從此與國家的工技單位發生關係。戰前做過大鋼鐵廠工程師，來台以後，擔任台灣造船公司協理，之後升任台灣造船公司總經理、董事長。等台灣造船和高雄、基隆兩造船公司合併為中國造船公司時，譚季甫仍任中船董事，另一方面，也是公營陽明海運公司的董事。一九八一年十月，譚季甫以七十二之齡去世。

陳履安的二舅媽曾昭楣是前國防部長俞大維的表妹，來自湖南湘鄉望族曾家，她的曾祖父是清末大臣曾國藩的大弟曾國潢。這樁譚曾聯姻可算是民國以來湖南的世紀性婚姻，把雄霸一九五〇年代台灣政壇的「湖南幫」勾勒得更加清楚。

在譚延闓的一代，從長子譚伯羽編纂的年譜可以看出，俞明頤和張子武都是他往遊的密友。而俞明頤正是曾國藩次子的女婿，譚延闓救過他一命。張子武則是曾國藩六女的女婿。

到下一代，來台以前，他們已形成姻親網。譚延闓的女婿陳誠重用俞明頤的兒子俞大維，把他推薦給蔣介石，最後並在他的內閣當國防部長。當陳誠兼任光復大陸設計委員會主委時，選了曾國藩次子的長孫女曾寶蓀出任副主委。陳誠又啟用張子武的女婿費驊當台鐵副局長、交通部常次。俞大維擔任交通部長時，則找了譚延闓的長子當政務次長。（參閱第二十七章）

數到陳履安一輩，張子武的孫子張孝威曾任國民黨營中華開發信託公司總經理及中華証券投資公司董事長，張子武的外孫婿、費驊的女婿丁善理曾任中華奧會副主席、現任黨營事業中央貿易開發公司董事長兼總經理。

第二十九章

劉泰英與董建華家族

洪蘭友、趙耀東、溫哈熊、丁守中、董浩雲

劉泰英姻系

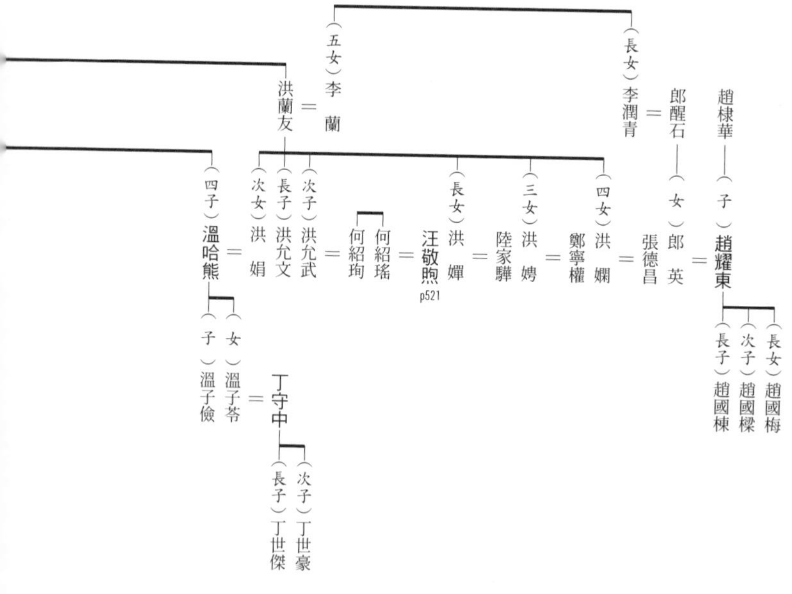

(長女)李潤青
郎醒石
趙棣華
(女)郎英
(子)趙耀東
張德昌
(長女)趙國梅
(次子)趙國樑
(長子)趙國棟
(五女)李蘭
洪蘭友
(四女)洪嫻
鄭寧權
(三女)洪娉
陸家驊
(長女)洪嬋
汪敬煦
p521
何紹瑤
何紹珣
(次子)洪允武
(長子)洪允文
(次女)洪娟
(四子)溫哈熊
(女)溫子荅
(子)溫子儉
丁守中
(次子)丁世豪
(長子)丁世傑

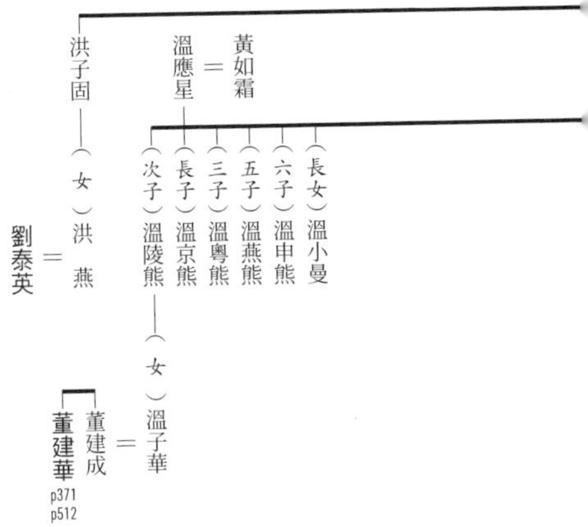
洪子固
溫應星 ＝ 黃如霜
（女）洪燕 ＝ 劉泰英
（次子）溫陵熊
（長子）溫京熊
（三子）溫粵熊
（五子）溫燕熊
（六子）溫申熊
（長女）溫小曼
（女）溫子華 ＝ 董建成
董建華
p371
p512

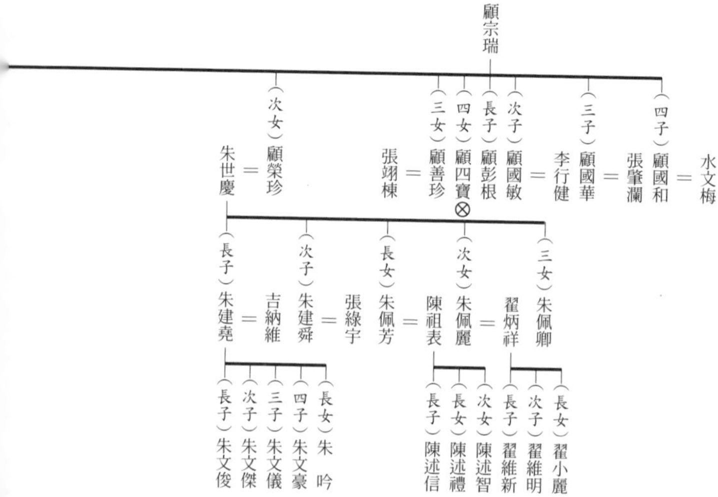
顧宗瑞
（四子）顧國和＝水文梅
張肇瀾＝（三子）顧國華
李行健＝（次子）顧國敏
（長子）顧彭根
（四女）顧四寶⊗
（三女）顧善珍＝張翊棟
（次女）顧榮珍＝朱世慶
（三女）朱佩卿
（次女）朱佩麗＝翟炳祥
（長女）朱佩芳＝陳祖表
（次子）朱建舜＝張綠宇
（長子）朱建堯＝吉納維
（長女）翟小麗
（次子）翟維明
（長子）翟維新
（次女）陳述智
（長女）陳述禮
（長子）陳述信
（長女）朱　吟
（四子）朱文豪
（三子）朱文儀
（次子）朱文傑
（長子）朱文俊

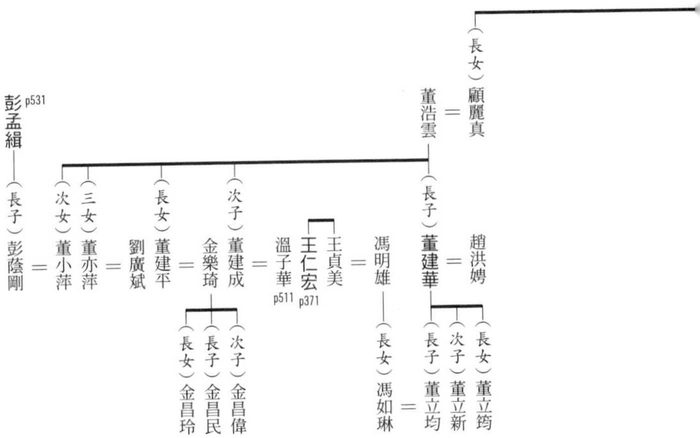
（長女）顧麗真
董浩雲
（長子）董建華
趙洪娉
（長女）董立筠
（次子）董立新
（長子）董立均
馮如琳
（長女）馮如琳
馮明雄
王貞美
王仁宏
p371
溫子華
p511
（次子）董建成
金樂琦
（次子）金昌偉
（長子）金昌民
（長女）金昌玲
（長女）董建平
劉廣斌
（三女）董亦萍
（次女）董小萍
彭蔭剛
（長子）彭蔭剛
彭孟緝
p531

當今政壇財界，說起劉泰英，簡直可以用「呼風喚雨」來形容。

劉泰英現任國民黨投資事業委員會主任委員，人們習慣稱他國民黨的「大掌櫃」。不少政商兩棲的政客，遇有公司周轉不靈或股價狂跌，都會找上他。他也很積極挾國民黨的財勢，介入大手筆投資案，例如高鐵。新聞版面在這些年，幾乎缺少不了他。

劉泰英出身苗栗卓蘭的客籍家庭，由姊姊扶養長大，家境清寒，和李登輝總統同為康乃爾大學經濟學博士，並受到李的賞識，從台經院院長，一躍而為國民黨的財務總長。

劉泰英以平凡家世，而能與大姻圈連上，與其高學歷有關。劉太太洪燕是他台大經濟系的後輩，校園牽引了他們的姻緣。

劉泰英的岳父是前國民大會祕書長洪蘭友的弟弟。洪蘭友為憲政史上必當觸及的歷史人物。中華民國憲法的正本即由洪蘭友走上國民大會主席台，由書架上取下，呈交大會主席吳敬恆，再由吳敬恆送交國民政府主席蔣中正。洪蘭友當時擔任國民大會祕書長，久任至一九五八年病逝。

正是洪蘭友把劉泰英及前聯勤總司令溫哈熊，乃至於前經濟部長趙耀東糾合成一個姻親圈。洪蘭友的長女婿陸家驊是戰前上海名人、英國租界巡捕房（警察局）的中國籍督察長陸連奎的兒子，陸家擁有上海第一座對外開放的大陸游泳池和中央大飯店，是一富族。

陸家驊與溫哈熊為中學好友，便介紹他的姨妹洪娟給溫哈熊。洪娟是劉泰英太太的堂姊。

溫哈熊的家世也不凡，其祖父、外祖父均是前清進士，一九〇五年，其父溫應星即坐上赴美的船，進入維吉尼亞軍校。後來，曾任孫文的英文祕書。當宋子文擔任財政部長時，轄下稅警總團總團長便是溫應星。知名的政治軟禁案主角、前總統府參軍長孫立人最早也在稅警總團底下，擔任團長。

前雲南省主席龍雲之子龍繩武接受中研院近史所訪問，做成口述歷史，曾說到溫應星。一九五四年，「當時不與大陸及台灣合作的第三勢力正醞釀在雲南邊區組織軍政府，溫哈熊的父親溫應星中將（美國維吉尼亞軍校畢業）跟麥帥很熟，想推動組織軍政府的計畫，來問我態度如何。我說：『我贊成反共，你們反共的行為我當然支持。』之後，這項計畫被杜魯門知道，麥帥被解職，溫應星的路斷了，軍政府因此組不成。」溫應星的非主流色彩可見一斑。中國易幟，溫應星遂由香港，轉去美國定居。

溫應星和來台灣的國民黨無緣，兒子溫哈熊卻不然，差別點在於溫哈熊早在一九四七年，何應欽當國防部長時，就當部長的侍從參謀，並跟隨來到台灣。蔣經國掌權後，更有惹人紅眼的發展。溫哈熊於聯勤總司令之前，為國防部長蔣經國的辦公室副主任、駐美採購團團長。

當年同在何應欽麾下當侍從參謀的，還有後來任銓敘部長的陳桂華與曾任警總總司令、國安局長的汪敬煦，他們和溫哈熊三人感情親密，互相暱稱「小陳」、「小汪」、「小溫」。他們也都是人稱的「儒將」，性情相投。其中，溫哈熊和汪敬煦還有姻誼。汪敬煦娶何應欽的侄女之後，溫哈熊的舅子洪允武繼娶了汪敬煦的姨妹，洪汪成了連襟，溫哈熊和汪敬煦也就從同僚關係提升為親戚關係。（參閱第三十章）

由溫哈熊，姻親線另可拉到現任香港行政特區長官董建華。溫哈熊的兄弟為「熊」字輩，以出生地命名，如溫哈熊因出生於哈爾濱而得名；在南京出生的三哥溫陵熊（二哥夭折，故陵熊排行第二），有女溫子華，即嫁給董建華唯一的弟弟董建成。

董建華來自一個航業鉅富的家族。父親董浩雲的事業從淪陷前的中國便已開始，他和國民政府關係良好，一九四七年創辦復興航業公司時，董浩雲為創辦董事，董事長由蔣介石的情報祖師爺杜月笙擔任。國民黨在中國大敗，復興航業也隨國民黨遷來台灣。

一直到一九七一年，董浩雲才向國際伸展生意觸角，投資美國和香港的碼頭、貨倉和修船業，收購外商輪船，一度發展到號稱全世界最大的獨立船東。人一鉅富，政治地位也隨之而來，董浩雲曾是摩洛哥駐港名譽總領事，死後並由香港總督執紼。

董建華能出線擔任香港回歸中國後的第一位行政長官，一般推測，董建華和中國、台灣當局關係均善，他出任長官，可以促成一種三地關係的「平衡」。從姻戚的角度看，董建華確與台灣關係匪淺。

除與溫哈熊家族有姻誼外，董建華另有幼妹董小萍嫁給前參謀總長彭孟緝的長子彭蔭剛，彭蔭剛主持的偉聯航運集團，即脫身自船王董浩雲的中國航運公司。（參閱第三十一章）

而且，董建華的兒子前些年還娶了前行政院研考會主委王仁宏的外甥女。王仁宏的父親即高雄企銀的創辦人王天賞，董建華與王家有姻戚關係，在高雄的上流社會普遍知情。（參閱第二十一章）

再回到洪蘭友家族的姻親圈。前經濟部長趙耀東也與洪蘭友有關係。洪蘭友的太太李蘭，原名李佩之，因夫婦情篤，以夫名為名，以示親愛。李佩之的親大姊李潤青即趙耀東的岳母，趙妻郎英要叫洪蘭友「姨丈」。

趙耀東的父親趙棣華也屬國民黨的舊貴，曾任中國四大公營銀行之一「交通銀行」的董事長兼總經理。早年追隨陳果夫、陳立夫兄弟。陳立夫於一九二九年出任國民黨中央黨部祕書長時，趙棣華為總務科主任，一九三三年，陳果夫晉任江蘇省主席，趙棣華出任財政廳長，「CC」系的色彩濃厚。

現任立委、前國民黨青工會主任丁守中仍是國民黨內一顆可用的明日之星，他才四十五歲，又擁有美國名校博士的學歷。一九八九年競選立委時，丁守中從校園踏出他的第一步。那年，他才三十五歲，頂著美國「佛萊契爾外交法律研究院」（哈佛大學合作管理）的國際政治博士學位，投入北市北區選戰。他的岳父溫哈熊時任聯勤總司令，有些使不上力，軍方和黃復興黨部的主流人物郝柏村和許歷農，都與「留美派」的溫哈熊關係不緊密，他們全力支持趙振鵬，捨棄這位年輕博士。

丁守中私下很抱怨打不進眷村，直呼遭封殺。事實上，依循裙帶關係，他也有「重砲」。前經濟部長趙耀東選前宣布出任丁守中競選總部的主任委員，當天《聯合晚報》把這則放上頭版頭條，並配合「鐵頭為丁守中打氣」的漫畫，極盡宣傳功效。又因趙耀東表示此舉目的在於推舉「清流」，丁守中一夕間有了清楚的「識別系統」。

趙耀東當時接受記者採訪，指出他和丁守中不是很熟。但是，顯然「趙鐵頭」的話說得不完整。拆開新聞幕後的人際關係，趙耀東不僅是丁守中岳父溫哈熊的舊識，而且，他們之間根本就是姻親。趙耀東的岳母是溫哈熊岳母的大姊，換言之，趙溫兩人的太太是姨表姊妹，丁守中要叫趙耀東「表姨丈」。

從洪蘭友到丁守中，這個姻網已累三代在國民黨內騰達，充分反映國民黨家族政治的性格，當然，他們受良好教育、學有專精，也是不容忽略的重點。

第三十章

毛高文與何應欽家族

汪敬煦、俞政、董孝誼、毛人鳳

何應欽家系

- 何其敏＝史氏
  - （長子）何應楨
  - （次子）何應祿
  - （三子）何應欽＝王文湘（兄弟姊妹：王文華、王伯群（文選）、王文湘）
    - （長女）何麗珠＝蔣友光
      - （次女）蔣安文
      - （長女）蔣光文
      - （長子）蔣同慶
  - （四子）何輯五（應瑞）＝華冰華
    - （長子）何紹雄＝李珍儀
    - （次子）何紹源＝俞文淵（兄弟姊妹：俞文淵、俞政）
    - （三子）何紹牧＝何毓琰
  - （五子）何縱炎（應炳）＝秦虹波
    - （長女）何美卿＝董孝誼
      - （長子）董定宇
      - （長女）董明宇

汪敬煦姻系

- 何輯五 p520
  - （長女）何紹瑤＝汪敬煦（兄弟：汪敬熙＝何肇菁）
    - （三女）汪伊賢＝董豐盛（董春風＝烏絨之（三子））
    - （次女）汪伊君＝林偉生
    - （長女）汪伊聖＝毛渝南（（三子））
  - （次女）何紹珣＝洪允武 p510 p521

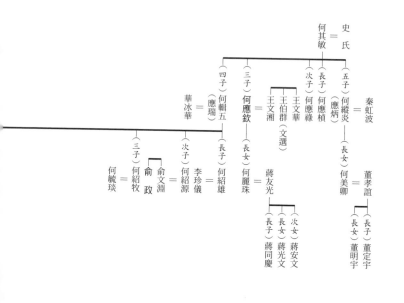

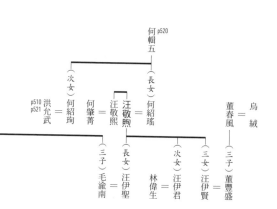

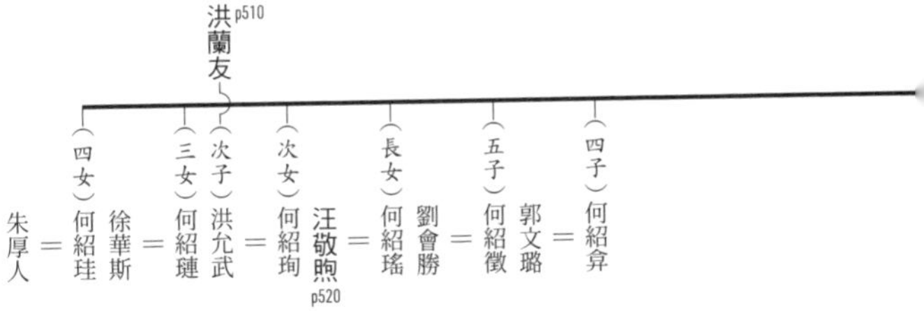

洪蘭友 p510
（四子）何紹弇
（五子）何紹徵＝郭文璐
（長女）何紹瑤＝劉會勝
（次女）何紹珣＝汪敬煦 p520
（次子）洪允武
（三女）何紹璉＝徐華斯
（四女）何紹珪＝朱厚人

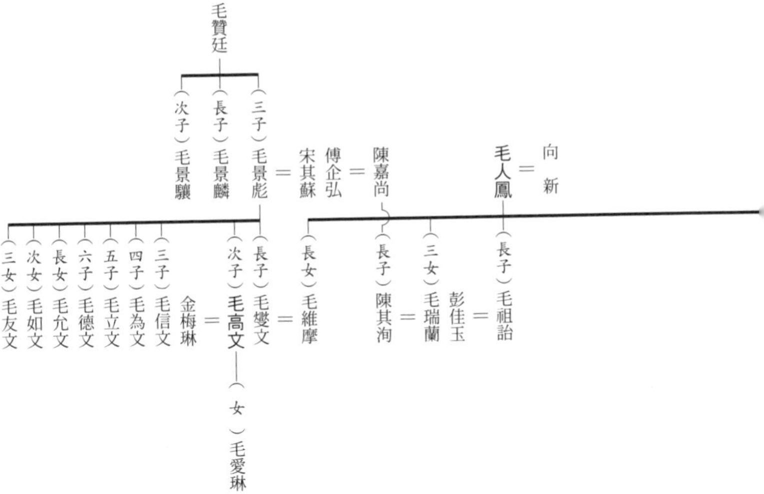

毛贊廷
（次子）毛景驤
（長子）毛景麟
（三子）毛景彪＝宋其蘇
傅企弘
陳嘉尚
毛人鳳＝向新
（長子）毛祖詒＝彭佳玉
（三女）毛瑞蘭＝陳其洵
（長子）陳其洵
（長女）毛維摩＝毛燮文
（長子）毛燮文
（次子）毛高文＝金梅琳
（女）毛愛琳
（三子）毛信文
（四子）毛為文
（五子）毛立文
（六子）毛德文
（長女）毛允文
（次女）毛如文
（三女）毛友文

前教育部長、考試院副院長、現任哥斯大黎加大使毛高文的家世背景，除系出浙江奉化毛家外，在外省權貴中，姻親網絡壯觀富麗的程度，僅僅次於監察院長陳履安。毛高文近距離的姻親網，甚至有前參謀總長、行政院長何應欽上將。

在毛高文和何應欽中間的姻親，絕大多數是軍方名門。像情報頭子、軍統局長毛人鳳，他是毛高文大哥的岳父，也是前國安局長、警總總司令汪敬煦的親家。毛人鳳另一位兒女親家陳嘉尚，則曾任空軍總司令。何應欽家族本身衍生的姻親則有國民政府時期的交通部長王伯群、來台以後的交通部郵政總局局長何縱炎、交通部常務次長董孝誼、中央銀行副總裁俞政。

何應欽家族的崛起即因一樁婚姻。何應欽生在一個平凡的商家，清末陸軍部保送留日學生，何應欽中第，赴日讀東京振武學校，低蔣介石一期。旋即加入同盟會，一九一二年回中國打辛亥革命戰。三年後，二度留學日本，入日本陸軍士官學校，再次返國，就在家鄉貴州發展，一九一七年，與王文湘結婚。

王文湘來自貴州的第一家庭。民國初年，軍閥分據整個中國，各地方擁兵自重。何王結婚前一年，袁世凱帝制垮台，王文湘的舅舅劉顯世宣布貴州獨立，自任貴州都督，王文湘的兄弟王文華在何應欽結婚時已是黔軍總司令。

何應欽婚姻的關鍵人則是王文湘、文華的哥哥王伯群。王伯群在中國近代史上有一席之地；早年東渡日本，畢業於日本中央大學政治經濟系，也是同盟會一員。就是王伯群介紹何應欽、谷正綱之兄谷正倫等人入王文華軍幕，才有何應欽成為王伯群妹夫的結果。

王伯群在孫文恢復軍政府時，交通部長唐繼堯未到任，他以唐的駐粵代表身分出任次長，並代理部長職。一九二四年，舅舅劉顯世任貴州省長時，王伯群任中道尹。一九二七年，王伯群出任交通部長，但他與大夏大學女學生保志寧結婚，帶來一場橫禍。婚禮由張群、許世英證婚，因給女方嫁粧費十萬元，愛情保險費十五萬元，又在上海蓋別墅，單單磁磚，就花了五十萬元，輿論群起攻之，監察委員提案彈劾。一九三一年十二月，結婚半年，王伯群便卸任交通部長一職。

何應欽在中國的時期，地位已達一人之下，萬人之上。中國接受日本駐華派遣軍司令官岡村寧次投降的就是何應欽。抗日期間，他既是中華民國軍事委員會的參謀總長，也是中國戰區陸軍總司令。戰爭一勝利，何應欽的政治生命卻走入尾聲。隔年的五月，有一天下午三、四點鐘，何應欽如常面見蔣介石回來，臉上很嚴肅沉重，一進辦公室，把一張條子交給祕書陳桂華（後曾任行政院人事行政局長、銓敘部長），命令交下去辦。陳桂華揭開條子一看，是蔣介石的手諭：「一、派白崇禧為國防部長。二、派陳誠為參謀總長。」一張字條解除何應欽的軍權，比宋太祖趙匡胤的杯酒釋兵權還要簡單。

何應欽從此外放到美國擔任聯合國中國軍事代表團團長。雖然等一九四九年，國民黨情勢一日壞甚一日的當口，蔣介石再找他「共赴國難」，當了行政院長兼國防部長，但僅僅如曇花一現。立法院同意何應欽繼任行政院長當天，正值何應欽六十歲生日，蔣介石贈壽軸一幅，上寫「安危同仗，甘苦共嘗」，頗為諷刺。

國民黨政權逃亡來台灣，局面一時萎縮，跟富豪破產，家當盡失一樣，可供分配的軍權官位，與待分配的人不成比例，更不消說，根本容不下何應欽這種大將軍，何應欽只好閒著去搞道德重整運動。數老一輩軍頭的待遇，何應欽頗有野鶴閒趣，偶爾出國參加世界道德重整運動，去日本也很受歡迎。畢竟西安事變時，何應欽主張轟炸西安，雖有不顧蔣介石性命之嫌，卻已是二十年前的前塵往事。若像桂系大將白崇禧，在中國有三度逼迫蔣介石下野的紀錄，因此來台之後，就連日常行動都遭跟監，遑論出國。

何應欽不過問政權，似乎反倒福及兄弟和子侄。

何應欽夫婦情深，頗多韻事。早年何應欽每次出征，出門前，太太必為他在胸前繫一朵玫瑰花，以表祝福。從家族枝葉茂盛的角度來說，可惜何氏夫婦無出，以侄女過繼為女。唯一的女兒何麗珠於一九八三到一九八六年曾任外交部檔案處長。幾年前於駐日代表處擔任領務組組長，屬一級單位主管。一度還傳聞接任駐日副代表。

何應欽排行第三，有兄弟五人。只兩位弟弟來台灣。最小的弟弟何縱炎曾任交通部郵政總局局長多年，一九七〇年退休，被徐有庠的遠東紡織集團延聘去擔任亞東工專校長，長達十餘年。

何縱炎和何應欽一樣，只有一女，唯一的女婿董孝誼幾年前才自交通部常務次長退休。董孝誼原出身海軍官校，官至上校時，一九七二年辦理上校以上軍官外職停役，通過檢覈，由軍職調任文職。這項辦法一直被批評是提供有關係的將校方便之門，搶占文官職位。董孝誼轉調便有特殊處。老交通部的官員說，交通部所屬的航管、公路、輪船的單位和事業體，歷來由三軍分包囊括，自成封閉的人事體系。唯獨董孝誼能以海軍進駐空軍地盤，擔任桃園中正機場主任，之後又升任航政司長和交通部常次。

何應欽的大弟何輯五，也就是前警總總司令、總統府參軍長汪敬煦的岳父。何輯五戰前活躍於貴州政壇，曾任貴州省府委員多年，軍階至中將。何應欽在國民政府高居軍政部長時，何應欽的姊夫王伯群為交通部長兼中國航空公司理事長，何輯五則任中航總經理。來台灣後，何輯五一直專任國大代表。

何輯五次子一九五九年娶俞良濟之女，俞政因而走進何應欽家族的親戚網路裡。俞良濟也就是俞政的父親。俞政前半期在中國輸出入銀行和交通銀行任職，一九八〇年開始以三級跳方式，先任中央銀行祕書處長，剛滿一年不久，跳升外匯局局長，四年不到再升任副總裁。加上他的學歷是美國威斯康辛州大學「機械系」，令人不禁連想提拔他的央行總裁俞國華和俞政屬同宗，於是有人誤以為俞政也出生浙江奉化，其實，俞政籍貫江蘇宜興，關係背景另有天地。俞政卸任央行副總裁之後，一九九四年出任交通銀行董事長。一九九九年被富邦集團網羅，任富邦銀行董事長。

何輯五的次女婿是前國大祕書長洪蘭友的兒子，前聯勤總司令溫哈熊則是洪蘭友的女婿。（參閱第二十九章）

何輯五的長婿汪敬煦則另衍成一政商姻網。

汪敬煦在國安局長任內發生江南案，箭頭均指向軍情局長汪希苓，倒未折損他的名聲。高層的情治人員說，歷任國安局長只有汪敬煦一人會把外國餽贈的物品繳報，操守最好。汪敬煦卸任國安局長後，轉任華航董事長多年，歸屬交通部監督。其時航政司長正是同為何應欽侄女婿的董孝誼。

王伯群任交通部長，何縱炎任郵政總局局長，董孝誼任交通部長司長和常次，汪敬煦任華航董事長，甚至俞政也任交通銀行董事長，似乎可以見出，權貴親族有地盤化的傾向。

汪敬煦的長女婿毛渝南的事業也與交通部門有關。毛渝南現任台灣國際標準電子公司總經理，這家民營公司官方色彩曾經很濃，交通部電信總局占股百分之四十，並且曾和吉悌電信、美台電訊三家公司，壟斷全台電話交換機市場。

一九九〇年代後半，立法院均攻擊過這種給特定公司利益的做法。於是，有人揭露毛渝南的家世，毛渝南只說父親去世時他才十一歲。事實上，他有位國安局長、警總總司令、總統府參軍長的岳父，岳母家族又出多位交通行政機關高層主管。

毛渝南的父親是戰後初期赫赫有名的情報局長毛人鳳。

毛人鳳和國民黨軍統之父戴笠同鄉，又是小學同學，陸軍官校第四期畢業後，應戴笠之邀，進入情報系統，效忠蔣介石。抗戰結束，升為軍統局副局長，一九四七年，升任保密局長（由軍統局改組），也是來台第一任情報首腦。蔣介石一九四九年下野到一九五〇年在台灣復行視事之間，毛人鳳已先遣來台北布置局面，又在宜蘭備船，台灣若再不保，準備隨時可以再「播遷」。

以前關於蔣家父子和家族的故事既限閱又限談，演變成民間自有一套流傳的故事。例如毛人鳳和蔣家的關係，一直有人指他是第一任蔣夫人毛福梅的親戚。事實不然，毛人鳳為浙江江山人，非奉化人。不過，毛人鳳也可稱是蔣家親戚，因為毛人鳳的長女嫁給陸軍中將毛景彪的長子，毛景彪就真的是毛福梅宗族裡的後輩。只是蔣家親戚的身分遲來了，一九六〇年兩毛結親時，毛人鳳已去世四年。

毛高文的大嫂正是毛人鳳的長女。關於毛高文的家世也一直被刻意隱藏。毛高文自一九八七年起任教育部長，開始必須天天面對新聞記者，記者免不了問他：「籍貫浙江奉化，又姓毛，是否與蔣家有關？」毛高文一反年輕開放的形象，永遠避而不答。

事實上，毛高文必須稱呼蔣經國「表叔」。毛高文的祖父毛贊廷，是毛福梅同族兄弟。毛贊廷的三個兒子和許多浙江奉化的蔣家族人一樣，受蔣介石飛黃騰達影響，或是從軍，或是投效蔣介石，成為蔣介石的子弟兵。毛贊廷的長子毛景麟曾任北伐國民革命軍總司令部交通處長，三子毛景彪曾在抗戰時的軍事委員會委員長侍從室任事，官拜中將。

毛景彪四十八歲病逝，遺有六子三女。其中僅次子毛高文回到台灣發展。他是蔣毛家族中少數的博士，也沒有太多後繼者，他的事業顯得異常順利。一九七二年以化學工程博士回台灣進清華大學任教，做了清大工學院院長、工業技術學院院長和清大校長三個職務，一九八七年七月即出任教育部長，一九九三年轉任考試院副院長。

毛人鳳第二代另外還有與將領名門聯姻。他的三女毛瑞蘭嫁前空軍總司令陳嘉尚的長子陳其洵。陳嘉尚一九五七年從空軍副總司令晉升空軍總司令，當兒子一九六七年娶毛家小姐時，陳嘉尚早已卸任賦閒，未再晉職，談不上以婚姻為勢力聯盟的手段。兩個毛家結親也是如此。一九六〇年，毛高文的大哥毛燮文娶毛人鳳之女時，毛人鳳已肺癌病逝數年，隔年，毛高文的父親也因肝癌去世。即便和汪敬煦聯姻，也很難說與權力作用有關。汪敬煦之女一九七九年嫁毛人鳳之子，毛人鳳更是已去世二十三年之久。

綜合來看毛人鳳和三位權貴高官結親，雙方家長並非同時當權或後勢看好。其結親現象可說明將軍族的生活圈比較封閉，或可說外省籍將領階層形成一個人際自足的交際圈。

第三十一章

陳儀、彭孟緝與沈君山

白崇禧家族、白先勇、顧祝同家族、袁守謙

彭孟緝姻系（沈君山）

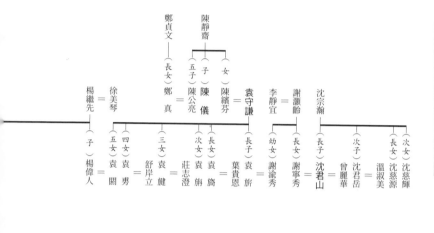

沈宗瀚
（次女）沈慈輝
（長女）沈慈源
溫淑美
＝
（次子）沈君岳
曾麗華
＝
（長子）沈君山
＝
謝灝齡＝李靜宜
（長女）謝寧秀
（幼女）謝渝秀
＝
陳靜齋
（女）陳續芬＝袁守謙
（長子）袁旂
葉貴恩
＝
（子）陳儀
（長女）袁旖
（次女）袁旃
莊志澄
＝
鄭貞文——（長女）鄭真＝（五子）陳公亮
（三女）袁犍
舒岸立
＝
（四女）袁旉
（五女）袁闓
＝
徐美琴＝楊繼先
（子）楊偉人

白崇禧姻系（顧祝同）

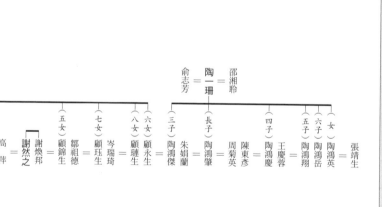

張靖生
＝
（女）陶鴻英
（六子）陶鴻岳
（五子）陶鴻翔
王慶蓉
＝
（四子）陶鴻慶
陳東彥
＝
周菊英
＝
（長子）陶鴻肇
邵湘聆＝陶一珊＝俞志芳
＝
朱娟蘭
（三子）陶鴻傑
＝
（六女）顧永生
（八女）顧璉生
＝
岑瑞琦
（七女）顧珏生
＝
鄒祖德
（五女）顧錦生
＝
謝煥邦
謝然之
＝
高萍

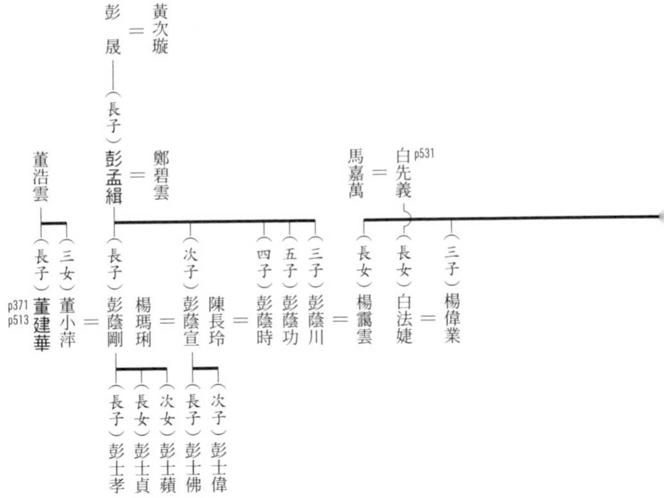

彭晟＝黃次璇
（長子）彭孟緝＝鄭碧雲
董浩雲
（三女）董小萍
（長子）董建華 p371 p513
（長子）彭蔭剛＝楊瑪琍
（次子）彭蔭宣＝陳長玲
（四子）彭蔭時
（五子）彭蔭功
（三子）彭蔭川＝楊靄雲
（長子）彭士孝
（長女）彭士貞
（次女）彭士蘋
（長子）彭士佛
（次子）彭士偉
馬嘉萬＝白先義 p531
（長女）楊靄雲
（長女）白法婕＝楊偉業
（三子）楊偉業

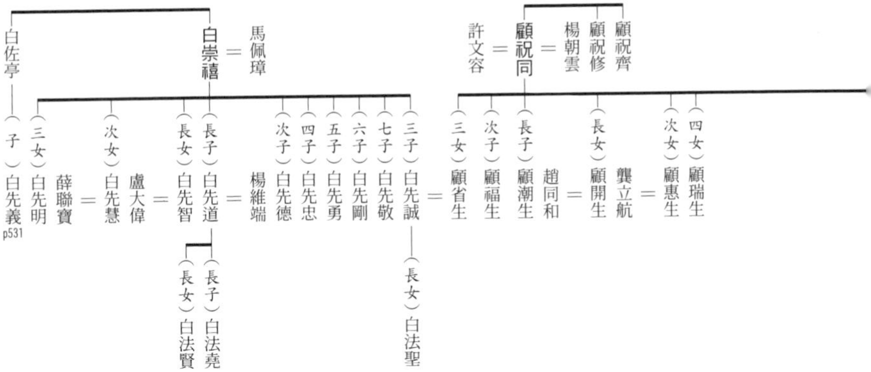

白佐亨
（子）白先義 p531
白崇禧＝馬佩璋
（三女）白先明＝薛聯寶
（次女）白先慧＝盧大偉
（長女）白先智
（長子）白先道＝楊維端
（次子）白先德
（四子）白先忠
（五子）白先勇
（六子）白先剛
（七子）白先敬
（三子）白先誠＝顧省生
（長子）白法堯
（長女）白法賢
（長女）白法聖
許文容＝顧祝同＝楊朝雲
顧祝修
顧祝齊
（三女）顧省生
（次子）顧福生
（長子）顧潮生
（長女）顧開生＝趙同和
（次女）顧惠生＝龔立航
（四女）顧瑞生

蔣氏父子時代的國民黨政權，彷彿一個家族；人臣如子，也會集結如一個個的「房」。有的以同事、同鄉，有的以同學，有的以政治地盤為經緯，形成有封閉性的人際關係網絡。

由陳儀、彭孟緝、袁守謙、白崇禧、顧祝同所串組而成的姻網，將星雲集及全然為外省族群通婚，為其特色。

勾織此一姻網的核心人物叫楊繼先，知名度和官拜之階都最低微，卻也高居陸軍中將。楊繼先一九一六年生，江蘇阜寧人。一九七八年報准軍職停役，轉任石門水庫管理局局長。楊繼先有位貌美酷似老牌影星尤敏的女兒，嫁做參謀總長彭孟緝的兒媳，那時他還未滿五十歲。等他六十歲，已晉升中將，兒子娶軍系大老袁守謙的女兒，便很門當戶對了。

由楊繼先發出的關係線路有三條。第一條線：彭孟緝是他的親家，航業鉅子董浩雲又是彭孟緝的兒女親家。第二條線：黃埔一期的將軍大老袁守謙是楊繼先的親家，袁守謙的大舅子是有名的二二八靈魂人物陳儀；袁守謙和農復會主委沈宗瀚又有同一位親家謝灝齡；謝灝齡正是人稱「四大公子」之一沈君山的岳父。第三條線：楊繼先和大陸時期的國防部長白崇禧的侄子白先義是親家，白崇禧和前參謀總長顧祝同是親家，顧祝同和前台灣省警務處長陶一珊是親家，顧祝同的一位女婿又是前文工會主任謝然之的弟弟。

從這個結果來看，陳儀和彭孟緝是親戚，毋寧是上帝和歷史開「純屬巧合」的最大玩笑。在近幾年翻帳風中，追究二二八的歷史真相最是風行，陳儀和彭孟緝的名字不斷出現在報章雜誌上，負面評價遠多過於諒解。陳儀被指施政不當，積累民怨；彭孟緝時任高雄要塞司令，下令鎮壓，死傷者眾。

彭孟緝雖長年在台灣民間惡名流傳，但官場極盡得意。二二八後，晉升台灣警備司令。一九五九年任副總參謀長時，參謀總長桂永清遽逝，蔣介石指定彭孟緝接任，年僅四十七歲，又未曾做過三軍總司令，眾人頻呼意外，足見彭孟緝如何受寵。三年後改任陸軍總司令，之後二度出任參謀總長，任期長達六年，在高層軍職縱橫近二十年。彭孟緝屬來台後第一代實權軍頭。抗戰前後已聲勢如虹的何應欽、顧祝同、白崇禧、薛岳等多人，以台灣之小池容不下大龍，均轉入冷宮待退；來台初期紅極一時的孫立人又因案坐了四十年的軟禁牢刑，黃埔五期的彭孟緝順勢崛起。卸任參謀總長後，還歷任總統府參軍長、革踐院主任、駐泰國和駐日本大使，為終身職的陸軍一級上將，在軍方地位崇高。

一九八九年，國防部長鄭為元南下孫立人宅探望，孫立人在形式上獲得平反。隔年，孫立人的部屬發起生日慶祝會，一位在職的部長，出身軍方，被列名副主任委員。彭孟緝仍能打電話，追到花蓮，找到這位部長，要他除名。在講究服從和倫理的軍方，彭孟緝的威望仍有作用。

彭孟緝長子彭蔭剛列名偉聯集團負責人，即因裙帶關係而來。彭蔭剛娶香港船王董浩雲的女兒董小萍時，正是彭孟緝權勢最隆的時期。（參閱第二十九章）

董浩雲的航運集團在台的部分貿聯運輸公司由女婿彭蔭剛負責，彭蔭剛之弟彭蔭功也在同一公司擔任總經理。

彭孟緝次子彭蔭宣在台主持一家建築師事務所，取得哈佛建築學碩士，曾在聞名全球的華裔建築大師貝聿銘事務所待過十年。一九七四年回台灣，前頭短短三、四年，已有設計作品，如台灣省手工藝中心、國立工業技術學院、桃園國際機場航站大廈、中鋼辦公大樓等公家建築；政商關係亨通的國泰集團、遠東紡織集團也有大樓聘請彭蔭宣設計。目前行政院長連戰的私邸所在的一品大廈也出自彭蔭宣的手筆。

三子彭蔭川就是連接關係的關鍵人，他娶楊繼先的長女楊靄雲，一九六五年一月十七日的《中央日報》刊載圖文並陳的結婚消息，直述是參謀總長的公子「昨締白首之盟」。楊藹雲曾參加第三屆中國小姐選拔，雖獲得第六名，報紙仍稱做中國小姐于歸參謀總長的公子。

楊繼先的另一位親家袁守謙則不是頭銜琳瑯顯赫，卻是個實力派人物、官場上都尊稱他「企老」（袁守謙的字「企止」）。

袁守謙黃埔一期畢業，軍中的輩分很高，但高不及五顆星，卻在行政職務上做到國防部代理部長及來台後第四任交通部長，任期長達六年。一九六〇年卸職後，轉任革踐院主任，看似無足輕重，事實上，一直到一九八八年國民黨召開十三全以前，袁守謙還代表軍方，占一席國民黨中常委。

袁守謙生前最重要、最後的一次公開露臉係以「八大老」的身分出現。一九九〇年春天的政爭，林蔣配挑戰李登輝提名李元簇為副總統的行動，蔣彥士居中斡旋，請出八大老調停。八大老另有黃少谷、陳立夫、李國鼎、辜振甫、倪文亞、謝東閔和蔣彥士。其中只有袁守謙具備軍人色彩，借用他的聲望，是因為擁護林蔣配的主力均是軍系國大代表。

袁守謙的宦途位高而清，看不出有受到大舅子陳儀「叛國罪」的池魚之殃。袁守謙的太太陳縯芬是陳儀的妹妹，陳氏兄妹系出北平銀行界聞人陳靜齋。陳儀於清末即留學日本士官學校，又畢業於日本陸軍大學，是日本陸大第一期的中國留學生。戰後，蔣介石會派陳儀任台灣行政長官，就是以陳儀知日之故。

陳儀接管台灣，施政不當，民怨堆積如山，終於爆發二二八的歷史悲劇。關於陳儀施政及個人作風，史書有種種記述，但老一輩平民的描述言簡意賅。一種流傳的說法指陳儀來台，第一道命令就約束公務員不能收紅包。台灣人你看我，我看你，大家都很納悶，不懂什麼叫「紅包」。這個民間說法包含太多涵義；它代表日本政府和中國政府的文化差異，它透露台灣人對祖國的鄙視及灰心失望，更指出官僚貪污的文化移植台灣，令人痛惡。

二二八事件後導致四月改制為省府，魏道明擔任省主席。「陳長官」走了，但嚴格講，並非懲罰性去職，陳儀隔年又出任浙江省政府主席。陳儀最後被國民黨在台北處決，已與二二八不相關。一九四九年國共內戰，中國一片亂，倒戈易幟的事必然發生，史上司空見慣，但站在鬥爭線上的一方來說，那就是「叛國」的「漢奸」。陳儀被控勸誘湯恩伯棄守上海投共，一九五〇年六月十八日在台北馬場町槍決。事後，《中央日報》的攝影記者王介生還奉命去殯儀館拍照，然後把照片呈上去，「層峰」要確定陳儀已被槍決。

陳儀有位弟弟，也是袁守謙的舅子陳公亮，在上流階層也頗知名。國民黨不迴避舉親的政治文化早已因襲。陳儀奉派來台任行政長官時，陳公亮也被調任台灣區金融特派員，只因陳公亮另有考慮，改赴東北。國民黨退守台灣時，陳公亮正任中央印製廠總經理，把印製機器成功拆遷來台灣。這件功勞沒能沿續他的政治生命，有否受陳儀案的陰影波及，不得而知，但同一時間起，陳公亮已轉行到民間。

一九五三年起，船王董浩雲聘陳公亮擔任董氏集團的母體事業「中國航運公司」的常務董事，達二十餘年之久，雙方關係匪淺。董浩雲和陳公亮最後因聯姻關係，有姻親之誼，與其說巧合，不如說上流社會和金字塔塔尖一樣，空間小，碰來碰去，都是些熟面孔。

陳公亮的岳父鄭貞文在中國化學史有一席地位。目前大家熟知運用的化學元素名字，像氮、氧、乙烯、溴，都是鄭貞文造字而成。鄭貞文擔任福建省教育廳長多年，省主席均是「福建王」陳儀，而陳公亮與鄭貞文的女兒鄭真就在這個關係存續中成親，也算政治家庭聯姻的一例。

沿著袁守謙的姻親線，另外可抵達沈君山家族。前行政院政務委員、清華大學校長沈君山和袁守謙的長子袁旂以前曾是連襟。沈君山的前妻謝寧秀是袁妻謝渝秀的姊姊。

沈君山的政治官僚、社會賢達等角色，不得不溯自其父沈宗瀚的餘蔭。

沈宗瀚長期擔任農復會主委，農復會又對台灣現代化居功厥偉，兩位蔣總統均禮遇沈宗瀚。沈宗瀚年老，屢次提出退休請求，總統都予以婉拒。一直到七十九歲時才批准，改任顧問。

當年，行政院長蔣經國約見沈宗瀚，詢問繼任人選以誰為佳，沈宗瀚說：「我十餘年來，常考慮繼任人選，蔣彥士為第一人選，如院長不能允他辭去教育部長，則李崇道祕書長學問道德與行政能力均好，為最適宜的繼任人。」李崇道因此接任農復會主委。

沈宗瀚提拔蔣彥士、李崇道之功，不在話下。也因此蔣彥士和李崇道稱沈宗瀚為師，執禮甚恭。一九八一年十一月，即由蔣彥士和李崇道具名發起沈宗瀚逝世週年的紀念會。

農復會的人脈自成系統，沈宗瀚又為蔣夢麟之後農復會系統的祖師爺。李登輝從農復會技正爬到總統尊位時，曾在農復會推薦過他的蔣彥士，又被請回總統府擔任祕書長，宛如國師；曾經一起發表論文，又曾任農復會祕書長的謝森中入主中央銀行總裁辦公室；沈宗瀚核心班底人物李崇道晉任中研院副院長；祖師爺之子沈君山也在李登輝時代一開始，便入閣擔任政務委員。一九九〇年二月引發政爭，李登輝執意提名李元簇擔任副總統，非主流擁護林洋港、蔣緯國搭檔競選，國民黨內一時氣氛緊繃到人人頭痛，由蔣彥士請出八大老協調。在過程中，蔣彥士的座車中一直有沈君山陪行獻策。

沈君山在近二十年的台灣民主政治中扮演重要角色，但都沒有實權位置，政務委員的頭銜僅維持了一年，如曇花一現，沈君山幾乎全然是幕後型的政治人物。

沈君山和謝寧秀離婚後多年，再娶小說家曾麗華為妻，並添一子。沈君山不改赤子之心，偶然開國統會，與陸委會副主委馬英九意見不合，就藉題玩笑。沈君山告訴馬英九：「你是帥哥沒什麼了不起，二十年後，我兒子一定比你帥。」曾麗華曾是中央銀行總裁謝森中的機要祕書，人脈又未脫離農復會的圈子。

回過頭來看這個軍頭姻圈的「男主角」楊繼先。因為楊繼先的三子楊偉業娶白崇禧的侄孫女白法婕，使本姻親圈更加壯觀。白法婕的父親白先義叫白崇禧「叔叔」。白崇禧在兄弟間排行老五，老大白佐亭（別號）正是白先義之父。白先義沒有太特別，出身行伍，最後以聯勤總部上校退伍。

白先義和楊繼先結兒女親誼，使得前國防部長白崇禧與陳儀、彭孟緝等人同在一張親族表內。他們共通點，都是與二二八歷史相關的重要官員；但聲譽的際遇迥然不同。民間對白崇禧的印象和評價都屬正面。

白崇禧當年奉派來台灣處理二二八「民變」，第二天行政長官公署和省保安司令處會報，討論善後事宜。省保安處參謀長柯遠芬當場說了「寧可錯殺三千，不可走漏一個」的話，發言未完，白崇禧大怒，拍桌子罵柯說：「你知不知道你說的話的出處？這是俄共始祖列寧的話。共產黨可以照著做，我們能對自己的同胞這樣做嗎？」

白崇禧來台灣之後不僅已無事功，而且生活有若幽居。白崇禧是廣西桂林南鄉人，李宗仁是桂林西鄉人，白一直追隨李宗仁，屬桂系首腦之一，人長得俊秀英挺，北伐時晉級為總司令蔣介石參謀長，有「小諸葛」的封稱。李宗仁和蔣介石長年鬥爭中，少不了白崇禧的角色，蔣介石一九四九年下野，即導始於華中剿匪總司令白崇禧上電主張和共產黨謀和，李宗仁接著要求蔣介石下野。蔣經國在日記式的著書《負重致遠》裡，形容白、李等人的行動是「此種威逼脅持」。來台的蔣氏父子會如何小心翼翼對付白崇禧，已可想而知，白崇禧長期遭到跟監，一直到一九六六年去世為止，不曾寸步離開台灣。與他被奉為總統府戰略顧問委員會副主任委員、陸軍一級上將的身分，形成諷刺的對比。

白崇禧一家的宗教信仰也和蔣介石一系的黃埔將領大異其趣。白崇禧為回族人，族譜記載族姓「伯篤魯丁」，明朝禁用外國姓氏，才改姓「白」。白崇禧夫婦均循回教禮儀，葬在台北松山六張犁回教公墓。

白崇禧有七子三女，五子白先勇最知名，寫有《台北人》和《孽子》等小說。

白崇禧的三子白先誠則是前參謀總長顧祝同的女婿。和許許多多權貴子弟一樣，一九五八年白先誠和顧省生在美國紐約結婚。當時顧祝同已脫離軍功彪炳的人生巔峰，和白崇禧同列總統府戰略顧問委員會主任委員，算是同僚結秦晉之好。

顧祝同畢竟和白崇禧派系不同，顧祝同始終是蔣介石的嫡系，黃埔軍校初立，顧祝同即任中校戰術教官兼代管理部主任，一路東征北伐，縱橫沙場二十餘年，不曾有類似上電促請蔣介石下野的「不良紀錄」，所以，顧祝同於一九五九年還改任國防會議（國家安全會議的前身）祕書長。

顧祝同膝下有二子八女，三位女兒嫁入官宦名門。除顧省生嫁白崇禧之子外，女兒排行第五的顧錦生嫁前中央黨部第四組（文工會前身）主任謝然之的弟弟謝煥邦；第六個女兒顧永生嫁前台灣省警務處長陶一珊的三子陶鴻傑，陶鴻傑是名演員、電視兒童節目主持人陶大偉的哥哥。

謝然之是新聞界老前輩，早期《新生報》還是數一數二的大報時，他曾任董事長。台灣幾個新聞學系的學閥中，文化大學新聞系奉謝然之為領航人物。

謝然之在官場有一席之地，與他劃歸蔣經國的中央幹校派要角有關。謝然之由陳誠介紹，擔任過中央幹校的主任祕書，往後主要事業多在新聞宣傳方面。一九七〇年出使薩爾瓦多，為連戰的前一任駐薩大使。文工系統轉任駐中美洲大使的人事安排一度成為慣例；前《中央日報》社長馬星野一九五九年駐巴拿馬大使，吳俊才一九七六年繼連戰接任駐薩爾瓦多大使。

二次世界大戰期間，中美成立「中美特種技術合作所」，直隸最高統帥，由情報頭子戴笠當主任。合作所下有特技訓練班，即由顧祝同的親家陶一珊負責。陶一珊在戰爭結束後，升任淞滬警備司令部副參謀長，被稱為戴笠手下的「十三太保」之一，是戴笠跟前的紅人。一九五〇到一九五三年更位居台灣省警務處長。但是很快政治生命便告夭折。有人分析原因說，陶一珊參加革踐院訓練，班主任陳誠公開指責，警務處竟向美援會要求撥款建一座有裝冷氣的大禮堂，實在太不了解國家處境困難，陶一珊因此在陳誠心中留下壞印象。另外有人說，真正關鍵原因是有一天，陶一珊陪蔣孝文去北投遊玩，有「帶壞」蔣總統長孫之嫌，省主席俞鴻鈞奉蔣總統官邸命令解陶之職。

陶一珊沉默好長一段時間，一九六二年開始主持「中華民國國際貿易協會」，擔任理事長，一直到一九七八年病逝，由三子、顧祝同的女婿陶鴻傑繼任理事長。

參考資料

一、報紙及雜誌

《工商時代》。
《中外》雜誌。
《中央日報》，一九四九～一九九八。
《天下》雜誌。
《台北文物》。
《台南文化》。
《台灣文獻》。
《南瀛文獻》。
《財訊》月刊。
《商業周刊》。
《第一家庭》。
《湖南文獻》。
《傳記文學》。
《新新聞》周刊。

《新聞天地》。
《臺北文獻》。
《遠見》雜誌。

二、回憶錄、傳記及哀榮錄

《吳鐵城先生逝世二十週年紀念集》，未刊編者、出版年月。
《杜聰明回憶錄》，龍文，一九八九。
《谷紀常先生哀思錄》，谷正倫先生治喪會，一九五四。
《洪炎秋先生追思錄》，國語日報社，一九八〇。
《陳啟清先生八十七載光源》，陳啟清先生慈善基金會，一九九二。
《陳逢源先生紀念集》，一九八三。
《曾寶蓀女士紀念集》，一九七八。
《黃朝琴先生紀念集》，治喪委員會，一九七二。
《臺美基金會得獎人傳記》，自立晚報，一九九三。
《韓石泉先生逝世三周年紀念專輯》，紀念專輯編印委員會，一九六六。
中研院近史所，《日據時期台灣人赴大陸經驗》，口述歷史第五期，一九九四。
中研院近史所，《吳修齊先生訪問紀錄》，一九九二。
中研院近史所，《林衡道先生訪問紀錄》，一九九二。
中研院近史所，《溫哈熊先生訪問紀錄》，一九九七。
中研院近史所，《藍敏先生訪問紀錄》，一九九五。

中研院近史所，《魏火曜先生訪問紀錄》，一九九〇。
王國璠編撰，《板橋林本源家傳》，林本源祭祀公業，一九八四。
丘秀芷，《剖雲行日：丘逢甲傳》，近代中國出版社，一九七八。
丘念台，《嶺海微飆》，中華日報，一九六二。
台中縣立文化中心編印，《中縣口述歷史》第一、三輯，一九九一、一九九四。
朱昭陽口述，林忠勝撰述，《朱昭陽回憶錄》，前衛，一九九四。
吳三連口述，吳豐山撰記《吳三連回憶錄》，自立晚報，一九九一。
吳尊賢，《人生七十》，吳尊賢文教公益基金會，一九九〇（再版）。
吳惠林，《當代財經傑出經典人物》，安統文化公司，一九九七。
李元平，《俞大維傳》，台灣日報，一九九二。
杜聰明輯，《杜林雙隨女士追思錄》，杜聰明博士德配林夫人治喪會，一九六九。
周駿富輯，《碑傳集》（一～九），明文書局。
林文月，《青山青史：連雅堂傳》，近代中國出版社，一九七八。
林衡道口述，《臺灣一百名人傳》，正中書局，一九八四。
城錦添，《一代天驕：阿全伯》，自印，一九九八。
張秀哲，《勿忘臺灣落花夢》，東方，一九四七。
許雪姬編著，《霧峰林家相關人物訪談記錄》，台中縣立文化中心，一九九八。
連震東，《震東八十自述》，自印，一九八三。
陳清汾，《環球見聞錄》，長風，一九五六。
陳逸松口述，林忠勝撰述，《陳逸松回憶錄》，前衛，一九九四。

陳潔如，《陳潔如回憶錄》，新新聞文化公司，一九九二。
彭明敏口述，《自由的滋味》，深耕，出版時間不明。
曾寶蓀，《曾寶蓀回憶錄》，龍文，一九八九。
華嚴，《吾祖嚴復的一生》，大同文化基金會，未刊出版年月。
黃武東，《黃武東回憶錄》，前衛，一九八九。
黃朝琴，《我的回憶》，龍文，一九八九年。
黃進興，《半世紀的奮鬥》，允晨，一九九二。
楊肇嘉，《楊肇嘉回憶錄》（一、二），三民書局，一九七七（四版）。
楊蘭洲，《楊公鵬摶字雲程遺墨》，自印，一九九一。
葉榮鐘編，《林獻堂先生紀念集》。
濃濃出版社編輯部，《蔡萬春的奮鬥人生》，濃濃，一九九二。
謝東閔，《歸返》，聯經，一九八八。

三、名人錄、職名錄

《中華民國工商名人錄》，一九八七。
《國防研究院同學通訊錄》，一九八一。
《臺灣人士鑑》，臺灣新民報社，一九三七。
《臺灣人士鑑》，臺灣新民報社，一九三四。
卜幼夫，《台灣風雲人物》，新聞天地社，一九六二。
中華民國醫師公會全國聯合會編，《會員名冊》，一九八七。

立法院祕書處編印，《立法委員通訊錄》，一九八〇。
國史館徵校處時政科編，《中華民國行憲政府職名錄》（一、二），國史館，一九九一。
張朋園、沈懷玉編，《國民政府職官年表》第一冊，中研院近史所，一九八七。
張炎憲等編，《臺灣近代名人誌》第一～五冊，自立晚報，一九八八（二版）。
章子惠編輯，《台灣時人誌》，國光，一九四七。
楊舜，《中國台灣名人傳》，中華史記編譯委員會，一九六一（再版）。
監察院人事室編，《監察院監察委員通訊錄》，一九九〇。
劉維開編，《中國國民黨職名錄》，國民黨黨史會，一九九四。

四、專論著作

井出季和太，《興味の臺灣史話》，林本源中華文化教育基金會，一九九七。
文馨瑩，《經濟奇蹟的背後》，自立晚報，一九九〇。
毛漢光，《兩晉南北朝士族政治之研究》兩冊，中國學術著作獎助委員會，一九六六。
王國璠等，《三百年來台灣作家與作品》，台灣時報，一九七七。
司馬嘯青，《台灣五大家族》（上、下），自立晚報，一九八七。
吉田靜堂，《臺灣古今財界人の横顏》，經濟春秋社，一九三二。
吳文星，《日據時期臺灣社會領導階層之研究》，正中書局，一九九二。
李筱峰，《臺灣戰後初期的民意代表》，自立晚報，一九九三（修訂版）。
李榮泰，《湘鄉曾氏研究》，台灣大學出版委員會，一九八九。
林文月，《山水與古典》，三民書局，一九九六。

林秋江口述，《拿聽診器的哲學家》，圓神，一九九六。
莊永明，《台灣醫療史》，遠流，一九九八。
莊政，《孫中山家屬與民國關係》，正中書局，一九八九。
連橫，《台灣通史》，幼獅文化，一九九二（八印）。
陳銘城，《海外臺獨運動四十年》，自立晚報，一九九二。
黃秀政，《臺灣史研究》，學生書局，一九九二。
黃明雅，《南瀛古厝誌》，台南縣立文化中心，一九九七。
照史，《高雄人物評述》第一、二輯，春暉，一九八三、一九八五。
葉榮鐘，《臺灣人物群像》，帕米爾，一九八五。
劉進慶，《台灣戰後經濟分析》，人間，一九九二。
蔡培火等，《臺灣民族運動史》，自立晚報，一九七一。
蔡紹斌，《清水第一街大街路尋根溯源》，地景企業公司，一九九六。
顏如蔚，《李登輝的身世之謎》，禾馬文化，一九九四。

五、其他

《大界曾氏五修族譜》，學生書局，未刊編者及出版年月。
《王獎卿先生八秩雙慶紀念集》，壽峰詩社，一九九三。
《延平中學創校五十週年紀念專輯》，延平中學，一九九六。
《臺灣美術全集第二十卷：林之助》，藝術家，一九九八。
上市公司公開說明書，一九九三、一九九八。

公職人員財產申報資料專刊，監察院。
丘秀強、丘尚堯，《丘（邱）氏人文誌略》，一九六九。
李登輝，《愛心與信心：李登輝總統證道見證集》，宇宙光，一九九〇（二版）。
杜聰明，《杜聰明言論集》三冊，杜聰明博士還曆紀念獎學基金管理委員會，一九五五～一九七二。
沈雲龍主編，《全國銀行年鑑》（二十六年），文海。
辛文炳先生八十華誕籌委會，《八十春秋：辛文炳先生八秩華誕紀念集》，一九九一。
城泰岳編輯，《城家家譜》，一九八四。
省立高雄高職、私立實踐專校校友會編，《林東淦先生葉鏡月女史伉儷金婚七五雙壽詩文集》，高雄商職，一九七九。
國史館編，《國史館現藏民國人物傳記史料彙編》第一～十八輯，國史館，一九八八～一九九九。
董翔飛編，《中華民國選舉概況》上、下篇，中央選舉委員會，一九八四。
臺灣銀行經濟研究室，《臺灣霧峰林氏族譜》二冊，臺灣銀行，一九七一。

重要人名索引

8劃

9劃

10劃

11劃

12劃

13劃

14劃

15劃

總統的親戚
揭開台灣權貴家族的臍帶與裙帶關係
（經典紀念版）

作　　者　陳柔縉
責任編輯　林如峰
國際版權　吳玲緯
行　　銷　闕志勳　吳宇軒　陳欣岑
業　　務　李再星　陳紫晴　陳美燕　葉晉源
副總編輯　何維民
編輯總監　劉麗真
總 經 理　陳逸瑛
發 行 人　涂玉雲

出　　版
麥田出版
台北市中山區104民生東路二段141號5樓
電話：(02) 2500-7696　傳真：(02) 2500-1966
網站：http://www.ryefield.com.tw

發　　行
英屬蓋曼群島商家庭傳媒股份有限公司城邦分公司
地址：10483台北市民生東路二段141號11樓
網址：http://www.cite.com.tw
客服專線：(02)2500-7718; 2500-7719
24小時傳真專線：(02)2500-1990; 2500-1991
服務時間：週一至週五 09:30-12:00; 13:30-17:00
劃撥帳號：19863813　戶名：書虫股份有限公司
讀者服務信箱：service@readingclub.com.tw

香港發行所
城邦（香港）出版集團有限公司
地址：香港灣仔駱克道193號東超商業中心1樓
電話：+852-2508-6231　傳真：+852-2578-9337
電郵：hkcite@biznetvigator.com

馬新發行所
城邦（馬新）出版集團【Cite(M) Sdn. Bhd. (458372U)】
地址：41, Jalan Radin Anum, Bandar Baru Sri Petaling, 57000 Kuala Lumpur, Malaysia.
電話：+603-9056-3833　傳真：+603-9057-6622
電郵：services@cite.my

總統的親戚：揭開台灣權貴家族的臍帶與裙帶關係／陳柔縉著.
－初版.－臺北市：麥田出版：英屬蓋曼群島商家庭傳媒股份有限公司城邦分公司發行, 2022.07
面；　公分
ISBN 978-626-310-238-5（平裝）
1.CST: 譜系 2.CST: 家族 3.CST: 臺灣
789.33　　111006863

封面設計　王志弘
印　　刷　漾格科技股份有限公司
初版一刷　2022年7月
初版四刷　2022年9月

定　　價　新台幣599元

I S B N　978-626-310-238-5
Printed in Taiwan.